Gold & Wein

Georgiens älteste Schätze

Gold & Wein

Georgiens älteste Schätze

Begleitband zur Sonderausstellung

6. Oktober 2018 – 10. Februar 2019

Archäologisches Museum Frankfurt

Herausgegeben von Liane Giemsch und Svend Hansen

ARCHÆOLOGISCHES
MUSEUM FRANKFURT

Nünnerich-Asmus
Verlag & Media

AUSSTELLUNG

Leitender Direktor Archäologisches Museum Frankfurt:
Dr. Wolfgang David

Kuratoren:
Dr. Liane Giemsch, Prof. Dr. Dr. h. c. Svend Hansen

Wissenschaftliche Arbeitsgruppe:
Katrin Bastert-Lamprichs M. A., Dr. Liane Giemsch,
Dr. Karina Iwe, Dr. Irina Gambashidze,
Prof. Dr. Dr. h. c. Svend Hansen, Dr. Zurab Makharadze,
Dr. Levan Tchabashvili

Ausstellungskoordination und Leihverkehr:
Alisa Datunashvili,
Dr. Liane Giemsch, Dr. Karina Iwe

Versicherung:
Dr. Andreas Sattler

Ausstellungsarchitektur- und grafik:
Schiel Projekt, Berlin

Grafische Umsetzung und Gestaltung der Werbemedien:
Eike Quednau

Textredaktion:
Kim Ottendorf M. A.

Ausstellungsbau:
Wolfgang Block, Heinrich-Teja Huppertz,
Walther Expo GmbH, Coswig

Technischer Dienst und Ausstellungsaufbau:
Wolfgang Block, Thomas Flügen, Heinrich-Teja Huppertz

Museumspädagogik und Koordination Begleitprogramm:
Dr. Liane Giemsch, Dr. Karina Iwe

Restauratorische Betreuung und Ausstellungseinrichtung:
Natia Dzigua, Thomas Flügen, Vakhtang Khoshtaria,
Sigrun Martins, Levan Mindorashvili,
Dipl.-Rest. Birgit Schwahn

Veranstaltungsmanagement:
Dr. Karina Iwe, Kim Ottendorf M. A., Dr. Andreas Sattler

Personal- und Finanzverwaltung:
Nicole Fallert, Birgit Milanovic

Öffentlichkeitsarbeit, Presse und Social Media:
Dr. Karina Iwe, Sybille Lorenz

Kunsttransporte:
Hasenkamp Internationale Transporte GmbH, Kelsterbach

Textilrekonstruktion:
Hildegard Igel, Boms

Großillustration im Mitmachbereich:
Petra Schoenewald, Hamburg

Rekonstruktion Kleidung und Wagenmodell:
Rudolf Walter M. A. »Urgeschichte hautnah«, Schelklingen

Animationsfilm Großkurgan Ananauri Nr. 3:
Ralph Eggers, Rekonstruktion & Visualisierung, Freiburg

Film »Das alte Gold Georgiens«:
Deutsches Bergbaumuseum Bochum, AVttention

Ausbreitungskarte Neolithikum:
Mehmet Kraucak, Prof. Dr. Dr. h. c. Svend Hansen

Grafikproduktion:
Pigmentpool, Dresden

Übersetzung der Saaltexte:
Dr. Kathrin Meents, Aachen

Fotoarbeiten:
Volker Kreidler, Berlin

Digital Atlas of Innovations:
Prof. Dr. Dr. h. c. Svend Hansen,
Prof. Dr. Dr. Jürgen Renn, Dr. Florian Klimscha,
Dr. Jochen Büttner

KATALOG

Konzeption:
Dr. Liane Giemsch, Prof. Dr. Dr. h. c. Svend Hansen

Redaktion, Lektorat:
Dr. Liane Giemsch,
Prof. Dr. Dr. h. c. Svend Hansen, Dr. Karina Iwe

Literaturrecherche und -beschaffung:
Andrea Giar

Umschlaggestaltung:
Eike Quednau

Übersetzungen:
Vladimir Ioseliani, Berlin, Dr. Kathrin Meents, Aachen

Satz und Layout:
TypoGraphik Anette Bernbeck, Gelnhausen

Druck:
Schleunungdruck GmbH, Martkheidenfeld

Produktion und Vertrieb:
Nünnerich-Asmus Verlag und Media GmbH, Mainz

Unser Dank gilt folgenden Leihgebern und Institutionen:
Georgisches Nationalmuseum Simon Janashia
Akhaltsikhe Samtskhe-Javakheti Museum
Otar Lordkipanidze Zentrum für Archäologische Forschungen
Georgisches Nationalmuseum
Georgisches Ministerium für Bildung, Wissenschaft, Kultur und Sport
Institut für Stadtgeschichte Frankfurt
Dezernat für Kultur und Wissenschaft der Stadt Frankfurt am Main

Wir bedanken uns bei folgenden Persönlichkeiten für Ihren Rat und Unterstützung:
Allen Autoren dieses Ausstellungskatalogs für ihre Beiträge
Konrad Angermüller, Berlin
Ulrich Aßhauer, Frankfurt am Main
Johanna Banck-Burgess, Esslingen
Katrin Bastert-Lamprichs, Berlin
Evelyn Brockhoff, Frankfurt
Irmgard Burggraf, Frankfurt am Main
Maia Danelia, Tbilissi
Alisa Datunashvili, Tbilissi
Irina Gambashidze, Tbilissi
Markus Häfner, Frankfurt am Main
Ina Hartwig, Frankfurt
Nino Kalandadze, Tbilissi
Tamara Karl, Frankfurt am Main
Elisabeth Kaufmann, Berlin
Erekle Koridze, Tbilissi
Klaus Kudrass, Frankfurt am Main
David Lordkipanidze, Tbilissi
Nino Lordkipanidze, Tbilissi
Zurab Makharadze, Tbilissi
Conny Meister, Esslingen
Medea Metreveli, Tbilissi
Herbert-John Meyer, Weimar
Frauke Mohrwinkel, Verein Bandkeramisches Aktionsmuseum e. V.
Johannes Promnitz, Frankfurt
Guido Slobodjan, Frankfurt am Main
Gero Steffens, Bochum
Thomas Stöllner, Bochum
Levan Tchabashvili, Tbilissi
Egon Wamers, Bruchköbel
Kurt Wehrberger, Ulm

Den Druck dieses Kataloges ermöglichte die
Historisch-Archäologische Gesellschaft Frankfurt am Main e. V.
Verein für das Historische und das Archäologische Museum
Die Ausstellung wird gefördert von:
Kulturdezernat Frankfurt am Main und dem Kulturfonds Frankfurt RheinMain

GEORGIAN NATIONAL MUSEUM

MINISTRY OF EDUCATION,
SCIENCE, CULTURE
AND SPORT OF GEORGIA

INSTITUTUM ARCHAEOLOGICUM GERMANICUM

Georgia
Made by Characters
Guest of Honour
Frankfurter Buchmesse 2018

10.–14. Oktober 2018
FRANKFURTER
BUCHMESSE
Ehrengast Georgien

Historisch-Archäologische Gesellschaft
Frankfurt am Main e.V.

KULTURFONDS
Frankfurt RheinMain

Eine Veröffentlichung des Archäologischen Museums Frankfurt,
herausgegeben von Liane Giemsch und Svend Hansen

360 Seiten mit 346 Abbildungen

Bibliografische Information der Deutschen Nationalbibliothek

Die Deutsche Nationalbibliothek verzeichnet diese Publikation in der Deutschen Nationalbibliografie; detaillierte bibliografische Angaben sind im Internet über http://dnb.d-nb.de abrufbar.

ISBN 978-3-961760-54-1

Printed by Nünnerich-Asmus Verlag & Media GmbH

Weitere Titel aus unserem Verlagsprogramm finden Sie unter:
www.na-verlag.de

INHALT

Bronzezeit

Objekte der Ausstellung

Anhang

Grußwort

Das Archäologische Museum Frankfurt führt mit der Ausstellung »Gold & Wein. Georgiens älteste Schätze« seine Reihe selbst konzipierter, internationaler Sonderausstellungen in beeindruckender Weise fort. Die Ausstellung findet im Rahmen des Ehrengast-Programms der Frankfurter Buchmesse 2018, die den Höhepunkt des Deutsch-Georgischen Jahres darstellt, statt. Das Museum zeigt dabei dem Publikum erneut, dass regionale Geschichtsphänomene stets in einen globalen Kontext einzuordnen sind. Gerade zu Beginn der Bronzezeit im 4. Jahrtausend v. Chr. kommt es zu einem Transfer von Wissen und technischen Neuerungen zwischen Ost und West. Dieses Jahrtausend war geprägt von einer ungewöhnlich großen Anzahl von Innovationen mit einem weitreichenden, prägenden Charakter auf räumlicher und zeitlicher Ebene für die Lebenswirklichkeiten der damaligen Gesellschaften. Was wir heute sind, wurzelt zu wichtigen Teilen in dieser Zeit. Die Kaukasusregion stand dabei im Mittelpunkt des Verständnisses für den Transfer dieser Innovationen von Mesopotamien nach Europa. Der Kaukasus gilt in dieser bedeutenden kulturgeschichtlichen Entwicklung seit jeher als Brücke zwischen den Kulturen.

Die deutsch-georgischen Beziehungen können heute auf eine traditionsreiche Geschichte zurückblicken: Vor 200 Jahren kamen die ersten deutschen Siedler nach Georgien. Im Jahr 1918 unterstützte Deutschland maßgeblich die Bildung des ersten unabhängigen georgischen Staates. Vor 25 Jahren schließlich war Deutschland das erste Land, das Georgiens wiedergewonnene Unabhängigkeit anerkannte und mit der jungen Republik diplomatische Beziehungen aufnahm.

In der Tradition einer stets außergewöhnlich guten und erfolgreichen Zusammenarbeit liegt der Fokus der Ausstellung »Gold & Wein. Georgiens älteste Schätze« auf der Präsentation von deutsch-georgischen archäologischen Kooperationsprojekten, deren neueste Forschungsergebnisse in Frankfurt am Main mit zahlreichen, größtenteils erstmals gezeigten Originalfunden einer breiten Öffentlichkeit bekannt gemacht werden.

Für den begleitenden Ausstellungskatalog ist es den Kuratoren Liane Giemsch und Svend Hansen gelungen, rund 30 internationale Kolleginnen und Kollegen zu gewinnen und ein umfassendes, attraktives Werk zur Vorgeschichte

Georgiens vorzulegen. Hier wird in reich bebilderten Beiträgen der aktuellste Forschungsstand zur Jungsteinzeit und Bronzezeit Georgiens wiedergegeben. Es ist davon auszugehen, dass dieser fundierte Band für viele Jahre ein Standardwerk bleiben wird.

Die ausgezeichnete Zusammenarbeit des Frankfurter Archäologischen Museums im Zuge des Ausstellungsprojekts mit den Kooperationspartnern aus Georgien – David Lordkipanidze, Generaldirektor des Georgischen Nationalmuseums – und Deutschland – Svend Hansen, Direktor der Eurasien-Abteilung des Deutschen Archäologischen Instituts und deren Mitarbeiterinnen und Mitarbeiter – ist besonders hervorzuheben, hat sie doch zu einem erheblichen Maß zum Gelingen der Ausstellung beigetragen. Die Vorbereitungen nahmen bereits unter dem ehemaligen Direktor des Archäologischen Museums Frankfurt, Egon Wamers, ihren Anfang und wurden vom neuen leitenden Direktor des Hauses, Wolfgang David, weitergetragen und zu einem erfolgreichen Abschluss gebracht.

Die aufgebauten neuen Kooperationen des Museums mit Tbilissi und Berlin enden jedoch nicht mit der Eröffnung der Ausstellung im Oktober 2018, sondern werden auf wissenschaftlicher Ebene fortgesetzt: Die im November 2018 in Frankfurt am Main geplante Kaukasus-Tagung »The Caucasus: Bridge between the Urban Centres in Mesopotamia and the Pontic Steppes in the 4th and 3rd Millennium BCE. The Transfer of Knowledge and Technologies between East and West in the Bronze Age« stellt eine Zusammenkunft von namhaften Forscherinnen und Forschern zum Thema dar. Bei der von der Deutschen Forschungsgemeinschaft geförderten Tagung werden Spezialistinnen und Spezialisten in der Mainmetropole zusammenkommen, um neue Ergebnisse zur frühen Bronzezeit im Kaukasus auszutauschen und weiterführende Forschungsschwerpunkte zu formulieren. Mit der internationalen Tagung gelingt dem Archäologischen Museum Frankfurt im Karmeliterkloster erneut die Sichtbarmachung und Stärkung seines bemerkenswerten internationalen Profils innerhalb der Kulturlandschaft Frankfurts und über deren Grenzen hinaus.

Dr. Ina Hartwig

Dezernentin für Kultur und Wissenschaft der Stadt Frankfurt am Main

Grußwort

In der griechischen Mythologie wurde Prometheus von Zeus im legendären Gebirge – dem Kaukasus – angekettet, weil er sich über die Götter erhoben und den Menschen das Feuer und das Wissen gebracht hatte. Auch im Alten Testament gibt es Hinweise auf die kaukasischen Völker der Tiberanier und Chalyber. Antiken griechischen und orientalischen Quellen zufolge besaßen sie herausragende Kenntnisse der Metallverarbeitung und waren die Erfinder des Stahls. Der Kaukasus bietet einen Reichtum an metallischen Rohstoffen, die eine wichtige Rolle in der Herstellung von Werkzeugen und damit in der Herausbildung der Landwirtschaft spielten, insbesondere beim Anbau und der Herstellung von Wein.

Archäologische Funde aus Georgien belegen, dass im 4. und 3. Jahrtausend v. Chr. Landwirtschaft und Metallverarbeitung zu den wesentlichen kulturellen und wirtschaftlichen Merkmalen der sogenannten Kura-Araxes-Kultur zählten. Georgien bildete das Kerngebiet der Kura-Araxes-Kultur, welches sich während der zweiten Hälfte des 4. Jahrtausends v. Chr. und der ersten Hälfte des 3. Jahrtausends v. Chr. über den Südkaukasus – mit Ausnahme der Schwarzmeerregion – und Teilen des Nordkaukasus – Ostanatolien, Nordwestiran, Syrien und Palästina – erstreckte. Die Rolle des Weines in dieser Zeit manifestiert sich materiell und kulturell in einer Fülle und Vielfalt an Keramikgefäßen, die deutliche Anklänge an Metallobjekte aufweisen. Die Gefäße wurden metallenen Formen nachempfunden und mit Verzierungselementen versehen, die sich auch auf Bronzeschmuck, insbesondere Nadeln, finden.

Viele mögen sicherlich den Mythos der Argonauten kennen. Weit weniger bekannt wird dabei sein, dass eine historische Verbindung zwischen Georgien und dem Mythos von Jason und dem »Goldenen Vlies« existiert. Den griechischen Autoren der Antike zufolge segelten Jason und die Argonauten nach Kolchis, um das Goldene Vlies zu finden, welches in einem heiligen Hain hing und von einem nie schlafenden Drachen bewacht wurde. Archäologische und historische Quellen belegen, dass im heutigen Westen Georgiens, das noch heute als Kolchis bezeichnet wird, eine hochentwickelte

Kultur existierte. Das mythologische Kolchis könnte damit tatsächlich im Gebiet des heutigen Georgien gelegen haben. In einer der Bergregionen von Kolchis verwenden die sogenannten Svaneti noch heute eine antike Methode der Goldsuche, bei der mithilfe eines Schaffells Gold aus Bächen und Flüssen gewaschen wird. Nach den antiken Zeugnissen griechischer und römischer Historiker könnte in diesen golden schimmernden Schaffellen der Ursprung für den Mythos des Goldenen Vlieses liegen. Der Dichter Eumelos von Korinth war der Erste, der im 8. Jahrhundert v. Chr. Kolchis als Ziel der Reise der von Jason geführten Argonauten beschrieb. Demzufolge machten sich die 50 griechischen Helden, die »allen bekannt waren« (Homer, Odyssee), an Bord ihres Schiffes Argo auf, um das Goldene Vlies zu finden und zogen vor Aietes, König von Kolchis und Sohn des griechischen Gottes Helios. Sie wurden von der kolchischen Prinzessin Medea empfangen, die sie in ihrem Vorhaben unterstützte.

Gold und Wein waren untrennbar mit königlicher Herrschaft verbunden. Dies gilt ganz besonders für das Königreich Kolchis. Georgien, dieses Jahr Gastland der Frankfurter Buchmesse, wird nun in der Ausstellung »Gold & Wein. Georgiens älteste Schätze« des Archäologischen Museums Frankfurt präsentiert – als Vorreiter auf dem Gebiet antiker Metallurgie, als Wiege des Weines und als Land des Goldenen Vlieses. Gastland der Frankfurter Buchmesse zu sein, begreifen wir nicht nur als große Ehre, sondern auch als Chance, die historischen Beziehungen zwischen Georgien und Deutschland, die weit in die Vergangenheit zurückreichen, weiter zu stärken. Das Georgische Nationalmuseum unterhält enge Beziehungen mit wissenschaftlichen und kulturellen Einrichtungen Deutschlands, darunter eine langjährige Kollaboration mit dem Deutschen Archäologischen Institut, um nur eine zu nennen. Die Ausstellung bietet Besucherinnen und Besuchern unter anderem einen Einblick in die Ergebnisse dieser fruchtbaren Zusammenarbeit. Wir hoffen, dass das Programm der Frankfurter Buchmesse dazu beitragen wird, die Freundschaft zwischen unseren beiden Ländern weiter zu festigen.

Prof. Dr. David Lordkipanidze

Generaldirektor des Georgischen Nationalmuseums, Tbilissi

Vorwort

Die östlich des Schwarzen Meeres gelegene antike Landschaft Kolchis, Heimat der Medea und Ziel Jasons und der Argonauten auf der Suche nach dem Goldenen Vlies, übt seit dem Altertum eine besondere Faszination aus. Die bereits seit dem 19. Jahrhundert – wiederholt unter Beteiligung deutscher Forscher – aus Georgien bekannt gewordenen archäologischen Funde machen greif- und sichtbar, welche Realität sich in den antiken Mythen und den Nachrichten der antiken griechischen und römischen Autoren widerspiegelt. Doch nicht nur das ab dem 6. Jahrhundert v. Chr. als Staat greifbare antike Kolchis, sondern auch die reiche archäologische Überlieferung aus anderen Regionen und älteren vorgeschichtlichen Zeitperioden des flächenmäßig zwar kleinen, doch landschaftlich und klimatisch äußerst vielgestaltigen transkaukasischen Landes verdeutlichen die Rolle Georgiens als kulturelle Brücke zwischen Europa und Asien.

Die überaus reichhaltigen georgischen Funde des dritten und zweiten Jahrtausends v. Chr. liegen schon seit Generationen von Archäologen im Fokus der internationalen Archäologie. Weltweite Bedeutung erlangten die ab 1991 in Dmanisi ausgegrabenen fossilen Menschenreste. Mit einem Alter von etwa 1,8 Millionen Jahren handelt es sich dabei um den ältesten gesicherten Nachweis der Gattung Mensch außerhalb des afrikanischen Kontinents. Aufgrund dieser und anderer Funde wurde Georgien in den letzten beiden Jahrzehnten auch zu einem international bedeutenden Forschungsfeld der Paläoanthropologie und der Altsteinzeitforschung. Und genau dort liegt auch der Ursprung der persönlichen wissenschaftlichen Beziehungen zwischen dem Archäologischen Museum Frankfurt und den georgischen Kolleginnen und Kollegen, welche die entscheidende Grundlage für das Zustandekommen der Sonderausstellung »Gold & Wein. Georgiens älteste Schätze« bilden.

Denn dass in diesem Jahr 2018, in dem sich zum 100. Mal die Erlangung der staatlichen Unabhängigkeit Georgiens jährt und das Kaukasusland Ehrengast der Frankfurter Buchmesse ist, diese herausragende Ausstellung hier in Frankfurt zu sehen ist, wurde entscheidend begünstig durch die engen wissenschaftlichen Kontakte nach Georgien, über welche die Kuratorin Liane Giemsch, seit 2015 Kustodin für Urgeschichte am Archäologischen Museum Frankfurt und von Haus aus Spezialistin für das Altpaläolithikum, seit dem Jahre 2006 verfügt, als sie an ihrer früheren Wirkungsstätte in Bonn für die

Ausstellung »Roots//Wurzeln der Menschheit« mit David Lordkipanidze, dem Ausgräber von Dmanisi und Generaldirektor des Georgischen Nationalmuseums, erfolgreich zusammenarbeitete. Beide trafen 2015 anlässlich der Eröffnung der Sonderausstellung »Homo. Expanding Worlds – Originale Urmenschen-Funde aus fünf Weltregionen« im Hessischen Landesmuseum Darmstadt wieder zusammen und auf der gemeinsamen Rückfahrt im Auto nach Frankfurt am Main wurde die Kooperation für eine Ausstellung zur Jungsteinzeit und Bronzezeit Georgiens gewissermaßen per Handschlag beschlossen. Mit Svend Hansen, Direktor der Eurasien-Abteilung des Deutschen Archäologischen Instituts und seit mehr als einem Jahrzehnt im Rahmen von Forschungsprojekten in Georgien tätig, war bald der ideale Partner und Co-Kurator gefunden, um die günstige Gelegenheit, die sich durch die Einladung der Frankfurter Buchmesse an Georgien ergab, zur Realisierung einer derartigen Sonderausstellung zu nutzen.

Eine Besonderheit dieser Ausstellung stellt ihre hohe wissenschaftliche Aktualität dar. Denn neben bereits weltberühmten emblematischen Objekten wie dem goldenen Löwen von Tsnori aus dem 3. vorchristlichen Jahrtausend sind überwiegend Neufunde der vergangenen 15 Jahre zu sehen – zum Teil Resultat gemeinsamer deutsch-georgischer Forschungsprojekte –, deren wissenschaftliche Bearbeitung noch im Gange ist und die zum ersten Male überhaupt außerhalb von Georgien im Original ausgestellt werden.

Präsentiert werden beispielsweise Funde aus dem zwischen 2004 und 2013 von einem deutsch-georgischen Team erforschten Goldbergwerk in Sakdrissi, bei dem es sich um das älteste, bisher bekannte Goldbergwerk der Menschheit aus der Zeit der Kura-Araxes-Kultur, etwa zwischen 3 400/3 300 und 2 800/2 700 v. Chr., handelt. Spektakulär ist ferner der fast 4.500 Jahre alte Holzwagen aus dem Grabhügel Nr. 3 von Ananauri, der erst vor sechs Jahren ausgegraben wurde.

Die Frankfurter Ausstellung »Gold & Wein. Georgiens älteste Schätze« verdeutlicht die herausgehobene Bedeutung des am Nordrand der Kulturen Vorderasiens zwischen Schwarzem und Kaspischem Meer in Transkaukasien gelegenen

Georgiens für das Verständnis der Kulturbeziehungen zwischen Altem Orient und Europa.

Dr. Wolfgang David

Leitender Direktor des Archäologischen Museums Frankfurt

Georgien – Eine Einführung

Georgien – Ein Land im Kaukasus mit großer Geschichte und faszinierender Kultur

David Lordkipanidze

Georgien zeichnet sich durch großartige Landschaften (Abb. 1) und eine vielfältige, einzigartige endemische Fauna und Flora aus. Das Land erstreckt sich über fünf Klimazonen, die von den feuchten Subtropen am Schwarzen Meer über ländliche Feuchtgebiete, Hochplateaus und alpine Regionen bis hin zu Halbwüsten im Südosten des Landes reichen. Seine reichen natürlichen Ressourcen haben über Jahrtausende hinweg eine kontinuierliche menschliche Besiedelung begünstigt.

Die georgische Sprache gehört der Kaukasischen (auch: Kartwelischen) Sprachfamilie an. Sie besitzt ihr eigenes Alphabet, das im 4. Jahrhundert n. Chr. entstanden ist. Im Georgischen wird das Land »Sakartwelo« oder das Land der Kartwelen (Georgier) genannt. Der Name »Georgien« ist eine Zuschreibung der Europäer und verbunden mit dem griechischen Wort »georgos«, welches den Bauern und – im weiteren Sinne – Weinbauern bezeichnet.

Der Kaukasus birgt eine ganze Reihe an einzigartigen archäologischen Fundstätten, die für die Menschheitsgeschichte von großer Bedeutung sind. Durch archäologische Forschungen und eine Vielzahl an exzeptionellen Funden (Abb. 2) ist das Land in den Fokus der weltweiten Wissenschaft gerückt. Zu den Höhepunkten zählen Überreste von Homininen, die im südöstlichen Georgien entdeckt wurden, die ältesten Nachweise für Weinherstellung, das älteste bekannte Goldbergwerk der Welt sowie archäologische Hinweise auf Kolchis – das in der Mythologie erwähnte Land des Goldenen Vlieses – eine noch heute gebräuchliche Bezeichnung für Westgeorgien.

Derartige Entdeckungen bildeten auch den Auftakt für Kooperationen zwischen georgischen und internationalen Forschungsinstituten und -projekten. Sie trugen dazu bei, georgische Wissenschaftler verstärkt in die internationale Wissenschaftsgemeinschaft zu integrieren. Ein Grenzen überschreitender Austausch in den Künsten und den Wissenschaften ist ein nicht zu unterschätzendes Medium in der Auseinandersetzung um universelle Werte und in der Festigung diplomatischer Beziehungen. Damit eröffnet er auch die Möglichkeit zur Teilhabe an übergeordneten Diskursen, beispielsweise in dem Bemühen, ein tieferes Verständnis für die nationale Identität eines Landes zu erlangen.

Das Streben nach Identität ist ein menschlichen Gemeinschaften innewohnender Prozess. Die Herausbildung nationaler Identität unterliegt geografischen, politischen, kulturellen, religiösen, anthropologischen, technologischen und anderen Einflussfaktoren. Nun sollen hier weder Identitätsbildungsprozesse im Allgemeinen diskutiert noch eine Definition nationaler Identität vorgelegt werden. Vielmehr soll die

Abb. 1 Die Landschaft Tuschetien. Die Bergregionen Georgiens sind berühmt für ihre Schönheit und die traditionelle Architektur, deren Türme sich nahtlos in die Landschaft einfügen.

Abb. 2 Der Grabhügel Nr. 3 von Ananauri in Ostgeorgien datiert in die zweite Hälfte des 3. Jahrtausends v. Chr. Trotz Beraubung in antiker Zeit sind zahlreiche außergewöhnliche Fundstücke erhalten geblieben: Zwei hölzerne vierrädrige Wagen (Kat. 193), ein hölzerner Armstuhl, verzierte Keramik (Kat. 230), Holzgeschirr, Pfeilspitzen aus Feuerstein und Obsidian (Kat. 224–227), Schmuckstücke aus Gold (Kat. 196–213), Halbedelsteine (Kat. 214, 216–217), Bernstein (Kat. 215) und vieles mehr.

Beobachtung im Mittelpunkt stehen, dass sich die nationale Identität der Georgier offensichtlich aus einem »Kult« um den Wein speist, welcher in der Region auf eine über 8.000 Jahre ungebrochene Geschichte zurückblickt (Abb. 3).

Die nationale Instrumentalisierung archäologischer Entdeckungen ist eine durchaus gängige Praxis; viele Länder beanspruchen für sich, die »Ersten«, die »Wiege«, oder eine »einzigartige Kultur« zu sein. Mitunter nimmt dies die Züge eines Wettbewerbs oder einer Rivalität um nationale Bedeutung an. Die Diskussion um die »ersten Europäer« ist ein gutes Beispiel. Viele Länder haben für sich in Anspruch genommen, ebendiese gefunden zu haben, nämlich die vermeintlich ältesten Überreste von Homininen innerhalb Europas. Der im frühen 20. Jahrhundert in Mauer bei Heidelberg (Deutschland) gefundene Unterkiefer der Gattung Homo war gerade so lange der »erste Europäer«, bis er in den 1970er Jahren von einer Entdeckung im französischen Dorf Tautavel abgelöst wurde. In den frühen 1990er Jahren wiederum fiel dieser Titel an archäologische Funde aus Ceprano (Italien) und Atapuerca (Spanien), die 800.000 Jahre alt waren.

Mit der Entdeckung der Homininenfunde von Dmanisi in jüngeren Jahren glaubt man nun, die Heimat des »ersten Europäers« in Georgien ansiedeln zu können. Dabei wäre es äußerst kurzsichtig, die Homininen von Dmanisi, deren Alter auf 1,8 Millionen Jahre datiert wird, überhaupt als »Europäer« zu bezeichnen! Dennoch ist die Entdeckung von Dmanisi selbstverständlich von unschätzbarem Wert für die Wissenschaft und trägt erheblich dazu bei unser Wissen über die Ausbreitung der Vorfahren des Menschen zu erweitern.

In ähnlicher Weise rivalisieren verschiedene Länder auch um den Status, als »Wiege des

Abb. 3 Ausstellung in der Cité du Vin (Bordeaux, Frankreich) unter dem Titel »Georgien, die Wiege des Weinbaus«, in der die Kontinuität der Weintradition in Georgien anhand von Weingefäßen veranschaulicht wurde.

Weines« zu gelten. Als das moderne Land, in dem die frühesten archäologischen Nachweise für Weinanbau gelungen sind, geht diese Auszeichnung erneut an Georgien.

Der Kaukasus in Vorderasien liegt in einer der sieben sogenannten globalen »Ursprungszentren« unserer Kulturpflanzen. Dieser Begriff bezeichnet geografische Zentren mit besonderen Vorkommen von Wildformen bestimmter Nutzpflanzen, beispielsweise Getreidesorten, in denen auch deren Domestizierung ihren Ausgang nahm. Die Artenvielfalt kultivierter Pflanzen, die in der weiteren Kaukasusregion ihren Ursprung haben, ist ein klarer Beleg dafür, dass hier ein antikes Zentrum der Domestikation und Diversifizierung von Kulturpflanzen lag.

Ungeachtet der Fragestellung, wo denn die »ersten Weinbauern« zu finden waren, sollten wir uns vielmehr der interdisziplinären Erforschung der Geschichte des Weines und anderer Kulturpflanzen zuwenden. Die Anfänge des Ackerbaus sind eine entscheidende Phase der Menschheitsgeschichte. Sie sind eine geradezu einmalige Einladung an die Wissenschaft, sich in hochprofilierten internationalen, interdisziplinären Kooperationen zusammenzuschließen.

Archäologische Forschungen zu Wein sind nicht gänzlich neu in Georgien. Seit den 1960ern wurden sowohl archäologische Ausgrabungen als auch andere Forschungsprojekte durchgeführt, die sich mit dem Thema Wein beschäftigten. Die großangelegte Studie, die unten kurz vorgestellt wird, gründet sich auf diese Vorgängerstudien, deren Ergebnisse gänzlich unabhängig voneinander, durch verschiedene Disziplinen und unter unterschiedlichen Fragestellungen, gewonnen worden waren. Ziel des Projektes war es deshalb, diese Ergebnisse zu integrieren und übergreifend in einem international aufgestellten, multidisziplinären Forschungsvorhaben zusammenzubringen.

Neolithische Fundstätten (6. Jahrtausend v. Chr.) im Gebiet des heutigen Georgiens wurden erstmals in den 1960er Jahren in Kampagnen der Georgischen Akademie der Wissenschaften des Georgischen Nationalmuseums Simon Janashia untersucht. In diesem Zusammenhang wurden die bisher ältesten Weingefäße dokumentiert. Bereits damals lag die Vermutung nahe, dass die Wiege des Weinanbaus möglicherweise tatsächlich in Georgien zu finden sei.

Als der bekannte britische Autor Hugh Johnson 1989 sein Werk »Weingeschichte« erstmals veröffentlichte, hatte diese Theorie bereits Eingang in die internationale Literatur gefunden. Später wurde diese Ansicht auch durch den international renommierten Weinhistoriker und Professor der University of Pennsylvania, Patrick McGovern, vertreten. Er bereiste Georgien im Jahre 1998 und brachte 2003 sein Werk »Ancient Wine: The Search for the Origins of Viniculture« heraus, in welchem er den Kaukasus als Ursprungsregion des Weines bezeichnete. Im Wesentlichen gründete sich diese Theorie auf der Untersuchung von archäologisch dokumentierten Traubenkernen. Da diese jedoch nicht absolut datiert werden konnten, erregten die Ergebnisse kaum internationale wissenschaftliche Aufmerksamkeit.

Erst 2014 fiel der Startschuss für ein internationales, multidisziplinäres Projekt (»Research of Georgian Grape and Wine Culture«) unter der Leitung von Patrick McGovern. Es wurden molekularbiologische Untersuchungen an Tongefäßen durchgeführt, die im Zuge jüngster Ausgrabungen an den Fundplätzen Shulaveris gora und Gadachrili gora (Munizipalität Marneuli, unter Leitung von Mindia Jalabadze) dokumentiert worden waren. Hierbei konnten organische Säuren (Wein-, Apfel-, Bernstein- und Zitronensäure) nachgewiesen werden, die typischerweise mit Wein in Verbindung gebracht werden. Diese Säuren gelten als Anzeiger für Wein, der aus der Traubensorte *Vitis vinifera* gekeltert wurde. Paläobotanische Untersuchungen durch Eliso Kvavadze und Nana Rusishvili (beide Georgisches Nationalmuseum) wiederum belegen, dass der Weinanbau in frühneolithischer Zeit in dieser Region weit verbreitet war. Wissenschaftler der Universität Mailand konnten zudem bestätigen, dass die klimatischen Verhältnisse, die vor 8.000 Jahren in Kvemo Kartli (Südostgeorgien) vorherrschten, die Kultivierung der Weintraube begünstigten. Zu guter Letzt gelang es in Laboranalysen am Weizmann-Institut (Israel) unter der Leitung von Elisabetta Boaretto, Radiokarbondaten von organischen Proben zu gewinnen, die um 6000–5800 v. Chr. datieren und damit 600 Jahre älter sind als die bisher ältesten bekannten Spuren von Wein aus dem iranischen Zagros-Gebirge.

Abb. 4 Mit Weinranken dekorierte Qvevri-Fragmente. Boden und Gefäßhals (Repliken), Keramik, Tsikhiagora, Georgien, 4. bis 3. Jahrhundert v. Chr. Der zerbrochene Qvevri bezeugt die zentrale Rolle des Weinanbaus in der Herausbildung des Königreichs Kartli. Er wurde innerhalb der Reste eines Marani (heilige Weinhalle) gefunden, der im 4. und 3. Jahrhundert v. Chr. Teil eines größeren Kultzentrums war.

Abb. 5 Der Trialeti-Goldkelch datiert in die erste Hälfte des 2. Jahrtausends v. Chr. Er ist mit Lapislazuli, Achat und Bernstein verziert. Als exzeptionelles Beispiel der Goldschmiedekunst reflektiert er die Bedeutung, die zeitgenössische Kulturgruppen dem Wein und Weinanbau beimaßen.

Im November 2017 wurden die Ergebnisse unseres Forschungsprojektes in einem Artikel des internationalen Wissenschaftsjournals PNAS (Proceedings of the National Academy of Sciences of the United States of America) unter dem Titel »Early Neolithic wine of Georgia in the South Caucasus« veröffentlicht. In diesem werden das Forschungsprojekt und seine Ergebnisse zusammengefasst und liefert den Nachweis, dass die Gemeinschaften, die diese Region besiedelten, bereits vor 8.000 Jahren Wein herstellten.

Weltweit erkennen Wissenschaftler an, dass die ältesten Hinweise auf Weinbau aus der Region des heutigen Georgiens stammen, von wo aus sich der Weinbau weltweit ausbreitete und wesentlichen Einfluss auf Ackerbaukulturen, Biologie, Medizin und die Herausbildung von Zivilisationen nahm. Große Gefäße namens Qvevri (Abb. 4), die Ähnlichkeiten mit neolithischen Gefäßen aufweisen, werden noch heute in Georgien zur Weinproduktion verwendet – ein möglicher Hinweis auf tiefe historische Wurzeln der Weinkultur und eine lange Kontinuität in dieser Region (Abb. 5). Hier lässt sich nicht nur ein Blick auf eine kurze Episode in der Geschichte des Weines erhaschen – es entsteht ein ganzes Bild.In weit zurückliegenden Zeiten begannen die Menschen im heutigen Georgien Wein anzubauen und sie tun es noch heute.

Neolithikum und Chalkolithikum

Der Beginn der Landwirtschaft im Kaukasus

Svend Hansen und Barbara Helwing

Etwa um 6000 v. Chr. kam die neolithische Lebensweise, geprägt durch Sesshaftigkeit, Ackerbau und Viehzucht, im südlichen Kaukasien an. Wie kam es zu dieser Ausbreitung einer neuen Lebens- und Wirtschaftsweise? Wer waren die neolithischen Siedler und woher kamen sie? Was war ihre Lebensgrundlage? Wie war ihr Verhältnis zu den mesolithischen Wildbeutergesellschaften? Was macht die spezifisch südkaukasische Variante der Jungsteinzeit aus? Und welchen Beitrag zur Gesamtentwicklung der Landwirtschaft leisteten die Gemeinschaften im Kaukasus? Die Dynamik dieser komplexen Prozesse wurde erst in jüngster Zeit durch neue Forschungen (Abb. 1) in Georgien, Aserbaidschan und Armenien besser sichtbar.

Zur Einführung

Als zum Ende der letzten Eiszeit im 14. Jahrtausend v. Chr. die Erderwärmung begann, setzte in Südwestasien eine folgenreiche Änderung der Lebensweise ein: Die Menschen gaben schrittweise ihre mobile Lebensweise als Jäger und Sammler auf und wurden sesshaft. Sie blieben nun länger und teilweise sogar das ganze Jahr über an günstig gelegenen Orten. Sie errichteten feste Behausungen und veränderten durch ihre dauerhafte Anwesenheit nach und nach auch ihre Umwelt und ihr eigenes Leben: Durch die Jagd auf bestimmte Tierpopulationen in der Nachbarschaft und das gezielte Sammeln und wohl auch Aussäen von Pflanzen wurden Menschen zu einem bedeutenden Faktor in der Selektion der Arten. Das Ergebnis war nach vielen Generationen – und sicher immer wieder durch Rückschläge geprägt – die Domestikation von Tieren und Pflanzen, eine durch Zuchtwahl erzeugte morphologische Veränderung der Arten. Seither basierte die menschliche Ernährung zu einem großen Teil auf der Nutzung dieser neuen Spezies, die sich durch ihre Größe und damit ihren Ertrag, bei den Tieren auch durch ihr fügsames Temperament, von den wilden Arten unterschieden. Landwirtschaft und Tierzucht bildeten fortan die Lebensgrundlage und markierten zusammen mit der Sesshaftigkeit eine neue Epoche, die Archäolog*innen als Jungsteinzeit oder Neolithikum bezeichnen.

In Anlehnung an das Konzept der industriellen Revolution prägte vor nunmehr 80 Jahren der einflussreiche Prähistoriker Gordon Childe den Begriff »neolithische Revolution« für diese Veränderungen[1]. Er wollte damit zum Ausdruck bringen, dass diese Neuerungen vergleichsweise schnell abliefen und außerdem tiefgreifend und irreversibel waren. An ihrem Ende stand, G. Childe zufolge, eine vollständig neue Wirtschaftsweise als Grundlage des menschlichen Lebens. G. Childe konnte seinerzeit noch nicht

Abb. 1 Ausgrabung der neolithischen Siedlung in Aruchlo.

wissen, dass dieser Prozess der Neolithisierung tatsächlich mehrere Jahrtausende dauerte. Erst als Robert Braidwood und seine Kollegen begannen, mithilfe der Radiokarbonmethode absolute Datierungen an neolithischen Fundorten in Südwestasien zu gewinnen, wurde die lange Dauer und der graduelle Charakter dieser Veränderungen sichtbar[2]. Nicht alle Elemente, die als charakteristisch für das Neolithikum gelten, traten gleichzeitig auf: Feste Behausungen, ebenso wie monumentale Kultbauten, gab es schon früh, die Landwirtschaft etablierte sich erst später und handwerkliche Erzeugnisse wie Keramik tauchten erst im entwickelten Neolithikum auf. Aber G. Childe hatte recht, diesen Wandel als eine völlig neue Lebensform herauszustellen.

In den 1990er Jahren postulierte Jacques Cauvin, dass es einer mentalen Disposition bedurfte, um ein neues Wirtschaftssystem aufzubauen, und stellte neben die Neolithische Revolution eine »Revolution der Symbole«[3]. J. Cauvin entwickelte eine »psycho-kulturelle« These: Für die Erfindung des Ackerbaus war eine kulturelle Reife notwendige Voraussetzung (»maturation culturelle préalable«) und diese war nicht technisch, sondern »psychique«[4].

Das symbolische Denken war allerdings keine Erfindung des Neolithikums, sondern Teil der uralten jägerischen Lebensweise[5]. Spektakuläre Funde wie die rituellen Anlagen auf dem Göbekli Tepe in der Südosttürkei, der in die Übergangszeit zur Sesshaftigkeit gehört[6], bestätigen aber die These, dass die Neolithisierung auch eine veränderte Sicht der Menschen auf sich selbst und ihren Platz in der Welt mit sich brachte.

Moderne Archäologie kombiniert die sorgfältige Ausgrabung mit naturwissenschaftlichen Untersuchungen und sozialwissenschaftlicher Interpretation. Dies erlaubt inzwischen eine differenzierte Sicht auf die Neolithisierung und insbesondere auf ihre zahlreichen regionalen und lokalen Erscheinungsformen. Lange galt Südwestasien als Wiege der neolithischen Lebensweise: Hier kennen wir die ältesten Fundorte sesshafter Bevölkerungen, die sich in einem weiten Bogen von der Levante bis zum Fuß der Vorgebirge von Taurus und Zagros gruppieren. In dieser Region, auch »Fruchtbarer Halbmond« genannt, lebten wilde Populationen der später domestizierten Tiere und Pflanzen. Die Neolithisierung Südwestasiens wurde deshalb über lange Zeit als modellhaft für den Rest der Welt angesehen. Doch wissen wir inzwischen, dass es weltweit unabhängig voneinander mehrere solcher Zentren der primären Neolithisierung gab: Auch in China und in Mittelamerika wurden die Menschen sesshaft und domestizierten dort lebende Arten, und diese regionalen Entwicklungen folgten keineswegs dem in Südwestasien beobachteten Schema[7].

Im Fruchtbaren Halbmond entstand die neolithische Lebensweise zwischen dem 10. und 8. Jahrtausend v. Chr. Von dort aus breitete sie sich seit 7000 v. Chr. in alle Himmelsrichtungen aus und erreichte um 6000 v. Chr. das südliche Kaukasien (Abb. 2). Sesshaftigkeit und Landwirtschaft hatten zu einem starken Bevölkerungswachstum geführt, die neolithischen Bevölkerungen dehnten ihren Lebensraum aus, erschlossen neue Landschaften und gründeten Siedlungen. Die Neusiedler brachten alle Kulturpflanzen und domestizierten Tiere sowie ein ganzes Paket an Kulturtechniken mit und passten sie an die neuen Siedlungsräume an. Die Dynamik der Ausbreitungsprozesse in den verschiedenen Regionen ist noch wenig erforscht. Dies gilt insbesondere für das Verhältnis der Ackerbauern zu den indigenen jägerischen Gesellschaften. Wurden diese gewaltsam verdrängt oder übernahmen sie langsam die neolithische Lebensweise? Analog zum

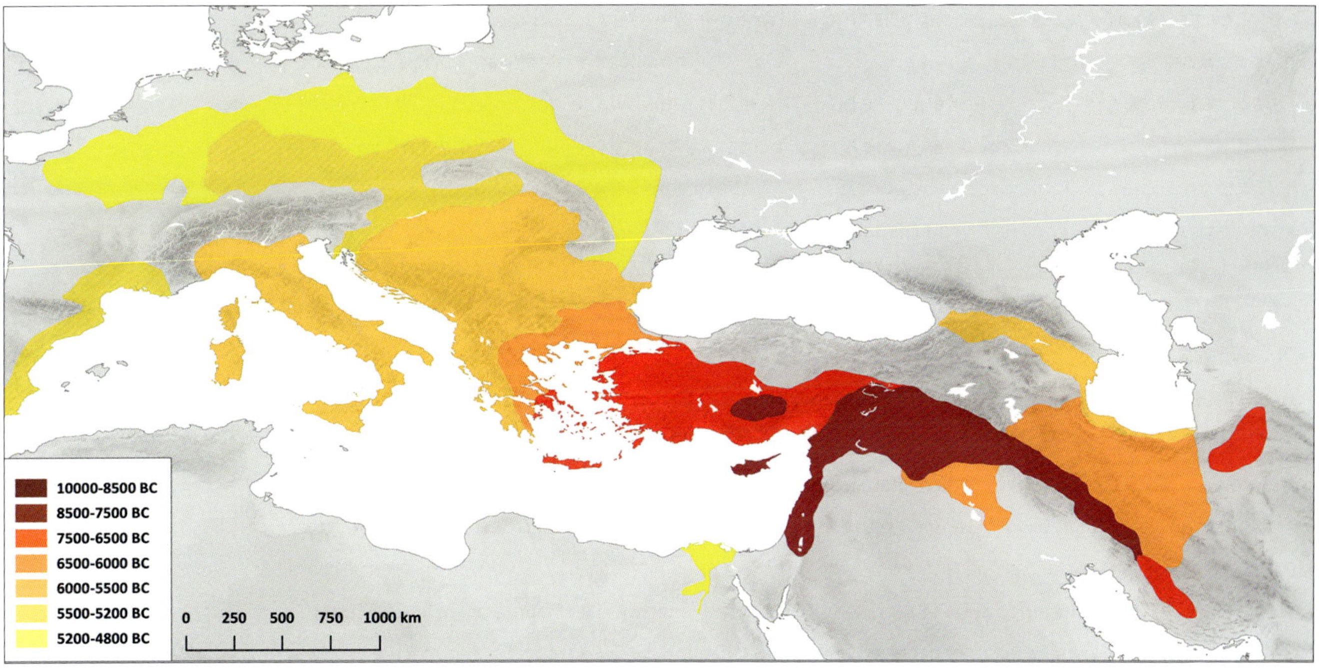

Abb. 2 Ausbreitung der Neolithisierung.

Fruchtbaren Halbmond hatten Forscher für den Beginn des Neolithikums auch im Kaukasus eine »akeramische« oder frühneolithische Phase erwartet, dies ist heute jedoch widerlegt.

Untersuchungen der mitochondrialen DNA der neolithischen Herdentiere zeigen eine hohe Variabilität, begründet durch die Nähe zu den Zentren der primären Domestikation[8]. Möglicherweise fanden aber auch gelegentlich Einkreuzungen von wilden Individuen statt, deren natürlicher Lebensraum bis in den Südkaukasus reichte.

Nach der ersten bäuerlichen Besiedlung konnten Bauern und Wildbeuter eine Zeit lang koexistieren: Beide Gruppen bevorzugten unterschiedliche Landschaften. Die Wildbeuter hielten sich überwiegend an die bewaldeten Höhenlagen, während die frühen Bauern ihre Siedlungen auf fruchtbaren Braunerden im Tiefland anlegten und dabei auf die Nähe zu Wasserquellen achteten. Erst nachdem die neolithischen Bauern Fuß gefasst hatten und die Bevölkerung zunahm, begannen sie nach und nach auch Höhenlagen zu frequentieren und ihre Herden auf Sommerweiden im Gebirge zu treiben.

Die kulturellen Ausprägungen der neolithischen Orte sind regional unterschiedlich und lassen mehrere geografische Gruppierungen unterscheiden[9]: Im zentralen Südkaukasus sprechen wir, nach jeweils einem Fundort in Georgien, Aserbaidschan und Armenien, von der Shulaveri-Shomutepe-Aratashen-Gruppe mit mehreren lokalen Ausprägungen. Im südlichen Aserbaidschan finden sich die Mil-Gruppe, nach der im Winkel zwischen den zusammenfließenden Flüssen Kura und Araxes gelegenen Mil-Steppe, sowie die ihr nahestehende Mughan-Gruppe südlich des Araxes.

Außer den großen Gruppierungen finden sich im westgeorgischen Tiefland entlang der Schwarzmeerküste eine Reihe von Freilandstationen. Diese nach dem Fundort Anaseuli 1 benannte Gruppe behielt bis ins 6. Jahrtausend v. Chr. die Lebensform der mobilen Wildbeuter

bei[10]. Nördlich des Kaukasus-Hauptkamms sind die Orte Chokh in Dagestan[11] und Cmi in Nordossetien[12] zeitgleich zu den neolithischen Siedlungen der Shulaveri-Shomutepe-Aratashen-Gruppe. Sie zeigen in ihrer Wirtschaftsweise aber nur wenige neolithische Aspekte – so benutzten die Bewohner der Cmi Keramik zur Aufbewahrung von Nahrung, verfügten aber wohl nicht über einen domestizierten Tierbestand.

Die ältesten Siedlungen der Shulaveri-Shomutepe-Aratashen-Gruppe setzten um 6 000 v. Chr. ein, und erlebten zwischen 5 800 und 5 400 v. Chr. ihre Blütezeit, um dann im 53. Jahrhundert v. Chr. von der archäologischen Landkarte zu verschwinden[13]. Sie bevorzugten Flussauen und niedere Hochebenen und bildeten lokale Konzentrationen von mehreren Siedlungshügeln. Schwerpunkte sind das mittlere Kura-Tal mit der Ebene von Kvemo Kartli in Georgien, und die Kazakh- und Tovuz-Region in Aserbaidschan, sowie im Tal des Araxes die Ararat- und Nakhichevan-Ebenen.

In beiden Großregionen gab es Fundplätze aus den ersten beiden Jahrhunderten des 6. Jahrtausends v. Chr., repräsentiert durch Aknashen und Aratashen Schicht II im Araxes-Tal[14] und Haci Elamxanli Tepe im Kura-Tal[15]. Diese ältesten Fundplätze zeichnen sich durch ein- und zweikammerige Rundbauten aus. Die Steingeräte dieser frühen Plätze stehen teilweise in der lokalen mesolithischen Tradition, hingegen bestehen die äußerst seltenen Tonwaren fast ausschließlich aus mesopotamischem Import von Halaf- und Hassuna- / Samarra-Keramik. Die Wirtschaftsweise basierte auf domestizierten Tier- und Pflanzenarten, deren Vorläufer aus Südwestasien stammen.

Abb. 3 Siedlung Aruchlo, Georgien. Blick auf den Siedlungshügel von Osten.

Abb. 4 Siedlung Aruchlo. Kleiner Rundbau aus gelben Lehmziegeln. Links im Bild die Reste einer Verbindungsmauer zu einem weiteren Rundbau.

Die Fundstellen der entwickelten Shulaveri-Shomutepe-Aratashen-Gruppe sind in der Landschaft als kleine Hügel sichtbar, die im Georgischen als »gora«, im Aserbaidschanischen als »tepe« und im Armenischen als »blur« bezeichnet werden. Diese etwa ein Hektar großen Hügel bestehen aus übereinanderliegenden Architekturschichten. Sie besitzen eine Schichtmächtigkeit von sechs bis zehn Meter. Zu den größten untersuchten Hügeln gehören Khramis Didi gora, Imiris gora, Shulaveris gora und Aruchlo in Kvemo Kartli (Abb. 3), und Gargalartepe und Göytepe im aserbaidschanischen Kura-Tal[16]. Erstaunlicherweise zeigen die ^{14}C-Datierungen jedoch an, dass die Laufzeit dieser großen Orte nur jeweils zwei bis drei Jahrhunderte umfasste[17].

Die typische Bauform der Shulaveri-Shomutepe-Aratashen-Gruppe sind einkammerige Rundbauten mit Durchmessern zwischen einem und fünf Metern. Regional unterschiedlich ist das Baumaterial, verstrichener Lehm im Araxes-Tal, Lehmziegel im Kura-Tal (Abb. 4). Die Ziegel wurden in Längsrichtung in Lehmmörtel verlegt, die Wände sind jeweils nur eine Ziegelstärke dick. Jeweils mehrere Rundbauten konnten durch Verbindungsmauern zu einem größeren Komplex verbunden werden[18]. Ob und wie sie überdacht waren, wissen wir nicht. In den Gebäuden finden sich tonnenförmige Vorratsbehälter aus Lehm sowie Reib- und Mahlsteine. Dies zeigt, dass diese Gebäude wohl nicht primär Wohngebäude waren, sondern der sicheren Aufbewahrung von Vorräten und ihrer Vorbereitung für Mahlzeiten dienten. Dafür spricht auch das Fehlen von Öfen. Auch die erstmals in großem Umfang in Aruchlo nachgewiesenen Gräben, die bereits bestehende Rundbauten zerstörten und nach ihrer Verfüllung wiederum durch runde Gebäude überbaut wurden, weisen

Abb. 5 Siedlung Aruchlo. Im Vordergrund ein Rundbau, der durch einen Graben zerstört wurde. Links im Bild ein kleiner Rundbau, der auf den bereits verfüllten Graben gebaut wurde.

Abb. 6 Kamiltepe, Aserbaidschan. Im Vordergrund die große, aus Lehmziegeln gebaute Plattform.

Abb. 7 Kamiltepe, Kreisgrabenanlage, in die schmale Wände aus Lehmziegeln gesetzt wurden.

eher auf komplexe soziale und rituelle Funktionen dieser Plätze hin (Abb. 5). Gräben gibt es auch in Imiris gora und Khramis Didi gora[19]. Möglicherweise gab es auch flache Siedlungsbereiche jenseits des zentralen Hügels: eine Forschungsaufgabe für die Zukunft.

Die Fundorte weiter im Südosten halten sich weniger eindeutig an eine bestimmte Bauform und verlagern sich häufiger[20]. Sie bilden flache Fundplätze oder kleinere Hügel. Es gibt eine Vielzahl von Bauformen: mit einzelnen Rundbauten, zusammengefügten Recht-

Abb. 8 Siedlung Aruchlo. Verkohlte Getreidereste. Im Zentrum ist eine verkohlte Ähre (Einkorn) zu erkennen.

eckkammern und besonderen Bauwerken, so ein monumentales Gebäude mit vier Meter hoch erhaltenen Mauern in Ismailbeytepe[21] und eine runde Plattform (Abb. 6) in Kamiltepe[22], beide aus dem 56. Jahrhundert v. Chr. Eine Kreisgrabenanlage mit drei Gräben (Abb. 7) und einem halb-unterirdischen Rundbau gehört zu den ältesten Orten in dieser Region[23].

Die neolithischen Bauern bauten Hülsenfrüchte wie Linsen und Erbsen an, auch Leinsamen wurde kultiviert[24]. Unter den Feldfrüchten war Gerste die wichtigste. Zwar eignete sie sich nicht gut für das Backen von Brot, doch lieferte Gerste unter trockenen Bedingungen bessere Erträge und wurde zum Bierbrauen und auch als Tierfutter verwendet. Auch Weizen wurde angebaut, zunächst die frühen Spelzweizensorten Emmer und Einkorn (Abb. 8). Im Lauf der Zeit nahm gegenüber dem Spelzweizen der Anteil an freidreschendem Weizen in einer vierzeiligen und später einer sechszeiligen Variante zu. Dieser Brotweizen ist das Resultat der Kreuzung zwischen Emmer und dem wilden Ziegengras, und diese Kreuzung fand sehr wahrscheinlich in der Region am südwestlichen Kaspischen Meer statt, wo diese Wildgräser vorkommen[25].

Besondere Beachtung findet bei Botanikern jedoch die Frage nach der Domestikation von Obstbäumen und besonders von Wein. In neolithischen Schichten finden sich Früchte von Birne, Weißdorn, Lotuspflaume, Haselnuss, Mandel, Holunder, Ölweide und Sumach, doch ist der Nachweis von Domestikation schwierig bis unmöglich, oftmals handelt es sich wohl eher um Früchte aus Wildsammlungen[26]. Wildformen von Wein waren in den offenen Wäldern und Auwäldern des Südkaukasus heimisch, und Wein weist in dieser Region die größte genetische Diversität auf. Einzelne Kerne von Weintrauben sind in vielen neolithischen Fundplätzen belegt. Pollenanalysen sprechen für Bestände von Wein in der Nähe der Siedlungen, wahrscheinlich eine bewusste Kultivierung. In jedem Fall wurden die Früchte schon frühzeitig genutzt. Weinsäure als Rückstand vergorener Weines ist in neolithischen Keramikgefäßen aus Shulaveris gora und Qadachrili gora nachgewiesen[27].

Die Tierwirtschaft[28] basierte zu über 90 % auf domestizierten Arten, die Jagd spielte eine geringe Rolle. Der Fischfang dürfte in deutlich größerem Stil betrieben worden sein als bisher durch Grabungen nachgewiesen.

Das Schlachtalter der Tiere aus den neolithischen Siedlungen legt nahe, dass der primäre Zweck der Aufzucht die Fleischversorgung war, sekundäre Produkte wie Milch oder Wolle waren von untergeordneter Bedeutung. Kleines Hornvieh, die oft schwer zu unterscheidenden Arten Schaf und Ziege, stellen ein Viertel bis eine Hälfte der Herden, die andere Hälfte entfällt auf Rinder sowie wenige Schweine. Auffällig sind die unterschiedlichen Zusammensetzungen der Herden: In Mentesh Tepe kommen fünf Schafe auf eine Ziege, in Aruchlo sind es

sechs Schafe. Weiter im Osten hingegen, wo das Klima zunehmend trockener ist, erhöht sich der Anteil der Schafe bis auf neun in Kamiltepe.

Auch beim Jagdwild bildet sich der Einfluss der Umwelt deutlich ab: In der Mil-Steppe dominierte mit der Gazelle eine typische Art der offenen Steppe. Eine Besonderheit der Mil-Steppe ist die saisonale Jagd auf Zwergtrappen, die hier als Zugvögel vorkamen. In Aruchlo fanden sich deutlich mehr Geweihreste als Hirschknochen. Das legt den Schluss nahe, dass die Geweihe gesammelt oder von der Bevölkerung in den bergaufwärts liegenden Waldgebieten eingehandelt wurden, um sie zur Herstellung von Geräten zu nutzen. Die Jagd spielte hier keine besondere Rolle.

Die geschlagenen Steingeräte der neolithischen Siedlungen im Südkaukasus basieren typischerweise auf bis zu 20 cm langen Klingen und lassen regionale Unterschiede der Geräteensembles erkennen[29]. Direkte und indirekte Retusche sowie Druckretusche kamen zum Einsatz. Eine technische Neuerung, die seit dem ausgehenden 8. Jahrtausend v. Chr. am oberen Tigris auftrat und sich im 6. Jahrtausend v. Chr. bis in den Südkaukasus ausbreitete, ist der Einsatz eines Hebels zum Abspalten gleichmäßiger langer Klingen. Die Klingen waren Rohformen, sie wurden in kleinere Segmente zerteilt und mit Bitumen in Griffe aus Knochen eingesetzt, beispielsweise für Sicheln.

Das Rohmaterial ist hauptsächlich Obsidian. In Aruchlo stammt der bearbeitete Obsidian wohl ausschließlich aus der Umgebung des Paravani-Sees, etwa 70 Kilometer westlich der Siedlung. Herkunftsanalysen zeigen in Aratashen, Kamiltepe und Mentesh Tepe ein komplexes Nachschubsystem aus den vielen unterschied-

Abb. 9 Siedlung Aruchlo. Auswahl von Flussgeröllen, die als Werkzeuge zum Polieren oder zum Klopfen verwendet wurden.

lichen Lagerstätten des Kleinen Kaukasus, aber auch darüber hinaus bis nach Ostanatolien. Vermutlich wanderte ein Teil des Obsidians von Hand zu Hand und gelangte so auf indirektem Weg in die südkaukasischen Fundstätten[30]. Zu dieser Überlegung passt auch die Beobachtung, dass die nordmesopotamischen Halaf-Fundplätze über teils große Vorräte an qualitativ hochwertigem Obsidian verfügten.

Zahlreiche Varianten von Mahlsteinen, Mörsern und Hämmern veranschaulichen die Bedeutung des Zerkleinerns aller möglichen Rohstoffe und Lebensmittel. Das Mahlen des Getreides ist ebenso zu nennen wie das Zermahlen von Wurzeln oder Fleisch. Hämatit (Ocker) wurde zerrieben, um den Staub als roten Farbstoff zu verwenden. Auch geschliffene Beile kommen vor[31]. Kleine flache Steine, teilweise mit eingeschliffenen Rillen[32], dienten vielleicht zum Glätten von Holz oder Knochen (Abb. 9).

Ab 5800 v. Chr. wurde in den neolithischen Fundorten des Südkaukasus auch Keramik hergestellt, nachdem die älteren Orte lediglich wenige importierte Keramikfragmente ergeben hatten. Die Produktion ist in technischer und funktionaler Hinsicht über große Entfernungen vergleichbar, zeigt aber deutliche regionale Unterschiede in der Aufbereitung des Tons durch das Hinzufügen von Zusatzstoffen, wie Spreu oder Sand, sowie in Oberflächenbehandlung und Dekor. Die Keramik war durchgehend von Hand aufgebaut, aus breiten Tonstreifen, monochrom und mit mehr oder weniger sorgfältig geglätteter Oberfläche. Bemalte Keramik ist in größerem Umfang bislang nur für den Süden nachgewiesen (Abb. 10–11)[33]. Im mittleren Kura-Tal ist ein kleiner Anteil der monochromen Keramik mit plastischer Verzierung versehen: Gruppen von aufgesetzten Knubben, besonders im Randbereich, erinnern vielleicht absichtlich an Weindolden (Abb. 12). Auch schematische, aus Tonwülsten geformte Menschenfiguren mit erhobenen Händen, vielleicht Tanzende, kommen vor[34]. In der Mil-Steppe hingegen kennen wir für die frühe monochrome Periode, mit Ausnahme einzelner oder paarweise aufgesetzter kleiner Knubben, keine aufgesetzte plastische Verzierung. Doch gibt es mehrere Varianten stich- und eindruckverzierter Waren, häufig in Kombination mit rotem Überzug, deren Verbreitungsschwerpunkt nördlich der Mil-Steppe liegt.

Das Tongeschirr besteht überwiegend aus offenen Formen wie Schüsseln, Schalen und Bechern (Abb. 10). Geschlossene Formen wie Töpfe mit abgesetztem Hals oder Flaschen (Abb. 11) sind selten. Bei der Grobkeramik überwiegen tonnenförmige Vorratsgefäße und offene zylindrische Kochtöpfe mit Griffen an der Wandung. Typisch sind bei allen Topfformen sehr breite Böden. Sie haben oftmals Abdrücke von Körben oder Textil auf der Unterseite, vermutlich formte man die Behälter auf einer Matte oder in einem

Abb. 10 Kamiltepe. Doppelkonischer Becher mit Streifenbemalung.

Abb. 11 Kamiltepe. Tonflasche mit Bemalung.

Korb. Eine besondere Form in der Mil-Steppe sind plump aussehende bikonische Behälter, deren Rand als Griff nach innen gefaltet ist (Abb. 13). Trotz der unregelmäßigen Form sind diese Behälter erstaunlich gut ausbalanciert, wenn man sie am Griff fasst. Sie dienten vermutlich zum Transport von Wasser und waren bis nach Mentesh Tepe im mittleren Kura-Tal verbreitet. Eine spezifisch funktionale Form waren Fässer mit bis zu 300 Liter Fassungsvermögen, die wohl Wein enthielten, wie Analysen aus Shulaveris gora und Gadachrili gora nahelegen. Sie haben einen sehr kleinen Boden und ein konisches Unterteil, wahrscheinlich wurden sie zur Hälfte oder auch ganz in den Boden eingegraben. Sie finden sich in Fundorten der Shulaveri-Shomutepe-Aratashen-Gruppe ebenso wie in der Mil-Steppe.

Typisch neolithisch sind im ganzen Südkaukasus menschliche Figurinen aus ungebranntem Ton[35]. Allerdings kommen sie nur in vergleichsweise geringer Anzahl vor. Das Typenspektrum reicht von sehr abstrakten und verkürzten Darstellungen bis hin zu erkennbar

Abb. 12 Siedlung Aruchlo. Gefäß mit Knubbendekor, Kat. 6.

Abb. 13 Kamiltepe. Wasser- oder Weinbehälter mit eingedrücktem Rand als Griff.

Abb. 14 Kamiltepe. Fragment einer Tonstatuette. Dargestellt ist eine sitzende Frau mit Körperbemalung oder mit einer reich verzierten Bekleidung.

Abb. 15 Kamiltepe. Stilisierte menschliche Figur.

menschlichen Formen. Die detailreichsten Figurinen sind in sitzender Position dargestellt, mit vor dem Körper aufgestellten oder ausgestreckten Beinen und nach hinten gelehntem Oberkörper. Viele Figurinen sind stark schematisiert und ohne ausdrückliche naturalistische Modellierung, häufig auch ohne eindeutige Geschlechtsbestimmung. Wenn vorhanden, verschmilzt der Kopf mit dem Körper, Brüste und Arme können angedeutet sein. Einige Figurinen sind außerdem mit Stichmustern verziert (Abb. 14–15).

Bislang nur in der Shulaveri-Shomutepe-Gruppe bekannt, sind aus Hirschgeweih gearbeitete Phalli (Abb. 16) mit einem Schäftungsloch, die als Szepter oder Standarte verwendet worden sein mögen[36].

Schmuck und Körperdekoration dienten der individuellen Kennzeichnung des sozialen Status'. Muscheln, Knochen und Geweih, Stein, und selten Metall, dienten als Rohmaterial für Anhänger und Perlen. In der Mil-Steppe ist eine Muschelperlenwerkstatt dokumentiert, in der tausende runde Scheibenperlen aus der im Kaspischen Meer vorkommenden Didacna-Muschel gefertigt wurden[37]. Hirschgrandeln – die Eckzähne der Hirsche – oder hirschgrandelförmige Anhänger aus Rinderknochen kennen wir aus der Mil-Steppe und aus Aruchlo. Auch der orange leuchtende Karneol wurde zu Anhängern verarbeitet, teilweise imitierten auch diese die beliebten Hirschgrandeln. Ebenso wurde gediegenes Kupfer zu Perlen verarbeitet, indem kleine Bleche zu Röhren gerollt wurden[38].

Durch die Forschungen in den vergangenen zwei Jahrzehnten hat sich unsere Kenntnis des Neolithikums im Südkaukasus entscheidend verbessert. So lässt sich inzwischen seine Vielfalt erkennen und zeitlich wie auch geografisch genauer umschreiben. Es wird deutlich, dass sich verschiedene regionale Einflüsse überlagerten. Fest steht auch, dass die bisher jüngsten Orte im Verlauf des 53. Jahrhunderts v. Chr. aufgegeben wurden. Jüngere Siedlungsspuren sind bislang nur in geringem Umfang bekannt. Offensichtlich fand ein tiefgreifender ökonomischer Wandel statt, dessen Hintergründe wir noch nicht kennen. Es ist denkbar, dass andere Siedlungsräume aufgesucht wurden, wie Hochweiden oder Gebirgslagen, die in den archäologischen Untersuchungen bisher noch nicht sichtbar sind.

Deutlich erkennbar ist bereits jetzt, dass die Ausbreitung der bäuerlichen Lebensweise im Osten des Fruchtbaren Halbmonds durch andere Dynamiken bestimmt war als im Westen, wo in Südosteuropa etwas früher die ersten bäuerlichen Siedlungen entstanden.

Vermutlich war auch die Ausgangsregion der Bauern, die in den Kaukasus aufbrachen, eine andere. Sie brachten Tiere aus dem Fruchtbaren Halbmond mit, die sich von denen in Südosteuropa genetisch unterscheiden. Einmal etabliert, entstand im Südkaukasus eine ganz eigene Form neolithischen Lebens. Wildfrüchte spielten hier eine entscheidende Rolle in der Wirtschaftsweise, sie wurden gesammelt und wahrscheinlich wurde der in der Region heimische Wein auch frühzeitig kultiviert und als Wein ausgebaut. Der zweite wichtige Beitrag zur neolithischen Landwirtschaft ist die aus der Kreuzung von Emmer und Wildgras entstehende, neue Art des sechszeiligen Brotweizens, die sich, ausgehend vom südwestlichen Kaspi-Tiefland, rasch ausbreitete. Auch die Form und Verzierung der Tongefäße, manche Geräteformen und die symbolischen Objekte wie Figurinen und Phalli aus Geweih sind eigene Schöpfungen des südkaukasischen Neolithikums.

Nach etwa 600 Jahren kam die erste Welle der neolithischen Besiedlung im Südkaukasus zu einem Ende, die Orte wurden aufgegeben und für die folgenden Jahrhunderte fehlen uns bisher belastbare Hinweise auf Siedlungskontinuität. Nur die weitere Erforschung anderer Siedlungsräume, und besonders höher gelegener Landschaften, kann in Zukunft dazu beitragen, dieses Rätsel zu lösen.

Abb. 16 Siedlung Aruchlo. Stabaufsatz aus Geweih in phallischer Form, Kat. 59.

Abstract

Two thousand years after populations in the Fertile Crescent of Southwest Asia had shifted to sedentary life and a producing economy based on animal husbandry and agriculture, this new Neolithic way of life arrived in the fertile high valleys of South Caucasus around 6 000 BCE. The most likely scenario is a migration of Near Eastern farmers into central South Caucasus, a region that had so far been occupied by hunter-gatherer communities. The Neolithic settlers brought along fully domesticated livestock and cereals, and within a few centuries established villages along the fertile valleys. They cultivated a broad spectrum of wild and domesticated plants, including grapes for wine-making. The sites were connected through a long distance network that supplied obsidian from sources in the Lesser Caucasus. Recent research in Georgia and Azerbaijan has shed new light on regionally specific building techniques and ceramic styles, indicating a mixture of influences reaching the area from different directions via eastern Turkey and Northern Iran.

1 Childe 1948.
2 Braidwood 1960.
3 Cauvin 1997.
4 Cauvin 1997, 100.
5 Watkins/Sterelny 2015.
6 Schmidt 2006.
7 Demoule (Hg.) 2009.
8 Benecke 2017, 360.
9 Chataigner/Badalyan/Arimura 2014.
10 Meshveliani 2013.
11 Nach Wechler 2001.
12 Rostunov/Ljachov/Reinhold 2009.
13 Hansen u. a. 2017.
14 Badalyan u. a. 2007; Chataigner/Badalyan/Arimura 2014.
15 Nishiaki u. a. 2013; Nishiaki u. a. 2015.
16 Chataigner/Badalyan/Arimura 2014; Kiguradze 2001.
17 Nishiaki u. a. 2017.
18 S. Hansen/G. Mirtskhulava in Lyonnet u. a. 2012, 58–71; Hansen/Mirtskhulava 2017.
19 Ioseliani 2017.
20 Ricci/Helwing/Aliyev 2012.
21 Almammadov 2016.
22 B. Helwing/T. Aliyev in Lyonnet u. a. 2012, 4–8; Helwing/Aliyev 2014; Helwing/Aliyev 2017.
23 B. Helwing/T. Aliyev in Lyonnet u. a. 2012, 8–13; Helwing/Aliyev 2017.
24 A. Decaix in Lyonnet u. a. 2012, 156–163; Decaix 2016; Neef/Decaix/Tengberg 2017.
25 Zohary/Hopf 2003, 53–56.
26 Decaix 2016.
27 McGovern u. a. 2017.
28 N. Benecke in Lyonnet u. a. 2012, 154–155; Benecke 2017.
29 L. Astruc u. a. in Lyonnet u. a. 2012, 169–177; Chataigner/Badalyan/Arimura 2014; Guilbeau/Astruc/Samzun 2017.
30 L. Astruc u. a. in Lyonnet u. a. 2012, 169–177 ; Chataigner/Gratuze 2014a; Chataigner/Gratuze 2014b; Guilbeau/Astruc/Samzun 2017.
31 Hamon 2008; C. Hamon in Lyonnet u. a. 2012, 163–169.
32 Chataigner/Badalyan/Arimura 2014, Abb. 10.
33 Helwing/Aliyev 2017a; M. B. D'Anne in Lyonnet u. a. 2012, 38–44; Helwing/Aliyev 2017.
34 K. Bastert-Lamprichs in Lyonnet u. a. 2012, 71–82; Bastert-Lamprichs 2017; Lyonnet 2017.
35 Hansen 2017a; Kiguradze 1986.
36 Hansen 2017b.
37 Heit 2014.
38 S. Hansen in Lyonnet u. a. 2012, 84–85; Steiniger 2017.

Literatur

Almammadov, Kh. 2016, The corpus of archaeological monuments of Garabagh I (Baku 2016). **Badalyan, R./Lombard, P./Avetisyan, P./Chataigner, C./Chabot, J./Vila, E./Hovsepyan, R./Willcox, G./Pessin, H. 2007,** New data on the Late Prehistory of the Southern Caucasus. The excavations at Aratashen (Armenia): preliminary report. In: B. Lyonnet (Hg.), Les Cultures du Caucase (VIe–IIIe millénaires avant notre ère) Leurs relations avec le Proche-Orient (Paris 2007) 37–61. **Bastert-Lamprichs, K. 2017,** Das neolithische Aruchlo. Die Keramik der Kampagnen 2012–2014. In: Helwing u. a. (Hg.) 2017, 233–246. **Benecke, N. 2017,** Exploitation of animal resources in Neolithic settlements of the Kura Region (South Caucasia). In: Helwing u. a. (Hg.) 2017, 357–369. **Braidwood, R. J. 1960,** The agricultural revolution. Scientific American 203, 1960, 130–148. **Cauvin, J. 1997,** Naissance des divinités. Naissance de l'agriculture (Paris 1997). **Chataigner, C./Gratuze, B. 2014a,** New data on the exploitation of obsidian in the Southern Caucasus (Armenia, Georgia) and Eastern Turkey, Part 1: Source characterization. Archaeometry 56, 25–47. https://doi.org/10.1111/arcm.12006. **Chataigner, C./Gratuze, B. 2014b,** New Data on the exploitation of obsidian in the Southern Caucasus (Armenia, Georgia) and Eastern Turkey, Part 2: Obsidian procurement from the Upper Palaeolithic to the Late Bronze Age. Archaeometry 56, 48–69. https://doi.org/10.1111/arcm.12007. **Chataigner, C./Badalyan, R./Arimura, M. 2014,** The Neolithic of the Caucasus. Oxford Handbooks Online, https://doi.org/10.1093/oxfordhb/9780199935413.013.13. **Childe, V. G. 1948,** Man makes himself (London 1948). **Decaix, A. 2016,** Origin et évolution des économies agricoles dans le sud du Caucase: Récherches archéobotaniques dans le bassin Kuro-Araxes. Ph.D. thesis, Universität Paris 1 – Sorbonne (Paris 2016). **Demoule, J.-P. (Hg.) 2009,** La révolution néolithique dans le monde (Paris 2009). **Guilbeau, D./Astruc, L./Samzun, A. 2017,** Chipped stone industries from the Mil Plain (Kamiltepe) and the Middle Kura Valley (Mentesh Tepe), Azerbaijan. In: Helwing u. a. (Hg.) 2017, 385–398. **Hamon, C. 2008,** From Neolithic to Chalcolithic in the Southern Caucasus: Economy and macrolithic implements from Shulaveri-Shomu sites of Kwemo-Kartli (Georgia). Paléorient 34, 2008, 85–136. **Hansen, S. 2017a,** Figurines. In: Helwing u. a. (Hg.) 2017, 273. **Hansen, S. 2017b,** Phallomorphic antler tools. In: Helwing u. a. (Hg.) 2017, 269–271. **Hansen, S./Mirtskhulava, G. 2017,** Excavations in Aruchlo 2005–2014. In: Helwing u. a. (Hg.) 2017, 195–200. **Hansen, S./Bastert-Lamprichs, K./Kromer, B./Ullrich, M. 2017,** Stratigraphy and Radiocarbon Dating. In: Helwing u. a. (Hg.) 2017, 291–295. **Heit, I. 2014,** The bead workshop at site MPS 4, Mil Plain, Azerbaijan. Craft specialization and the manufacture of jewellery in the Neolithic. Polish Archaeology in the Mediterranean 23, 2014, 1, 21–39. **Helwing, B./Aliyev, T. 2014,** A monumental Neolithic? New results of the ongoing Azerbaijanian-German investigations in the Mil Steppe, Azerbaijan. In: P. Bieliński/ M. Gawlikowski/R. Koliński/D. Ławecka/A. Sołtysiak/Z. Wygnańska (Hg.), Proceedings of the 8th International Congress on the Archaeology of the Ancient Near East, 30 April–4 May 2012, University of Warsaw, Volume 2: Excavation and Progress Reports, Posters (Wiesbaden 2014) 247–257. **Helwing, B./Aliyev, T. 2017,** Excavations in the Mil Plain sites, 2012–2014. In: Helwing u. a. (Hg.) 2017, 11–42. **Helwing, B./Aliyev, T./Lyonnet, B./Guliyev, F./Hansen, S./Mirtskhulava, G. (Hg.) 2017**, The Kura Projects. New research on the later prehistory of the Southern Caucasus, Archäologie in Iran und Turan 16 (Berlin 2017). **Ioseliani, V. 2017,** Ditches at Aruchlo and other Shomu-Shulaveri sites. In: Helwing u. a. (Hg.) 2017, 223–231. **Kiguradze, T. 2001,** Caucasian Neolithic. In: P. Peregrine/M. Ember (Hg.), Europe, Encyclopedia of Prehistory (New York 2001) 55–76. **Kiguradze, T. 1986,** Neolithische Siedlungen von Kvemo-Kartli, Georgien. Materialien zur allgemeinen und vergleichenden Archäologie 29 (München 1986). **Lyonnet, B. 2017,** Mentesh Tepe 2012–2014. The Pottery. In: Helwing u. a. (Hg.) 2017, 141–151. **Lyonnet, B./Guliev, F./Helwing, B./Aliyev, T./Hansen, S./Mirtskhulava, G. 2012,** Ancient Kura 2010–2011: The first two seasons of joint field work in the southern Caucasus. Archäologische Mitteilungen aus Iran und Turan 44, 2012, 1–189. **McGovern, P./Jalabadze, M./Batiuk, S./Callahan, M. P./Smith, K. E./Hall, G. R./Kvavadze, E./Maghradze, D./Rusishvili, N./Bouby, L./Failla, O./Cola, G./Mariani, L./Boaretto, E./Bacilieri, R./This, P./Wales, N./Lordkipanidze, D. 2017,** Early Neolithic wine of Georgia in the South Caucasus. Proceedings of the National Academy of Sciences, Early Edition, 13. Nov 2017. https://doi.org/10.1073/pnas.1714728114. **Meshveliani, T. 2013**, On Neolithic Origins in Western Georgia. Archaeology, Ethnology and Anthropology of Eurasia 41/2, 2013, 61–72. https://doi.org/10.1016/j.aeae.2013.11.006. **Neef, R./Decaix, A./Tengberg, M. 2017,** Agricultural practices and paleoenvironment of the Southern Caucasus during the Neolithic. A transect along the Kura River. In: Helwing u. a. (Hg.) 2017, 371–377. **Nishiaki, Y./Guliyev, F./Kadowaki, S./Arimatsu, Y./Hayakawa, Y./Shimogama, K./Takehiro, M./Arai, S./Salimbeyov, S. 2013,** Hacı Elamxanlı Tepe: excavations of the earliest pottery neolithic occupations on the Middle Kura, Azerbaijan, 2012. Archäologische

Mitteilungen aus Iran und Turan 45, 2013, 1–25. **Nishiaki, Y./Guliyev, F./Kadowaki, S./Alakbarov, V./ Miki, T./Salimbayov, S./Akashi, C./Arai, S. 2015,** Hacı Elamxanlı Tepe: excavations of the earliest pottery neolithic occupations on the Middle Kura, Azerbaijan, 2012. Bulletin of the American Schools of Oriental Research 374, 2015, 1–28. **Nishiaki, Y./ Guliyev, F./Kadowaki, S./Omori, T. 2017,** Neolithic residential patterns in the southern Caucasus: Radiocarbon analysis of rebuilding cycles of mudbrick architecture at Göytepe, west Azerbaijan. Quaternary International online first. https://doi.org/10.1016/j.quaint.2017.09.015. **Ricci, A./Helwing, B./Aliyev, T. 2012,** The Neolithic on the Move: High resolution settlement dynamics investigations and their impact on archaeological landscape studies in Southwest Azerbaijan. eTopoi. Journal for Ancient Studies 3, 2012, 369–375. **Rostunov, V./Ljachov, S./Reinhold, S. 2009,** Tsmi – An open site of the late Mesolithic and early Neolithic in Northern Ossetia (North Caucasus). Archäologische Mitteilungen aus Iran und Turan 41, 2009, 47–74. **Schmidt, K. 2006,** Sie bauten die ersten Tempel: Das rätselhafte Heiligtum der Steinzeitjäger. Die archäologische Entdeckung am Göbekli Tepe (München 2006). **Steiniger, D. 2017,** p-XRF on Copper Finds from Aruchlo. In: Helwing u. a. (Hg.) 2017, 277–280. **Taha, B./Le Dosseur, G. 2017**, Bone tools as records of regional differences during the Neolithic. A preliminary comparative study between the bone industries at Mentesh Tepe and Kamiltepe sites. In: Helwing u. a. (Hg.) 2017, 399–424. **Watkins, T./Sterelny, K. 2015,** Neolithization in Southwest Asia in a context of Niche Construction Theory. Cambridge Archaeological Journal 25, 2015, 673–691. https://doi.org/10.1017/S0959774314000675. **Wechler, K.-P. 2001,** Studien zum Neolithikum der osteuropäischen Steppe. Archäologie in Eurasien 12 (Mainz 2001). **Zohary, D./Hopf, M. 2003,** Domestication of plants in the Old World. The origin and spread of cultivated plants in West Asia, Europe and the Nile Valley (New York 2003).

Aruchlo – Runde Gebäude und Gräben

Svend Hansen, Guram Mirtskhulava,
Katrin Bastert-Lamprichs, Norbert Benecke, Ivan Gatsov,
Petranka Nedelcheva, Michael Ullrich

Für die Erforschung des Neolithikums im Südkaukasus spielten mehrere Siedlungen in Georgien eine wichtige Rolle, in denen umfangreiche Grabungen begannen: in Shulaveris gora ab 1965, in Imiris gora und in Aruchlo (Abb. 1) ab 1966 und in Khramis Didi gora ab 1972. Sie erlaubten diese mit sehr ähnlichen Siedlungen im angrenzenden Aserbaidschan zur sogenannten Shulaveri-Shomutepe-Kultur zusammenzufassen[1].

Die neuen Grabungen in Aruchlo von 2005 bis 2016 hatten unter anderem zum Ziel, neuere naturwissenschaftliche Methoden auf diesen Siedlungsplatz anzuwenden, die seinerzeit nicht zur Verfügung standen, um so unter anderem eine genauere Datierung dieser Siedlungen zu ermöglichen[2]. Tatsächlich lässt sich aufgrund von 30 ^{14}C-Daten zeigen, dass die Siedlung etwa drei Jahrhunderte lang bestand. Die früheste neolithische Besiedlung könnte kurz vor

Abb. 1 Siedlung Aruchlo, Georgien.

Abb. 2 Siedlung Aruchlo. Teilweise noch über einen Meter erhaltene Rundbauten.

5 800 v. Chr. begonnen haben und das Ende kurz vor 5 500 v. Chr. liegen. Diese Daten sind mit den neuen Datierungen aus der Siedlung Göytepe in Aserbaidschan gut vergleichbar[3]. In Aruchlo wurde der Hügel lange Zeit nicht besiedelt – mit der Eisenzeit änderte sich das. Erst ab etwa 700 v. Chr. spielte er wieder eine Rolle. Leider ließen sich nur noch dürftige Reste der Architektur nachweisen, doch hat die Eisenzeit eine Reihe tiefer Gruben in der Siedlung hinterlassen.

Die ersten neolithischen Siedler im Südkaukasus brachten ihre Nutztiere mit: Rind, Schaf, Ziege und Schwein. Die neuen Methoden der Untersuchung alter DNA werden künftig noch viele Informationen, zum Beispiel zur Herkunft der Tiere und damit auch der Siedler, liefern. Rinder spielten für die Ernährung die wichtigste Rolle. Zwei Drittel des konsumierten Fleisches stammen von dieser Art. Schafe und Ziegen trugen etwa ein Viertel und Schweine lediglich ein Zehntel zum Fleischaufkommen, beziehungsweise -konsum bei. In den überlieferten Knochenresten überwiegen ausgewachsene Individuen. Ein hoher Anteil weiblicher Tiere weist zusätzlich auf die Nutzung von Milch, beziehungsweise Milchprodukten als Nahrungsmittel hin. Allgemein wird von einer weitgehend ortsgebundenen Tierhaltung mit Weidenutzung in der nahen Umgebung des Siedlungsplatzes ausgegangen. Die für das Hüten von Weidevieh benötigten Hunde sind im Fundmaterial ebenfalls vertreten.

Auch die neuen Grabungen brachten eine Reihe von Rundbauten ans Tageslicht, die in der Regel komplett ausgeräumt worden waren, bevor man sie mit Siedlungsmaterial verfüllte, um dann auf den Ruinen des alten einen neuen Rundbau zu errichten. Deshalb sind einzelne Bauten noch über einen Meter hoch erhalten (Abb. 2). Neben sehr kleinen Rundbauten, die sicher nur als Speicher dienten, kamen auch Bau-

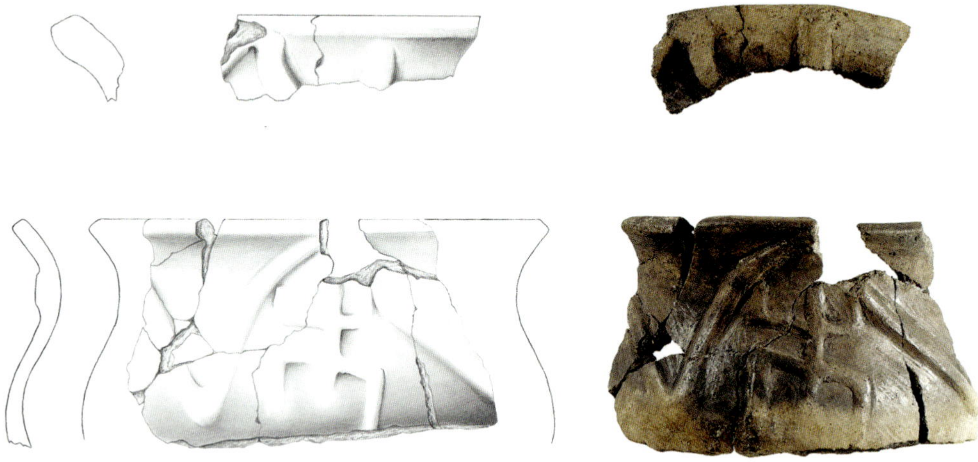

Abb. 3 Siedlung Aruchlo. Keramik mit Menschendarstellungen, Kat. 7 (links), Kat. 9 (unten).

ten bis zu einem Durchmesser von vier Metern und in einem Fall auch sechs Metern zum Vorschein. Neu war die Erkenntnis, dass die Bauten nicht nur aus ungebrannten Ziegeln gelber Farbe, sondern auch aus Ziegeln mit einem braunen Ton gebaut wurden. Diese runden Gebäude waren in der Welt des 6. Jahrtausends v. Chr. sehr ungewöhnlich. In den meisten neolithischen Kulturen errichtete man nämlich schon seit langem rechteckige Bauten.

Das Fundmaterial besteht aus den charakteristischen leicht eiförmigen Gefäßen mit einer Verzierung aus Knubben am Rand. In seltenen Fällen treten auch Menschendarstellungen auf, wie sie für diese Zeit typisch sind und in der Regel als Tanzende interpretiert werden (Abb. 3). Vielfältig sind die Mahlsteine. In großen und kleineren Mühlen wurden unterschiedlichste Materialien gemahlen. Nicht nur Getreide, sondern auch Wurzeln, Fleisch, Farbpigmente und vieles mehr wurden verarbeitet. Flussgerölle dienten als Hämmer oder Klopfsteine. Obsidian wurde für die Herstellung scharfer Messerklingen verwendet. Werkzeuge für unterschiedliche Tätigkeiten wurden aus Tierknochen hergestellt. Am

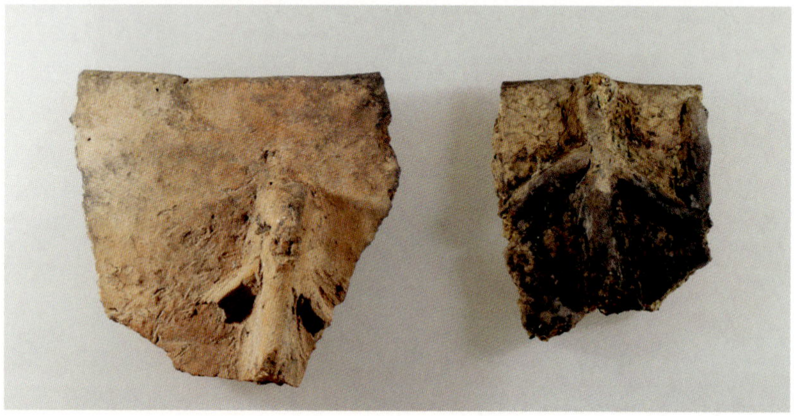

weitaus häufigsten sind einfache Pfrieme, mit denen alles Mögliche perforiert oder aufgespießt werden konnte. Zahlreich sind auch Äxte aus Hirschgeweih, seltener polierte Beile aus Felsgestein. Sehr spärlich sind die Funde von Schmuckperlen, tönernen Figuren und den Phalli aus Hirschgeweih, die erstmals in den neuen Grabungen identifiziert werden konnten. Verschiedene Hinweise lassen erkennen, dass Kupfer schon die Aufmerksamkeit der Siedler gefunden hatte. Gediegen Kupfer wurde flach gehämmert und zu Perlen umgebogen (Abb. 4).

Abb. 4 Siedlung Aruchlo. Perle aus Kupfer.

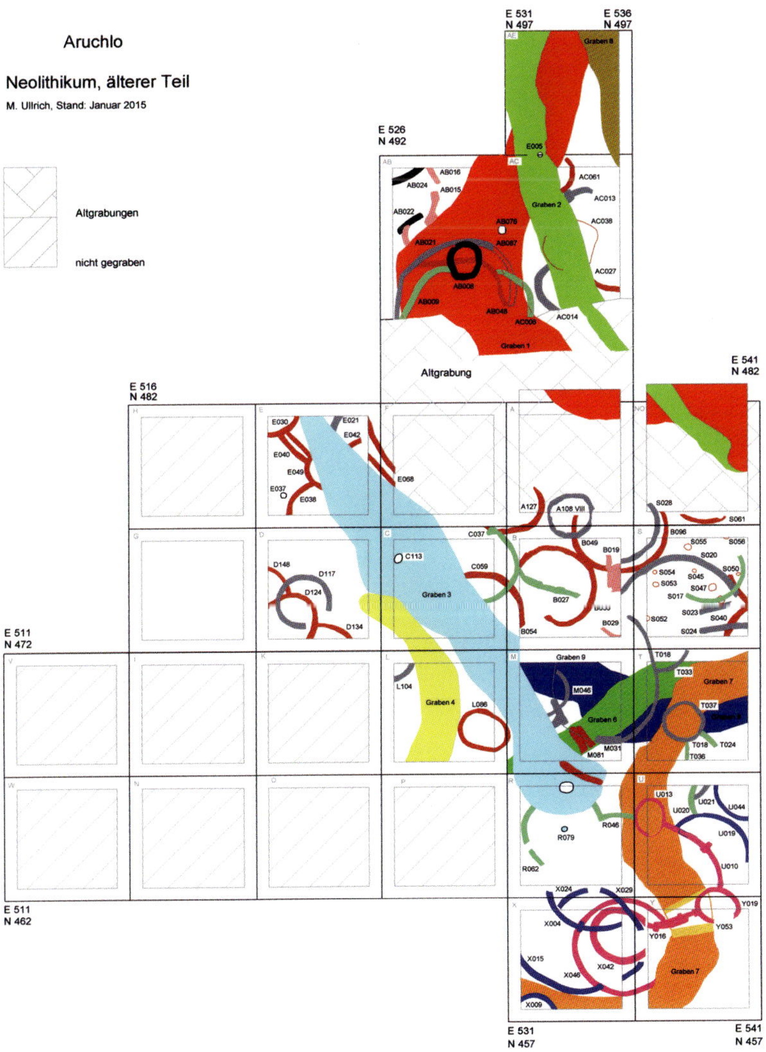

Abb. 5 Siedlung Aruchlo. Älterer Abschnitt der Besiedlungsphase.

Die neuen Grabungen bieten zahlreiche Anhaltspunkte, die Entwicklung der neolithischen Besiedlung wenigstens in zwei Phasen zu unterteilen. In einem älteren Abschnitt (Abb. 5) finden sich überwiegend einzelne Rundbauten, während für den jüngeren Abschnitt (Abb. 6) Bauten charakteristisch sind, die durch Verbindungsmauern zu größeren Gebäudeeinheiten zusammengefasst werden. Die Keramik der jüngeren Siedlungsphase ist zahlreicher als in der älteren. Für den früheren Abschnitt ist hingegen ein größeres Spektrum von Knochenwerkzeugen charakteristisch. Weitere Analysen werden erstmals die Entwicklung der mehr als 2.000 Steinwerkzeuge im Detail beleuchten können, die bei vielfältigen Arbeiten im Alltag zum Einsatz kamen.

Mit der Entdeckung zweier Gräben im Jahr 2011 begann eine neue und aufregende Grabungsphase, die zu einem überraschenden, gänzlich neuen Bild von Aruchlo geführt hat und das Neolithikum im Südkaukasus völlig neu beleuchtet. Die älteren Untersuchungen hatten Gräben um die Siedlung als Verteidigungsanlage oder zur Wasserhaltung identifiziert.

Die Gräben, die nun entdeckt und über einen begrenzten Abschnitt verfolgt werden konnten, haben jedoch einen gänzlich anderen Charakter. Sie schneiden nämlich in bestehende Siedlungsschichten ein und wurden danach wieder verfüllt. Ihre größte Tiefe war 4,80 Meter und ihre größte Breite betrug 4,50 Meter. Sie durchschnitten zwar ältere Siedlungsschichten, wurden aber bis zu 3,30 Meter in den gewachsenen Boden eingetieft. In der Regel handelt es sich um Gräben in V-Form, die unten sehr schmal werden. Die Gräben wurden nach kurzer Zeit wieder verfüllt. Dafür benutzte man jedoch nicht den Aushub aus dem Graben, sondern brachte frische Erde, vermutlich aus der Umgebung, heran. In vielen Gräben ließen sich strukturierte Verfüllungen erkennen, dicke Schichtpakete aus sterilem Ton wechselten mit dünneren Lagen hauptsächlich von Asche und Tierknochen ab (Abb. 7). Unter den Funden aus den Gräben wurden sehr viele Geweihhacken und -äxte dokumentiert. In einem Graben fand sich eine aus alten Ziegeln gesetzte Quermauer (Abb. 8). In anderen Gräben wurden nach einer gewissen Verfüllung neue Gebäude errichtet. Zahlreiche Beobachtungen sprechen dafür, dass die Gräben rasch verfüllt wurden. So konnten beispielsweise keine Einschwemmungen beobachtet werden. Die bislang ausgewerteten ^{14}C-Daten zeigen, dass die Datierungen für die Grabensohle und die oberste Schicht als gleichzeitig zu gelten haben und sich im Rahmen der Standardabweichung nicht differenzieren lassen.

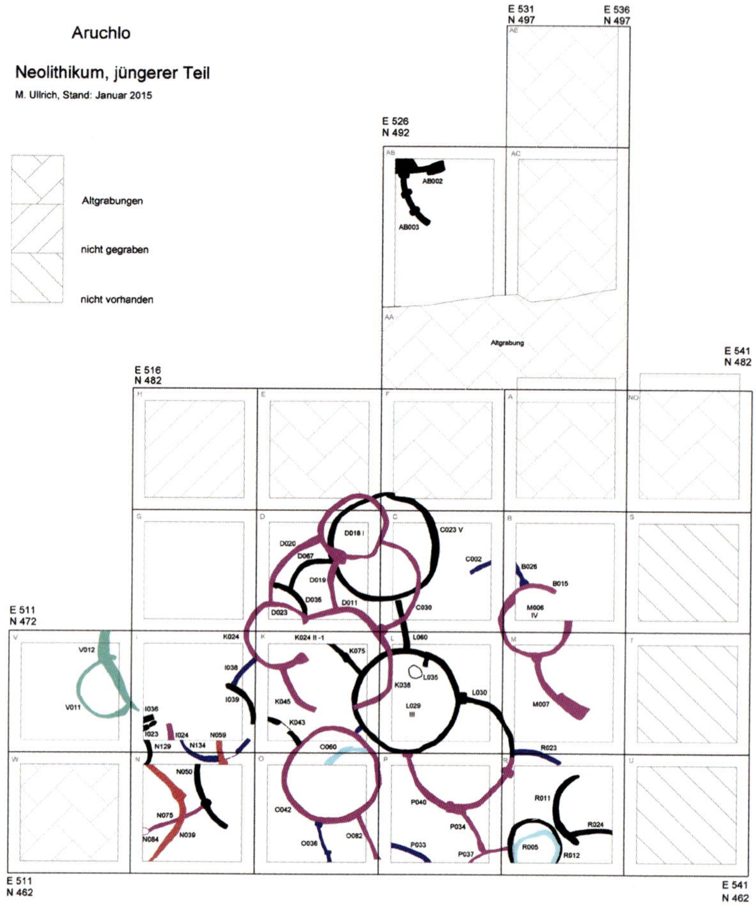

Abb. 6 Siedlung Aruchlo. Jüngerer Abschnitt der Besiedlungsphase.

Nach der Verfüllung des einen Grabens wurde mit dem Bau eines neuen Grabens begonnen, der durchaus auch einen oder mehrere ältere Gräben durchschneiden konnte. Unser ausgestelltes Modell der Gräben in Aruchlo zeigt den Zustand der Ausgrabung in einem fortgeschrittenen Stadium (Abb. 9). Die hier freigelegten Gräben waren nicht notwendigerweise alle geöffnet. Natürlich waren sie aber auch tiefer (Abb. 10). Dennoch gewinnt man eine Vorstellung von vielen Gräben, die im Laufe der Jahre immer wieder neu errichtet und sich durch den Siedlungsplatz schlängelten sowie bald verfüllt wurden.

Der Grabungsbefund und auch der Plan zeigen deutlich, dass von Befestigungswerken kaum auszugehen ist, ebenso wenig kommen Bewässerung oder Entwässerung in Frage. Auch sind es keine Gräben, in denen man bestimmte Tätigkeiten ausübte. Desgleichen handelt es sich auch kaum um Materialgräben, die zur Tonbesorgung dienten. Dieser war nämlich in der unmittelbaren Umgebung viel einfacher zu beschaffen. Auch Bestattungen wurden nicht angetroffen. Der Sinn dieser Anlagen ist also, gemessen an den gängigen Funktionen solcher Gräben, gänzlich unklar.

Es waren gleichwohl Konstruktionen, die eine beträchtliche Arbeitsleistung erforderten. Man weiß zwar, dass in frühen Gesellschaften viele Arbeitskräfte mobilisiert werden konnten, doch musste auch im Neolithikum ein Ziel er-

Abb. 7 (S. 47 oben) Siedlung Aruchlo. Grabenverfüllung. Erkennbar sind die Lagen reinen Lehms und schmale Aschebänder.

Abb. 8 (S. 47 unten) Siedlung Aruchlo. Mauer aus wiederverwendeten Ziegeln in einem Graben.

kennbar sein. Tatsächlich hat man in den letzten Jahren auch in anderen neolithischen Siedlungen, beispielsweise in Aşağı Pınar in Türkisch Thrakien[4] Gräben gefunden, die keinen unmittelbar »praktischen« Sinn erkennen lassen.

So kommt eine soziale Bedeutung der Gräben in den Blick. Gräben trennen die Menschen, spalten die Gesellschaft. »Gräben zuzuschütten«, bis heute eine gängige Metapher, heilt die Trennung und versöhnt die Gesellschaft. Die Gräben in Aruchlo sind nicht mit dem Aushub verfüllt worden, sondern mit Material, das man von außerhalb holte. Es ist zu vermuten, dass auch dies eine symbolische Bedeutung hatte, indem man den Spalt gerade nicht mit dem Alten, dem Belasteten, verfüllte. Dass dazwischen immer wieder Tierknochen liegen, könnte auf gemeinschaftsstiftende Festmahle schließen lassen, deren Reste im Graben als Zeichen der Überwindung von Spaltung abgelagert wurden, doch müssen hier die Ergebnisse der Tierknochenuntersuchung abgewartet werden.

Wenn unsere Überlegungen in die richtige Richtung weisen, dann werfen die Gräben in Aruchlo auch Licht auf die Aktivitäten an diesem Ort insgesamt. Es ist nämlich unübersehbar, dass die Rundbauten in Aruchlo keine Einrichtungen erkennen lassen, die man für Wohnbauten voraussetzen möchte. Insbesondere fehlen Ofenanlagen, wie sie für neolithische Häuser dieser Zeit typisch sind. Die meisten sind ohnehin zu klein, um in ihnen zu wohnen. Die Konstruktion der großen Gebäuderinge mit 6 Meter Durchmesser ist unter statischen Gesichtspunkten noch nicht geklärt. Vielleicht handelt es sich nicht primär um Wohngebäude, sondern um Kammern, die der Aufbewahrung von Vorräten dienten. Möglicherweise müssen die eigentlichen Wohnbauten in der unmittelbaren Umgebung gesucht werden.

Abb. 9 Siedlung Aruchlo. Blick auf die Gräben und Bauten in der Südwestecke der Grabungsfläche.

Abb. 10 Siedlung Aruchlo. Profilzeichnung der beiden Gräben.

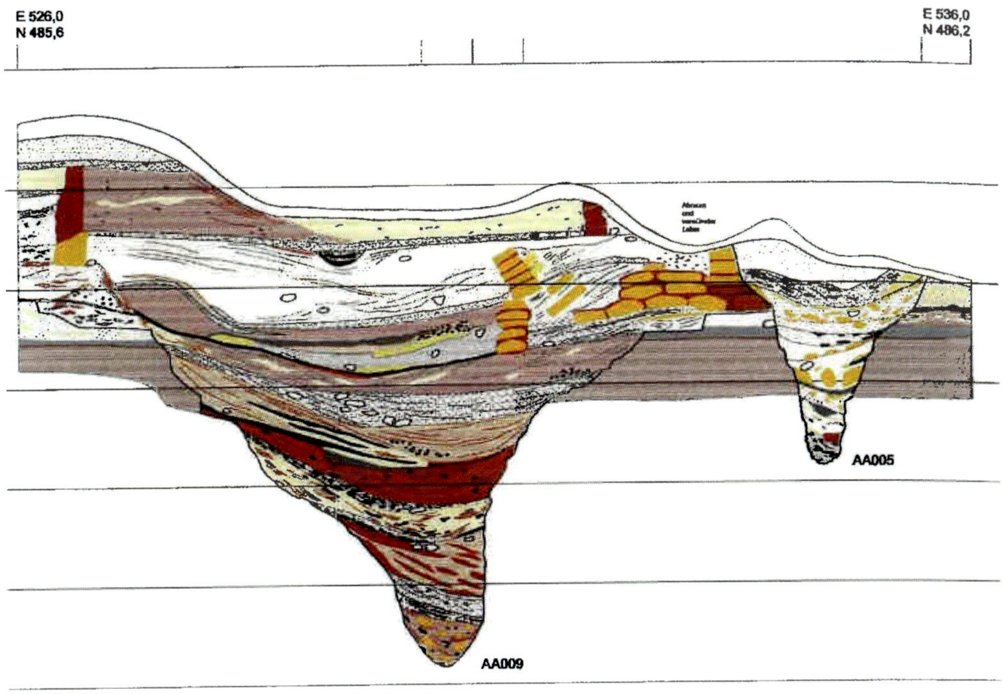

1 Kiguradze 1986.
2 Hansen/Mirtskhulava 2017.
3 Nishiaki/Guliyev/Kadowaki 2015.
4 Schwarzberg/Özdoğan 2013.

Literatur

Hansen, S./Mirtskhulava, G. 2017, Excavations in Aruchlo 2005–2014. In: B. Helwing/T. Aliyev/B. Lyonnet/F. Guliyev/S.Hansen/G. Mirtskhulava (Hg.), The Kura Projects. New research on the later prehistory of the Southern Caucasus. Archäologie in Iran und Turan 16 (Berlin 2017) 195–200. **Kiguradze, T. 1986,** Neolithische Siedlungen von Kvemo-Kartli, Georgien (München 1986). **Nishiaki, Y./Guliyev, F./Kadowaki, S. 2015,** Chronological Contexts of the Earliest Pottery Neolithic in the South Caucasus: Radiocarbon Dates for Göytepe and Haci Elamxanli Tepe, Azerbaijan. American Journal of Archaeology 119, 2015, 279–294. **Schwarzberg, H./Özdoğan, E. 2013,** Archäologische Ausgrabungen in Kırklareli. Zwei Jahrzehnte türkisch-deutscher Forschung in Ostthrakien. In: Ü. Yalçin (Hg.), Anatolian Metal 6 (Bochum 2013) 123–144.

Der neolithische Fundplatz Gadachrili gora und sein kulturelles Umfeld

Caroline Hamon, Mindia Jalabadze, Gautier Broux

Im südlichen Kaukasus setzt das Neolithikum am Ende des 7. Jahrtausends v. Chr. im Kura- und Araxes-Becken ein. Die ersten archäologischen Expeditionen, die seit den 1960er Jahren auf beiden Seiten der aserbaidschanisch-georgischen Grenze durchgeführt wurden, konzentrierten sich auf die neolithischen Fundplätze des mittleren Kura-Beckens, wo die Shulaveri-Shomutepe-Kultur in das 6. Jahrtausend v. Chr. datiert wird. Eine der ersten untersuchten Regionen war Kvemo Kartli. Die »Shulaveri-Gruppe« liegt innerhalb dieser Region an einem Seitenarm des Flusses Chrami[1]. Die jüngsten Ausgrabungen des bisher unerforschten Fundplatzes Gadachrili gora erlauben es nun, unsere Kenntnis über die frühen Entwicklungsstadien dieser Kultur weiter zu präzisieren.

Der Fundplatz Gadachrili gora

Die meisten unserer Kenntnisse über das Neolithikum in Georgien, besonders zur Chronologie, sind drei Fundplätzen der »Shulaveri-Gruppe« zu verdanken, die entlang des Flusses Shulaveris Ghele liegen (Shulaveris gora, Imiris gora und Dangreuli gora). In jüngeren Jahren haben die, durch ein georgisch-französisches Team durchgeführten, archäologischen Untersuchungen in Gadachrili gora (2006–2013) neue Erkenntnisse zu Neolithisierungsprozessen, Siedlungsorganisation (Abb. 1) und Bautechniken geliefert[2]. Die ersten beiden Schichten dieses Tells sind klar in eine frühe Phase dieser Kultur zu datieren (5 920–5 720 cal. v. Chr.).

In mehreren Siedlungsschichten sind miteinander verbundene kreisförmige Baueinheiten verschiedener Größe nachweisbar, zusammen mit »Höfen«, die als »circulation area« oder zur Abfallentsorgung verwendet wurden. Dabei kamen unterschiedliche Bautechniken zur Anwendung, einschließlich verschiedenartiger Ziegel, die, je nach Mauertyp, in abweichenden Mustern gesetzt wurden. Hier sind Parallelen zu Konstruktionsweisen zu beobachten, die aus dem Nordiran und Mesopotamien bekannt sind und ein neues Licht auf die Prozesse werfen, die der Herausbildung der Shulaveri-Kultur zugrunde lagen[3].

Die beiden Siedlungsschichten unterscheiden sich deutlich hinsichtlich der Dichte und räumlichen Organisation der Baustrukturen. Im oberen und unteren Horizont waren die Siedlungsareale jeweils unterschiedlich organisiert. Die in Horizont 1 in hoher Dichte auftretenden Strukturen stehen in deutlichem Kontrast zu Horizont 2, der weiträumigere »circulation areas« und größere Gebäude ausweist. Die Befunde der untersten Siedlungsschichten weisen auf eine besonders hohe Besiedlungsdichte hin. Hier orientieren sich drei parallele Reihen kreisförmiger Gebäude entlang einer Ost-West-Achse. Die mittlere Reihe ist klar einer jüngeren Bauphase zuzuweisen. Die Gebäude besitzen einen Durchmesser von 1,5–2 Meter. Sie wurden unter Verwendung verschiedener Konstruktionstechniken errichtet. Außerhalb der Gebäude wechseln sich Lehmböden und »circulation levels« mit Ascheschichten bisher unbekannten Ursprungs

Abb. 1 Fundplatz Gadachrili gora. 1: Anordnung der Baustrukturen der oberen und unteren Horizonte. 1. Horizont 1 : Mauer des Gebäudes mit 6 Metern Durchmesser (links), Gebäude mit erhaltenem Eingang (Mitte), ausgegrabener Vorratsraum (rechts); 2: Horizont 1, Detail des unterteilten Gebäudes ; 3: Horizont 2, Anordnung der drei Gebäudereihen und Verbreitung der Vorratsgruben; 4: Horizont 2, Detail des Vorratsareals.

ab. Darüber hinaus sind eine hohe Zahl Vorratsgebäude und die gezielte Organisation des bebauten Raumes auf Vorratshaltung hin zu beobachten, was zahlreiche Fragen bezüglich der Statusfrage des Fundplatzes und der Organisation von Ackerbaupraktiken aufwirft.

Die zweite erhaltene Siedlungsschicht zeigt ein vollkommen anderes Bild. Die Siedlungsstruktur scheint sich um mindestens ein großes kreisförmiges Gebäude von bis zu sechs Metern Durchmesser zu organisieren. Gewöhnlich messen große Gebäude dieser Art, die aus Shulaveri, Aruchlo oder Mentesh Tepe bekannt sind, kaum mehr als fünf Meter im Durchmesser[4]. Innerhalb dieses Gebäudes fanden sich kleinere Vorratsbereiche. Außerhalb des Baus, unmittelbar nördlich und östlich anschließend, sind zwei kleinere Gebäude von zwei Metern Durchmesser nachweisbar, was ein Hinweis auf eine ursprünglich kreuzförmige Anordnung von Baustrukturen sein könnte. In Ausrichtung zum Hauptgebäude und einem Nebengebäude wurde eine große Abfallgrube ausgegraben.

Die älteste Schicht zeigt komplexe Abfolgen von Zerstörung und Wiederaufbau. Diese gehen der zweiten Siedlungsphase voran, welche dann ein gänzlich neues Organisationsmuster zeigt. Für die Interpretation dieses deutlichen Wandels in der Raumkonzeption wird es von zentraler Bedeutung sein, die unterschiedlichen Funktionen dieser beiden Horizonte zu verstehen.

Die Keramikproduktion

Bei den Ausgrabungen der Jahre 2012 und 2013 wurden 213 Keramikscherben geborgen. Der Mangel an Funden in beiden Horizonten, abgesehen von einigen dezidierten Entsorgungsarealen, wird besonders im älteren Horizont deutlich. Ein Bild, das sich auch in den älteren Horizonten der armenischen Fundplätze Aratashen (II) und Aknashen (V) sowie der georgischen Fundplätze

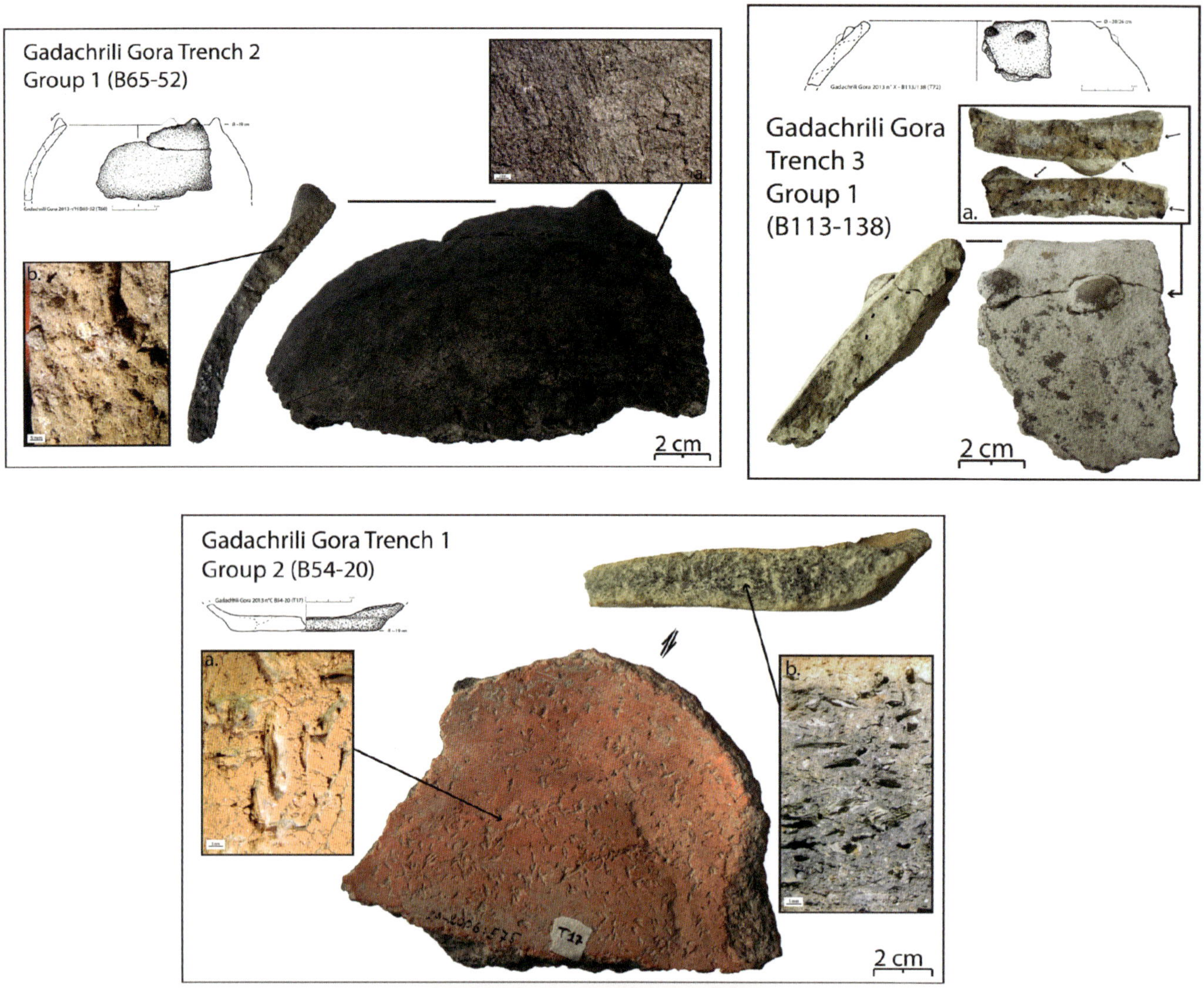

Abb. 2 Fundplatz Gadachrili gora. Keramikgruppen. Gruppe 1 mit mineralischer Magerung und grauer bis schwarzer Färbung; Gruppe 2 mit organischer Magerung und brauner bis orangener Färbung.

Shulaveris gora (IX–IV) und Imiris gora (VII–VI) beobachten lässt [5]. Insgesamt ließen sich 145 unvollständige Gefäße aus beiden Horizonten identifizieren, unter denen 22,5 % der Scherben diagnostische Merkmale aufweisen, darunter insbesondere Randscherben (15 %). Die Keramik beider Horizonte zeichnet sich dabei durch eine deutliche technologische und typologische Homogenität hinsichtlich der Merkmale Material, Aufbautechnik und Formgebung aus. Dies ist entweder durch einen kurzen zeitlichen Abstand zwischen beiden Horizonten oder durch einen geringen Evolutionsgrad innerhalb der Keramikproduktion der Shulaveri-Kultur zu erklären.

Als Rohmaterial wurden örtliche fluviale Tone verwendet. Der Gefäßaufbau erfolgte durch das Aufeinanderlegen und anschließende Glätten einzelner Tonrollen. Die Ränder sind systematisch abgerundet oder verdickt.

Es lassen sich zwei Produktionsgruppen unterscheiden (Abb. 2):

1) Die erste vorherrschende Gruppe zeichnet sich durch die nahezu ausschließliche Verwendung mineralischer Magerung (haupt-

Abb. 3 Fundplatz Gadachrili gora. Hauptattribute der Keramikformen und -verzierungen aus Horizont 1 (Sektor 2) und Horizont 2 (Sektor 1).

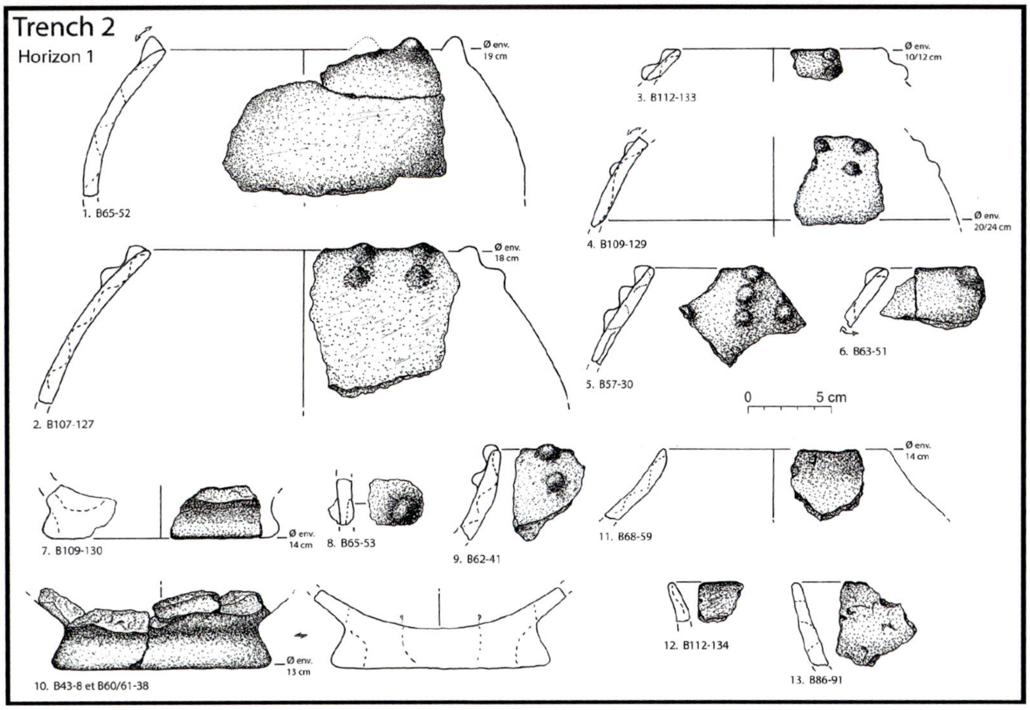

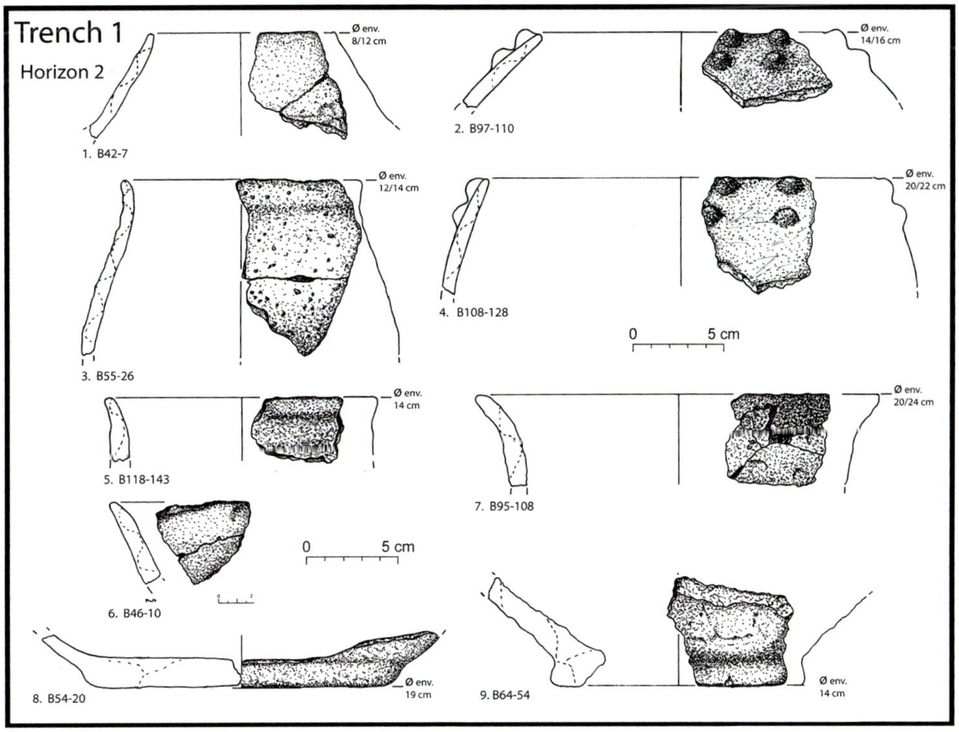

sächlich kantig zerstoßene Basaltfragmente von 3 mm) und einen reduzierten Brand von graubrauner bis braunschwarzer Farbe aus. Anhand einer größeren Fundmenge wäre eine weitere Unterteilung dieser Gruppe möglich. Bei den meisten Gefäßen wird es sich um Vorratsgefäße mit engem Mund (Öffnung 10–22 cm) handeln, sowie um Gefäße mit komplexerem Profilaufbau mit Knick unter dem Rand oder im oberen Gefäßdrittel (8–14 cm). Kleindimensionierte Schüsseln und Töpfe besitzen nahezu vertikale oder leicht geschwungene Wände. Drei flache Bodenscherben (13–14 cm Durchmesser) gehörten wahrscheinlich ebenfalls zu Vorratsgefäßen. Manche Außenflächen zeigen eine braune, durch mineralische Einschlüsse unregelmäßige Engobe (dünne keramische Überzugsmasse). Annähernd parallele Strichspuren zeigen, dass die Flächen mit der feuchten Hand geglättet wurden. Einige Töpfe besitzen eine glatte Oberfläche, die im feuchten Ton mit einem Gerät geglättet wurde, was eine Art Politureffekt erzielte. Die Eigenschaften dieser Gefäße entsprechen den »eiförmigen« Töpfen, die Tamaz Kiguradze für jede der von ihm identifizierten fünf Entwicklungsphasen der Shulaveri-Kultur beschreibt[6]. Verzierungen treten sehr spärlich auf der erstgenannten Gruppe der Vorratsgefäße in Form von eingeritzten oder plastisch aufmodellierten Elementen auf. Die plastischen Verzierungen sind jedoch deutlich einfacher ausgeführt als an anderen zeitgleichen Fundplätzen[7]. Meist handelt es sich um eine bis drei Reihen angebrachter Knubben auf oder unterhalb des Randes. Nur eine Scherbe weist auf der oberen Fläche eines flachgestrichenen Randes eine schräge Ritzverzierung auf.

2) Die zweite Gruppe (8 % des Fundspektrums) zeichnet sich durch die Verwendung organischer Magerung und einen oxidierten Brand von hellgrauer bis oranger Farbe aus. Auf der Oberfläche der Scherben dieser Gruppe finden sich zahlreiche Abdrücke von Gräser- und Getreidespelzen, auch sind die Scherben dickwandiger als die der ersten Gruppe (0,9–1,2 cm). Mit Ausnahme zweier unterer Wandstücke gibt es keine erhaltenen Fragmente mit morphologischen Merkmalen. Der Wandungsverlauf der Scherben deutet am ehesten auf Vorratsgefäße und große, weitmundige Schüsseln hin. Die Scherben weisen auf eine aufwändige Oberflächenglättung hin, ähnlich einer Politur.

Die Formgebung der Keramikproduktion in Gadachrili gora (Abb. 3) hat einige Eigenschaften mit den ältesten Horizonten in Shulaveri nach Tamaz Kiguradze gemeinsam[8]. Anhand des seltenen Auftretens von Ritzverzierung sowie des Vorkommens organischer Magerung lassen sich die Siedlungsschichten in Gadachrili gora wiederum zeitgleich mit den ersten Siedlungsschichten in Imiris gora datieren. Dementsprechend ist Gadachrili gora in die zweite und dritte Phase der »Shulaveri-Gruppe« einzuordnen. Es wäre damit auch zeitgleich mit den ältesten Schichten in Aruchlo I (Areal B, Gebäude IX, um 5 770–5 660 v. Chr.), dessen Keramiktypen 4 und 5 viele Gemeinsamkeiten mit den zwei Keramikgruppen in Gadachrili gora aufweisen[9].

Im Gegensatz zum südöstlichen Transkaukasien, insbesondere der Mil-Ebene, wo organische Magerung fast ausschließlich auftritt[10], teilt die Keramik aus Gadachrili gora und der »Shulaveri-Gruppe« weit mehr Eigenschaften mit der Basalt-gemagerten Keramik aus Aratashen und Aknashen im Ararat-Hochland[11]. Diese Beobachtungen leisten einen Beitrag zur Definition eines gemeinsamen kulturellen Hintergrundes des Araxes-Beckens und des mittleren Kura-Beckens. Den Fundstätten im südlichen Teil des mittleren Kura-Beckens (Göytepe und Mentesh Tepe) käme demzufolge eine Funktion als Treffpunkt zweier Traditionen zu, der »Shulaveri-Gruppe«

auf der einen Seite und der Mil-Ebenen-Gruppe auf der anderen. Zumindest kann dies für die Keramikproduktion im ersten Drittel des 6. Jahrtausends v. Chr. gelten[12].

Im Lichte dieser ersten Ergebnisse[13] liefern die jüngsten Ausgrabungen in Gadachrili gora neue Erkenntnisse für die Charakterisierung der ersten Phasen der Shulaveri-Shomutepe-Kultur im mittleren Kura-Becken und leisten einen Beitrag zur Diskussion um deren Entstehung und ihre Beziehungen zu zeitgleichen benachbarten Kulturen der Region.

Übersetzung aus dem Englischen: Kathrin Meents

1 Džavachišvili 1973.
2 Hamon u. a. 2016.
3 Hamon u. a. 2016.
4 Džavachišvili 1973; Lyonnet u. a. 2012.
5 Kiguradze 1986, 17–24 und 37; Châtaigner/Badalyan/Arimura 2014.
6 Kiguradze 2001, 66 und 76.
7 Hansen u. a. 2013; Lyonnet u. a. 2012.
8 Kiguradze 1986 Abb. 5.18–5.19, Abb. 6.5, Abb. 7.10, Abb. 8.1–4.
9 Hansen u. a. 2013, Lyonnet u. a. 2012, 74–75.
10 Kiguradze 2001, 66; Lyonnet u. a. 2012, 37–46.
11 Badalyan u. a. 2010; Badalyan u. a. 2007, 40; Palumbi 2007, 64; Châtaigner/Badalyan/Arimura 2014; Harutyunyan, 2014.
12 Lyonnet u. a. 2012, 97; Guliyev/Nishiaki 2014, 75.
13 Diese Untersuchung wurde durch das Georgische Nationalmuseumsowie die ANRDFG »Kura in Motion«, ANR ORIMIL and LIA Gates finanziert.
Wir danken sämtlichen Mitgliedern des Teams dieser verschiedenen Projekte.

Literatur

Badalyan, R./Lombard, P./Avetisyan, P./Chataigner, C./Chabot, J./Vila, E./Hovsepyan, R./Willcox, G./Pessin, H. 2007, New data on the late prehistory of the Southern Caucasus. The excavations at Aratashen (Armenia): preliminary report. In: B. Lyonnet (Hg.), Les Cultures du Caucase (VIe—IIIe millénaires avant notre ère). Leurs relations avec le Proche-Orient (Paris 2007) 37–61. **Badalyan, R./Harutyunyan, A./Chataigner, C./Le Mort, F./Chabot, J./Brochier, J. E./Balasescu, A./Radu, V./Hovsepyan, R. 2010,** The settlement of Aknashen-Khatunarkh. A neolithic site in the Ararat plain (Armenia): Excavation Results 2004–2009, TÜBA-AR 13, 2010, 185–218. **Châtaigner C./Badalyan R./Arimura M. 2014,** The Neolithic of the Caucasus. Oxford Handbooks online, http://www.oxfordhandbooks.com/view/10.1093/oxfordhb/9780199935413.001.0001/oxfordhb9780199935413-e-13 [letzter Aufruf am 27.4.2018]. **Džavachišvili, A. I.1973,** Джавахишвили, А. И., Строительное дело и архитектура поселений Южного Кавказа. V-III тыс. до н. э. (Тбилиси 1973). Džavachišvili, A. I., Stroitel'noe delo i architektura poselenij južnogo Kavkaza V-III tys. do n.e. (Tbilisi 1973). Džavachišvili, A. I., Zur Bauweise und Architektur von Siedlungen im Südkaukasus (Tbilissi 1973). **Guliyev, F./Nishiaki, Y. 2014,** Excavations at the neolithic settlement of Göytepe, West Azerbaijan, 2010–2011. In: P. Bielinski/M. Gawlikowski/R. Kolinski/D. Lawecka/A. Soltysiak/Z. Wygnanska (Hg.), Proceedings of the 8th International Congress on the Archaeology of the Ancient Near East2 (Wiesbaden 2014) 3–16. **Hamon, C./Jalabadze, M./Agapishvili, T./Baudouin, E./Koridze, I./Messager, E. 2016,** Gadachrili Gora: Architecture and organisation of a Neolithic settlement in the middle Kura Valley (6th millennium BC, Georgia), Quaternary International 395, 2016, 154–169. **Hansen S./Mirtskhulava G./Bastert-Lamprichs K. 2013,** Neolithic settlements of the 6th millennium BC in the southern Caucasus. In: O. P. Nieuwenhuyse/R. Bernbeck/P.M.M.G. Akkermans/J. Rogasch (Hg.), Interpreting the Late Neolithic of Upper Mesopotamia (Turnhout 2013) 387–396. **Harutyunyan, A. 2014,** On Neolithic Pottery from the Settlement of Aknashen in the Ararat Valley. In: B. Gasparyan/M. Arimura (Hg.), Stone Age of Armenia (Kanazawa University 2014) 191–204. **Kiguradze, T., 1986,** Neolithische Siedlungen von Kvemo-Kartli, Georgien (München 1986). **Kiguradze, T. 2001,** Caucasian Neolithic. In: P. N. Peregrine/M. Ember (Hg.), Encyclopedia of Prehistory, IV: Europe (New York 2001) 55–76. **B. Lyonnet/ F. Guliev/ B. Helwing/ T. Aliyev/ S. Hansen/G. Mirtskhulava(Hg.) 2012,** Ancient Kura 2010–2011: The first two seasons of joint field work in the southern Caucasus. Archäologische Mitteilungen aus Iran und Turan 44, 2012, 1–190. **Palumbi, G. 2007,** A preliminary analysis on the prehistoric pottery from Aratashen. In: B. Lyonnet (Hg.), Les Cultures du Caucase (VIe—IIIe millénaires avant notre ère). Leurs relations avec le Proche-Orient (Paris 2007) 63–76.

Die makrolithischen Werkzeuge des Neolithikums im mittleren Kura-Becken (Region Kvemo Kartli, Georgien)

Caroline Hamon

In Georgien lässt sich die Entstehung neolithischer Gesellschaften anhand einer Reihe von Fundstätten ablesen, die der Shulaveri-Shomutepe-Kultur angehören, welche am Übergang zum 6. Jahrtausend v. Chr. im Südkaukasus entstand. Am Mittellauf des Flusses Kura und seiner Nebenflüsse gelegen liefern die Hauptfundplätze der Shulaveri-Gruppe, zusammen mit Aruchlo I sowie Khramis Didi gora, wichtige Aufschlüsse zum besseren Verständnis der Wirtschaftsweise früher Ackerbaukulturen. Um die Funktion dieser Shulaveri-Shomutepe-Fundstätten und dort ausgeführte Aktivitäten zu rekonstruieren, wurde eine Auswahl an 1.037 Makrolithen technologisch ausgewertet. Die Ergebnisse gewähren neue Einblicke in die Rolle makrolithischer Werkzeuge zur Nahrungszubereitung und für Handwerksaktivitäten in neolithischen Siedlungen im Südkaukasus[1].

Das Fundspektrum zeichnet sich durch eine hohe Vielfalt an Reibsteinen aus. Daneben tritt eine Vielzahl an Schlagwerkzeugen, gelochten und gekerbten Geräten, seltener Poliergeräten und Schleudersteinen auf. Die Beschaffung des Rohmaterials konzentrierte sich auf die Ausschöpfung lokaler alluvialer Ablagerungen der Hauptflüsse, die andesitische sowie mehr und weniger vesikuläre Basaltgesteine, Sandsteine, Granite, silifizierte Kalksteine und weiteres quarzitisches Material lieferten.

Mahlgeräte

Die verschiedenen Typen an Schiebemühlen, die sich definieren lassen, zeichnen sich durch einen hohen Standardisierungsgrad aus. Die Mehrheit der Mahlgeräte besteht aus basaltischem Gestein. Mahlsteine (überwiegend aus vesikulärem Basalt) und Läufer (aus dichteren magmatischen Gesteinen, aus seltenen Sandsteinen und Graniten) wurden offenbar gezielt aus unterschiedlichem Rohmaterial gefertigt (Abb. 1). Mindestens zwei Arten von Schiebemühlen waren in Verwendung. Unter den Mahlsteinen fanden sich 1. konkave bis flache rechteckige Typen, 2. dicke Mahlsteine unterschiedlicher Größe mit konkaver Mahlfläche und distalem Rand, 3. große, mit der Picktechnik gefertigte konkave ovoide Mahlsteine aus dünnen Rohlingen, 4. große ovoide Mahlsteine mit Reibefläche, 5. schmal-recht-

Abb. 1 Siedlung Aruchlo. Mahlstein und Läufer, Kat. 37–38.

Abb. 2 Mahlgeräte der Shulaveri-Shomu-Gruppe. 1: Konkaver Mahlstein, Aruchlo; 2: Ovoide Schiebemühle, Aruchlo; 3: Mahlsteinfragment, wiederverwendet zum Zerreiben von Ocker, Shulaveris gora; 4: Großer länglicher Läufer, Imiris gora; 5: Ovoider länglicher Läufer, Imiris gora; 6: Kleines Handgerät für die Ockerverarbeitung, Imiris gora; 7: Ende eines überlappenden Läufers, Aruchlo.

eckige Mahlsteine (Abb. 2). Die Läufer sind meist fragmentiert. Dennoch können fünf Typen voneinander unterschieden werden: ein vorherrschender kurz-ovoider Typ, »schiffsförmige« einfache oder doppelte Läufer, große längliche, »flach-lang-oval-brotförmige/flach-großflächige-oval-brotförmige« sowie überlappende Läufer. Die Mahlsteinunterseite war selten bearbeitet, während die Läufer gezielt bearbeitet wurden und einen gewissen Grad an formaler Standardisierung aufweisen. Im ersten Schritt wurden die Seiten mit der Abschlagtechnik bearbeitet, anschließend die Stücke mit der Picktechnik feiner ausgearbeitet. Die Fundstücke weisen zahlreiche Gebrauchsspuren auf. Darüber hinaus belegen mehrere Mahlsteine, dass die Mahlwerkzeuge mitunter aufwendig umgearbeitet, repariert und wiederverwendet wurden.

Reib-, Hammer- und Schlagwerkzeuge

Hervorzuheben ist weiterhin eine Vielzahl an gefundenen Reib-, Hammer- und Schlagwerkzeugen aus Basalt-, Sandstein- und Granitfeldsteinen (Abb. 3). Eine Reihe von Reibplatten lässt sich mindestens zwei Typen zuordnen. Ein in Aruchlo vorkommender Typ umfasst ovoide bis trianguläre Schalen, deren Arbeitsfläche Gebrauchsspuren in Form von Glättung und Schlagspuren aufweist – wahrscheinlich das Ergebnis einer Kombination aus Reibe-, Schlag- und Hämmertätigkeiten. Mehrere Mahlsteinfragmente wurden außerdem als Reibplatten zur Verarbeitung von rotem Ocker wiederverwendet (Abb. 2,3). Einen weiteren speziellen Typ bilden runde Platten mit gleichmäßig bifazial abgeschlagenen Seiten und zwei einander gegenüberliegenden Reibeflächen. Parallelen zu diesem Typus sind von der Fundstätte Imiris gora bekannt[2]. Bemerkenswert ist die Vielfalt an verschiedenen zugehörigen Geräten. Hierbei handelt es sich um ovoide Werkzeuge aus verschiedenen Gesteinsarten mit kleinen Arbeitsflächen.

Nur einige wenige Feldsteinmörser aus Granit und Basalt wurden gefunden. Sie besitzen eine 10–15 cm tiefe kreisförmige Vertiefung, die deutliche Schlagspuren aufweist. Vereinzelte Fragmente von Kalksteingefäßen wurden an diversen Fundplätzen im Kura-Tal und der Mil-Ebene[3] sowie in Khramis Didi gora[4] gefunden. Derartige Fragmente und Abfallprodukte belegen die Herstellung von Kalkgefäßen an diesen Fundplätzen.

An den Shulaveri-Shomutepe-Fundplätzen fanden sich zwei Typen von Stößeln aus Basalt, Sandsteinen und metamorphischen Gesteinen.

Typische zylindrische bis kegelstumpfförmige Stößel aus sehr dichtem Gestein sind recht klein. Ihre Herstellung erfolgt über das Aufschlagen von Feldsteinen an den distalen Enden, sodass scharfe, für Schlaghiebe geeignete Kanten entstehen. Stößel eines kleinen länglichen Typs besitzen ein kleines poliertes distales Ende. Ein spezieller Typ zylindrischer Stößel (in zwei Größen – jeweils unter beziehungsweise über 10 cm Länge) ist aus vesikulärem Basalt gefertigt. Obwohl dieses Gestein sich wenig für Schlaghiebe eignet, weisen diese Werkzeuge zwei gehämmerte Enden auf. Daneben wurden auch einige geeignete Feldsteine von verschiedener Form und Größe als Stößel verwendet.

Schlagwerkzeuge sind gewöhnlich aus ovoiden Feldsteinen, wie Sandstein, Granit und metamorphischen Gesteinen gefertigt und wiegen meist 500 bis 800 Gramm – neben einer kleinen Gruppe von Geräten um 150 Gramm. Verschiedene weitere Schlaggeräte wurden zum Schlagen, Reiben und Hämmern verwendet.

Mit den oben beschriebenen verschiedenen Werkzeugarten wurden wahrscheinlich unterschiedliche Substanzen verarbeitet. Getreide und Ocker spielten dabei sicherlich eine zentrale Rolle.

Hämmersteine

Darüber hinaus lassen sich mehr oder weniger geeignete Hammer- und Schneidewerkzeuge aus Andesit, Basalt, Kalkstein, Dolerit, Sandstein, Quarzit und metamorphischen Gesteinen identifizieren (Abb. 3,1). Mindestens sieben Typen von Hämmersteinen ließen sich anhand der Kriterien Form, Gewicht, Verteilung der Schlagspuren auf Seiten und Enden, gelegentlich auch Polierung, unterscheiden. Dies deutet auf eine große Bandbreite an verschiedenen Schlagtechniken hin, die mit verschiedenen Tätigkeiten verbunden waren. Neben diesen Hämmersteinen ist auch eine Reihe an Hackwerkzeugen dokumentiert. Dafür wurden uni- oder bifaziale Abschläge mit scharfen Schneidekanten verwendet. Meist tragen sie Hammer- und Abschlagspuren. Der Hammersteintyp mit facettierter Form ist wahrscheinlich das Ergebnis des regelmäßigen Einsatzes solcher Hackwerkzeuge. Letztere sind im Kaukasus aus verschiedenen neolithischen Kontexten bekannt[5].

Eine ausführliche Gebrauchsspurenanalyse verspräche hier bessere Aufschlüsse zu ihrer genauen Funktionsweise, zum Beispiel im Zusammenhang mit Steinbearbeitung oder der Verarbeitung mineralischer und organischer Materialien.

Schleifsteine

Es wurden nur wenige Abrieb- und Schleifwerkzeuge gefunden. Ein einzelner unterer Schleifstein aus weichem Kalkstein aus Aruchlo zeigt zwei Vertiefungen mit ebenmäßiger Glättung und länglichen Riefen. Zwei prismatische Handschleifsteine aus metamorphischem Gestein mit ausgeprägter Aushöhlung aus Khramis Didi gora wurden für das Polieren in Längsrichtung eingesetzt. Diverse rechteckige Handschleifsteine aus Tuff und Sandstein weisen charakteristische konkav geschliffene Arbeitsflächen auf. Daneben gibt es verschiedene Typen von gerillten Schleifsteinen, entweder 1. aus metamorphischen Feldsteinen mit länglicher Rille und U-Profil, oder 2. aus Sandstein- und Quarzit-Feldsteinen mit polierter Rille, die ein V-Profil aufweist (Abb. 4,2). Vergleichsfunde sind aus Aratashen sowie aus Anatolien bekannt[6].

Weiterhin wurden zwei rechteckige Schärfer aus Bims gefunden. Derartige Schleifsteine und Rohmaterialien treten im Kura-Tal auf, und besitzen häufige Vorkommen im Araxes-Tal, besonders an den Fundplätzen Aratashen sowie Aknashen[7]. Mit Vorkommen dieses Steingerätetyps unterscheidet sich Aruchlo also deutlich von der Shulaveri-Gruppe.

Abb. 3 Reib-, Hammer- und Schlagwerkzeuge der Shulaveri-Shomu-Gruppe. 1: Ovoide Reibschale, Aruchlo; 2: Runde Reibschale, Imiris gora; 3: Kleines Handgerät, Khramis Didi gora; 4: Zylindrischer Stößel, Aruchlo; 5: Kegelstumpfförmiger Stößel, Khramis Didi gora; 6: Länglicher Stößel aus Bims, Khramis Didi gora; 7: Reib- und Schlagwerkzeug, Imiris gora; 8: Schlagwerkzeug, Aruchlo.

Kalkstein-Feldsteine

Außerdem muss eine Gruppe von Werkzeugen aus Aruchlo Erwähnung finden, die aus Kalkstein-Feldsteinen gefertigt wurden[8]. Zu diesen gehören Glättwerkzeuge, Retuscheure und vielleicht Schlagwerkzeuge. Kleine Glättsteine (bis 5 cm) besitzen konkave Flächen und weisen geglättete Bereiche und längliche Riefen an den Seitenflächen auf. Ein weiterer Gerätetyp aus Kalkstein (bis 10 cm) zeigt an einem Ende leichte Schlagsspuren und Glättung, vermutlich durch die Verwendung als Retuscheur. Längliche zylindrische Feldsteine aus Kalkstein (10–20 cm) wurden an den Enden bifazial abgeschlagen und weisen leichte Gebrauchsspuren durch Hämmern auf; sie wurden vermutlich ähnlich den obengenannten Hackwerkzeugen verwendet. Die Anwesenheit derartiger Werkzeugtypen stellt ebenfalls eine Besonderheit des Fundplatzes Aruchlo dar.

Abb. 4 Shulaveri-Shomu-Gruppe. 1: Hämmerstein, Shulaveri gora; 2: Gerillter Schleifstein aus Sandsteinfeldstein, Khramis Didi gora; 3: Halbfabrikat eines Keulenkopfes aus Kalkstein, Khramis Didi gora.

Durchlochte und gekerbte Werkzeuge

Im Fundmaterial fanden sich auch verschiedene Arten von gelochten Werkzeugen, darunter mit Pick- und Schleiftechnik hergestellte Spinnwirtel mit bikonischer Lochung von 5 mm Durchmesser. Kugelförmige Keulenköpfe bestehen aus Silikatgesteinen und vesikulären Basalten. Sie weisen ebenfalls eine bikonische Lochung auf. Zwei kugelförmige Halbfabrikate von Keulenköpfen aus Khramis Didi gora und Aruchlo dokumentieren jeweils auf beiden Seiten unvollständige Lochungen (Abb. 4,3). Derartige Geräte werden gewöhnlich an Fundplätzen der Shulaveri-Gruppe gefunden[9]. Einige gelochte ovoide Feldsteine unbestimmter Funktion sind möglicherweise als Gewichte zu deuten.

Schleudersteine

Eine Anzahl kleiner Feldsteine weißer und grüner Färbung aus Sand- und Kalkstein wurden als Schleudersteine interpretiert.

Zusammenfassend ist zu vermerken, dass die meisten der Rohmaterialien, die für Makrolithen der Shulaveri-Shomutepe-Kultur in Kvemo Kartli verwendet wurden, auf eine Ausbeutung lokaler Vorkommen magmatischer, metamorpher und Sedimentgesteine, wahrscheinlich aus den Flussbetten, hindeuten. Die Vielfalt der dokumentierten Makrolithtypen belegt, dass die Zubereitung von Nahrung, Handwerksaktivitäten, darunter Ockerverarbeitung, die Herstellung von Stein- und Knochengeräten sowie Textilverarbeitung eine wichtige Rolle spielten. Man wird hier permanente Siedlungen mit einem breiten Spektrum neolithischer Wirtschaftsweisen vermuten dürfen. Die Makrolithspektren der einzelnen

Fundplätze weisen deutliche Gemeinsamkeiten untereinander auf, insbesondere wenn man das gleichzeitige Vorkommen verschiedener Reibetechnologien, die Verwendung von Reibeplatten, kegelstumpfförmiger Stößel und durchlochter Spinnwirtel berücksichtigt. Angesichts einiger Besonderheiten des Materials lassen sich jedoch auch andere Verbindungen herstellen. Denn die kleinen Stößel sowie die Schleifsteine aus Bims deuten beispielsweise auf Verbindungen mit dem Ararat-Hochland hin. In dieser Hinsicht verdeutlicht der einheitliche technologische Hintergrund, der die Shulaveri-Shomutepe-Fundstätten vereint, enge kulturelle Beziehungen zu zeitgleichen Fundplätzen im Araxes-Becken[10].

Übersetzung aus dem Englischen: Kathrin Meents

1 Hamon 2008; Hansen u. a. 2013; Kiguradze 1986; Lyonnet u. a. 2012.
2 Hamon 2008.
3 Lyonnet u. a. 2012.
4 Hamon 2008.
5 Lyonnet u. a. 2012.
6 Badalyan u. a. 2007; Badalyan u. a. 2010.
7 Badalyan u. a. 2007; Badalyan u. a. 2010.
8 Hansen u. a. 2013.
9 Kiguradze 1986.
10 Diese Untersuchung wurde durch das Lavoisier-Programm (Kulturministerium, Frankreich), das ANR-DFG »Kura in Motion« sowie das Georgische Nationalmuseum finanziert. Wir danken sämtlichen Mitgliedern der verschiedenen Projekte sowie dem Team des Georgischen Nationalmuseums für den freundlichen Empfang und den regen wissenschaftlichen Austausch.

Literatur

Badalyan, R./Lombard, P./Avetisyan, P./Chataigner, C./Chabot, J./Vila, E./Hovsepyan, R./Willcox, G./Pessin, H. 2007, New data on the late prehistory of the Southern Caucasus. The excavations at Aratashen (Armenia): preliminary report. In: B. Lyonnet (Hg.), Les Cultures du Caucase (VIe—IIIe millénaires avant notre ère). Leurs relations avec le Proche-Orient, CNRS éditions, Editions Recherches sur les Civilisations (Paris 2007) 37–61. **Badalyan, R./Harutyunyan, A./Chataigner, C./Le Mort, F./Chabot, J./Brochier, J. E./Balasescu, A./Radu, V./Hovsepyan, R. 2010**, The settlement of Aknashen-Khatunarkh. A neolithic site in the Ararat plain (Armenia): Excavation Results 2004–2009, TÜBA-AR 13, 2010, 185–218. **Hamon, C. 2008**, From Neolithic to Chalcolithic in the Southern Caucasus: Economy and Macrolithic Implements from Shulaveri-Shomu Sites of Kwemo-Kartli (Georgia). Paléorient 34/2, 2008, 85–135. **Hansen S./Mirtskhulava G./Bastert-Lamprichs K. 2013**, Neolithic settlements of the 6th millennium BC in the southern Caucasus. In: O. P. Nieuwenhuyse/R. Bernbeck/P. M. M. G. Akkermans/J. Rogasch (Hg.), Interpreting the Late Neolithic of Upper Mesopotamia (Turnhout 2013) 387–396. **Kiguradze, T. 1986**, Neolithische Siedlungen von Kvemo-Kartli, Georgien. Materialien zur Allgemeinen und Vergleichenden Archäologie 29 (München 1986). **B. Lyonnet/F. Guliev/B. Helwing/T. Aliyev/S. Hansen/G. Mirtskhulava (Hg.) 2012**, Ancient Kura 2010–2011: The first two seasons of joint field work in the southern Caucasus. Archäologische Mitteilungen aus Iran und Turan 44, 2012, 1–190.

Sioni und Tsopi – Bauern und Viehzüchter. Ihre Rolle in den kulturellen Transformationen des 5. und 4. Jahrtausends v. Chr.

Mark Iserlis

Müsste ein Stichwort gewählt werden, um den Kaukasus zu beschreiben, so würde die Wahl auf den Begriff Diversität fallen. Der Kaukasus ist geprägt durch eine Vielzahl an Landschaften, die von Gletschern zu schmalen Tälern und subtropischen Flachländern reichen, von Hochlandebenen zu ausgedehnten Ebenen und Steppen. Auch kulturell war der Kaukasus über Jahrtausende ähnlich vielfältig. Einerseits bildet der Kaukasus eine natürliche Barriere zwischen den Hochländern Westasiens und den Steppen Europas. Andererseits formte er aufgrund seiner Lage und geomorphologischen Struktur seit jeher eine Brücke zwischen verschiedenen Kulturen und Zivilisationen. So präsentiert sich der Kaukasus über die letzten 8.000 Jahre hinweg als farbenfrohe und hochkomplexe Kulturlandschaft.

Die jüngere Geschichte und die politischen Strukturen in der Region, die sprachliche Vielfalt und teilweise verwirrende wissenschaftliche Nomenklaturen erschweren die Aufgabe, die archäologischen Kulturen des 5. und der ersten Hälfte des 4. Jahrtausends v. Chr. im südlichen Kaukasus genauer zu umreißen. Um diese Periode zu verstehen, ist es notwendig, zunächst die vorangehenden und nachfolgenden Zeiträume näher zu betrachten.

Die ersten neolithischen Gemeinschaften erschienen im südlichen Kaukasus vor 8.000 Jahren. Die Neolithisierung, der Übergang von einer wildbeuterischen Wirtschaftsweise zu Ackerbau und Viehzucht (Abb. 1), ist einer der folgenreichsten Prozesse in der Geschichte menschlicher Gemeinschaften. Die Neolithisierung bedeutete ein neues Verhältnis zur Natur: Dazu zählten zunehmende Domestizierung und die Übernahme eines vollkommen neuen Lebensstils. Die Errichtung von permanenten Baustrukturen und Siedlungen sollte die Landschaft für immer verändern.

Nikolai I. Vavilov rechnete den südlichen Kaukasus der Region des Mittleren Ostens zu, die als Ursprungsgebiet der Pflanzenkultivierung gilt, welcher wir die Domestizierung von Weizen verdanken, einer zentralen Innovation in den sozialen und ökonomischen Transformationen der letzten 9.000 Jahre[1]. Der Beginn der Neolithisierung im Südkaukasus wird im späten 7. und frühen 6. Jahrtausend v. Chr. angesetzt. Er fand damit gute 4.000 Jahre später statt als in der Levante und 2.000–3.500 Jahre später als in

Abb. 1 Moderner Viehhirte in Georgien.

Anatolien und Mesopotamien. Der Prozess der Neolithisierung vollzog sich im Osten und Westen des Südkaukasus jeweils unterschiedlich. Die beiden landschaftlich und klimatisch unterschiedlichen Regionen sind durch den Lichi-Gebirgszug getrennt. Im östlichen Teil werden wiederum zwei verschiedenen Traditionen unterschieden: Die Shulaveri-Shomutepe-Gruppe im Nordwesten und die bemalte Keramik der Mil-Steppe im Osten. Die Beziehungen zwischen diesen Kulturen und zwischen kaukasischen, ostanatolischen, mesopotamischen und iranischen neolithischen Gemeinschaften sind bisher wenig erforscht. Es lassen sich jedoch in einigen der östlichen Fundstätten Ähnlichkeiten zu materieller Kultur und Wirtschaftsweisen beobachten, die aus Anatolien, Mesopotamien und dem zentraliranischen Hochland bekannt sind[2].

Seit den 1970er Jahren ist eine Reihe neuer Studien des südkaukasischen Neolithikums sowohl georgischer als auch westlicher Archäologen erschienen, in denen unter anderem die Radiokarbondatierung, mikromorphologische, landschaftsarchäologische und archäobotanische Methoden zum Einsatz kamen[3]. Neolithische Gemeinschaften treten in der Region bereits mit einer Reihe an domestizierten Pflanzen und Tieren in ihrem »Gepäck« in Erscheinung[4]. Anhand der Forschung der letzten Jahre lässt sich postulieren, dass die kaukasische Neolithisierung nicht das Ergebnis einer lokalen unabhängigen Entwicklung war, sondern dass die mit ihr verbundenen neuen Lebensweisen von Gemeinschaften in Anatolien, Mesopotamien und Nordwestiran übernommen wurden. Eine weitere wichtige Beobachtung ist die Tatsache, dass die neolithischen Gemeinschaften im Südkaukasus sich hinsichtlich ihrer materiellen Kultur unterschieden. Das weist darauf hin, dass offenbar auch der Prozess der Neolithisierung selbst unterschiedliche Verläufe nahm. Die betreffenden Kulturen sind im Südkaukasus bis in das letzte Viertel des 6. Jahrtausends v. Chr. nachweisbar.

Das neue Verhältnis der Menschen zur Natur kommt besonders deutlich in der Herstellung von Keramik zum Ausdruck. Keramik ist eine Erfindung des Neolithikums. Ein formbares natürliches Material wird durch den Brand im Feuer unwiderruflich in seiner Form verändert. Dieser Vorgang kann analog zum Prozess der Domestizierung betrachtet werden, in welcher die domestizierten Subjekte verändert und in eine Abhängigkeit gebracht werden, die ebenfalls unumkehrbar ist. Der Vorgang, sich eines natürlichen Materials zu bedienen und es in ein künstlich erschaffenes Produkt mit neuen physikalischen Eigenschaften zu transformieren, impliziert eine neue Wahrnehmung der Landschaft und ihrer wirtschaftlichen Ressourcen.

Die südkaukasischen Gemeinschaften verwendeten Keramik als Behälter und Kochgeschirr. Die Übernahme dieser Technologie verlief jedoch nicht einheitlich. Einige der Gemeinschaften waren offenbar nicht direkt überzeugt von den Vorteilen von Keramik und stellten nur eine geringe Zahl an Gefäßen her. Ganz allgemein spielte Keramik jedoch seit dem Neolithikum eine wichtige Rolle in allen Kulturen, und sie bildet heute eine äußerst wertvolle Quelle der archäologischen Forschung.

Um die Mitte des 4. Jahrtausends v. Chr. breitete sich im Südkaukasus und in Ostanatolien ein neues kulturelles Phänomen aus, das nach zwei wichtigen Flüssen im Südkaukasus benannt ist: die Kura-Araxes-Kultur. Die Faktoren, die zur Herausbildung dieses (früh-transkaukasischen) Phänomens führten, dessen Keramik in der großräumigen Region zwischen dem Kaukasus, Nordiran

Tab. 1 Chronologiesysteme des 5. und 4. Jahrtausends v. Chr.: Kaukasus, Amuq und Mesopotamien.

Region / Datierung	Sioni und Tsopi	Südkaukasus	Südkaukasus, „Chaff-faced ware“	Nordkaukasus, Maikop-Phänomen	Amuq	Nord-Mesopotamien	Süd-Mesopotamien
ca. 3350 – 3100/3000 v. Chr.		Kura-Araxes-Tradition		Galyugay Klady 11 Inozemtsevo? Novosvobodnaya		Spätchalkolithisch 5	Mittlere/ Späte Uruk-Zeit
ca. 3850 – 3350 v. Chr.	Tsopi?	Kura-Araxes-Tradition (seit ca. 3500 v. Chr.) Tsopi? Funde von „Sioni“-Keramik im Kaukasus, Anatolien und Iran	Leylatepe MPS 16 Alkhantepe? Tsopi?	Galyugay 1 Zamankul Klady 29 Sereginskoe Inozemtsevo 1	F	Spätchalkolithisch 3 – 4	Frühe/ Mittlere Uruk-Zeit
ca. 4300 – 3850 v. Chr.	Sioni (Siedlung) Tsopi?	Mentesh Tepe (Periode III) Sioni (Siedlung) Tsopi?	Leylatepe MPS 16 Alkhantepe? Berikldeebi V Böyuk Kesik Ovçular Tepesi I – II			Spätchalkolithisch 2	Frühe Uruk-Zeit
ca. 4500 – 4300 v. Chr.		Mentesh Tepe (Periode III)	Ovçular Tepesi I			Obed-Phase/ Spätchalkolithisch 1	Späte/ Späteste Obed-Zeit
ca. 5000 – 4600/4500 v. Chr.		Mentesh Tepe (Periode II)			E	Obed-Zeit	

und der südlichen Levante verbreitet ist (Tab. 1), sind bis heute nicht klar umrissen. Die Kura-Araxes-Tradition und ihre Träger sind mit ethnischen Verschiebungen sowie mit wesentlichen technologischen Innovationen im Bereich der Metallurgie, dem Transport auf Rädern, Weinanbau und Pferdezucht in Verbindung gebracht worden[5].

Über die Periode zwischen dem Verschwinden der neolithischen Kulturen und dem Auftreten der Kura-Araxes-Kultur in Georgien ist nicht viel bekannt. Es gibt zwei interessante Phänomene, die im östlichen Teil von Georgien während des 5. Jahrtausends v. Chr. auftraten und dort in der ersten Hälfte des 4. Jahrtausends v. Chr. existierten: die Sioni- und die Tsopi-»Kulturen«, benannt nach zwei, einige Kilometer voneinander entfernten, Fundstätten. Aufgrund unserer noch begrenzten Kenntnisse dieser Phänomene wird der Begriff »Kultur« hier absichtlich unter Vorbehalt verwendet. Kultur kann als ein Pool an Ressourcen verstanden werden, als eine Art Werkzeugsatz an Symbolen, Überlieferungen, Ritualen und Weltanschauungen, welcher den Menschen befähigt, diverse Lebenssituationen zu meistern und Probleme zu lösen. Ein Haus beispielsweise hat den Zweck, Mensch und Tier vor Regen und Wind zu schützen, ein Keramikgefäß kann der Lagerung von 2.000 Litern Öl oder der Zubereitung eines Gerichtes für drei oder für 50 Personen dienen. Ein Haus in einer kalten Klimazone mit Schneefall ist anders aufgebaut als ein Haus in heißen Regionen mit 120 mm jährlichem Niederschlag. Die Eigenschaften eines Vorratsgefäßes unterscheiden sich deutlich von denen eines Kochgefäßes, und Kasserollen der klassischen Antike unterscheiden sich von assyrischen Kochtöpfen. Wie ein Haus errichtet, ein Gefäß geformt oder eine Speise zubereitet wurde, war darüber hinaus nicht nur von Umweltfaktoren abhängig, sondern in hohem Maße von dem verfügbaren Bündel kultureller Praktiken. Über die Kulturpraktiken der Sioni- und der Tsopi-Gemeinschaften ist bisher wenig bekannt, aber ein Versuch ist möglich, diese anhand des dokumentierten und veröffentlichten Fundmaterials zu skizzieren.

Unsere Kenntnisse über Ostgeorgien im 5. Jahrtausend v. Chr. basieren hauptsächlich auf den Ergebnissen der Ausgrabungen in Sioni, einer Fundstätte in Kvemo Kartli, etwa 50 Kilometer südlich von Tbilissi gelegen[6]. Der Fundplatz liegt am linken Ufer des Flusses Khudistskhali, eines Nebenarms des Shulaveri. Aufgrund ihrer Lage auf einer Flussterrasse ist die circa 2.800 Quadratmeter große Fundstätte teilweise überspült worden. Das Anlegen von mittel- und bronzezeitlichen Bestattungen führte zur Störung der frühen Schichten. Ein großflächiger Siedlungsplan ließ sich nicht rekonstruieren, aber im Zuge der Ausgrabungen wurden Mauerüberreste kreisförmiger Steingebäude von zehn bis zwölf Meter sowie sechs Meter Durchmesser aufgedeckt. Die Fundstätte ist Radiokarbondatierungen zufolge in das letzte Jahrhundert des 5. Jahrtausends v. Chr. und das erste Jahrhundert des 4. Jahrtausends v. Chr. einzuordnen[7].

Zwar sind bis dato Fundspektren von annähernd 50 Fundstellen in Armenien, Aserbaidschan, Nordwestiran und der Osttürkei teilweise oder vollständig unter dem Begriff »Sioni-Kultur« subsumiert worden. Der Begriff ist jedoch recht vage definiert, und das Fundmaterial aus Sioni selbst ist nur teilweise publiziert. Zwei charakteristische Komponenten, anhand derer Fundstellen für gewöhnlich mit der »Sioni-Kultur« in Verbindung gebracht werden, lassen sich herausstellen: ein bestimmter Keramikstil sowie das Auftreten von Gruben mit vertikalen Wänden oder in Glockenform. Weitere Elemente materieller Kultur – beispielsweise Architektur, Knochengeräte, Mahlsteine und Steinwerkzeuge – weisen dagegen eine hohe Variabilität auf. Mit anderen Worten, die Definition der »Sioni-Kultur« stützt sich im Wesentlichen auf die Keramik (Abb. 4–6). Das sichtbarste Merkmal der Keramik aus Sioni sind die Dekorationselemente, die auf dem Rand der Gefäße eingeritzt, eingedrückt oder eingeschnitten sind (Abb. 4; 6).

Abb. 2 Leylatepe, Aserbaidschan. Fragment häckselgemagerter Keramik (Schale).

Abb. 3 Leylatepe, Aserbaidschan. Fragment häckselgemagerter Keramik (Schale).

Abb. 4 Keramikfragment (Gefäß) mit charakterischen Dekorationselementen, Sioni-Keramik, Sioni, Georgien.

Die Gefäße waren unter anderem mit Schräglinien und parallelen Querrillen (Abb. 4) verziert. Das Formenspektrum der Keramik aus Sioni umfasst hauptsächlich engmundige Gefäße mit ovalem Körper, geradem oder umgebogenem

Abb. 5 Keramikfragment (Gefäß), Sioni-Keramik, Sioni, Georgien.

Abb. 6 Keramikfragment (Gefäß) mit charakterischen Dekorationselementen, Sioni-Keramik, Sioni, Georgien.

Hals und flachem Boden. In manchen Fällen lassen sich Abdrücke von geflochtenen Matten auf den Unterseiten beobachten. Der zweithäufigste Gefäßtyp ist ein (20–30 cm tiefer Topf mit relativ engem Mund und ohne Hals. Schüsseln sind im Keramikspektrum von Sioni nicht bekannt. Die Gefäßoberflächen waren poliert oder geglättet. Die Töpfe wurden blassbraun, rötlich, grau und gelblich gebrannt. Manche Gefäße waren kammstrichverziert. Keramik im Sioni-Stil ist in Alikemek Tepesi in der Mugan-Ebene, in der unteren Schicht von Berikldeebi in der Region Schida Kartli, in Aratashen Schicht O in der Ararat-Ebene, in Sos Hüyük und weiteren Fundstätten in Ostanatolien sowie in Kohne Pasgah Tepesi im Koda-Afarin-Tal in Iran bezeugt[8].

Sieben Kilometer südlich von Sioni (und sieben Kilometer von Sadakhlo entfernt), auf der anderen Seite des Bergrückens, liegt Tsopi[9]. Die Fundstätte (etwa 2.800 Quadratmeter) liegt auf der Flussterrasse am linken Ufer des Flusses Banushistskali, eines Nebenarms des Flusses Debeda. Hier ließen sich zwar keine Gebäudestrukturen, aber 31 in den anstehenden Boden geschnittene Gruben nachweisen. Die Gruben waren mit Keramikgefäßen, Obsidianwerkzeugen und -abfällen, Keramikscherben, Herdresten und Tierknochen verfüllt. In einer der Gruben wurden außerdem Überreste von Lehmverputz oder -estrich sowie Fragmente von Lehmflechtwerk gefunden – Materialien, die bei der Errichtung von Wänden zum Einsatz kamen. Der Lehm wurde über Flechtwerk aus Rietgras und Zweigen, die zwischen vertikalen Hölzern eingewebt waren, aufgetragen.

Die Keramik von Tsopi lässt sich in zwei Hauptgruppen einteilen: eine größere Gruppe von grobgemagerter Ware sowie eine kleinere Gruppe mit Spreumagerung. Die größere Gruppe ist charakterisiert durch gräulichen, rosafarbenen oder bräunlichen Brand und eine Magerung mit grobem Basaltsand, die keine oder sehr wenig pflanzliche Anteile enthält. Diese Ware umfasst hauptsächlich engmundige, bauchige Krüge mit umgebogenen Hälsen, seltener tiefe Schüsseln mit verdickten Rändern. Die Gefäße besitzen geglättete oder leicht polierte Oberflächen. Stielpfannen wurden aus demselben Ton hergestellt wie Krüge und Schüsseln. Ihre Innenflächen waren poliert und die unpolierten Außenflächen rußgeschwärzt. Der Ton der spreugemagerten Ware enthält dagegen viel pflanzliches Material und weist einen rosa bis gelblichen Brand auf. Diese Gruppe umfasst unter anderem Pithoi (Vorratsgefäße) und bauchige Krüge mit umgebogenem Rand, polierten Außenflächen und Pflanzenabdrücken.

Das Tsopi-Fundmaterial bietet eine interessante Mischung. Auf der einen Seite sind typisch südkaukasische Merkmale (bauchige Krüge mit ausschwingenden Rändern aus grob gemagertem Ton, Stielpfannen, Lehmflechtwerk und Herde) zu beobachten. Eine kleine Gruppe spreugemagerter Keramik auf der anderen Seite ist eher mit mesopotamischem und anatolischem Einfluss in Verbindung zu bringen.

Zum Ende des 5. und am Beginn des 4. Jahrtausends v. Chr. existierten neben den Sioni- und Tsopi-Gemeinschaften außerdem Gruppen, deren Keramiktypus, die sogenannte häckselgemagerte Keramik, sich deutlich von den Sioni- und Tsopi-Fundspektren unterscheidet[10]. Die häckselgemagerte Keramik (Abb. 2–3), ein weitverbreitetes Phänomen, das in der kulturellen Kontaktzone nördlich und westlich der mesopotamischen Obed- und Uruk-Kultursphären in Erscheinung trat, wird dem Spätchalkolithikum zugerechnet (etwa 4500–3100 v. Chr.), einer Zeit, die von weitreichenden wirtschaftlichen und politischen Umwälzungen in der Region gekennzeichnet war. Der Kreis mit der häckselgemagerten Keramik[11] erstreckte sich vom östlichen Südkaukasus im Norden bis in das Khabur-Dreieck im Süden, im Westen von den Tälern des Çukurova und Amuq bis in das Gebiet des Urmia-Sees und das Zagros-Gebirge im Osten. Das Formenspektrum dieser Keramik besteht aus einer begrenzten Zahl an Typen, hauptsächlich Schüsseln, Halskrügen und lokalen Typen wie Kasserollen. In funktioneller Hinsicht unterscheidet sich die Keramikware sehr von der Sioni-Keramik, die vorwiegend engmundige Gefäße mit Hals und tiefe Gefäße mit sehr enger Öffnung umfasst. Die häckselgemagerte Keramik unterscheidet sich außerdem durch eine Reihe technologischer und struktureller Merkmale wie Spreumagerung, schnellem Brand bei niedrigen Temperaturen und Töpferzeichen (Abb. 3)[12]. Sioni- und Tsopi-Töpfer verwendeten ganz anderes Rohmaterial und mengten selten Pflanzenreste bei. Das westlichste regionale Fundspektrum, in Nordwestsyrien, ist durch die Keramik von Amuq F in der nördlichen Levante, von Arslantepe VII sowie Norşuntepe am oberen Euphrat vertreten[13]. Ein weiteres Regionalspektrum stammt vom mittleren Euphrat und aus Fundstätten des Khabur-Dreiecks, namentlich Kurban Höyük VI, Hacınebi A/B1, Tell Kosaq Shamali Ebenen 4-3, Tell Leilan V-IV und Tell Brak TW 19-14[14]. Die häckselgemagerte Keramik Nordwestirans – einschließlich der »Marand-Ware« aus dem nördlichen Urmia-Becken – repräsentiert durch die Keramik von Kul Tepe VI, Dava Göz III und eine Reihe weiterer Fundplätze, weist Ähnlichkeiten mit der südkaukasischen gehäckselten Keramik auf[15]. Die südkaukasische häckselgemagerte Keramik (Abb. 2–3) ist repräsentiert durch die Fundspektren aus Ovçular Tepesi im Arax-Becken, Böyuk Kesik im Kura-Becken, Ley latepe (Leylatepe-Kultur) im Karabak-Tiefland, MPS 16 in der Mil-Ebene, Berikldeebi im Kura-Tal sowie Aknashen-Khatunarkh in der Ararat-Ebene[16].

Das Phänomen mit der häckselgemagerten Keramik trat zur selben Zeit auf (circa 3800/3900–3100 v. Chr.) wie die nordkaukasische Maikop-Kultur (auch Maikop-Novosvobodnenskaya; siehe Tab. 1). Von verschiedenen Autoren ist die Keramik- und Metallproduktion der Maikop-Kultur über ihre Verbindungen zum Südkaukasus, Mesopotamien, Anatolien, Syrien und Nordiran definiert worden[17]. Die »Tsopi-Kultur« wurde als Brücke zwischen Uruk und Maikop angesehen und wirtschaftliche sowie technologische Verbindungen zu Mesopotamien und dem Nordkaukasus gezogen[18]. Einen Hinweis auf Verbindungen zwischen diesen vielfältigen Phänomenen bilden die spreugemagerten Gefäße von Tsopi, die typologische Ähnlichkeit mit Keramik aus Berikldeebi und mit der Maikop-Keramik aus dem Nordkaukasus aufweisen.

Mentesh Tepe, eine Fundstätte 70 Kilometer südöstlich von Sioni und Tsopi im Tovuz-Distrikt (Aserbaidschan) des Kura-Beckens, liefert zusätzliche wichtige Informationen zu dem Zeitraum zwischen dem Verschwinden der neolithischen Kulturen und dem Auftreten der Sioni- und Tsopi-Phänomene[19]. Hier siedelte um 4775–4500 v.Chr. eine neolithische Gemeinschaft, bevor der Siedlungshügel verlassen und erst nach 800 Jahren wieder besiedelt wurde. Wie in Tsopi ließen sich mit Ausnahme einiger Gruben und Pfostenlöcher keinerlei Baustrukturen mit der ersten Besiedlungsphase im 5. Jahrtausend v.Chr. nachweisen. Im Hinblick auf Typologie, Funktion, Farbe und Rohmaterial unterscheidet sich jedoch die Keramik von Mentesh Tepe von der neolithischen und ähnelt eher der Keramik der nachfolgenden Periode. Es treten nun sogenannte »Mangale« auf, Gefäße mit Perforierungen unter dem Rand und Rußspuren auf den Außenflächen. Auch die Stielpfannen erscheinen nun zum ersten Mal. Töpfer in Mentesh Tepe mengten dem Ton bei der Herstellung verschiedener Gefäße Spreu bei. Die Stielpfannen magerten sie mit grobem Sand. Die Gefäße wurden blassrosa gebrannt. Die nächste Phase (Mentesh Tepe III) wird um 4360–4129 v.Chr. datiert, und in dieser Zeit wurde der Ort verlassen, kurz bevor die Siedlungsaktivität in Sioni begann (circa 4100–3900 v.Chr.). Diese Phase ist charakterisiert durch Lehmziegelbauten von rechteckigem Grundriss ohne Steinfundament, Lehmspeicherbauten und -öfen sowie in die Erde eingegrabenen Vorratskrügen. Metallverarbeitung spielte an diesem Ort eine wichtige Rolle, wo es auch zahlreiche Hinweise auf Keramikproduktion, aber keine auf Knochengeräteherstellung gibt. Das Formenspektrum der Keramik aus Mentesh Tepe ist sehr vielfältig und umfasst Kochtöpfe mit sehr enger lochförmiger Öffnung, Stielpfannen, Mangale, Krüge, Schalen, Platten, Schüsseln, Kannen und Becher. Die Ausgräber konnten drei verschiedene funktionale Gruppen unterscheiden: Gebrauchs-, Tafel und Kochgeschirr. Der Ton für alles, was nicht Kochgeschirr war, wies meist eine Spreumagerung auf, zudem waren die Gefäße sorgfältig geglättet oder poliert. Die meisten der Tafelgeschirrstücke waren mit Bitumen bemalt. Kochgeschirr zeigte oft eine Magerung mit Obsidian. Einige der Töpfe waren kammstrichverziert. Die einzige Gemeinsamkeit zwischen den Keramikproduktionen aus Mentesh Tepe und Sioni ist eine Gruppe von engmundigen Töpfen mit Ritzverzierung auf dem Rand. Mentesh Tepe gehörte also, was die materielle Kultur betrifft, offensichtlich zu einer anderen Kultursphäre als Sioni und Tsopi. Nach Bertille Lyonnets Ansicht stand der Ort unter mesopotamischem Einfluss und reflektierte die Mobilität von Menschen und Ideen innerhalb des weitläufigen Gebietes zwischen Mesopotamien und dem Kaukasus[20]. Sioni und Tsopi dagegen präsentieren sich als eher lokal orientierte Orte, die durch geringe Kontakte mit benachbarten Orten und Gemeinschaften geprägt waren.

Die Sioni- und Tsopi-Gemeinschaften des 5. und 4. Jahrtausends v. Chr. erschufen ein neues Wirtschaftsmodell, das sich deutlich von dem vorangehenden neolithischen Wirtschaftssystem unterschied. Die neolithischen Gemeinschaften siedelten auf Wohnhügeln in Tälern mit sogenannten hellen Kastanienböden (charakteristischen trockenen Steppenböden). Sioni- und Tsopi-Gemeinschaften begannen in die

Vorgebirge vorzudringen, wo Podsole vorherrschten, die sich für Weidewirtschaft eigneten. Im Tierknochenspektrum von Tsopi ließ sich eine interessante Beobachtung machen: 26 % der identifizierten Tierarten waren Wildtierarten[21]. In den neolithischen Fundstätten der Kura-Region, wo Wildtierknochen nur 5 % aller identifizierten Knochen ausmachen, spielte die Jagd offenbar eine geringe Rolle[22]. Für Tsopi-Gemeinschaften bildete die Jagd eine wichtige Fleischquelle. Auch die Siedlungsbefunde von Sioni und Tsopi unterscheiden sich in mehrfacher Hinsicht von denjenigen der neolithischen Siedlungen. Letztere waren geprägt von kleinen und mittleren (2,5–6 Meter Durchmesser) rundlichen und rechteckigen Baustrukturen ohne steinerne Fundamente, errichtet aus konvex gewölbten Ziegeln und Lehmflechtwerk. Sioni-Siedlergemeinschaften errichteten größere Bauten auf Steinfundamenten von einem Meter Stärke, während Tsopi-Gruppen Lehmflechtwerkbauten im Fokus hatten. In Sioni- und Tsopi-Siedlungen treten Knochengeräte in sehr geringer Zahl auf (hauptsächlich Ahlen), während in neolithischen Fundstätten dutzende bis hunderte von Knochengeräten gefunden werden.

Zusammenfassend lassen sich Sioni und Tsopi folgendermaßen definieren. Man kann sie am besten als zwei verschiedene Keramiktraditionen innerhalb der Ackerbaugruppen beschreiben, welche am Ende des 5. und in der ersten Hälfte des 4. Jahrtausends v. Chr. im Mittleren Osten eine von intensiven kulturellen Austauschprozessen geprägte Landschaft bevölkerten. Den archäologischen Zeugnissen zufolge siedelten die mit Sioni und Tsopi assoziierten Gemeinschaften jenseits des ursprünglichen Neolithisierungsgebietes und erschufen neue Wirtschafts- und Kulturlandschaften. Ihre sich allmählich herausbildende kulturelle Identität gründete zwar auf den Lebensweisen der vorangehenden Siedlergemeinschaften, war aber auch ein Resultat ihrer relativen Isolierung von benachbarten Gemeinschaften. Während der zweiten Hälfte des 5. und ersten Hälfte des 4. Jahrtausends v. Chr. wurden die kulturellen Dynamiken im Kaukasus zunehmend intensiver und komplexer. Verschiedene kulturelle Phänomene überschnitten sich, koexistierten und vermischten sich in dieser Zeit im Südkaukasus. Einerseits suchten Gemeinschaften im Südkaukasus neue ökologische Nischen und durchliefen komplexe kulturelle Wandlungsprozesse, zu denen die Entwicklung des Siegelwesens, frühe Urbanisierung, die Herausbildung einer Bürokratie und in Mesopotamien die Entwicklung der Keilschrift gehörten. Andererseits war der Südkaukasus Wiege und Lebensraum der Kura-Araxes-Gemeinschaften, die sich den Prinzipien staatlicher Kontrolle und Zentralisierung widersetzten.

Eine grundlegende Beschreibung und Definition der materiellen Kultur von Sioni und Tsopi ist Grundvoraussetzung für jede weitere Diskussion. Die systematische Generierung weiterer Daten wird es uns erlauben, diese beiden Phänomene besser zu definieren. Studien ihrer materiellen Kultur als »Werkzeugsatz« werden wichtige Einblicke in deren Bedeutung für soziale Praktiken und interkulturelle Austauschprozesse liefern[23].

Übersetzung aus dem Englischen: Kathrin Meents

Abstract

The Caucasus is characterized by very diverse environments, ranging from the glaciers to narrow valleys and subtropical lowlands, from highland plateaus to wide plains and steeps. Culturally, it has exhibited a similar diversity for thousands of years. The Caucasus forms both a natural boundary and a bridge between the highlands of Western Asia and the steppes of Europe. These factors have contributed to the creation of a colorful and extremely complex cultural picture of the last 8.000 years.

Sioni and Tsopi communities of the 5th and 4th millennia BC created a new economic model that was different from the previous (Neolithic) one. These communities began to spread into the foothills which were suited for grazing. Sioni, Tsopi and associated communities settled beyond the areas of the initial Neolithization and created new economic and cultural landscapes. Different cultural phenomena overlapped, coexisted and mixed in the Southern Caucasus during this period. On the one hand, these communities settled in new ecological niches and were involved in complex cultural processes such as the development of sealing, primary urbanization and the appearance of bureaucracy, and the cuneiform script in Mesopotamia. On the other hand, the Southern Caucasus were cradle and playground for the Kura Araxes communities who resisted the ideas of state control and centralization.

1 Vavilov 1951.

2 Hamon 2008; Helwing u. a. 2017; Lyonnet u. a. 2012.

3 Zum Beispiel Badalyan u. a. 2010; Hamon 2008; Helwing u. a. 2017; Lyonnet u. a. 2012.

4 Hansen u. a. 2006.

5 Greenberg/Shimelmitz/Iserlis 2014; Kohl 2007; Sagona 2014; Palumbi 2011.

6 Menadbe/Kiguradze 1981.

7 Sagona 2014.

8 Marro 2008; Kiguradze/Sagona 2003; Žavaxišvili 1998.

9 Nebieridze 2010.

10 Kiguradze/Sagona 2003; Marro 2007; Nebieridze 2010.

11 Marro 2010.

12 Helwing 2012; Marro 2010.

13 Braidwood/Braidwood 1960; Frangipane 1993; Gülçur 2000.

14 Oates 2002; Nishiaki u. a. 2002; Pearce 2000; Schwarz 1988; Stein 2002.

15 Marro 2010; Maziar 2015.

16 Badalyan u. a. 2010; Glonti/Džavachišvili 1987; Helwing 2012; Marro 2010; Marro/Bakhshaliyev/Ashurov 2011; Museibli 2007; Narimanov/Akhundov/Aliyev 2007; Palumbi 2007; Žavaxišvili 1998.

17 Andreeva 1977; Korenevskij 2004; Lyonnet 2007b; Narimanov/Akhundov/Aliyev. 2007; Rezepkin 2000.

18 Nebieridze 2010.

19 Lyonnet u. a. 2012; Lyonnet 2017.

20 Lyonnet 2017.

21 Nebieridze 2010.

22 Benecke 2017

23 Ich bedanke mich bei Mindia Jalabadze (Georgisches Nationalmuseum), David Lordkipanidze (Georgisches Nationalmuseum), Maisa Nurbala qızı Rahimova (Azerbaijan National Academy of Sciences – Institute of Archaeology and Ethnography), Nino Chkhartishvili (Georgisches Nationalmuseum), Khagani Almamedov und Tufan Akhundov (Azerbaijan National Academy of Sciences – Institute of Archaeology and Ethnography) für die Erlaubnis und die Möglichkeit, mit den Sammlungen aus Sioni und Leylatepe zu arbeiten.

Literatur

Akhundov, T. 2007, Sites de Migrants Venus du Proche-Orient en Trancaucasie. In: Lyonnet 2007a, 95–121. **Andreeva, M. V. 1977,** Андреева, М. В. К вопросу о южных связях майкопской культуры. Советская археология 1, 1977, 39–56. Andreeva, M. V., K voprosu o yuzhnykh svyazyakh Maikopskoy kultury. Sovetskaya Arkheologiya 1, 1977, 39–56. Andreeva, M. V., Zur Frage der südlichen Beziehungen der Maikop-Kultur, Sowjetische Archäologie 1, 1977, 39–56. **Badalyan, R. S./Haryutyunyan, A. A./Chataigner, C./Le Mort, F./Brochier, J.-E./Balasecu, A./Radu, V./Hovsepyan, R. 2010,** The Settlement of Akhnashen-Khatunarkh, A Neolithic Site in the Ararat Plain (Armenia): Excavation Results 2004–2009. Türkiye Bilimler Akademisi Arkeoloji dergisi 13, 2010, 185–218. **Benecke, N. 2017,** Exploitation of Animal Resources in Neolithic Settlements of the Kura Region (South Caucasus). In: Helwing u. a. 2017, 357–369. **Braidwood, R. L./Braidwood, L. S. 1960,** Excavations in the Plain of Antioch I, the Earlier Assemblages, Phases A-J. (Chicago 1960). **Černych, E. N./Orlovskaja, L. B. 2007,** Черных, Е. Н./Орловская, Л. Б., Радиоуглеродная хронология майкопской археологической общности. Археология, этнография и фольклористика Кавказа. Новейшие археологические и этнографические исследования на Кавказе (Махачкала 2007) 10–29. Černych, E. N./Orlovskaja, L. B., Radiouglerodnaja chronologija majkopskoj archeologičheskoj obščnosti. Archeologija, etnografija i fol'kloristika Kavkaza. Noveyshie arkheologicheskie i etnograficheskie issledovaniya na Kavkaze (Makhachkala 2007) 10–29. Černych, E. N./Orlovskaja, L. B., Zur Radiokarbonchronologie der Gemeinschaft der archäologischen Kultur von Majkop. Archäologie, Ethnologie und Folkloristik Kaukasus. Die neuesten archäologischen und ethnografischen Forschungen im Kaukasus (Machačkala 2007) 10–29. **Frangipane, M. 1993,** Local Components in the Development of Centralized Societies in Syro-Anatolian Regions. In: M. Frangipane/H. Hauptmann/M. Liverani/P. Matthiae/M. Mellink (Hg.), Between the Rivers and over the Mountains. Archaeologica Anatolica et Mesopotamica Alba Palmieri Dedicata (Roma 1993) 133–161. **Glonti, L./Džavachišvili, A. 1987,** Глонти, Л./Джавахишвили, А., Новые данные о многослойном поселении эпохи энеолита - поздней бронзы в Шида-Картли – Бери Клдееби. Краткие сообщения Института Археологии 192, 1987, 80–87. Glonti, L./Džavachišvili, A., Novye dannye o mnogoslojnom poselenii epochi enelita – pozdnej bronzy v Šida-Kartli – Beri Kldeebi. Kratkie soobščenija Instituta Archeologii 192, 1987, 80–87. Glonti, L./Džavachišvili, A., Neue Daten zur mehrschichtigen Siedlung Berikldeebi der Epoche Eneolithikum/Spätbronzezeit in Šida-Kartli. Kurze Mitteilungen des Instituts für Archäologie 192, 1987, 80–87. **Greenberg, R./Shimelmitz, R./Iserlis, M. 2014,** New Evidence for the Anatolian Origins of 'Khirbet Kerak Ware People' at Tel Bet Yerah (Israel), ca. 2800 BC. Paléorient 40/2, 2014, 185–204. **Gülçur, S. 2000,** Norşuntepe: die Chalkolitische Keramik (Elaziğ/Ostanatolien). In: C. Marro/H. Hauptmann (Hg.), Chronologies des pays du Caucase et de l'Euphrate aux IVe –IIIe millénaires. Varia Anatolica XI (Paris 2000) 375–418. **Hansen, S./Mirtskhulava, G./Bastert-Lamprichs, K./Benecke, N./Görsdorf, J./Neumann, D./Ullrich, M./Gatsov, I./Nedelcheva, P. 2006,** Aruchlo 2005–2006: Bericht über die Ausgrabungen in einem neolithischen Siedlungshügel. Archäologische Mitteilungen aus Iran und Turan 38 (Berlin 2006) 1–34. **Hamon, C. 2008,** Economy and Macrolithic Implements from Shulaveri-Shomu Sites of Kwemo-Kartli (Georgia). Paleorient 34/2, 2008, 85–135. **Helwing, B. 2012,** Late Chalcolithic Craft Traditions at the North-Eastern 'Periphery' of Mesopotamia: Potters vs. Smiths in the Southern Caucasus. Origini XXXIV, 2012, 201–220. **B. Helwing/T. Aliyev/B. Lyonnet/F. Guliyev/S. Hansen/G. Mirtskhulava (Hg.) 2017,** The Kura Projects. New Research on the Later Prehistory of the Southern Caucasus. Archäologie in Iran und Turan Band 16 (Berlin 2017). **Kiguradze, T./Sagona, A. 2003,** On the Origins of the Kura-Araxes Cultural Complex. In: A. Smith/K. Rubinson (Hg.), Archaeology in the Borderlands. Investigations in Caucasia and Beyond (Los Angeles 2003) 38–94. **Kohl, P. L. 2007,** The Making of Bronze Age Eurasia (Cambridge 2007). **Korenevskij, S. N. 2004,** Кореневский С.Н., Древнейшие земледельцы и скотоводы Предкавказья: Майкопско-новосвободненская общность (Москва 2004). Korenevskij, S. N., Drevnejšie zemledel'cy i skotovody Predkavkaz'ja: Majkopsko-Novosvobodnenskaja obščnost' (Moskva 2004). Korenevskij, S. N., Die ältesten Ackerbauern und Viehzüchter im Kaukasusvorland: Die Maikop-Novosvobodnenskaja Gemeinschaft (Moskau 2004). **Lyonnet, B. 2007a,** Les cultures du Caucase (VIe–IIIe millénaires avant notre ère) Leurs relations avec le Proche-Orient (Paris 2007). **Lyonnet, B. 2007b,** La Culture de Maïkop, la Transcaucasie, l'Antolie Orientale et le Proche-Orient: Relations et Chronologie. In: Lyonnet 2007a, 257–268. **Lyonnet, B. 2017,** Mentesh Tepe 2012–2014. The Pottery. In: Helwing u. a. 2017, 141–152. **B. Lyonnet/F. Guliyev/B. Helwing/T. Aliyev/S. Hansen/G. Mirtskhulava 2012,** Ancient Kura Project 2010–2012: The first two seasons of joint field work in the Southern Caucasus. Archäologische Mitteilungen aus Iran und Turan 44, 2012, 1–190. **Marro, C. 2007,** Upper-Mesopotamia and Transcaucasia in the Late Chalcolithic Period. In: Lyonnet 2007a, 77–94. **Marro, C. 2008,** Late Chalcolithic Cultures in the Anatolian Highlands. In: K. S. Rubinson/A. Sagona (Hg.) Ceramics in Transition: Chalcolithic through Iron Ages in the Highlands of the Southern Caucasus and Anatolia. Ancient Near Eastern Studies 27, 2008, 9–27. **Marro, C. 2010,** Where did Late Chalcolithic Chaff-Faced Ware originate? Paléorient 36/2, 2010, 35–55. **Marro, C./ Bakhshaliyev, V./Ashurov, S. 2011,** Escavations at Ovçular Tepesi (Nakhchivan, Azerbaijan). Second Preliminary Report: The 2009–2010 Seasons. Anatolia Antiqua XIX, 2011, 53–100. **Maziar, S. 2015,** Settlement Dynamics of the Kura-Araxes Culture: an Overview of the Late Chalcolithic and Early Bronze Age on the Khoda Afarin Plain, North-Western Iran. Paléorient 41/1, 2015, 25–36. **Menadbe, M. B./Kiguradze, T. B. 1981,** მენაბდე, მ.ბ./კიღურაძე თ.ბ., არქეოლოგიური ძეგლები სოფელ სიონთან. თბილისი. Arkheologicheskie pamyatniki s. Sioni (Tbilisi 1981). Arkeologiuri dzeglebi sopel Siontan (Tbilisi 1981). Menadbe, M. B./ Kiguradze, T. B., Archäologische Denkmäler der Sioni (Tbilisi 1981). [Auf Georgisch, mit russischer Zusammenfassung]. **Museibli, N. 2007,** Chalcolithic Settlement Beyuk Kesik (Baku 2007). **Narimanov, I. G./ Akhundov, T. I./Aliyev, N. G. 2007,** Нариманов И. Г./ Ахундов Т. И./ Алиев Н. Г., Лейлатепе. Поселение, традиции, этап в этнокультурной истории Южного Кавказа (Баку 2007). Narimanov, I.G./Akhundov, T.I./ Aliyev, N. G., Leylatepe. Poselenie, traditsiya, etap v etno-kulturnoi istorii Yuzhnogo Kavkaza. Narimanov, I. G./Akhundov, T. I./Aliyev, N. G., Leilatepe. Siedlung, Tradition, Etappe der ethnokulturellen Geschichte im Südkaukasus (Baku 2007). **Nebieridze, L. 2010,** ნებიერიძე, ლ., წოფის ქარკოლოტური კულტურა (თბილისი). Nebieridze, L., The Tsopi Chalcolithic Culture (Tbilisi 2010). Nebieridze, L., Tsopis karkoloturi kultura (Tbilisi 2010). [Auf Georgisch, mit russischer Zusammenfassung]. **Nishiaki Y./Koizumi T./ Le Mière M./Oguchi T. 2002,** Prehistoric Occupations at Tell Kosak Shamali, the Upper Euphrates, Syria. Akkadica 113, 2002, 13–68. **Oates, J. 2002,** Tell Brak: The 4th millennium Sequence and its Implications. In: J. N. Postgate (Hg.), Artefacts of Complexity: Tracking the Uruk in the Near East (Cambridge 2002) 111–122. **Palumbi, G. 2007,** A Preliminary Analysis on the Prehistoric Pottery from Aratashen (Armenia). In: Lyonnet 2007a, 133–161. **Palumbi, G. 2011,** The Chalcolithic of Eastern Anatolia. In: G. McMahon/S. Steadman (Hg.), The Oxford Handbook of Ancient Anatolia (10.000 – 323 BCE) (Oxford and New York 2011) 205–228. **Pearce, J. 2000,** The Late Chalcolithic Sequence at Hacınebi Tepe, Turkey. In: C. Marro/H. Hauptmann (Hg.), Chronologies des pays du Caucase et de l'Euphrate aux IVe–IIIe millénaires. Varia Anatolica XI, 2000, 15–143. **Rezepkin, A. D. 2000,** Das frühbronzezeitliche Gräberfeld von Klady und die Majkop-Kultur in Nordwestkaukasien. Archäologie in Eurasien 10 (Rahden/Westfalen 2000). **Sagona, A. 2014,** Rethinking the Kura-Araxes Genesis. Paléorient 44/2, 2014, 23–46. **Schwartz, G. M. 1988,** (Hg.), A Ceramic Chronology from Tell Leilan Operation I. (New Haven 1988). **Stein, G. 2002,** The Uruk Expansion in Anatolia: A Mesopotamian Colony and Its Indigenous Host Community at Hacınebi, Turkey. In: N. Postgate (Hg.), Artefacts of Complexity: Tracking the Uruk in the Near East. British School of Archaeology in Iraq. Iraq Archaeological Reports 5 (Warminster 2002) 149–171. **Trifonov, V. A. 2001,** Трифонов, В. А., Поправки к абсолютной хронологии культур эпохи энеолита-средней бронзы на Кавказе, степной и лесостепной зонах Восточной Европы (по данным радиоуглеродного датирования). In: Ю. И. Колев (Hg.), Бронзовый век Восточной Европы: характеристика культур, хронология и периодизация (Самара 2001) 71–82. Trifonov, V. A., Popravki k absoljutnoj chronologii kul'tur epochi eneolita-srednej bronzy na Kavkaze, stepnoj i lesostepnoj zonach vostočnoj Evropy (po dannym radiouglerodnogo datirovanija). In: J. I. Kolev (Hg.), Bronzovyj vek vostočnoji Evropy: charakteristika kul'tur, chronologija i periodizacija (Samara 2001) 71–82. Trifonov, V. A., Änderungen der absoluten Chronologie für das Endneolithikum und die Mittelbronzezeit im Kaukasus, Steppen- und Waldsteppenzone Osteuropas (der Radiokarbon-Datierung zufolge). In: J. I. Kolev (Hg.), Die Bronzezeit in Osteuropa: Merkmale der Kultur, Chronologie und Periodisierung (Samara 2001) 71–82. **Vavilov, N. I. 1951,** The Origin, Variation, Immunity and Breeding of Cultivated Plants, Chronica Botanica 13, 1/6, 1951, 1–53. **Žavaxišvili, A. 1998,** Ausgrabungen in Berikldeebi (Šida Kartli). Georgica 21, 1998, 7–20.

Die spätchalkolithische Siedlung Orchosani (Südwestgeorgien)

Irina Gambashidze

Die spätchalkolithische Siedlung Orchosani liegt im Südwesten Georgiens in der Provinz Samzche-Javacheti, 18 Kilometer südwestlich der Stadt Akhaltsikhe. Die Siedlung befindet sich circa 1.200 Meter über dem Meeresspiegel am linken Ufer des Flusses Potskhovi. Heute wird die Siedlungsfläche von der georgisch-türkischen Gasleitung durchquert (Abb. 1)[1].

Orchosani ist ein mehrschichtiges archäologisches Denkmal, bei dem die chalkolithischen Schichten viel stärker vertreten als bei anderen Fundstätten.

Das Siedlungsareal auf dem Hügel befand sich vermutlich an seinen nördlichen und östlichen Hängen. Der obere Teil des Hügels wurde im 20. Jahrhundert beim Verlegen des Militärkommunikationsnetzes beschädigt. Im Rahmen der Baku-Tbilisi-Ceyhan und South Caucasus Pipeline Expantion-Pipeline-Projekte wurden nur die von dem Projekt betroffenen Flächen archäologisch untersucht. Die Ausgrabungen in den Jahren 2015–2016 umfassten nur einen kleinen Teil der besiedelten Fläche in Orchosani.

Durch die Ausgrabungen wurden 208 Gruben, Baureste von drei Gebäuden, vier Öfen, zwei Bestattungen und ein Feuerplatz freigelegt[2].

Die Gesamtfläche der Siedlung Orchosani beträgt circa zwei Hektar spätchalkolithische

Abb. 1 Siedlung Orchosani. Blick von Nordosten.

Abb. 2 Siedlung Orchosani. Backofen Nr. 4. Der kreisförmige Ofen ist von einer doppelten Steinreihe umgeben. Die Füllung der Steinmauer umfasst Keramikfragmente.

Schichten wurden durch spätere Bauten oder Gruben teilweise beschädigt oder völlig zerstört. Die chalkolithischen Schichten liegen direkt über dem gewachsenen Boden.

Die Gruben konzentrieren sich im Nordosten und im Osten des Hügels.

Am Hügelfuß des östlichen Hanges wurde in den früheren Schichten das südwestliche Mauerfragment eines Gebäudes freigelegt. Dieses Gebäude wurde durch den späteren hellenistischen Bau 7 zerstört. Der Innenraum war mit verbrannter, mit Asche versetzter Erde verfüllt. In der Verfüllung wurden mehrere Keramikfragmente wie etwa Boden- und Wandscherben, Lehmverputzfragmente und Holzkohle nachgewiesen.

Zum selben Komplex gehörten vier Öfen, die am östlichen Hügelfuß direkt auf dem gewachsenen Boden angelegt waren. Die Öfen waren beschädigt. Verhältnismäßig gut erhalten zeigte sich jedoch der Ofen 4 (Abb. 2). Bemerkenswert ist, dass die Konstruktion aller Öfen nahezu gleich ist. Sie gehören mit einer geringeren chronologischen Abweichung zur selben Periode. Dafür spricht die Tatsache, dass einige Öfen durch das Anlegen anderer beschädigt wurden.

Die Öfen sind hufeisenförmig angelegt und weisen eine kuppelförmige Abdeckung aus Stampflehm auf. Der untere Bereich des Gewölbes ist an der Rückwand der Öfen erhalten (Abb. 2). Die Öfen sind durch einen wärmeisolierten Boden, eine doppelte Steinreihe und leicht geneigte Wände gekennzeichnet. Zur Stabilisierung der Wände wurden kleinere Steine verwendet. Der Innenraum des Ofens ist mit Keramikscherben und Lehmverputzfragmenten gefüllt. Die Innenseite der Wände ist mit Lehm verputzt. Der Boden war mehrschichtig, um eine bessere Wärmeisolierung zu gewährleisten: Die obere 0,05–0,10 cm dicke Schicht war mit gelb-rötlichem Lehm verputzt. Unmittelbar darunter befand sich eine lockere Schicht aufgepflastert mit Schotter und Keramikfragmenten. Unter dem Schotter befand sich eine verbrannte graue Schicht. Im vorderen Teil des Ofens lagen drei kleine flache Steine. An der linken Ofenwand wurde eine verputzte, rot verbrannte Fläche

Abb. 3 Orchosani Siedlung. K 1,59 Profil der Grube 9.

ohne Schotter (0,40 m × 0,40 Meter) mit einer Stärke von 0,15 Meter nachgewiesen.

Die Öfen und die damit zusammenhängenden verbrannten Flächen und die mit Asche verfüllten Gruben können anhand von dort gefundenen Keramikscherben ins Spätchalkolithikum datiert werden. Zwar wurde die stratigraphische Abfolge der Objekte geklärt, jedoch lassen sich beim archäologischen Material keine signifikanten Unterschiede feststellen. Die für die Wärmeisolierung verwendeten Keramikscherben sind typologisch identisch mit den Keramikfragmenten aus spätchalkolithischen Gruben und aus den zeitgleichen Kulturschichten.

Es ist zu bemerken, dass für die Wärmeisolierung des Bodens in den Öfen Nr. 3 und Nr. 4 die Scherben derselben Schüssel verwendet wurden.

Dieser Typ von Öfen wurde in Orchosani zum ersten Mal in einer spätchalkolithischen Siedlung in Georgien nachgewiesen. Ähnliche Öfen sind aus Anatolien bekannt: Die in den Räumen 4 und 5 in der Yeniköy Siedlung Schicht III nachgewiesenen Öfen[3] sind identisch mit dem Ofen 4 aus Orchosani. Der Unterschied besteht nur darin, dass bei der Konstruktion der anatolischen Öfen keine Steine und Tonscherben verwendet wurden. Der Ofen 4 von Orchosani wurde anhand von ^{14}C-Daten in die Zeit zwischen 3633–3524 v. Chr. datiert.

Die Hauptbefunde in der Siedlung Orchosani stellen kreisförmige, seltener ovale, Gruben dar. Ihre Form ist meistens glockenförmig, einige Gruben haben eine zylindrische Form. Sie sind in den gelbfarbigen gewachsenen Boden eingetieft. Der obere Bereich einiger Gruben war mit Asche verstrichen. Das Unterteil der tiefen Gruben war häufig in einem unbeschädigten Zustand.

Einige Gruben sind durch ihre Größe und Konstruktion auffällig (Abb. 3). KP (Kilometerpoint) 1,59[1] Grube 9 unterscheidet sich von den anderen durch ihre Konstruktion und durch das Material der Verfüllung. Die Grube ist stufenförmig

Abb. 4 Spätchalkolithische Keramik aus der Siedlung Orchosani. 1–4: KP 1.59 Grube 9. Keramikfragmente und Knochen aus unterschiedlichen Niveaus, 5–10: KP 1.59 Keramikfragmente; 11: KP 1.61 Grube 14 Keramik mit Rundboden.

in den gewachsenen Boden eingetieft, die Verfüllung besteht aus drei unterschiedlich gefärbten Schichten ohne sterilen Lehm dazwischen. In der Grube wurden keine Elemente nachgewiesen, die auf einen Wohnbereich hinweisen konnten. Innerhalb der Funde aus der Verfüllung sind ein rot bemalter Topf sowie ein Gefäß mit kugelförmigem Bauch und zylindrischem Hals besonders auffällig (Abb. 4,1–4). Die Gefäßscherben liegen in der Grubenverfüllung auf unterschiedlichen Niveaus.

In KP 1.59 Grube 9 wurden Bodenscherben mit Mattenabdrücken gefunden. Diese stammen von verschiedenen Gefäßtypen (zum Beispiel Krüge, Töpfe, Becher, Schüsseln und pfannenartige Gefäße). Außerdem wurden Ringe aus Wandscherben gefunden. Ein Teil des Tonwarenspektrums war dickwandig und grob geformt, der andere Teil war dünnwandig ausgeführt. Bei der Mehrzahl der Scherben wurde die ursprüngliche Farbe durch Feuereinwirkung verändert. Es wurden auch Scherben mit schwarzer, roter, brauner und beiger Oberfläche nachgewiesen. Der Ton war oft mit organischem Material gemagert (Stroh).

Anhand paläobotanischer Untersuchungen wurden in der Grubenfüllung Reste von mehreren Kulturpflanzen nachgewiesen: Weizen (*Triticum* sp.), Gerste (*Hordeum vulgare L.*), Linsen (*Lens culinaris*) und Emmer (*Triticum dicoccum Schrank*)[4].

In der Grubenfüllung wurde eine große Anzahl an rot bemalten Gefäßen mit ausgeprägtem

Rand gefunden. Es ist jedoch anzumerken, dass keines der Gefäße vollständig war, was darauf hinweist, dass sie erst nach dem Zerbrechen in die Grube hineingeworfen wurden (Abb. 3,1–4). Aus verschiedenen Grubenniveaus wurden insgesamt vier Proben für die Radiokarbondatierung entnommen (Tab. 1).

Die Tatsache, dass einige Gruben durch das Anlegen anderer zerstört wurden, spiegelt nicht nur ihre chronologische und stratigraphische Position, sondern auch den Prozess des Ausschachtens, des Verfüllens sowie die Stellung der Gruben zueinander wider.

Die für die absolute Chronologie äußerst wichtigen Radiokarbondaten entsprechen völlig der Datierung der Objekte aus der Siedlung Orchosani anhand ihrer typologischen und morphologischen Merkmale.

Der chronologische Rahmen von Orchosani fällt in die Zeit zwischen 3 703 und 3 385 v. Chr. Damit gehört die Siedlung ins Spätchalkolithikum/Frühbronzezeit[5].

Die archäologischen Artefakte aus der Verfüllung der KP 1.59 Grube 9 sind insofern interessant, als dass dort die lokalen grob geformten Tonwaren mit organischer Magerung zusammen mit importierter dünnwandiger, rot bemalter Keramik vorkommen.

Der Übergang von einer Zeitstufe in die andere wird im archäologischen Material aus den früheren Gruben sichtbar: Die dort gefundenen

Abb. 5 Siedlung Orchosani. Spätchalkolithische Funde. 1–4: (Kat. 99–101); 5: Hacke (Kat. 117); 6: Flachbeil (Kat. 118); 7: tönernes Wagenrad (Kat. 104); 8–10: Keramik, 11: Anthropomorphe Figurinen; 12: Steinbeil; 13: Knochenpfriem; 14: Werkzeuge aus Silex; 15: Werkzeug aus Obsidian; 16: Bronzewerkzeug; 17: Zoomorphe Figurinen (Kat. 102 (a), Kat. 103 (c)); 18: Keramik; 19: Stempelsiegel; 20: T-förmige Kopfnadel (Kat. 120).

Tab. 1 Radiokarbondatierungen der verschiedenen Grubenniveaus.

Lab no. MAMS	Probe	^{14}C age (yr BP)	±	$\delta^{13}C$ AMS (‰)	Cal 1-sigma	Cal 2-sigma	C (%)	C:N	Collagen (%)	Material
33484	Orch.015 KP 1.59 Grube N 9 Gefäß N159 :166	4824	27	-19,4	calBC 3649-3538	calBC3655-3529	59,5			Kohle
33472	Orch.03 KP 1.59 Grube N 9	4752	26	-17,2	calBC 3631-3522	calBC3635-3384	33,6	3,2	2,5	Knochen
33473	Orch.04 KP 1.59 Grube N9 Gefäß N 159:319 (Abb. 4.3)	4809	26	-19,8	calBC 3642-3536	calBC3649-3527	60,4			Kohle
33474	Orch.05 1.59 Grube #9	4830	26	-16,6	calBC 3651-3540	calBC3660-3531	36,6	3,2	5,2	Knochen

Objekte tragen Merkmale, die sowohl für das Spätchalkolithikum als auch für die Frühbronzezeit typisch sind (Abb. 3,3)[6].

Das Keramikspektrum aus der Siedlung Orchosani, das in die späte Uruk-Zeit datiert wird, unterscheidet sich stark von der Keramik der südkaukasischen Shulaveri-Shomutepe- und der Kura-Araxes-Kultur. Die Tonwaren aus Orchosani weisen Ähnlichkeiten mit Tsopi-Sioni und Leylatepe-Keramik auf, die chronologisch in die Periode zwischen Shulaveri-Shomutepe und Kura-Araxes gesetzt werden kann[7]. Aufgrund der geografischen Lage der Siedlung überwiegen im Fundmaterial jedoch die Einflüsse der anatolischen spätchalkolithischen Kulturen.

In diesem Zusammenhang sind zahlreiche Gefäßtypen, anthropomorphe und zoomorphe Kleinplastiken, Objekte aus Metall, Stein, Knochen und Obsidian zu nennen (Abb. 5).

Das Keramikspektrum aus der Siedlung umfasst große, mittlere und kleine Haushalts- und Küchenware. Dazu gehören Kannen, Töpfe, Krüge, Pfannen, Schüsseln, Becher, Tassen, Kelche und Gefäße mit schmalem Hals und kugelförmigem Bauch. Besonders auffällig sind die rot bemalten Krüge, Töpfe und Kannen, die eine vom Rest des Keramikspektrums abweichende Herstellungstechnologie aufweisen.

Hervorzuheben sind die Ähnlichkeiten mit dem Keramikmaterial aus Anatolien, die sich sowohl typologisch als auch anhand der Herstellungstechnologie der Gefäße feststellen lassen. Es wird eine neue Art der Oberflächenbehandlung eingeführt, das heißt, die Gefäße werden von innen und außen poliert. Die typologische Vielfalt der Gefäße aus Orchosani weist auf die kulturelle Verbindung mit Norşuntepe, Arslantepe[8], Leylatepe und Ovchular Tepesi hin[9]. Auffällig ist das Auftreten von Gefäßen mit bikonischem Bauch sowie von Schalen mit abgerundetem Standfuß und beidseitiger Politur[10].

Bei den Objekten aus Ton sind die anthropomorphen und zoomorphen Figurinen sowie ein Rad von besonderer Bedeutung. Insgesamt wurden acht Figurinen gefunden, davon weisen nur drei geschlechtsspezifische Merkmale auf. Frauenstatuetten (Abb. 5,1–4; 11) sind in kniender Position dargestellt; die Form des Oberkörpers und die Armstellung besitzen große Ähnlichkeiten mit frühchalkolithischen Figurinen aus Norşuntepe, Ikiztepe und Tülintepe[11].

Bemerkenswert ist die Skulptur eines Kopfes aus KP 1.55 Grube 1 (Abb. 5,3). An dem Kopf ist das Gesicht erhalten, auffällig ist der lange ausgeprägte Unterkiefer. Die schematisch dargestellten Haare sind nach oben gerichtet (Kopfbedeckung?), was dem Gesicht einen expressiven Charakter verleiht. Wir wissen nicht, ob der Kopf ein Teil einer Büste oder einer ganzen Skulptur war; wir wissen nur, dass das Objekt am Hals abgebrochen war. Solche Darstellungen sind aus dem Chalkolithikum beziehungsweise der Frühbronzezeit im Kaukasus völlig unbekannt. Bei den restlichen fünf Statuetten ist eine Geschlechtsbestimmung schwierig. Sie sind sehr schematisch und können nur allgemein als Menschendarstellungen angesprochen werden. Die meisten Skulpturen stammen aus den Grubenverfüllungen und waren zur Zeit der Freilegung beschädigt.

Die Tonplastik aus der Siedlung Orchosani unterscheidet sich völlig von den Figurinen aus den spätchalkolithischen Siedlungen Qanobili nahe Abastumani[12] und Sakochavi nahe Bakuriani[13]. Beide Denkmäler befinden sich in derselben Region wie die Siedlung Orchosani. Die Figurinen aus Qanobili und Sakochavi zeigen große Ähnlichkeiten mit den spätchalkolithischen Figurinen aus Norşuntepe und Aşağipinar[14]. Dabei ist es wichtig, die anthropomorphen Figuren zusammen mit dem Grubenbefund und mit den vorhandenen ^{14}C-Daten zu betrachten (Tab. 2).

KP 1.55 Grube 1 (Abb. 5,4;9–10;16;18) wurde wie folgt datiert:

1 Sigma 3 628–3 385 v. Chr.,

2 Sigma 3 633–3 379 v. Chr.;

und KP 1,55 Grube 2 (Abb. 5, 1–2;7–8;13):

1 Sigma 3 656–3 543 v. Chr.,

2 Sigma 3 695–3 536 v. Chr.

In den Gruben wurden neben anthropomorphen Figurinen auch ein Radmodell aus Ton (Abb. 5,7), eine kleinere schwarz polierte Schale mit konkavem Boden (Abb. 5,8) und ein Knochenpfriem (Abb. 5,13) gefunden. Ähnliche Objekte sind aus spätchalkolithischen Siedlungen im Kaukasus und in Anatolien bekannt.

Zu den wichtigsten Funden aus Orchosani gehören neben Tonwaren auch Objekte aus Metall. Insgesamt wurden in der Siedlung 34 Metallobjekte gefunden[15]. Von besonderer Bedeutung ist eine geschmiedete dünne Metallplatte, ein Diadem[16], das an einer Seite eine Befestigungsöffnung aufweist. Zu den anderen Objekten gehören eine T-förmige Kopfnadel, ein Flachbeil und eine Hacke[17] (Abb. 5,5–6;20).

Die Hacke[18] und das Flachbeil[19] wurden in einer einteiligen Gussform hergestellt. Die Hacke wurde aus Zinnbronze gefertigt, bei der der Zinngehalt in der Legierung 1,7 % beträgt[20]. Die Kombination der beiden Metallartefakte weist einerseits auf eine Verbindung mit spätchalkolithischen Denkmälern im Nordkaukasus[21], insbesondere mit der Maikop-Kultur[22], andererseits mit Mesopotamien (Eridu)[23] und mit dem Iran (Tepe Sialk und Susa III)[24] hin.

Anhand der Radiokarbondaten wird die Siedlung Orchosani in die folgende Periode gesetzt:

1 Sigma – zwischen 3 694–3 370 v. Chr.;

2 Sigma – zwischen 3 703–3 370 v. Chr.

Dementsprechend werden die Bronzehacke und die damit zusammenhängenden Komplexe in dieselbe Periode datiert und als gleichzeitig mit den ähnlichen Objekten aus dem Bereich der Maikop-Kultur angesehen. In Orchosani treten neben kleineren Gegenständen wie Ahlen und Pfeilspitzen auch größere Metallobjekte auf. Zu den Objekten aus Metall gehört zum Beispiel eine in offener Gußform hergestellte Hacke. Eine ähnliche Situation kann im Nordkaukasus beobachtet werden. In den frühen Phasen der Maikop-Kultur treten neue Metallgegenstände auf[25], was zeitlich fast parallel mit dem Auftreten von massiven, in offener Gußform gegossenen Metallobjekten im Südkaukasus und im Iran verläuft[26]. Das Einführen von Zinnbronze weist auf die Existenz weiträumiger Handelsbeziehungen hin[27].

Aufgrund von Metallfunden kann ein fast zeitlich parallel verlaufendes Auftreten von massiven Metallgegenständen im Kaukasus, dem Iran und in Mesopotamien festgestellt werden,

Tab 2 ^{14}C-Daten der Grubenbefunde.

Lab no. MAMS	Probe	^{14}C age (yr BP)	±	$\delta^{13}C$ AMS (‰)	Cal 1-sigma	Cal 2-sigma	C (%)	C:N	Collagen (%)	Material
33470	Orch.01 KP 1.55 Grube N 1	4845	28	-18,3	calBC 3656-3543	calBC3695-3536	37,3	3,2	3,6	Knochen
33471	Orch.02 KP 1.55 Grube N 2	4730	26	-16,4	calBC 3628-3385	calBC3633-3379	25,3	3,2	1,3	Knochen

was vermutlich auf die Existenz eines einheitlichen Produktionssystems hindeutet, das durch die starken Einflüsse der südlichen Hochkulturen erklärt werden kann.

Durch die Grabung von 2003[28] wurde ein Stempelsiegel (Abb. 5,19) belegt, das aufgrund seiner Form und des Vorhandenseins einer Öffnung zum Aufhängen dem Typ »Stempel als Amulett« zugeordnet wird[29]. Das geometrische Muster auf dem Siegel entspricht den, während der früheren und späteren Etappen des Spätchalkolithikums, in Anatolien verbreiteten Siegeltypen[30]. Das Siegel aus Orchosani unterscheidet sich hinsichtlich Form und Stempelmuster von anderen spätchalkolitischen Siegeln aus dem Südkaukasus[31]. Anhand der Beispiele aus der Siedlung Chobareti lässt sich feststellen, dass die Verwendung der Stempelsiegel mit geometrischem Zick-Zack-Muster während der frühen Phasen der Frühbronzezeit fortgesetzt wird[32].

In Orchosani wurden zahlreiche Kratzer und Bohrer länglicher Form aus Feuerstein nachgewiesen. Die Technik der Lamellenherstellung hat sich jedoch deutlich zurückgebildet[33]. Zu den Objekten aus Knochen gehören verschiedene Typen von polierten Ahlen, Pfriemen und Nadeln. Von besonderer Bedeutung sind vier Objekte aus Tierschulterblättern mit Markierungen (Abb. 4,2), die vermutlich zum Zählen verwendet wurden. Werkzeuge aus Stein und Obsidian, insbesondere Obsidianbohrer, sind durch eine große Vielfalt gekennzeichnet (Abb. 5,15).

Die spätchalkolithische Siedlung Orchosani wird in die Mitte des 4. Jahrtausends. v. Chr. datiert und gehört damit in die Zeit, in der die Voraussetzungen für die Entstehung der nachfolgenden Kura-Araxes-Kultur geschaffen wurden. Dazu gehören unter anderem eine Reihe von Innovationen, die später zum Charakteristikum der frühbronzezeitlichen Kura-Araxes-Kultur werden: Im Keramikspektrum treten neue Gefäßformen hervor, häufig sind Henkel an Gefäßen dokumentiert, es wird eine neue Technologie zum Polieren der Gefäßoberflächen eingeführt. Wichtige Entwicklungen werden in der Metallurgie beobachtet. Neue Metallobjekte kommen in Umlauf. Durch den Fund eines Diadems wird die Existenz einer sozialen Stratifizierung nachweisbar. Das Radmodell kann als wichtiger Beweis für das Vorhandensein von Transportwagen betrachtet werden.

Archäologische Untersuchungen in Orchosani haben deutlich gezeigt, dass die Siedlung während der späten Uruk-Zeit aufgrund ihrer geografischen Lage eine wichtige Rolle in den kulturellen Beziehungen zwischen Anatolien und dem Kaukasus gespielt hat. Die Siedlung lag in einer Kontaktzone, in der Einflüsse westlicher und östlicher Kulturen gleichmäßig vertreten waren. Als Folge ihrer Wechselwirkung wird die Region durch eine kulturelle Symbiose gekennzeichnet[34].

Das Verbreitungsgebiet spätchalkolithischer Denkmäler wird durch die neuesten Entdeckungen deutlich erweitert. Unter Berücksichtigung der topographischen Gegebenheiten wird deutlich, dass spätchalkolithische Denkmäler in allen Landschaftstypen (in Ebenen, Vorgebirgen und in Bergregionen) vertreten waren.

Übersetzung aus dem Georgischen: Vladimir Ioseliani

1 Archäologische Ausgrabungen in Orchosani wurden in zwei Etappen durchgeführt: 2003–2005 im Rahmen des Pipeline-Projektes (Baku-Tbilisi-Ceyhan) unter Leitung von Dr. A. Orjonikidze und Prof. Dr. M. Baramidze); 2015–2016 wurden die archäologischen Arbeiten im Rahmen des Südkaukasischen Pipeline-Projektes (South Caucasus Pipeline Expantion) fortgeführt unter Leitung von Dr. I. Gambashidze.

2 Gambashidze 2018, 4,19.

3 Koşay 1976, 105, 2 Taf. 106, 1; 118.

4 Rusishvili/Meladze 2018.

5 Die Analyse der 15 Proben wurde im Rahmen des SCPX Projektes (South Caucasus Pipeline Extransion) im Jahr 2017 gefördert und mit Unterstützung von Prof. T. Stöllner (DBM/RUB) und Dr. N. Boencke im Klaus-Tschira-Archäometrie-Zentrum an der Universität Heidelberg und am Curt Engelhorn-Zentrum Archäometrie GmbH Mannheim, Deutschland durchgeführt.

6 Gambashidze 2018.

7 Nebieridze 2010; Kiguradze 2011; Narimanov u. a. 2007

8 Frangipane 2004, 38.

9 Gülçur/Marro 2012, 312–316; Narimanov 1966.

10 Gülçur/Marro 2012, 339, Abb. 11/3.

11 Hauptmann 1976, Taf. 48,6; Bilgi 2012, 183/422; Esin 1976, 153, Pl. 85; Bilgi 2012,183/421.

12 Kalandadze 1976, 375.

13 Gambashidze/Tatishvili 1982, 63–72.

14 Hauptmann 1976, Taf. 48,6; Bilgi 2012, 183/422; Esin 1976, 153 Pl. 85; Bilgi 2012.183/421.

15 Orjonikidze/Jibladze 2010, 133–136; Gambashidze 2018.

16 Baramidze/Phakadze 2003, Abb. 12, 17.

17 Orjonikidze/Jibladze 2010, 134, Abb. II$_{5;}$ Gambashidze 2018, 120 , Taf. 167.

18 Baramidze u. a. 2006, Taf. 29.

19 Orjonikidze/Jibladze 2010, 134; Gambashidze 2018, Taf. 17.

20 Gambashidze/Hauptmann 2013. Präsentation am 11.01.2013 bei der Konferenz »At the Northern Frontier of Near Eastern Archaeology« in Venedig.

21 Korenevskij 2011, 80–85; Abb. 75-1, 76-2, 77–79.

22 Courcier 2010, 77-90; Resepkin 2010, 101.

23 Müller-Karpe 2002, 137.

24 Hansen 2011, 163; Eridu: Müller-Karpe, 2002; Sialk: Ghirsman 1938, Taf. 23,8; Susa: Tallon 1987, 172, Abb. 529–532; Nordkaukasische Funde: Courcier 2007, 211 Abb. 8.

25 Coursier 2014, 608.

26 Helwing, B. 2004, 159 Abb. 7; Marro/Bakhshaliev/Ashurov 2011, 70-71; Hansen 2011, 163; Gambashidze u. a. 2016, 108.

27 Abramishvili 2017, 494.

28 Orjonikidze 2003; 33, Pic. 48.

29 Yalçin 2016, 156; Skeates 2007,195.

30 Yalçin 2016, 156, 159.

31 Shanshashvili/Sherazadishvili 2013, 7–25.

32 Kakhiani 2013.

33 Phakhadze 2009, 229.

34 Phakhadze 2009, 230.

Literatur

Abramishvili, M. 2017, Tin and Oil: Can We Foresee the Future through the Remote Past? In: K. O. Weber, E. Hite, L. Khatchadourian, A. T. Smith (Hg.), Fitful Histories and Unruly Publics. Rethinking Temporality and Community in Eurasian Archaelogy. Brill. Leiden/Boston 2017, 15–31. **Baramidze, M. / Phakadze, G. 2003,** Report of Akhaltsikhe Archaeological Works of 2003 (September–October). [Der Bericht befindet sich im O. Lordkipanidze Archäologisches Institut des Georgischen Nationalmuseums.] **Baramidze, M./Jibladze, L./Todua, T./Orjonikidze, A. 2006,** ბარამიძე, მ./ჯიბლაძე, მ./ თოდუა, თ/ორჯონიკიძე, ა., ახალციხის არქეოლოგიური ექსპედიციის 2005 წ., მუშაობის ანგარიშები. ანგარიშები ინახება საქართველოს ეროვნული მუზეუმის ოთ. ლორთქიფანიძის არქეოლოგიის კვლევის ინსტიტუტში. ხელნაწერი. Baramidze, M./ Jibladze, L./ Todua, T./Orjonikidze, Al., Akhaltsikhis arkeologiuri ekspeditsiis 2005 ts. mushaobis angarishi. angarishi inakheba sakartvelos erovnuli muzeumis ot. lortqifanidzis arkeologiis kvlevis institutshi. Khelnatseri. Baramidze, M./Jibladze, L./Todua, T./Orjonikidze, A., Tätigkeitsbericht der archäologischen Akhaltsikhe-Expedition für 2005. [Das Manuskript befindet sich im O. Lordkipanidze Archäologisches Institut des Georgischen Nationalmuseums]. **Bilgi, Ö. 2012,** Anadolu'Da Insan Görüntüleri. Klasik Çan Öncesi (Istanbul 2012). **Courcier, A. 2010,** Metallferous potential, metallogenous particularities and extractive metallurgy: interdisciplinary research on understanding the ancient metallurgy in the Caucasus during the Early Bronze Age. In: S. Hansen/A. Hauptmann/I. Motzenbäcker/E. Pernicka (Hg.), Von Majkop bis Trialeti. Gewinnung und Verbreitung von Metallen und Obsidian in Kaukasien im 4.–2. Jt. v. Chr. Beiträge des Internationalen Symposiums in Berlin vom 1.–3. Juni 2006. Kolloquien zur Vor- und Frühgeschichte 13 (Bonn 2010) 75–93. **Courcier, A. 2007,** La métallurgie dans les pays du Caucase au Chalcolithique et au début de l'âge du Bronze: bilan des études et perspectives nouvelles. In: B. Lyonnet (Hg.), Les cultures du Caucase (VIe-IIIe millénaires avant notre ére). Leurs relations avec le Proche Orient (Paris 2007) 199–231. **Esin, U. 1976,** Tülntepe Excavations, 1972. In: Keban Project 1972 Activities, METU series I, No. 5 (Ankara 1976) 147–163. **Frangipane, M., 2004,** L'Aurora del Potere Economia e regione. In: M. Frangipane (Hg.), Arslantepe - Alle origini del Potere. Arslantepe, la collina dei leoni. Mondadori Electa S.p.A. (Milano 2004) 29–45. **Gambashidze, I. 2018** ღამბაშიძე, ი., ადიგენის მუნიციპალიტეტში ჩატარებული არქეოლოგიური კვლევა-ძიების სამეცნიერო ანგარიში (არქროლოგიური ობიექტი ორჭოსანი). (ანგარიში ინახება საქართველოს ეროვნული მუზეუმის ოთ. ორთქიფანიძის არქეოლოგიისკვლევის ინსტიტუტში)**.** Gambashidze, Ir., Adigenis munitsipalitetshi chatarebuli arkeologiuri kvleva-dziebis sametsniero angarishi (arkeologiuri obiekti orchosani). (angarishi inakheba sakartvelos erovnuli muzeumis Ot. Lortkipanidzis arkeologiis kvlevis institutshi). Gambashidze, I., Bericht über die archäologische Forschung im Jahr 2018 im Bezirk Adigeni (am archäologischen Denkmal Orchosani). (Der Bericht befindet sich im Otar Lordkipanidze Archaologischen Institut des Georgischen Nationalmuseums.) **Gambashidze u. a. 2016,** Gambashidze, I./Gogochuri, G./ Löffler, I./Stöllner, Th./ Tamazashvili, K., Charcolithic Forebears: The Earlier Settlement at the Southern Plateau. In: I. Gambashidze/ Th. Stöllner (Hg.), The Gold of Sakdrissi – Man's first gold mining enterprise (Bochum 2016) 108–115. **Gambashidze, O./Tatishvili, T. 1982** ღამბაშიძე, ო./ტატიშვილი, ტ., მასალები თორის წინაფეოდალური ხანის ისტორიული გეოგრაფიისთვის. In: მუსხელიშვილი, დ. (პ.),საქართველოს ისტორიული გეოგრაფიის კრებული - საქართველოს მეცნიერებათა აკადემია ივ. ჯავახიშვილის ისტორიის, არქეოლოგიისა და ეთნოგრაფიის ინსტიტუტი VI (თბილისი 1982) 63–73. Gambashidze, O./Tatishvili, T., Masalebi toris tsinapeodaluri khanis istoriuli geograpiisatvis. In: Muskhelishvili, D. (Hr.), sakartvelos istoriuli geograpiis krebuli – sakartvelos metsnierebata akademia Iv. Javakhishvilis istoriis arkeologiisa da etnograpiis instituti VI (Tbilisi 1982) 63–73. Gambashidze, O./Tatishvili, T., Materialien zur historischen Geographie der vorfeudalen Perioden. In: Muskhelishvili, D. (Hr.), Sammelband der historischen Geographie Georgiens VI (Tbilisi 1982) 63–73. **Ghirsman, R. 1938,** Fouilles de Sialk pres de Kashan 1933, 1934, 1937 I (Paris 1938). **Gülçur, S./Marro, C. 2012,** The View from North: Comparative Analysis of the Chalcolithic Pottery Assemblages from Norşuntepe and Ovçular Tepesi. In: C. Marro (Hg.), After the Ubaid: Interpreting Change from the Caucasus to Mesopotamia at the Dawn of Urban Civilization (4500–3500 BC). Varia Anatolica XXVII (Paris 2012), 305–352. **Hansen, S. 2016,** Early Neolithic Figurines in Aşaği Pinar, Turkish Thrace. In: Ü. Yalcin (Hg.), Anatolian Metall VII (Bochum 2016) 85–94. **Hansen, S. 2011,** Technische und soziale Innovationen in der zweiten Hälfte des 4. Jahrtausends v. Chr. In: S. Hansen/J. Müller (Hg.), Sozialarchäologische Perspektiven: Gesellschaftlicher Wandel 5000–1500 v. Chr. zwischen Atlantik und Kaukasus. Archäologie in Eurasien 24 (Darmstadt 2011) 153–193. **Hauptmann, H. 1976,** Hauptmann, H., Die Grabungen auf dem Norşun-Tepe, 1972. In: Keban Project 1972 Activities, METU I, 5, 1976, 71–90. **Helwing, B. 2004,** Early Towns and Cities in Iran. In: Th. Stöllner/R. Slotta (Hg.), Persiens Antike Pracht – Bergbau – Handwerk – Archäologie. Bochum. 2004 s. 154–165. Archäologie (Bochum 2004) 154–165. Archäologie in Iran und Turan Band 16 (Berlin 2017). **Kalandadze, K. 1976,** კალანდაძე, კ., ადრესამიწათმოქმედო ტომების კულტურის ნაშთები აბასთუმანში. საისტორიო კრებული V (თბილისი 1976). Kalandadze, K., AdresamiwaTmoqmedo tomebis kulturis naSTebi abasTumanSi. saistorio krebuli V (Tbilisi 1976). Kalandadze, K., Kulturelle Spuren der Frühackerbaukulturen in Abastumani. Historisches Sammelwerk V (Tbilisi 1976). **Kakhiani, K. 2013,** კახიანი, კ., ასპინძის მუნიციპალიტეტში სოფ. ჭობარეთთან ადგილ სატიკნეზე არსებულ ნამოსახლარზე 2013 წელს ჩატარებული არქეოლოგიური სამუშაოების ანგარიში. ანგარიში ინახება საქართველოს მემკვიდრეობის დაცვის ეროვნულ სააგენტოში. Kakhiani, K. 2013, კახიანი, კ., ასპინძის მუნიციპალიტეტში სოფ. ჭობარეთთან ადგილ სატიკნეზე არსებულ ნამოსახლარზე 2013 წელს ჩატარებული არქეოლოგიური სამუშაოების ანგარიში. (ანგარიში ინახება საქართველოს მემკვიდრეობის დაცვის ეროვნულ სააგენტოში). Kakhiani, K., Aspindzis munitsipalitetshi sop. chobarettan adgil satikneze arsebul namosakhlarze 2013 tsels chatarebuli arkeologiuri samushaoebis angarishi. (angarishi inakheba sakartvelos kulturuli memkvidreobis datsvis erovnul saagentoshi). Kakhiani, K., Bericht über die Ausgrabung einer Siedlung in Satikne nahe des Dorfes Chobareti im Bezirk Aspindza. (Der Bericht befindet sich im Staatlichen Denkmalschutzamt Georgiens). Kakhiani, K., Bericht über die Ausgrabung einer Siedlung in Satikne nahe des Dorfes Chobareti in der Munizipalität Aspindza. [Der Bericht befindet sich im Staatlichen Denkmalschutzamt Georgiens] **Kiguradze, T. 2011,** კიღურაძე, თ., აღმოსავლეთ საქართველოს ნეოლითური და ენეოლითური კულტურები (თბილისი 2011). Kiguradze, T., Agmosavlet sakartvelos neolituri da eneolituri kulturebi (Tbilisi 2011). Kiguradze, T., Neolithische und äneolithische Kulturen Ostgeorgiens (Tbilisi 2011). **Koşay, H. Z. 1976,** Yeniköy Mound Excavations 1972. In: Keban Project 1972 Activities of the Middle East Technical University. Keban Project Publications I, Nr. 5. (Ankara 1976) 185–193. **Korenevskij, S. N. 2011**, Кореневский, С.Н., Древнейший Металл Предкавказья, Типология Историко Культурный Аспект (Москва 2011). Korenevskij, S. N., Drevnejšij metall predkavkaz'ja, tipologija istoriko kul'turnyj aspect (Moskva 2011). Korenevskij, S. N., Metallurgie im Nordkaukasus. Typologie. Historischer und kultureller Aspekt (Moskau 2011). **Marro/Balhsaliyev/Ashurov 2011,** Marro, C./Bakhsaliyev, V./Ashurov, S., Excavations at Ovçular Tepesi (Nakhichivan, Azerbaijan), Second Preliminary Report: The 2009–2010 Seasons. In: Anatolia Antiqua XIX (2011) 53–100. **Müller-Karpe, M. 2002,** Zur Metallverwendung in Mesopotamien des 4. und 3. Jahrtausends v. Chr. In: Ü. Yalçin (Hg.), Anatolien Metall II. Der Anschnitt Beiheft 15 (Bochum 2002) 137–148. **Müller-Karpe, M. 2004,** Untersuchte Metallobjekte aus Mesopotamien. In: Hauptmann, H./Pernicka, E. (Hg.), Metallindustrie Mesopotamiens von den Anfängen bis zum 2. Jahrtausend v. Chr. (Radhen/Westfalen 2004) 1–90. **Narimanov, I. G./Achundov, T. I./Aliev, N. G. 2007,** Нариманов И.Г./Ахундов Т. И./Алиев Н.Г., Лейлатепе. Поселение, традиции, этап в этнокультурной истории Южного Кавказа. Национальная академия наук Азербайджана. Институт археологии и этнографии (Баку 2007). Narimanov, I. G./Achundov, T. I./Aliev, N. G., Lejlatepe. Poselenie, tradicii, etap v etnokul'turnoj istorii južnogo Kavkaza. Nacional'naja akademija nauk Azerbajdžana. Institut archeologii i etnografii (Baku 2007). Narimanov, I. G./Achundov, T. I./Aliev, N. G., Leilatepe. Siedlung, Tradition, Etappe der ethnokulturellen Geschichte im Südkaukasus (Baku 2007). **Narimanov, I. 1966,** Нариманов, И. Г., Древнейшая земледельческая культура Закавказья. VII Международный конгресс доисториков и протоисториков. Доклады и сообщения археологов СССР (Москва 1966). Narimanov, I., Drevnejšaja zemledel'českaja kul'tura Zakavkaz'ja. VII meždunarodnyj kongress doistorikov i protoistorikov. Doklady i soobščenija archeologov SSSR (Moskva 1966). Narimanov, I., Die älteste Ackerbaukultur Transkaukasiens. Der VII. internationale Kongress der Prähistoriker und Protohistoriker. Berichte und Mitteilungen der Archäologen der UdSSR (Moskau 1966). **Nebieridze, L. 2010,** ნებიერიძე, ლ. წოფის, ენეოლითური კულტურა. Studies of the Society of Assyriologist, Biblical Studies and Caucasiologists (SSABC) (Tbilisi 2010). NebieriZe, L. Wofis eneoliTuri kultura. Studies of the Society of Assyriologist, Biblical Studies and Caucasiologists (SSABC) (Tbilisi 2010). Nebieridze, L., Die äneolithische Kultur von Tsopi. Studies of the Society of Assyriologists, Biblical Studies and Caucasiologists (Tbilisi 2010). **Pkhakadze, G. 2009,** ფხაკაძე, გ. 2009, სამხრეთ საქართველოს ადრესამიწათმოქმედო კულტურის შესახებ. სამცხე-ჯავახეთი. In: მუსხელიშვილი, დ. (რედ.), »ანალები« – ისტორიის, ეთნოლოგიის, რელიგიის შესწავლისა და პროპაგანდის სამეცნიერო ცენტრი (თბილისი 2009) 222–241. Pkhakadze, G., Samkhret sakartvelos adresamitsadmokmedo kilturis shesakheb. In: Muskhelishvili, D. (Hg.), »Analebi« – istoriis, ethnograpiis, religiis shestsavlisa da propagandis sametsniero tsentri (Tbilisi 2009) 222–241. Pkhakadze, G., On the Early-Farming Culture of South Georgia. In: D. Muskhelishvili (Hg.), »Analebi« – Scientific Centre for Studies and Propaganda of History, Etnology and Religion (Tbilisi 2009) 222–241. **Orjonikidze, A. 2003,** Report on Akhaltsikhe Archaeological Expedition Field Activities at Orchosani Settlement in June – August 2003. [Der Bericht befindet sich im O. Lordkipanidze Archäologischen Institut des Georgischen Nationalmuseums.] **Orjonikidze, A./Jibladze, L. 2010,** ორჯონიკიძე, ა./ჯიბლაძე, ლ., ადრებრინჯაოს ხანის კულტურათა ურთიერთობისათვის სამხრეთ საქართველოში (ორჭოსანის ნამოსახლარის მიხედვით). In: G. Gamkelidze (Hg.), Rescue. Archaeology in Georgia: The Baku – Tbilisi-Ceyhan and South Caucasian Pipelines. Georgian National Museum Otar Lordkipanidze Centre of Archaeology (Tbilisi 2010) 133–136. **Resepkin, A. 2010,** Metallfunde der Maikop- und Novosvobodnaja-Kultur. In: S. Hansen/A. Hauptmann/I. Motzenbäcker/E. Pernicka (Hg.), Von Majkop bis Trialeti. Gewinnung und Verbreitung von Metallen und Obsidian in Kaukasien in 4.–2. Jahrtausend v. Chr. Beiträge des Internationalen Symposiums in Berlin vom 1.–3. Juni 2006. Kolloquien zur Vor- und Frühgeschichte 13 (Bonn 2010) 96–102. **Rusishvili, N./Meladze, N. 2018,** რუსიშვილი, ნ./მელაძე, ნ., ორჭოსანის ნამოსახლარის არქეობოტანიკური კვლევის შედეგები (ანგარიში 2018). [ხელნაწერი] Rusishvili, N./Meladze, N., Orchosanis namosakhlaris arkeobotanikuri kvlevis shedegebi (angarishi 2018). [Khelnatseri] Rusishvili, N./Meladze, N., Ergebnisse der archäobotanischen Untersuchung in Orchosani (Bericht 2018). [Manuskript] **Shanshashvili, N./Sherazadishvili, Z. 2013,** შანშაშვილი, ნ./ შერაზადიშვილი, ზ., სამხრეთ კავკასიის უძველესი საბეჭდავები. გორის მუზეუმის არქეოლოგიური მაცნე I, 7–25. Shanshashvili, N./Sharazedashvili, Z., Samkhret kavaksiis udzvelesi sabechdavebi. goris muzeumis arkeologiuri matsne I, 7-25. Shanshashvili, N./Sherazadishvili, Z., Älteste Siegel aus dem Südkaukasus. Anzeiger des Archäologischen Museums von Gori I, 7–25. **Tallon, F. 1987,** Métallurgie susienne I. De la fondation de Suse au XVII siécle avant J.-C. Notes et document des Musées de France, Reunion des Musées Nationaux 15 (Paris 1987). **Yalcin, H. G. 2016,** Neolithische Stempel aus Anatolien. In: Ü. Yalcin (Hg.), Anatolian Metall VII (Bochum 2016) 153–163.

Landschaft in der Nähe des Klosters David Gareja im Osten Georgiens.

Eine Liane erobert die Welt – Die Weinrebe (*Vitis vinifera*)

Reinder Neef

Die Weinrebe (*Vitis vinifera*) ist eine der am meisten von Mythen umgebenen Kulturpflanzen der Welt und gehört seit ihrer Domestizierung, wahrscheinlich im 5.–4. Jahrtausend v. Chr., in vielerlei Hinsicht zu den »berauschendsten« Obstbaumkulturen. Die süßen Beeren dieser Kletterpflanze bieten sich nicht nur als Frischobst an, sondern vor allem auch als haltbare und transportable Energiespeicher in Form von Trockenfrüchten, zum Beispiel als Rosinen. Die eingemaischten Weintrauben oder auch Traubenmost bilden die Grundlage der Weinherstellung. Da die Weingärung ein natürlicher Prozess ist, spielte der Wein schon früh eine große und prägende Rolle in der Menschheitsgeschichte. Die Hefen dazu haften nämlich bereits an den Weinbeeren, auch an den Wildreben. Es gibt daher schon sehr früh Abbildungen und Texte über Anbau, Verarbeitung und Rituale rund um den Wein aus Mesopotamien, Ägypten und auch später aus dem römischen Reich.

Heutiger Anbau

Abb. 1 Üppige Ufervegetation entlang des Flusses Chrami in Niederkartlien (Georgien). Am rechten Ufer ist eine Wilde Weinrebe (Vitis vinifera ssp. *sylvestris) mit herbstlich rotgefärbten Blättern zu erkennen, die in einen Zürgelbaum (Celtis* sp.*) hochgeklettert ist.*

Weinbau ist heutzutage vor allem in den gemäßigt warmen Zonen auf der nördlichen und südlichen Halbkugel verbreitet. Regional entscheidend für den Anbauerfolg, insbesondere in den Randbereichen dieser klimatischen Zone, sind örtliche Standortfaktoren wie Höhe, Hanglage, Wind, Bodenart und so weiter. Die Weinrebe verlangt ausreichende Wärme mit mittleren Jahrestemperaturen von mindestens 9 °C; während der Blüte (Mai–Juni) sind für einen ordentlichen Fruchtansatz Temperaturen von mindestens 15 °C notwendig. In der Zeit der Beerenreife müsste das Monatsmittel über 19 °C liegen[1]. Stamm- und Wurzelholz der Pflanze sind, sortenabhängig, relativ frostresistent, dabei sollten aber die Temperaturen nicht unter Werten von circa -15 bis -20 °C sinken. Auch Spätfröste dürfen nicht allzu häufig auftreten, weil die grünen Teile der Pflanze kaum kälteresistent sind.

Im gemäßigten Bereich dieser Anbaugebiete werden Weinreben fast ausschließlich für Wein verwendet und erst in den wärmeren bis heißen Bereichen auch für Tafeltrauben und Rosinen in Betracht gezogen. Dabei gibt es viele unterschiedliche Rebsorten, nicht nur hinsichtlich Farbe, Größe oder Geschmack der Früchte, sondern auch hinsichtlich ökologischer Eigenschaften wie Frosttoleranz.

Weinreben nehmen auf der Welt etwa 7,5 Millionen Hektar an Fläche ein (im Vergleich: Olivenbaumpflanzungen circa 10,5 Millionen Hektar). Die größte Rebfläche mit fast einer Million Hektar gibt es in Spanien, gefolgt von – zum Erstaunen der Europäer – China, und erst dann kommt Frankreich. Von dieser Gesamtfläche werden ungefähr 12,5 % für den Anbau von Tafeltrauben oder Rosinen verwendet. Bei der Gesamtweinproduktion (außer Most und Saft) liegt Italien mit fast 51 Millionen Hektoliter vorne, gefolgt von Frankreich und Spanien[2].

Georgien ist dagegen ein relativ kleiner Weinproduzent mit einer Million Hektoliter und circa 50.000 Hektar Rebflächen. Dafür hat Georgien aber die unglaublich hohe Zahl von mehr als 500 autochthonen Rebsorten und 38, für den kommerziellen Anbau, international registrierte Sorten. Diese genetische Vielfalt ist bereits ein Indiz dafür, wie wichtig die Weinrebe in der Geschichte Georgiens immer schon war.

Die Vielfalt an Rebsorten, entstanden durch die Jahrtausende lange Kultivierung der Weinrebe, hat vor allem in Westeuropa, aber auch im Kaukasus, unter den im 19. Jahrhundert aus Amerika eingeschleppten Pflanzenparasiten (Reblaus) und Pilzen (Echter und Falscher Mehltau) stark gelitten. Deren Befall hat zu enormen Schäden in den europäischen Weinanbaugebieten geführt. Die Reblaus schädigte die Wurzeln der Kulturreben und machte sie damit empfindlich für Pilzbefall. In der Folge gab es ein großräumiges Absterben der Rebstöcke und letztendlich der Verlust vieler Rebsorten in Europa. Obwohl schon die Römer das Prinzip von Pfropfen im Weinbau kannten (unter anderem erwähnt in der Naturalis Historiae von C. Plinius Secundus), standen bis dahin die Kulturreben überwiegend auf eigenen Wurzeln. Um den europäischen Weinbau zu retten, hat man mit dem Pfropfen angefangen; europäische Kulturreben wurden auf eine Unterlage amerikanischer Wildrebenarten gesteckt, die widerstandsfähiger oder sogar gegen die Reblaus resistent sind. Die meisten heute in Europa verwendeten Unterlagsreben sind Abkömmlinge der drei amerikanischen Wildarten Uferrebe (*Vitis riparia)*, Sandrebe (*Vitis rupestris)* und Kalkrebe (*Vitis berlandieri)*, oder Hybriden amerikanischer Wildarten mit der Weinrebe. Diese Wildreben oder deren Hybriden können im Prinzip auch Wein liefern, aber geschmacklich sind diese nicht überzeugend. Es gibt auf der Welt insgesamt ungefähr 70 Vitis-Arten, von denen letztendlich nur unsere Weinrebe (*Vitis vinifera)* in einem größeren Rahmen angebaut wird[3].

Die heutzutage auf der Welt am meisten angebauten Rebsorten sind unter anderem Cabernet Sauvignon, Merlot, Chardonnay, Tempranillo und Sultana. Letztere wird auch häufig als Tafeltraube angepflanzt (Thompson Seedless). Eine der bekanntesten und ältesten Rebsorten Georgiens ist Saperavi. Dabei handelt es sich um eine sehr robuste Rebsorte, die wenig empfindlich für Winterkälte und Sommertrockenheit ist, sich dabei relativ widerstandsfähig gegen die Pilzsorten Echter und Falscher Mehltau zeigt und die, nach Meinung des Autors, recht hochwertige Rotweine ergibt.

Abb. 2 Die heutige Verbreitung der Wilden Weinrebe (Vitis vinifera ssp. sylvestris). Einige kleinere Vorkommen in Mittel-Asien fallen außerhalb des Bereichs dieser Karte. Zusätzlich zeigt die Karte die Standorte einiger im Text erwähnter archäologischer Ausgrabungen.

Zum Ursprung des Weinanbaus

Die heutige Verbreitung der Wilden Weinrebe ist vor allem im nördlichen mediterranen Raum gegeben, mit einem Restvorkommen in der südlichen Rheinebene und im zirkumpontischen Raum (Abb. 2). Diese eher Feuchtigkeit und Wärme liebende Liane kommt in Europa überwiegend in den Auwäldern größerer Flußsysteme vor (Abb. 1, Abb. 4), im Bereich vom Schwarzen Meer und der Kaspischen See auch in feuchtwarmen Wäldern. Zusätzlich taucht sie auch in feuchtwarmen Wäldern auf. Als sich die klimatischen Gegebenheiten nach der letzten Eiszeit zu Gunsten der Weinrebe veränderten, gab es eine rasche Rückbesiedlung aus den einzelnen Rückzugsgebieten im Mittelmeer- und Schwarzmeerraum. Die Weinbeeren werden vor allem durch größere, beerenfressende Vögel verbreitet wie etwa der Amsel in unseren Breitengraden. Dies ermöglicht natürlich eine zeitlich betrachtet schnelle Verbreitung der Weinre-

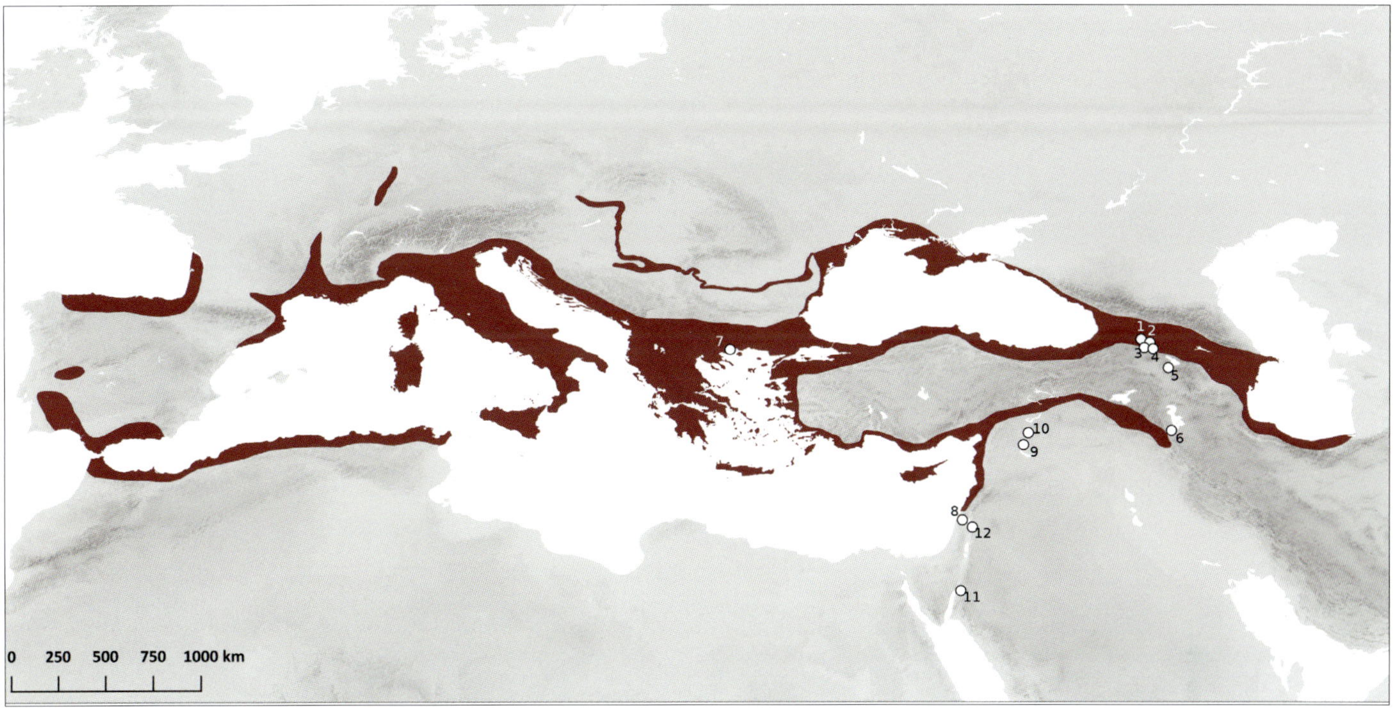

1 **Archulo** (Georgien)
2 **Gadachrili gora** (Georgien)
3 **Shulaveris gora** (Georgien)
4 **Mentesh Tepe** (Georgien)
5 **Areni-1** (Armenien)
6 **Hajji Firuz Tepe** (Nordwestiran)
7 **Dikili Tash** (Nordostgriechenland)
8 **Ohalo II** (Nordisrael)
9 **Dja'de** (Nordsyrien)
10 **Jerf al Ahmar** (Nordsyrien)
11 **Tall Hujayrat al-Ghuzlan** (Jordanien)
12 **Tell esh Shuna Nord** (Jordanien)

Abb. 3 Rispen einer domestizierten (Edlen) Weinrebe (Vitis vinifera) mit zweigeschlechtlichen unscheinbaren Blüten. Gut sichtbar sind die pollenproduzierenden Staubblätter und der zentralgelegene Fruchtknoten, der sich zu einer Beere entwickelt (Frühjahr 2018, Berlin-Steinstücken).

Abb. 4 Wilde Weinrebe (Vitis vinifera ssp. *sylvestris) am Ufer des Flusses Chrami Chrami in Niederkartlien (Georgien).*

be über größere Distanzen, vor allem wenn sich klimatische Änderungen ergeben, die sich für die Art positiv zeigen. Leider sind die heutigen Wildrebenbestände durch Krankheiten und eine immer weiter fortschreitende Zerstörung ihres natürlichen Lebensraumes sehr gefährdet[4].

Die Weinrebe hat Rispen mit vielen unscheinbaren grünen Blüten. Um den Fruchtkno-

Abb. 5 Rispen mit reifen Beeren der Wilden Weinrebe (Vitis vinifera ssp. *sylvestris) hoch oben in einen Zürgelbaum (Celtis* sp.*) am Ufer des Flusses Chrami in Niederkartlien (Georgien).*

ten finden sich fünf Staubblätter mit fünf Nektarien, die nur bei wärmeren Bedingungen duften und Nektar produzieren (Abb. 3). Die Bestäubung erfolgt im Prinzip durch Insekten, aber auch Wind- und Selbstbestäubung sind möglich[5].

Der wesentliche Unterschied zwischen wilden und domestizierten Reben ist die Diözie oder Zweihäusigkeit bei Wildreben, das heißt: Funktional weibliche und männliche Blüten kommen auf getrennten Pflanzen vor. Wildreben sind daher auf Fremdbefruchtung angewiesen. Kulturreben haben dagegen zweigeschlechtliche Blüten, also Blüten mit pollenkörnerproduzierenden Staubblättern und den bei Befruchtung samenproduzierenden oberständigen Fruchtknoten. Allerdings gibt es auch einige wenige funktional weibliche Kulturrebsorten.

Weitere Charakteristika von Wildreben sind relativ kleine, lockere Rispen und kleine, meistens dunkelblaue Beeren mit verhältnismäßig großen Samen (Abb. 5). Etwas verwirrend ist, dass umgangssprachlich meistens nicht sauber zwischen den Weinbeeren (also den einzelnen Früchten) und den Weintrauben unterschieden wird. Weintrauben sind die Fruchtstände der Weinreben, obwohl es sich botanisch korrekt um Weinrispen handelt.

Es ist einfach, eine Wildrebe zu kultivieren und man kann diese genau so behandeln, wie wir das heute von einem domestizierten Rebstock kennen. Da die natürliche genetische Vielfalt bei den Wildreben hoch ist, gibt es neben Pflanzen mit Früchten, die teils ungenießbar sauer sind, auch welche mit eher süßen Früchten. Hat man eine Pflanze mit den gewünschten Eigenschaften gefunden, gibt es zwei Möglichkeiten: das Anpflanzen von Stecklingen oder Ablegern (vegetative Vermehrung) oder die Aussaat von den Beerenkernen (generative Vermehrung). Nur bei der Vermehrung mittels Stecklingen und Ablegern erhält man eine genetisch identische Pflanze (Klon). Die Aussaat von Kernen hat zwei gravierende Nachteile. Die geringe Keimfähigkeit der Traubenkerne einerseits und die genetisch nicht identischen Nachkommen aus den gekeimten Kernen der Mutterpflanze andererseits.

Da die Wilde Weinrebe eine kräftig wachsende Liane ist, die überwiegend an ihrem höchsten Punkt blüht, also meistens hoch in den Baumgipfeln, ist leicht nachvollziehbar, dass es vor allem junge Leute gewesen sein müssen, die die Trauben der Wildrebe sammelten. Auch die meisten domestizierten Reben zeigen einen relativ kräftigen Wuchs, was bedeutet, dass es auch bei der (frühen) Kultivierung ein Unterstützungsgerüst gegeben haben müsste. Dies könnten vorhandene Bäume, Holzpfähle oder Holzgerüste gewesen sein. Diese Unterstützung müsste immer mit einem notwendigen jährlichen Rebenschnitt verknüpft sein, weil nicht nur Wildreben, sondern auch die meisten Kulturreben ohne einen entsprechenden Schnitt lange Triebe mit vielen kleinbeerigen Trauben bilden würden.

Wie diese Maßnahmen, die man auf den Nenner Reberziehung bringen könnte, letztendlich das Landschaftsbild prägen, hängt beispielsweise von örtlichen Traditionen, Rebsorten, Arbeitsaufwand und dem Mikroklima ab. Die Weinberge früherer Zeiten sind nicht jenen unserer Zeit gleichzusetzen, in der die Spalierererziehung dominiert. Die Triebe sind dabei an Spannmetalldrähte gebunden, die ihnen ein heckenartiges Aussehen verleihen (Abb. 6).

Durchaus vorstellbar ist, dass am Anfang der Kultivierung von Wildreben vielleicht lokale (Obst-)Bäume neben dem Haus oder Dorf als Spalier benutzt wurden. Hierbei würden die

Abb. 6 Spaliererziehung weißer Weintrauben (Vitis vinifera) in einem Bauerngarten im Dorf Rachisubani in Niederkartlien (Georgien).

Reben auf oder zwischen Bäumen wachsend hochgezogen. Baumerziehung ist im Prinzip einfach, aber birgt auch Nachteile, wie etwa eine geringere Sonneneinstrahlung auf Reben und einen erhöhten Arbeitsaufwand bei der Ernte. Diese extensive, hohe Erziehungsform findet man noch sporadisch in Süditalien (»Alberata«) oder in Westgeorgien (»Maglari«). Ohne

Abb. 7 Stock- oder Pfahlkultur der Weinrebe (Vitis vinifera) in einem Bauergarten im Dorf Pietrele (Rumänien). Bei dieser Erziehungsmethode wird jeder Rebstock von einem einzelnen Holzpfahl gestützt.

Baum als Gerüst führt die Unterstützung der Reben schon schnell zur Stock- oder Pfahlkultur (Abb. 7). Bei dieser Erziehungsmethode wird jeder Rebstock von einem mehr oder weniger hohen einzelnen Holzpfahl gestützt. Bei der weiteren Verbreitung des Weinanbaus in klimatisch noch möglichen Randbereichen kann es auch zu ganz ungewöhnlichen Erziehungsformen kommen, wie die kriechende Erziehung der Reben auf dem Jebel Druze in Südostsyrien zeigt. Diese Form wird vor allem in heißen Regionen praktiziert. Die Rebstöcke haben einen liegenden Stamm von circa ein bis zwei Meter Länge. Für die fast am Boden liegenden Trauben stellt dies kein Problem dar, da es von Ende Mai bis Oktober praktisch keine Niederschläge gibt (Abb. 8)[6].

Dies verdeutlicht, dass der Arbeitsaufwand bei der Kultur von Weinreben nicht unerheblich ist. Wenn wir die Anfänge des Anbaus von Obstgehölzen, wie etwa der Weinrebe oder Olive, betrachten, und es sich dabei nicht mehr um einige Ableger, gezogen im »Hausgarten«, handelt, sondern um Obstanbau in einem größeren Rahmen in Obstgärten, dann wird hier eine völlig neue Entwicklung in der frühen Landwirtschaft erkennbar, die sich anbahnte. Basierte die erste Landwirtschaft auf annuellen, einjährigen Pflanzen, wie Getreide, Hülsenfrüchte oder Flachs, sind all diese Fruchtgehölze, wie Wein und Olive, mehrjährig. Es dauert mehrere Jahre, bevor Obstbäume Früchte tragen, und das bedeutet auch, dass Anbauflächen für längere Zeit an einem festen Standort notwendig sind, die zusätzlich in dieser Zeit gepflegt und bewacht werden müssen[7]. Die vegetativ aus Stecklingen oder Ablegern vermehrten Reben tragen zum Beispiel unter optimalen Bedingungen im zweiten oder dritten Standjahr das erste Mal Trauben. Im Prinzip könnte die Weinrebe dabei Hunderte von Jahren alt werden, aber in den heutigen kommerziellen Weinbergen mit Pfropfreben werden diese zumeist schon nach 20 bis 30 Jahren ersetzt.

Abb. 8 Kriechende Erziehung der Weinrebe (Vitis vinifera), die vor allem in heißen Regionen praktiziert wird, hier in den Weingärten in der Nähe von As-Suweida (Frühjahr 2009, Jebel Druze, Syrien).

Die frühesten Nachweise der Weinrebe

Dass schon früh Früchte von Wildreben gesammelt wurden, zeigen uns vereinzelte frühe Funde von Kernen von der epi-paläolithischen[8] Fundstelle Ohalo II in Nordisrael[9] und von verkohlten Kernen und Holzkohlen aus jungsteinzeitlichen akeramischen Fundstellen wie etwa Dja'de und Jerf al Ahmar entlang des Flusses Euphrat in Nordsyrien aus dem 8. Jahrtausend v. Chr.[10]. Später, im 7. und 6. Jahrtausend v. Chr., werden auch öfters vereinzelte Funde von Kernen in jungsteinzeitlichen Fundstellen unter anderem in Griechenland, Spanien, Frankreich und Deutschland gefunden[11]. Auch im südlichen Kaukasus, wurden in jungsteinzeitlichen Siedlungen aus dem 6. Jahrtausend v. Chr. nur vereinzelt Kerne gefunden, wie zum Beispiel in Mentesh Tepe (Aserbaidschan)[12] und Aruchlo (Georgien)[13].

Aber sind beim gezielten Sammeln oder Kultivieren der Weinrebe nicht viel mehr Weinkerne zu erwarten? Nicht unbedingt, weil normalerweise in den relativ feuchten Klimazonen, in denen die Wildrebe vorkommt, Pflanzenmaterial von (Boden-)Organismen, wie Pilzen, Bakterien und Regenwürmern, zu Humus umgesetzt wird. Unter solchen Bedingungen haben botanische Großreste, wie Samen und Früchte, bei archäologischen Ausgrabungen in Trockenböden nur Chancen, in verkohltem Zustand erhalten zu bleiben. Die botanischen Großreste müssen dabei in Kontakt mit Feuer, beispielsweise Heiz- oder Kochfeuer, oder auch Brandkatastrophen, kommen, und unvollständig, also nicht zu weißer Asche, verbrannt sein. Dieses verkohlte Pflanzenmaterial eignet sich nicht mehr als Ernährungsbasis für die (Boden-)Organismen und bleibt, abgesehen von rein mechanisch verursachten Materialverlusten, über Jahrtausende erhalten[14].

In diesem Zusammenhang ist es wichtig, sich zu vergegenwärtigen, dass die materielle Kultur von jungsteinzeitlichen Bauern vor allem auf biologischen Materialien, wie etwa Knochen, Leder, Holz, Bast oder Stengel, beruhte. Nur die Geräte, die aus Knochenmaterial gefertigt sind, haben unter solchen Bedingungen gute Chancen, erhalten zu bleiben, im Gegensatz zu Geräten, Behältern, Körben, Sieben und so weiter, die aus Holz, Zweigen, Stängeln oder aus Bast- und anderen Fasern gearbeitet sind. Auch heutzutage ist zum Beispiel in ländlichen Regionen Griechenlands noch zu beobachten, wie vor Ort die Trauben in transportierbaren Holzgefäßen oder in kommunalen, an einem festen Standort gebundenen, Steintrögen außerhalb des Dorfs gepresst werden[15]. Säcke oder korbähnliche Siebe könnten als Sieb eingesetzt worden sein, um Haut, Stielchen und Kerne der Weinbeeren zurückzuhalten, die als nicht weiter verwertbar zurückgelassen wurden. Für die Gewinnung von Traubenkernöl gibt es keine frühen Belege. Der gepresste Saft wurde in Behältern aus Leder zum Dorf abtransportiert und darin auch fermentiert. Grundsätzlich fängt die Fermentation bereits an, wenn die Trauben gequetscht werden und der Zucker mit den Hefen in Kontakt kommt, die sich natürlich auf der Hautoberfläche der Beeren befinden.

Ein allgemeines Problem dabei ist die geringe Haltbarkeit von Nahrung und Flüssigkeiten wie etwa Wein. Erst mit der Einführung von Keramikgefäßen in das Haushaltsinventar in der zweiten Hälfte des 7. Jahrtausend v. Chr. im Orient, beziehungsweise im östlichen mediterranen Raum, gab es erweiterte Möglichkeiten zur Nahrungsaufbereitung, Lagerung und, letztendlich, was auch sicherlich auf alle Weinrebenerzeugnisse zutreffen wird, zum Handel.

Und genau hier setzen die Forschungen von Patrick McGovern ein, der mittels physikalischer Analyseverfahren, unter anderem der Infrarotspektroskopie, versucht, Salze der Weinsäure nachzuweisen und damit die Lagerung von Wein in eben diesen Keramikgefäßen. Das Schöne ist, dass diese Salze reichlich in den Beeren und Blättern von Weinreben vorkommen, aber sonst in nur wenigen Pflanzen aus unserer Florenregion. Weinsäure ist in Wasser schwer löslich und kristallisiert entsprechend, temperaturabhängig und bei längerer Lagerung, am Boden oder an den Wänden von Keramikgefäßen. Wenn wir Rotweinflaschen für längere Zeit horizontal gelagert haben, bilden sich auch öfters solche Kristalle am Korken.

Bei der Analyse von Scherben großer Gefäße aus zwei frühsteinzeitlichen Bauernsiedlungen in Georgien aus der ersten Hälfte des 6. Jahrtausends v. Chr., Shulaveris gora und Gadachrili gora, konnten Reste der Salze von Weinsäure nachgewiesen werden[16]. Diese Befunde können als frühester Beleg auf der ganzen Welt für die Nutzung von Weinreben gelten. Ob es sich hier tatsächlich um Wein handelt, ist nicht klar, weil es nicht ganz ausgeschlossen werden kann, dass auch andere Produkte aus den Weinbeeren, wie Rosinen, Traubensaft, in Essig eingelegte Lebensmittel oder eine Art Melasse, in diesen Gefäßen gelagert haben könnten. Die Süße, die auch aus den Beeren von Wildreben gewonnen werden kann, ist und war ein hochgeschätzter Geschmack und, abgesehen von Honig, gibt es nur wenige, natürlich vorkommende Süßstoffe[17]. Auch wenn es Wein in den Gefäßen gewesen sein sollte, dürfen wir uns bei diesem sicherlich nicht unser heutiges Genussgetränk vorstellen, das sich in vielen Geschmacksrichtungen anbietet, sondern eher ein Rauschmittel mit möglicherweise verschiedenen psychoaktiven Zusätzen, wie Bilsenkraut, Tollkirschen oder bestimmten Pilzen[18].

Frühe Belege für Produkte aus Weinbeeren anhand von Nachweisen der Salze von Weinsäure gibt es auch aus der zweiten Hälfte des 6. Jahrtausends v. Chr. vom frühsteinzeitlichen Fundplatz Hajji Firuz Tepe im Nordwestiran[19] und aus der Höhlensiedlung Areni-1 (Armenien), in der zusätzlich noch Kerne gefunden wurden[20]. Aus einem Haus der zweiten Hälfte des 5. Jahrtausends v. Chr. der jungsteinzeitlichen Fundstelle Dikili Tash (Nordostgriechenland) liegt ein Gefäß vor, an dem Salze von Weinsäure hafteten, die zum ersten Mal in einem direkten Zusammenhang mit angeblichen Pressrückständen von Weinbeeren in der Form von Kernen und Fruchtschalen stehen[21].

Für den Anbau von Weinreben gibt es aber bis dann überhaupt keinen stichfesten Beweis; es kann sich genauso gut um gesammelte Beeren von Wildreben handeln oder um Wildreben, die, mittels Stecklingen und Ablegern, sicherlich nur im kleineren Rahmen kultiviert wurden. Dabei lassen sich vor allem in dieser frühen Phase Kerne von wilden und domestizierten Weinreben morphologisch nicht eindeutig voneinander trennen, was vor allem natürlich auch damit zusammenhängt, dass wilde und edle (domestizierte) Reben sich leicht miteinander kreuzen. Der Domestikation der Wildrebe gingen Jahrtausende von Selektion, spontaner Einkreuzungen, erneuter Selektion auf Pflanzen mit wünschenswerten Eigenschaften, wie Zwitterblüten, süßen Früchten und so weiter voraus, die sich zu den heute noch erhaltenen Kulturrebsorten entwickelt haben. Genetische Forschungen anhand von Rezentmaterial von über 1000 verschiedenen Kultur- und Wildreben zeigen, dass die domestizierte Rebe wahrscheinlich ihren Ursprung im Nahen Osten hat[22].

Der erste Beleg für Anbau und Handel mit Produkten der domestizierten Weinrebe stammt aus der spätkupferzeitlichen Siedlung Tall Hujayrat al-Ghuzlan am Stadtrand von Aqaba in Südjordanien. Diese Siedlung bildete einen wichtigen Handelsknotenpunkt im Austausch mit Ägypten; dies wird unter anderem deutlich anhand der Funde von Kupfererz aus weiter nördlich gelegenen Lagerstätten und Gussformen. Kupfererz wurde hier weiter verarbeitet und als Barren exportiert. In einer Siedlung im Nildelta aus dem prädynastischen Ägypten wurden Barren gefunden, deren Form und Größe genau zu den Gussformen aus Tall Hujayrat al-Ghuzlan[23] passen.

Tall Hujayrat al-Ghuzlan ist, heute wie damals, von einer Wüstensteppenvegetation umgeben, weist im Grundwasserbereich der Wadis eine savannenähnliche Vegetation mit Akazien, Jujuben und Tamarisken auf und liegt weit außerhalb des Verbreitungsgebietes von Wildreben. Aus einem großen Gefäß wurden hier mehrere Tausende verkohlte Kerne, Fruchtstiele und winzige Stücke der Fruchtschale der Weinbeere geborgen, die zwischen 3 800 und 3 600 v. Chr datieren (Abb. 9 und 10). Nach morphologischen Kriterien handelt es sich hier um Kerne domestizierter Trauben[24]. Das Gefäß war wahrscheinlich mit Rosinen gefüllt. Im Laden angebotene Rosinen sind heutzutage immer kernlos. Aber auch in der heutigen Zeit gibt es auf Bauernmärkten, zum Beispiel in der Türkei, häufig noch immer Rosinen mit Kernen zu kaufen. Das betreffende Gefäß stammt typologisch aus dem Norden Jordaniens, in dem sich unter anderem die nahezu zeitgleiche kupferzeitliche Siedlung Tell esh Shuna Nord befindet. Neben den Nachweisen frühen Obstanbaus, wie der des Olivenbaums[25], gab es hier in zeitgleichen Schichten auch Kerne von wohl domestizierten

Abb. 9 (links) Großes spätkupferzeitliches Gefäß aus der archäologischen Ausgrabung Tall Hujayrat al-Ghuzlan in Aqaba (Jordanien), überwiegend gefüllt mit verkohlten Kernen der Weinbeeren (*Vitis vinifera*).

Abb. 10 Verkohlte Stielchen und Kerne der Weinbeeren aus einem spätkupferzeitlichen Gefäß aus der archäologischen Ausgrabung Tall Hujayrat al-Ghuzlan in Aqaba (Jordanien).

Weinreben. Rosinen, als Form von Zucker und als konzentrierte Nahrungsenergie, lassen sich leicht lagern, transportieren und verhandeln, tatsächlich leichter noch als Olivenöl oder Wein.

Generell lässt sich sagen, dass nach heutigen Erkenntnissen die Domestikation der Wildrebe in der Kupferzeit stattgefunden hat; viele Nachweise des Anbaus der edlen (domestizierten) Weinrebe gibt es aber erst im ganzen mediterranen Raum, im Nahen Osten und auch im Südkaukasus aus der Bronzezeit, und dann auch schon in schriftlicher und ikonographischer Überlieferung (Mesopotamien und Ägypten). Es gibt aber nur wenige Länder wie Georgien, in dem die Weinrebe und vor allem der Wein durchgehend von der Jungsteinzeit bis in die heutige Gegenwart eine so prägende Rolle gespielt hat (Abb. 11).

Abb. 11 (rechts außen) Der über 80 cm hohe Pithos aus Ton stammt aus Kwazchelebi (Ostgeorgien) und diente zur Aufbewahrung von Wein, 3 400–2 500 Jahre v. Chr., Kat. 132.

Abstract

Few of the world's cultivated plants are as shrouded in myth as the grape vine (*Vitis vinifera*). Georgia is home to an astounding number of over 500 indigenous grape varieties. This genetic diversity alone is an indicator of the significance of the grape vine within the history of Georgia. Early Neolithic settlements in the Southern Caucasus, such as Aruchlo, have produced evidence for the gathering of wild grapes. Scattered grape seeds found there date to the 6th millennium BC.

Traces of the salts of tartaric acid on pottery are considered as an indicator for the storage of wine in ceramic vessels. Through physical analyses it was possible to trace such salts in sherds of large vessels from two Georgian early Neolithic settlements dating from the first half of the 6th millennium BC, Shulaveris gora and Gadachrili gora. These findings are the earliest evidence for the processing of grape vine worldwide.

Since its domestication which probably took place in the 5th and 4th millennium BC, in many ways the grape vine can be regarded as the most ›intoxicating‹ of cultivated fruit trees. The sweet berries of this climber offer a variety of uses, not only as fresh fruit but also as a durable and portable source of energy in the form of dried fruit. Mashed grapes and grape must, on the other hand, form the basis for producing wine. Since fermentation is a natural process, wine has long played an important role in human history.

However, few countries like Georgia exist where the grape vine, and wine in particular, have had such importance over a continuous period from the Neolithic to the present.

1 Bergner/Lemperle 2010.
2 Angaben bei ›Die Internationale Organisation für Rebe und Wein‹: www.oiv.int für 2016.
3 Heywood u. a. 2007; Sauer 1993.
4 Parolly u. a. 2014; Horvat u. a. 1974.
5 Kugler 1970.
6 Für einen ausführlichen Diskurs über Reberziehung siehe Wikipedia-Eintrag (https://de.wikipedia.org/wiki/Reberziehung).
7 Zohary/Spiegel-Roy 1975.
8 Übergangszeit der Lebensweise der altsteinzeitlichen Jäger und Sammler zu derjenigen bäuerlicher Kulturen der Jungsteinzeit.
9 Kislev 1992.
10 Willcox 1996.
11 Zum Beispiel Kroll 1991, Weiss 2015 und Zohary u. a. 2012.
12 Decaix u. a. 2015.
13 Neef u. a. im Druck.
14 Pollen oder Blütenstaub sind unter solchen Umständen auch keine zuverlässigen Quellen, weil die Verunreinigung durch beispielsweise pollensammelnde, im Boden nistende Wildbienenarten groß sein kann.
15 Margaritis/Jones 2006.
16 McGovern u. a. 2017.
17 Miller 2008.
18 Rätsch 2009.
19 McGovern u. a. 1996.
20 Areshian u. a. 2012.
21 Valamoti 2015.
22 Myles u. a. 2011.
23 Khalil/Schmidt 2009.
24 Neef n. p.
25 Neef 1990.

Literatur

Areshian, G./Gasparyan, B./Avetisyan, P./ Pinhasi, R./Wilkinson, K./Smith, A./Hovsepyan, R./Zardaryan, D. 2012, The Chalcolithic of the Near East and south-eastern Europe: Discoveries and new perspectives from the cave complex Areni-1, Armenia. Antiquity 86, 2012, 115–130. **Bergner, K.-G./ Lemperle, E. 2011,** Weinkompendium (Stuttgart 2012). **Decaix, A./Messager, E./Tengberg, M./Neef, R./Lyonnet, B./Guliyev, F. 2015,** Vegetation and plant exploitation at Mentesh Tepe (Azerbaijan), 6th–3rd millennium BC initial results of the archaeobotanical study. Quarternary International XXX, 2015, 1–12. **Heywood, V. H./Brummitt, R. K./ Culham, A./Seberg, O. 2007,** Flowering plant families of the world (New York 2007). **Horvat, I./Glavac, V./Ellenberg, H. 1974,** Vegetation Südosteuropas (Stuttgart 1974). **Khalil, L./Schmidt, K. (Hg.) 2009,** Prehistoric Aqaba I. Orient-Archäologie Band 23, Rhaden. **Kislev, M. E./Nadel, D./Carmi, I. 1992,** Epipalaeolithic (19.000) cereal and fruit diet at Ohalo II, Sea of Galilee. Israel Review of Palaeobotany and Palynology 73, 1991, 161–166. **Kroll, H. 1991,** Südosteuropa. In: W. van Zeist/K. Wasylikowa/ K.-E. Behre (Hg.), Progress in Old World Palaeoethnobotany. Balkema Rotterdam, 1991, 161–177. **Kugler, H. 1970,** Blütenökologie (Stuttgart 1970). **Margaritis, E./Jones, M. 2006,** Beyond cereals: crop processing and Vitis vinifera L. Ethnography, experiment and charred grape remains from Hellenistic Greece. Journal of Archaeological Science 33, 2006, 784–805. **Miller, N. F. 2008,** Sweeter than wine? The use of the grape in early western Asia. Antiquity 82, 2008, 937–946. **Myles, S./Boyko, A. R./ Owens, C. L./Brown, P. J./Grassi, F./Aradhya, M. K./ Prins, B./Reynolds, A./Chia, J.-M./Ware, D./ Bustamante, C. D./Buckler, E. S. 2011,** Genetic structure and domestication history of the grape. Proceedings of the National Academy of Sciences of the United States of America 108/9, 2011, 3530–3535. **McGovern, P. E./Glusker, D. L./ Exner, L. J./Voigt, M. M. 1996,** Neolithic resinated wine. Nature 381, 1996, 480–481. **McGovern, P./ Jalabadzeb, M./Batiuk, S./Callahan, M. P./Smith, K. E./Hall, G. R. /Kvavadze, E./Maghradze, D./ Rusishvili, N./Bouby, L./Failla, O./Cola, G./ Mariani, L./Boaretto, E./Bacilieri, R./This, P./ Wales, N./Lordkipanidze, D. 2017,** Early Neolithic wine of Georgia in the South Caucasus. Proceedings of the National Academy of Sciences of the United States of America (published online www.pnas.org/ cgi/doi/10.1073/pnas). **Neef, R. 1990,** Introduction, development and environmental implications of olive cultivation: The evidence from Jordan. In: S. Bottema/G. Entjes-Nieborg/W. van Zeist (Hg.), Man's role in the shaping of the eastern Mediterranean landscape (Rotterdam 1990) 295–306. **Neef, R./ Decaix, A./Tengberg, M.** Agricultural practices and paleoenvironment of the Southern Caucasus during the Neolithic. A transect along the Kura River. In: B. Helwing/S. Hansen/B. Lyonnet (Hg.), The Kura Projects. New Research on the Later Prehistory of the Southern Caucasus. Archäologie in Iran und Turan 17 (Berlin 2017), im Druck. **Parolly, G./Grotz, K./Lack, H. W. (Hg.) 2014,** Kaukasus. Pflanzenvielfalt zwischen Schwarzen und Kaspischen Meer. BGBM (Berlin 2014). **Plinius Secundus d. Ä., C. 1981,** Naturkunde/Naturalis Historiae Libri XXXVII. Bücher XIV/XV Botanik: Fruchtbäume. Lateinisch – deutsch. Hrsg. u. übers. v. R. König und G. Winkler (München 1981). **Rätsch, C. 2009,** Enzyklopädie der psychoaktiven Pflanzen. Botanik, Ethnopharmakologie und Anwendung (Aarau 2009). **Sauer, J. D. 1993,** Historical Geography of Crop Plants: A Select Roster (Florida 1993). **Valamoti, S. M. 2015,** Harvesting the ›wild‹? Exploring the context of fruit and nut exploitation at Neolithic Dikili Tash, with special reference to wine. Vegetation History and Archaeobotany 24, 2015, 35–46. **Weiss, E. 2015,** Beginnings of Fruit Growing in the Old World – two generations later. Israel Journal of Plant Sciences 62 1/2, 2015, 75–85. **Willcox, G. 1966,** Evidence for plant exploitation and vegetation history from three early Neolithic pre-pottery sites on the Euphrates (Syria). Vegetation History and Archaeobotany 5, 1966, 143–152. **Zohary, D./Spiegel-Roy, P., 1975,** Beginnings of fruit growing in the Old World. Science 187, 1975, 319–327. **Zohary, D./Hopf, M./ Weiss, E. 2012,** Domestication of plants in the Old World: The origin and spread of domesticated plants in Southwest Asia, Europe, and the Mediterranean Basin (Oxford 2012).

Bronzezeit

Die Kura-Araxes-Kultur im supraregionalen Kontext

Giulio Palumbi

Abb. 1 Das »königliche« Grab von Arslantepe. Die Steinkiste zum Zeitpunkt der Entdeckung.

Die Kura-Araxes-Kultur im südlichen Kaukasus

Die Entwicklung der Kura-Araxes-Kultur beginnt im südlichen Kaukasus während der zweiten Hälfte des 4. Jahrtausends v. Chr. Der Name wurde erstmals von dem sowjetischen Archäologen Boris Kuftin[1] geprägt. Mit ihm definierte er einen bestimmten Keramikhorizont, der in einem Gebiet verbreitet ist, das von den Tälern der beiden Hauptflüsse des südlichen Kaukasus (Kura und Araxes) umschlossen wird. Seit B. Kuftin haben sich Definition und Kenntnisse der Archäologie des südlichen Kaukasus beträchtlich erweitert und der Begriff »Kura-Araxes«, der noch immer fest in der südkaukasischen Fachterminologie verankert ist, hat sich allmählich von der Umschreibung eines bestimmten Keramikhorizontes zur Definition einer breiteren kulturellen Tradition gewandelt, die die Gesamtheit der mit dieser Keramik assoziierten materiellen Kultur umfasst.

Seit ihrer frühesten Herausbildung weist die Kura-Araxes-Kultur eine Reihe distinkter materieller Eigenschaften auf. Dieses »Kulturmerkmalsbündel« ermöglicht es, diese Kultur von den vorhergehenden chalkolithischen Traditionen klar zu unterscheiden[2]. Dies fängt an mit der Keramik, die sich, verglichen mit den grob gefertigten, spreugemagerten chalkolithischen Serien, durch größeren Arbeits-, Zeit- und Energieaufwand auszeichnet, welcher es ermöglichte, den Gefäßen ein sehr bestimmtes Aussehen zu verleihen[3]. Dies wird deutlich in der sorgfältigen Glättung oder Politur der Oberflächen und dem wiederkehrenden Rot-Schwarz-Effekt (schwarze Außenseite, rote Innenseite), der die Ästhetik der Gefäße noch verstärkte. Ein breites Repertoire an Dekorelementen, geometrischen (Spiralen und Doppelspiralen) und zoomorphen Motiven (insbesondere Vögeln) kennzeichnete die ästhetischen und symbolischen Charakteristika der Kura-Araxes-Keramik (Abb. 2)[4]. Gleichzeitig deutet das Erscheinen neuer, relativ standardisierter Gefäßtypen, darunter langhalsige Krüge mit ovalem Bauch, große Schalen mit S-Profil sowie runde Deckel mit

Abb. 2 Rot-Schwarzer Kura-Araxes-Topf mit Spiraldekoration aus Kheti (Armenien).

tausends v. Chr. die Herausbildung zweier unmittelbar aufeinander folgender und einander sozioökonomisch nahestehender kultureller Traditionen. Beide, zuerst die Maikop-Kultur, darauffolgend die Novosvobodnaya-Kultur, zeichneten sich durch die Errichtung großer, teilweise monumentaler Kurgane aus. Die Bestattungen in diesen Kurganen enthielten oft beeindruckende Beigabenausstattungen von Kupfer-, Silber- und Goldobjekten, darunter Waffen, Gefäße, Arbeitsgeräte, Diademe, Halsketten und Tierstatuetten[16]. Es wird angenommen, dass die spektakuläre Zurschaustellung der Metall- und Luxusobjekte, deren Umfang häufig mit den Dimensionen der jeweiligen Grabhügel korrespondiert, die materielle Widerspiegelung einer vertikalen Sozialstruktur innerhalb der nordkaukasischen Gemeinschaften darstellte. Offenbar ermöglichte die ungleich verteilte Kontrolle über spezialisiertes Metallhandwerk und -handel eine Anhäufung von Metallen und Prestigegütern, die in der Herausbildung mächtiger Eliten im Nordkaukasus mündete.

Auf der anderen Seite sahen weite Teile des Nahen Ostens die Entwicklung eines anderen übergreifenden Phänomens, das von den frühstaatlichen städtischen Zentren der mesopotamischen Schwemmebene ausgelöst wurde. Das nach der gleichnamigen Stadt benannte Uruk-Phänomen war charakterisiert durch die Herausbildung einer vertikalen Komplexität, die sich grundlegend von der des nördlichen Kaukasus unterschied. Die frühesten mesopotamischen Städte gründeten sich auf einer zentralisierten Ökonomie, die von religiösen Eliten kontrolliert wurde, welche in der Lage waren, Versorgungsgüter zu akkumulieren und zu verteilen, und damit Arbeitskraft zu mobilisieren und zu strukturieren, vor allem hin zu mehr Spezialisierung, sowohl in der Landwirtschaft als auch im Handwerk[17]. Beginnend mit dem mittleren 4. Jahrtausend v. Chr. lösten die expansionistischen Bestrebungen der südmesopotamischen Städte, die unter anderem mit der Nachfrage nach Rohstoffen und exotischen Gütern zusammenhingen, die generelle Übernahme ähnlicher politischer, ökonomischer und kultureller Modelle auch in Nordmesopotamien, Syrien, Anatolien und dem Iran aus[18].

Es gab also zwei Entwicklungsstränge hin zu verstärkter vertikaler Komplexität und ökonomischer Ungleichheit, das »Uruk«-Modell auf der einen Seite, welches sich auf Primärwirtschaft, Umverteilung und Subsistenzgüterwirtschaft gründete, und das »Maikop«-Modell auf der anderen Seite, welches auf spezialisierter Metallverarbeitung, der Anhäufung von Prestigegütern und einer Prestigegüterwirtschaft aufbaute. Eingeschlossen zwischen diesen beiden entwickelten die Kura-Araxes-Gemeinschaften des südlichen Kaukasus in der zweiten Hälfte des 4. Jahrtausends v. Chr. ein soziokulturelles Modell, das sich von dem Mesopotamiens und dem des Nordkaukasus radikal unterschied.

Das »Kura-Araxes«-Modell stützte sich ökonomisch auf kleine, Ackerbau und Viehzucht betreibende Gemeinschaften, in denen der Haushalt die wichtigste politische und symbolische Institution bildete, über welche die Subsistenzstrategien, die handwerkliche Produktion, die rituellen Praktiken und sozialen Beziehungen zwischen verschiedenen Gruppen organisiert und strukturiert wurden.

Die Kura-Araxes-»Expansion«

Etwa um 3100 bis 3000 v. Chr. brach die enger umrissene geografische Verbreitung der Kura-Araxes-Kulturmerkmale auseinander. Durch die

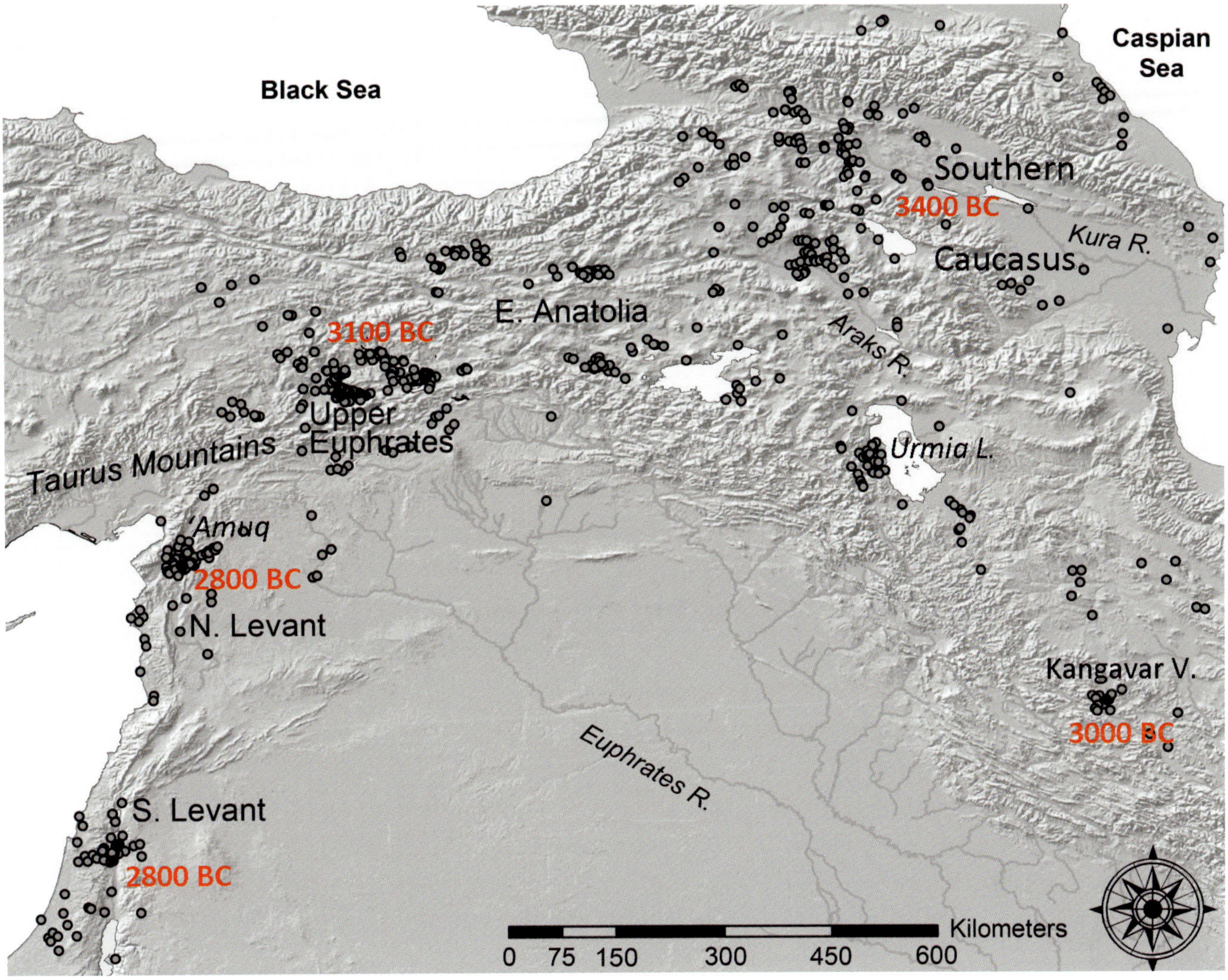

Abb. 6 Karte des Nahen Ostens mit Verbreitung der Fundstellen mit Kura-Araxes-Keramik, und deren Auftreten in verschiedenen im Text erwähnten Regionen.

Ausbreitung über ein beeindruckend weites Gebiet veränderte sich diese Tradition von einem spezifisch südkaukasischen Phänomen zu einem mächtigen Kulturträger, der in der Lage war, einen signifikanten Teil des Nahen Ostens zu polarisieren[19]. Die in diese »Expansion« involvierten Gebiete umfassten ein geografisch weitgefasstes und landschaftlich heterogenes Territorium (Abb. 6), das von den anatolischen und iranischen Hochländern bis zu den Tiefländern von Westsyrien ('Amuq-Ebene), der östlichen Mittelmeerküste und der Levante reichte. Die Vielzahl an Begriffen, die für diese Kultur verwendet wird, so wie »Kura-Araxes«, »Früh transkaukasisch«, »Karaz«, »Shengavit«, »Yanik« und »Khirbet Kerak«, von denen etliche von eponymen Fundorten in der Türkei, Armenien, dem Iran und Israel herrühren, spiegelt die beeindruckende geografische Ausbreitung eines kulturellen Phänomens wider, das sich gleichzeitig durch spezifische regionale Eigenschaften und übergreifende Gemeinsamkeiten auszeichnete.

Die traditionelle Erklärung für die weiträumige Ausbreitung der Kura-Araxes-Kultur folgt gewöhnlich dem »Migrationsparadigma«, demzufolge sich die Kura-Araxes-Kultur im Zuge einer physischen Migration von Bevölkerungsgruppen aus dem Kura-Araxes-Kerngebiet in angrenzende Gebiete ausbreitete. Verschiedene Faktoren wurden als Ursache für diese Wanderungswellen herangezogen, darunter neue Möglichkeiten des Metallhandels[20], die Suche nach Weide- oder Ackerland als Reaktion auf demografische oder Umweltveränderungen[21], die Ausbreitung des Weinanbaus[22] oder die Suche nach Salzvorkommen[23]. Zuletzt wurde ein komplexes Modell von Push- und Pull-Faktoren vorgeschlagen, welches die Kura-Araxes-Bevölkerung in bestimmte Regionen getrieben haben könnte[24].

All diese Betrachtungen führen zu einem zunehmend feiner aufgelösten Bild dieser Kultur. Es scheint, dass in jeder Region, die von diesen Entwicklungen betroffen war, die Dynamiken des Auftretens der Kura-Araxes-Kultur und damit vermutlich auch die Bandbreite der damit verbundenen kulturellen Bedeutungen eine andere Ausprägung fanden, abhängig von historischen Variablen, lokalen Reaktionen der einheimischen Bevölkerungen oder der Art und Weise der Begegnung zwischen der lokalen und der eindringenden Kura-Araxes-Kultur.

Die gegenwärtige archäologische Befundlage zeigt, dass nicht immer alle der oben beschriebenen Komponenten des Kura-Araxes-Merkmalsbündels außerhalb des Kerngebiets auftauchten beziehungsweise diese sich nicht grundsätzlich gemeinsam ausbreiteten, sondern dass in der Adaption dieser Komponenten oft eine Vermischung mit lokalen Elementen stattfand. Regionale Hybridisierungsprozesse waren die Folge. Will man die Kura-Araxes-Expansion besser verstehen, ist es gleichzeitig wichtig zu betonen, dass die geografische Richtung der Ausbreitung dieses Phänomens möglicherweise nicht zufällig war. Sie könnte das Ergebnis sozialer und politischer Dynamiken sowohl auf regionaler wie lokaler Ebene gewesen sein[25]. Beispielsweise hatte die Kura-Araxes-Kultur keinen nennenswerten Einfluss auf den nördlichen Kaukasus, wo die Kurgane-errichtenden-Gemeinschaften des Novosvobodnaya-Horizontes in sozialer und ökonomischer Hinsicht eng an die vorangehenden »Maikop«-Gemeinschaften anknüpften.

Demgegenüber waren offenbar die ersten zwei geografischen Richtungen, die die Kura-Araxes-Expansion am Ende des 4. Jahrtausends v. Chr. einschlug – entlang des iranischen Hochlandes sowie des oberen Euphrat-Tales in den anatolischen Hochländern –, zu einem gewissen Grad durch die politischen und sozialen Veränderungen im Zuge des Niedergangs der Uruk-Expansion in diesen Regionen mitbestimmt. Aus diesem Grund haben mehrere Autoren ein Zusammenfallen beziehungsweise eine Verbindung zwischen dem Zusammenbruch der politischen Uruk-Zentren in den anatolischen und iranischen Hochländern und dem darauffolgenden »Eindringen« der Kura-Araxes-Kultur in diese Regionen am Ende des 4. Jahrtausends v. Chr. vorgeschlagen[26].

Was die Entwicklung der Kura-Araxes-Kultur im Iran betrifft, so ist die Befundlage leider noch zu lückenhaft, um sich ein klareres Bild von den Dynamiken des Auftauchens und der Ausbreitung des Phänomens in der Region zu erlauben. In einem Cluster von Fundorten in der Urmia-Region (Yaniktepe, Haftavan Tepe und Göytepe) findet sich jedoch in Schichten des frühen 3. Jahrtausends v. Chr. regelmäßig eine materielle Kultur, bei der sich Anklänge an Merkmale der Kura-Araxes-Kultur beobachten lassen. Dazu zählen anthropomorphe Feuerböcke (Abb. 7) und schwarzpolierte Gefäße mit Griffen und südkaukasischem typologischen Repertoire[27].

Abb. 7 Amiraniss gora. Der hufeisenförmige Herdständer aus Amiraniss gora symbolisiert die schematische Darstellung eines Mannes. Er datiert in die Kura-Araxes-Kultur um 3 400–2 500 Jahre v. Chr. Kat. 124.

Da diese Elemente in Nordwestiran unvermittelt auftreten, ist vorgeschlagen worden, dass die Kura-Araxes-Kultur hier ursprünglich fremd war und erst in Folge von Wanderungsbewegungen am Ende des 4. Jahrtausends v. Chr. eintraf[28]. Die iranische Ausprägung der Kultur war jedoch nicht eine schlichte Nachahmung der südkaukasischen Kura-Araxes-Kultur. Der dekorative Motivschatz auf der Keramik beispielsweise, der unzweifelhaft von der Kura-Araxes-Ikonographie (Vögel und Spiralen) inspiriert ist, wurde mit einer neuen, originären Technik ausgeführt (mit weißer Paste gefüllte Ritz- und Schnittverzierungen), die nur in Regionen des Iran verbreitet ist. Dies deutet auf Prozesse der Adaption und Umgestaltung der Fremdelemente nach lokalen Vorlieben hin (Abb. 8)[29]. Nach derzeitigem Kenntnisstand ist es die Ausbreitung ebendieser verzierten Keramik innerhalb eines sehr weitläufigen Gebietes im Iran, von der südlichen Küste des Kaspischen Meeres[30] und der Region um Teheran[31] bis hinunter ins zentrale Zagros-Gebirge reichend, die als Hauptanzeiger der Kura-Araxes-Expansion im Iran angesehen wird.

Ausgrabungen in Godin Tepe, im Kangavar-Tal im zentralen Zagros-Gebirge, haben bisher einzigartige Stratigraphien geliefert, an denen sich die Abläufe des Auftauchens von Bevölkerungsgruppen ablesen lassen, die eine Verbindung mit der Kura-Araxes-Kultur aufweisen. In Godin Tepe treten Kura-Araxes-Merkmale unmittelbar im Anschluss an die Uruk-Siedlungsaktivität (Phase VI) auf. Während letzterer war eine oval umschlossene Anlage von Gebäuden mit verschiedenen Strukturen und Funktionen entstanden, in der Tonsiegel und -tafeln auf administrative und ökonomische Aktivitäten hindeuten[32]. Die materielle Kultur dieser ovalen Anlage, angefangen mit der Keramik, orientiert sich deutlich am mesopotamischen Formenschatz. Nach der Aufgabe der ovalen Anlage

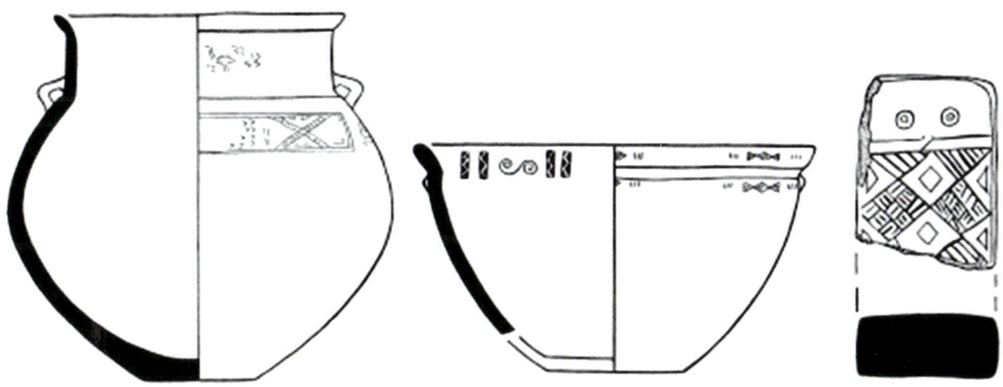

Abb. 8 Kura-Araxes-Keramik mit Ritzverzierung und anthropomorpher Feuerbock aus Yanik Tepe (Urmia-Region, Iran).

Abb. 9 Mit weißer Paste gefüllte Ritzverzierung auf Kura-Araxes-Keramik aus Godin Tepe (Kangavar-Tal, Iran).

treten mit dem »Eindringen« von Kura-Araxes-Elementen in Godin Tepe (Phase IV) völlig neue Siedlungselemente auf, darunter neue Bautechniken, beispielsweise temporäre Holzbauten und Lehmflechtwerkhütten in der ältesten Schicht[33], und neue Grundrisse und Raumordnungsmuster, wie zum Beispiel eine radiale Anordnung von Wohnstrukturen in der darauffolgenden Schicht[34]. Die in den architektonischen Traditionen deutlich werdenden Veränderungen spiegeln sich auch in der Keramik wider, wo nun sorgfältig polierte schwarze oder graue Krüge, Schüsseln und Deckel mit Griffen vorherrschen, die klare Anklänge an den Kura-Araxes-Formenschatz aufweisen[35]. In Godin Tepe weist die Keramik außerdem die typischen mit weißer Paste (Abb. 9) gefüllten Ritz- und Schnittverzierungen auf, die auch in den nördlichen Regionen des Iranischen Hochlands verbreitet sind[36]. In Ermangelung weiterer stratifizierter Befunde von anderen Fundorten des Kangavar-Tals und generell des iranischen Hochlandes bleiben weiterführende Fragen zur Natur der Kura-Araxes-Expansion in Godin Tepe jedoch noch unbeantwortet. Handelt es sich hier tatsächlich um das physische Eindringen wandernder Kura-Araxes-Gruppen aus dem Norden, oder spiegeln die kulturellen Veränderungen in Phase IV eine Orientierung der lokalen Bevölkerung an der breiteren Kura-Araxes-Kultursphäre wider?

Verfolgt man den westlichen Verlauf der Kura-Araxes-Expansion, genauer, entlang des anatolischen oberen Euphrat-Tales, wird die archäologische Befundlage deutlich breiter und detaillierter, so dass sich hier die Komplexität der mit diesem Phänomen verbundenen Dynamiken besser rekonstruieren lässt. Hier lassen sich mindestens zwei Phasen der Kura-Araxes-Expansion

Abb. 10 Arslantepe. Lehmflechtwerkhütte aus Phase VIB1.

1

2

Abb. 11 Arslantepe. Keramik aus Phase VIB1. 1: Töpfe im Kura-Araxes-Stil; 2: Halbkugelige Schüsseln mit rot-schwarz-alternierendem Muster.

für diese Region nachvollziehen[37]. Wie in Godin Tepe ist die erste der beiden Phasen unmittelbar im Anschluss an die Uruk-Periode anzusiedeln. Diese ist durch die Fundstätte von Arslantepe sehr gut erschlossen. Phase VIA in Arslantepe ist durch eine materielle Kultur mit klaren Uruk-Anklängen gekennzeichnet. Weiterhin ist die Errichtung monumentaler öffentlicher Gebäude signifikant. Diese beherbergten die lokale Führungsschicht, welche ökonomische Transaktionen sowie die Akkumulierung und Verteilung von Versorgungsgütern kontrollierte[38]. Auf die Zerstörung eines der monumentalen Gebäude durch eine Feuersbrunst in Phase VIB1 folgte Siedlungsaktivität durch spezialisierte Viehhüter, die in Lehmflechtwerkhütten lebten (Abb. 10), wobei 90 % der Viehhaltung auf Ziegen entfallen. Sie waren möglicherweise direkte Nachkommen der Hirtengemeinschaften, die die spezialisierte Ökonomie der vorangehenden Uruk-Periode hervorgebracht hatte[39]. Das Keramikspektrum dieser Hirtengruppen ist nur teilweise vom Kura-Araxes-Formenschatz inspiriert (Abb. 11); daneben hat sich auch eine spezifische Brandtechnik erhalten, nämlich ein rot-schwarz-alternierendes Muster, das in der Region bereits seit dem 4. Jahrtausend v. Chr. verbreitet war, die von einem Hybridisierungsprozess zwischen

Abb. 12 Das »königliche« Grab von Arslantepe. Metallobjekte mit Anklängen an Kura-Araxes-Metallarbeiten.

lokalen Handwerkstraditionen und fremden Kura-Araxes-Elementen zeugt[40]. Das Ende von Phase VIB1 in Arslantepe wird von der Errichtung eines »königlichen« Grabes markiert (Abb. 1), das das Auftauchen einer neuen Elite nach dem Zusammenbruch der Uruk-Führungsschicht bezeugt[41]. Das repräsentative Begräbnis mit einem reichen Grabinventar mit mehr als 70 Metallobjekten zeigt eindrucksvoll, wie sich diese neue Elite an politischen und kulturellen Vorlagen des Kaukasus orientierte[42]. Im königlichen Grab von Arslantepe finden sich Diademe, Doppelspiralkopfnadeln und Haarspiralen (Abb. 12), die ganz klar von den Metallarbeiten der Kura-Araxes-Kultur inspiriert sind, während andere Objekte wie Messer, Meißel, Äxte, Hohlmeißel, Dolche und Metallgefäße das Grabausstattungsrepertoire widerspiegeln, das aus den nordkaukasischen Kurganen des Novosvobodnaya-Horizontes bekannt ist. Die Befunde aus Phase VIB1 in Arslantepe zeigen, dass am Beginn des 3. Jahrtausends v. Chr. die Kura-Araxes-Kultur das obere Euphrat-Gebiet in Form einer selektiven Adaption des typischen Formenschatzes erreichte, vielleicht als Ergebnis einer kulturellen und politischen Umorientierung der dortigen Hirtengemeinschaften und ihrer Führungsschicht an kaukasischen Vorbildern. Möglicherweise zeichnet sich hier die Konstruktion einer neuen ethnischen Identität unter lokalen Hirtengemeinschaften ab, welche in dieser Region mit Ackerbaugemeinschaften koexistierten (und im Wettbewerb standen), die immer noch Traditionen der vorangehenden Uruk-Phase pflegten[43].

Die zweite Phase der Kura-Araxes-Expansion in die Region des oberen Euphrat vollzog sich in der Zeit um 2 800 v. Chr. Ihre Ausbreitung wurde in dieser Phase sehr weitläufig. Die große Bandbreite an materiellen Formen verdeutlicht einen radikalen Wandel. Neue Hausgrundrisse, der weitverbreitete Gebrauch von Lehmflechtwerkbauten und das Auftreten dreiblattförmiger Feuerstellen, wie wir sie zum Beispiel in der langen Abfolge von Schichten der Frühbronzezeit II in Norşuntepe bei Elazığ sehen[44], greifen direkt die architektonischen Traditionen der Kura-Araxes-Kultur aus der Region von Schida Kartli in Georgien auf. Dort sind diese gut durch den Fundort Kvatskhelebi belegt. Gleichzeitig zeugen die »Hausschreine«, wie sie zum Beispiel gut in Pulur-Sakyol dokumentiert sind (Abb. 13)[45], von der Einführung neuer, mit der häuslichen Sphäre verbundener Rituale und symbolischer Konzepte, die schon von den Kura-Araxes-Häusern bekannt sind. Die Veränderungen sind auch deutlich in der Keramik sichtbar, die typologische Merkmale und Dekorationselemente (Vögel und Spiralen) aufgreift, welche große Ähnlichkeit mit der Kura-Araxes-

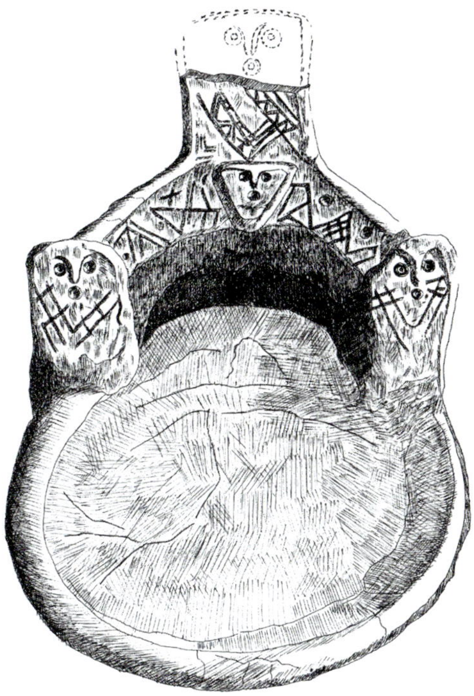

Abb. 13 Anthropomorpher Feuerbock von Pulur Sakyol (Keban-Damm, Türkei).

Keramik des südlichen Kaukasus aufweisen. Dieser Prozess kultureller Homogenisierung in Richtung der Kura-Araxes-Kultur, der sich am oberen Euphrat beobachten lässt, könnte das Ergebnis der Ankunft von Kura-Araxes-Gruppen in der Region sein. Dieser Wandel mag also durch Wanderungsbewegungen angestoßen worden sein. Um die Orientierung der Region hin zu einer kulturellen Ausprägung zu verstehen, die ihren Ursprung in den Kura-Araxes-Gemeinschaften hat, müssen wir jedoch auch die aktive Rolle in Betracht ziehen, die die einheimische Bevölkerung in diesem Transformationsprozess spielte.

Genau zu dieser Zeit, um 2800 v. Chr., überquerten Kura-Araxes-Kulturmerkmale das Taurus-Gebirge und erschienen weiter südlich, in Westsyrien (Amuq-Region Phasen H und I)[46] sowie in der nördlichen und südlichen Levante. Die Faktoren, die die Kura-Araxes-Kultur bis jenseits der anatolischen Hochländer und in Regionen drängten, die sich ökologisch und geografisch radikal von ihrer Kernregion unterschieden, sind noch immer rätselhaft. Die Kura-Araxes-Kultur erscheint in diesen südlichen Regionen in Form eines Bündels von Kulturmerkmalen, die sowohl Herstellungs- als auch Nutzungsweisen betreffend eng mit der Wohnsphäre und dem Haushalt verbunden zu sein scheinen[47]. Dies umfasst hochpolierte rot-schwarze und rot geschlämmte Keramik, die in der Levante, nach dem namengebenden Fundort am Tiberias-See, auch unter dem Namen »Khirbet-Kerak-Ware« bekannt ist. Khirbet-Kerak-Ware, welche als südlevantinische Ausformung der Kura-Araxes-Keramiktradition angesehen wird, umfasst charakteristische Gefäßformen wie Kratere, große Trinkschalen, zylindrische Topfständer und konkave Deckel, teilweise mit Griffen versehen und verziert mit Spiralen und Vögeln, worin wieder ästhetische, typologische und dekorative Elemente der Kura-Araxes-Keramik anklingen[48]. Zu diesem mit der häuslichen Sphäre verbundenen »Kulturpaket« gehört auch das Auftreten transportabler anthropomorpher Feuerböcke. Diese ähneln denen, die man in den Kura-Araxes-Häusern im Südkaukasus und Anatolien findet (Abb. 14).

An anderer Stelle ist vorgeschlagen worden, dass die anthropomorphen Feuerböcke, zusammen mit der Khirbet-Kerak-Keramik, Teil eines neuen Küchengeräts seien, welches die Einführung neuer kulinarischer Praktiken und gleichzeitig neuer sozialer und symbolischer Konzepte im Zusammenhang mit der häuslichen Sphäre kennzeichne, die mit der Kura-Araxes-Ausbreitung in die Levante verbunden sei[49]. In der Amuq-Region fällt das Auftreten dieser Marker, die unzweifelhaft der Kommunikation einer soziokulturellen Identität dienten, welche sich deutlich von der einheimischen unterschied,

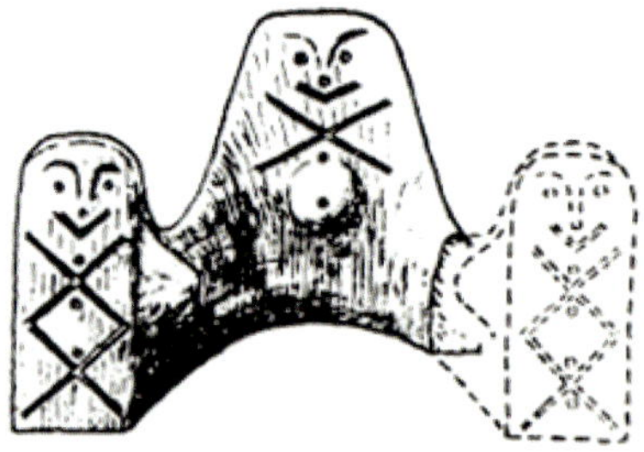

Abb. 14 Amuq-Region (Türkei). Khirbet-Kerak-Krater aus Tell Taynat und anthropomorpher Feuerbock aus Tabara el Akrad.

mit einem Anwachsen neu gegründeter kleiner Siedlungen zusammen. Dies legt die Ankunft von Kura-Araxes-Gruppen in der Region nahe[50]. Viele der Funde aus der Amuq-Region sind jedoch leider Oberflächenfunde, die es uns nicht erlauben, ein genaueres Bild von der möglichen Koexistenz und Interaktion zwischen einwandernden und einheimischen Bevölkerungsgruppen zu zeichnen. Detailliertere Einblicke in diese Dynamiken erhalten wir durch Daten aus der südlichen Levante, wo in einer Reihe von Fundorten in und nahe dem Jordan-Tal die Khirbet-Kerak-Ware zusammen mit anthropomorphen Feuerböcken in einer Zeit der Krise lokaler urbaner Zentren auftritt[51]. An der Fundstelle von Tel Beth Yerah (Israel) lassen sich anhand der archäologischen Zeugnisse Koexistenzmuster zwischen lokalen einheimischen Haushalten und Kura-Araxes-Neuankömmlingen skizzieren. Entgegen den Beobachtungen im Tal des oberen Euphrat gibt es hier jedoch Hinweise auf eher geringe Interaktionen zwischen den einheimischen Familien, die in permanenten Häusern lebten, und den Menschen, die in offengelassenen, nicht mehr genutzten beziehungsweise verlassenen Bereichen derselben Siedlungen lebten und Khirbet-Kerak-Ware sowie transportable Feuerböcke verwendeten (Abb. 15). In diesen Bereichen lassen sich nur leichte Baustrukturen nachweisen, die man als temporäre Behausungen sich abgrenzender »Hausbesetzer« gedeutet hat, die sich weigerten, sich in das bestehende lokale soziokulturelle Gefüge einzugliedern, und die als fremde Kura-Araxes-Einwanderer auf ihren eigenen ethnischen Markern beharrten[52].

Schlussbemerkung

Trotz der signifikanten regionalen und chronologischen Vielfalt ihrer materiellen Ausdrucksformen kann die Kura-Araxes-Kultur, die sich im 4. und 3. Jahrtausend v. Chr. in weiten Teilen Südwestasiens ausbreitete, als überregionales Phänomen bezeichnet werden, dessen Wurzeln in den Hochländern des Südkaukasus und Ostanatoliens zu suchen sind. Diese Vielfalt an Ausdrucksformen der Kura-Araxes-Expansion ist

Abb. 15 *Transportabler Feuerbock.*

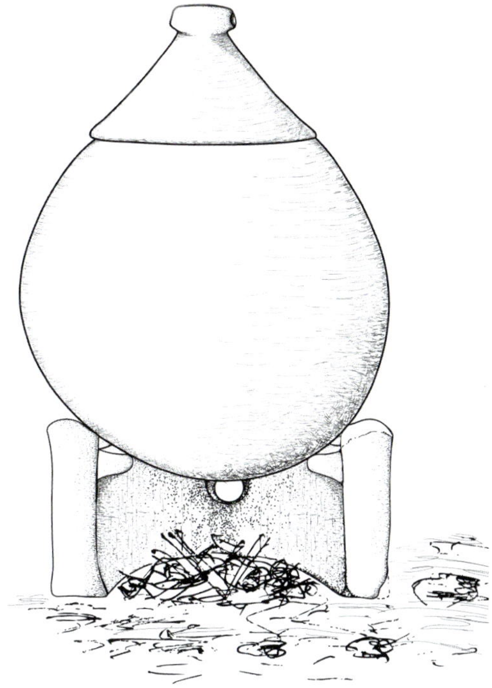

sicherlich das Ergebnis der *longue durée* eines komplexen und multifaktoriellen Phänomens, das sich nicht auf eine einzige Erklärung reduzieren lässt. Im Falle einiger Regionen, beispielsweise der Levante, und spezifischer historischer Ereignisse sprechen die archäologischen Daten eher für die Einwanderung von Kura-Araxes-Gemeinschaften, die darauf beharrten, ihre Traditionen und Identität mittels spezifischer Marker zu erhalten und zu reproduzieren. Was andere Regionen betrifft, zum Beispiel Iran und Anatolien, so lässt der Mangel an eindeutigen Hinweisen auf Wanderungen und Neuansiedlungen von wandernden Gemeinschaften im großen Maßstab vermuten, dass sich die Dynamiken der Kura-Araxes-Expansion auf vielen verschiedenen Ebenen abgespielt haben können. Beginnend mit dem Zusammenbruch der Uruk-Zentren der anatolischen und iranischen Hochländer, der den möglichen historischen Auslöser für diese Expansion bildete, kann eine Vielzahl an sozialen, politischen und kulturellen Faktoren die Verbreitung, Adoption und lokale Adaption der Kura-Araxes-Kulturmerkmale in diesen Regionen begünstigt haben. Die Konstruktion hybrider soziokultureller Identitäten, in denen sich einheimische und Kura-Araxes-Elemente mischten, ist ein typisches Merkmal der Kura-Araxes-Expansion und möglicherweise Ausdruck der positiven Reaktion einheimischer Gemeinschaften auf die der Kura-Araxes-Kultur zugrundeliegenden sozialen und kulturellen Prinzipien. Letztere wurden vielleicht als Alternative zu politischer Zentralisierung, ökonomischer Ungleichheit und sozialer Stratifizierung aufgefasst, welche die mesopotamischen und nordkaukasischen Gesellschaften kennzeichnete. Sie bauten eher auf Verwandtschaftsbeziehungen, der Rolle des Haushaltes als primärer politischer Institution und explizit horizontalen sozialen und politischen Beziehungen auf. Während der ersten Hälfte des 3. Jahrtausends v. Chr. wurden diese neuen Prinzipien, wie es scheint, von einer weiträumigen interregionalen Gemeinschaft geteilt, die einen wahren Flickenteppich aus heterogenen Gruppen bildete und den Iran, den Südkaukasus, Anatolien und die Levante bevölkerte. All diese Gruppen vereinte die gemeinsame »materielle Sprache« der Kura-Araxes-Kultur.

Abstract

From about 3500 to 2500 BC, new pottery, architectural and metallurgical traditions, known collectively as Kura-Araxes, developed in the Southern Caucasus without any link to pre-existing socio-cultural phenomena of the Chalcolithic period. The new Kura-Araxes material-cultural traditions, which were also accompanied by new funerary customs and sedentary occupations in the mountain regions, are associated with the emergence of a new social model centering primarily on the household and horizontal kinship relationships and featuring a basically egalitarian social ideology. This new model elaborated by the Kura-Araxes communities was radically different from those of the vertically organized societies of Southern Mesopotamia (Uruk) and the Northern Caucasus (Maikop and Novosvobodnaya).

Sometime around 3100 BC a clearly recognizable set of Kura-Araxes traits spread across the Anatolian and Iranian highlands, western Syria, the Eastern Mediterranean coast and the Levant. Eventually, the Kura-Araxes tradition became the largest cultural horizon of the Near East in the third millennium.

Traditionally, the expansion of the Kura-Araxes-Culture has been interpreted as the result of the physical movement of populations migrating from the South Caucasus to the surrounding regions. However, archaeological data show that the Kura-Araxes expansion was a complex phenomenon that did not only involve the movement and resettlement of South Caucasian populations, but also examples of hybridization and local re-adaptation of the Kura-Araxes traits, thus indicating that the indigenous populations played a fundamental role in the adoption and transmission of the Kura-Araxes culture across the Near East. Possibly, the expansion of the Kura-Araxes culture was the result of the positive response of indigenous populations to the social and cultural principles attached to the Kura-Araxes culture, which were founded on kinship ties, the primary role of the household and horizontal relationships. These principles could have been perceived as an alternative (or a reaction) to the principles of »vertical power« associated with the political centralization, economic asymmetry and social stratification that had structured the Mesopotamian North Caucasian societies throughout the fourth millennium BC.

Übersetzung aus dem Englischen: Kathrin Meents

1 Kuftin 1944.
2 Sagona 2014.
3 Iserlis 2009; Iserlis u. a. 2014.
4 Badalyan 2014.
5 Wilkinson 2014.
6 Batiuk 2013.
7 Smith 2015.
8 Kushnareva 1997; Smogorzewska 2004; Badalyan/Ovsepyan/Khachatryan 2015.
9 Sagona 1998, 22; Smith 2015; Greenberg/Palumbi 2015; Simonyan/Rothman 2015.
10 Poulmarc'h u. a. 2014.
11 Smith 2015.
12 Stöllner u. a. 2010.
13 Courcier 2007; Stöllner/Gambaschidze 2014.
14 Sagona/Sagona 2000.
15 Smith 2005; Palumbi 2016.
16 Chernykh 1992; Korenevskij 2004; Lyonnet 2007; Ivanova 2013.
17 Pollock 1999; Frangipane 2017.
18 Algaze 1993.
19 Smith 2005.
20 Kelly-Buccellati 1979.
21 Sagona 1984; Rothman 2003.
22 Batiuk 2013.
23 Tonussi 2017.
24 Rothman 2003.
25 Greenberg/Palumbi 2015; Palumbi/Chataigner 2014.
26 Summers 2013; Wilkinson 2014; Palumbi/Chataigner 2014; Palumbi 2017; Palumbi, im Druck.
27 Burney 1961.
28 Summers 2013.
29 Fahimi 2005, Abb. 3.
30 Piller 2012.
31 Fazeli Nashli/Abbasnezhad Sereshti 2005, 22.
32 Rothman/Badler 2011.
33 Rothman 2011, 160.
34 Rothman 2011, 179f. Abb. 5.41, 5.44.
35 Rothman 2011, 167–172.
36 Rothman 2011, 189–193.
37 Greenberg/Palumbi 2015.
38 Frangipane 2017.
39 Frangipane 2014; Palumbi 2012.
40 Frangipane/Palumbi 2007; Palumbi 2012.
41 Frangipane u. a. 2001.
42 Palumbi 2008, 148–155.

43 Frangipane 2015.
44 Hauptmann 1982.
45 Koşay 1976.
46 Braidwood/Braidwood 1960.
47 Greenberg/Palumbi 2015.
48 Greenberg 2007.
49 Greenberg 2007; Paz 2009; Greenberg/Palumbi 2015.
50 Yener u. a. 2000, 184; Batiuk 2005.
51 Paz 2009; Greenberg/Palumbi 2015.
52 Greenberg/Shimelmitz/Iserlis 2014; Paz 2009.

Literatur

Algaze, G. 1993, The Uruk World System (Chicago 1993). **Badalyan, R. 2014,** Kura-Araxes complex – on the status of the cultural phenomenon (new data and former issues of periodization and chronology of Early Bronze Age materials in Armenia. Paléorient 40/2, 2014, 71–92. **Badalyan, R./Ovsepyan, S./ Khachatryan, L. 2015,** Shengavit (Erevan 2015). **Batiuk, S. 2005,** Migration Theory and the Distribution of the Early Transcaucasian Culture (Toronto 2005). (Unveröffentlichte Doktorarbeit). **Batiuk, S. 2013,** The Fruits of Migration: Understanding the »Longue Durée« and the socio-economic Relations of the Early Transcaucasian Culture. Journal of Anthropological Archaeology 32, 2013, 449–477. **Braidwood, R./Braidwood, L. 1960,** Excavations in the plain of Antioch I. The Earlier Assemblages, Phases A–J (Chicago 1960). **Burney, C. 1961,** Excavations at Yanik Tepe, North-West Iran. Iraq 23/2, 1961, 138–153. **Chernyk, E. 1992,** Ancient Metallurgy in the USSR (Cambridge 1992). **Courcier, A. 2007,** La métallurgie dans les pays du Caucase au Chalcolithique et au début de l'Age du Bronze: Bilan des études et perspectives nouvelles. In: B. Lyonnet (Hg.), Les Cultures du Caucase VIe-IIIe millénaires avant notre ère. Leurs Relations avec le Proche-Orient (Paris 2007) 199–232. **Džavachišvili, A. I./Glonti, L. I.1962,** Джавахишвили, А. И./Глонти, Л. И., Урбниси. I. Археологические раскопки, проведенные в 1954–1961 гг. на селище Квацхелеби (Тулення-Кохи) (Тбилиси 1962). Džavachišvili, A. I./Glonti, L. I., Urbnisi I. Archeologičeskie raskopki, Provedennye v 1954–1961 gg. na selišče Kvacchelebi (Tulenija-Kochi) (Tbilisi 1962). Džavachišvili, A. I./Glonti, L. I., Urbinisi I. Die archäologischen Ausgrabungen der Jahre 1954–1961 in der Siedlung Kvacchelebi (Tulenija-Kochi) (Tbilisi 1962). **Evans, J./ Green, J./Teeter , E. 2017,** The Oriental Institute, 2017 Highlights of the Collections of the Oriental Institute Museum (Chicago 2017). **Fahimi, H. 2005,** Kura-Araxes type pottery from Gilan and the eastern extension of the Early Transcaucasian culture. Archäologische Mitteilungen aus Iran und Turan 37, 2005, 123–132. **Fazeli Nashli, H./Abbasnezhad Sereshti, R. 2005,** Social transformation and interregional interaction in the Qazvin Plain during the 5th, 4th and 3rd millennia B.C. Archäologische Mitteilungen aus Iran und Turan 37, 2005, 7–26. **Frangipane, M. 2014,** After collapse: Continuity and disruption in the settlement by Kura-Araxes-linked pastoral groups at Arslantepe-Malatya (Turkey). New data. Paléorient 40/2, 2014, 169–182. **Frangipane, M. 2015,** Different types of multiethnic societies and different patterns of development and change in the prehistoric Near East. Proceedings of the National Academy of Sciences of the United States of America 112, 2015, 9182–9189. **Frangipane, M. 2017,** Different trajectories in state formation in Greater Mesopotamia: A view from Arslantepe (Turkey). Journal of Archaeological Research 26/1, 2018, 3–63. **Frangipane, M./Di Nocera, G. M./Hauptmann, A./Morbidelli, P./Palmieri, A./ Sadori, L./Schultz, M./Schmidt-Schultz, T. 2001,** New symbols of a new power in a »Royal« tomb from 3000 BC Arslantepe, Malatya (Turkey). Paléorient 27/2, 2001, 105–139. **Frangipane, M./Palumbi, G. 2007,** Red-black ware, pastoralism, trade, and Anatolian-Transcaucasian interactions in the 4th–3rd millennium BC. In: B. Lyonnet (Hg.), Les Cultures du Caucase VIe-IIIe millénaires avant notre ère. Leurs Relations avec le Proche-Orient (Paris 2007) 233–256. **Greenberg, R. 2007,** Transcaucasian Colors: Khirbet Kerak Ware at Khirbet Kerak (Tel Bet Yerah). In: B. Lyonnet (Hg.), Les Cultures du Caucase VIe–IIIe millénaires avant notre ère. Leurs Relations avec le Proche-Orient (Paris 2007) 257–268. **Greenberg, R./Shimelmitz, R./ Iserlis, M. 2014,** New evidence for the Anatolian origins of »Khirbet Kerak Ware People« at Tel Bet Yerah (Israel), ca. 2800 BC. Paléorient 40/2, 2014, 183–201. **Greenberg, R./Palumbi, G. 2015,** Corridors and colonies: Comparing fourth–third millennia BC interactions in Southeast Anatolia and the Levant. In: B. Knapp/P. van Dommelen (Hg.), The Cambridge Prehistory of the Bronze and Iron Age Mediterranean (Cambridge 2015) 111–138. **Hauptmann, H. 1982,** Die Grabungen auf dem Norşuntepe, 1974. Keban Project 1974–75 Activities (Ankara 1982) 41–70. **Hood, S. 1951,** Excavations at Tabara el Akrad. Anatolian Studies 1, 1951, 113–47. **Iserlis, M. 2009,** Khirbet Kerak Ware at Bet Yerah: Segregation and integration through technology. Tel Aviv 36, 2009, 181–195. **Iserlis, M./Goren, Y./Hovsepyan, I./Greenberg, R. 2014,** Early Kura-Araxes ceramic technology in the fourth millennium BCE site of Tsaghkasar, Armenia. Paléorient 41/1, 2015, 9–23. **Ivanova, M.**

2013, The Black Sea and the Early Civilizations of Europe, the Near East and Asia (Cambridge 2013). **Işıklı, M./Mutlugün, E./Artu, M. 2010,** Geçmişten Geleceğe Armağan (Erzurum 2010). **Kelly-Buccellati, M. 1979,** The Outer Fertile Crescent culture: North eastern connections of Syria and Palestine in the third millennium BC. Ugarit-Forschungen 11, 1979, 413–430. **Korenevskij, S. N. 2004,** Кореневский, С. Н., Древнейшие земледельцы и скотоводы Предкавказья: Майкопско-новосвободненская общность (Москва 2004). Korenevsky, S.N., Drevnejšie zemledel'cy i skotovody Predkavkaz'ja: Majkopsko-Novosvobodnenskaja obščnost' (Moskva 2004). Korenevsky, S. N., Die ältesten Ackerbauern und Viehzüchter im Kaukasusvorland: Die Maikop-Novosvobodnenskaja Gemeinschaft (Moskau 2004). **Koşay, H. 1976,** Keban Project Pulur Excavations 1968–1970 (Ankara 1976). **Kuftin, B. A. 1944,** Куфтин, Б. А., Урартский «колумбарий» у подошвы Арарата и Куро-Аракский энеолит, Вестник Государственного Музея Грузии 13 (1944). Kuftin, B. A., Urartskij' «kolumbarij» u podošvy Ararata i Kuro-Araksskij eneolit, Vestnik Gosudarstvennogo Muzeia Gruzii 13, 1944, 125–127. Kuftin, B. A., Das urartäische »Kolumbarium« am Fuße des Ararat und die äneolitische Stufe des Kuro-Arak-Beckens, Mitteilungen des Staatlichen Museums Georgien 13, 1944, 125–127. **Kushnareva, K. 1997,** The Southern Caucasus in Prehistory (Philadelphia 1997). **Lyonnet, B. 2007,** La Culture de Maïkop, la Transcaucasie, L'Anatolie Orientale et le Proche-Orient: Relations et chronologie. In: B. Lyonnet (Hg.), Les Cultures du Caucase VIe-IIIe millénaires avant notre ère. Leurs Relations avec le Proche-Orient (Paris 2007) 133–162. **Palumbi, G. 2008,** The Red and Black: Social and Cultural Interaction between the Upper Euphrates and Southern Caucasus Communities in the Fourth and Third Millennium B.C. (Roma 2008). **Palumbi, G. 2012,** Bridging the Frontiers. Pastoral Groups in the Upper Euphrates Region in the Early Third Millennium BC. Origini 34, 2012, 261–278. **Palumbi, G. 2016,** The Early Bronze Age of the Southern Caucasus (Oxford 2016). **Palumbi, G. 2017,** Push or Pull Factors? The Kura-Araxes »Expansion« from a Different Perspective: The Upper Euphrates Valley. In: E. Rova/M. Tonussi (Hg.), At the northern frontier of Near Eastern archaeology. Recent research on Caucasia and Anatolia in the Bronze Age. Subartu 38, 2017, 113–132. **Palumbi, G.,** The Kura-Araxes »Expansion« in Iran. What Role for Uruk? In: M. Casanova/E. Vila/M. Mashkour/R. Vallet/J.-W. Meyer (Hg.), Proceedings of the Conference Urbanisation, Trade, Subsistence and Production during the Bronze Age in the Iranian Plateau (Lyon 2014), im Druck. **Palumbi, G./Chataigner, C. 2014,** The Kura-Araxes culture from the Caucasus to Iran, Anatolia and the Levant: between unity and diversity. A synthesis. Paléorient 40/2, 2014, 247–260. **Paz, S. 2009,** A home away from home? The settlement of Early Transcaucasian migrants at Tel Bet Yerah. Tel Aviv 36, 2009, 196–216. **Piller, C. 2012,** Neue Erkenntnisse zur Verbreitung der Kura-Araxes-Kultur in Nord- und Zentraliran. In: H. Baker/K. Kaniuth/A. Otto (Hg.), Stories of long ago. Festschrift für Michael D. Roaf (Münster 2012) 441–457. **Pollock, S. 1999,** Ancient Mesopotamia (Cambridge 1999). **Poulmarc'h, M./Pequer, L./Jalilov, B. 2014,** An overview of Kura-Araxes funerary practices in the Southern Caucasus. Paléorient 40/2, 2014, 231–246. **Rothman, M. 2003,** Ripples in the stream: Transcaucasia-Anatolia interaction in the Murat/Euphrates basin at the beginning of the third millennium BC. In: A. Smith/K. Rubinson (Hg.), Archaeology in the Borderlands. Investigations in Caucasia and Beyond (Los Angeles 2003) 95–110. **Rothman, M. 2011,** Migration and resettlement: Godin Period IV. In: H. Gopnik/M. Godin Tepe, Iran (Toronto 2011) 139–206. **Rothman, M./Badler, V. 2011,** Contact and development in Godin Period VI. In: H. Gopnik/M. Rothman (Hg.), On the high road. The history of Godin Tepe, Iran (Toronto 2011) 67–120. **Sagona, A. 1984,** The Caucasian region in the Early Bronze Age. British Archaeological Reports, International Series 214 (Oxford 1984). **Sagona, A. 1998,** Social identity and religious ritual in the Kura-Araxes cultural complex: Some observations from Sos Höyük. Mediterranean Archaeology 11, 1998, 13–25. **Sagona, A. 2014,** Rethinking the Kura-Araxes Genesis. Paléorient 40/2, 2014, 23–46. **Sagona, A./Sagona, C. 2000,** Excavations at Sos Höyük, 1998 to 2000: Fifth preliminary report. Ancient Near Eastern Studies 37, 2000, 56–127. **Simonyan, H./Rothman, M. 2015,** Regarding ritual behaviour at Shengavit. Ancient Near Eastern Studies 52, 2015, 1–45. **Smith, A. 2005,** Prometheus unbound: Southern Caucasia in prehistory. Journal of World Prehistory 19, 2005, 229–279. **Smith, A. 2015,** The Political Machine: Assembling Sovereignty in the Bronze Age Caucasus (Princeton 2015). **Smogorzewska, A. 2004,** Andirons and their role in Early Transcaucasian Culture. Anatolica 30, 2004, 151–177. **Stöllner, Th./Gambaschidze, I./Hauptmann, A./Mindiashvili, G./Gogochuri, G./Steffens, G. 2010,** Goldbergbau in Südostgeorgien – Neue Forschungen zum frühbronzezeitlichen Bergbau in Georgien. In: S. Hansen/A. Hauptmann/I. Motzenbäcker/E. Pernicka (Hg.), Von Majkop bis Trialeti. Gewinnung und Verbreitung von Metallen und Obsidian in Kaukasien im 4.–2. Jt. v. Chr. (Bonn 2010) 103–138. **Stöllner, Th./ Gambashidze, I. 2014,** The gold mine of Sakdrisi and the earliest mining and metallurgy in the Transcaucasus and the Kura-Valley System. In: G. Narimanishvili/M. Kvachadze/M. Puturidze/N. Shanshashvili (Hg.), Problems of Early Metal Age Archaeology of Caucasus and Anatolia (Tbilisi 2014) 102–124. **Summers, G. 2013,** The Early Bronze Age in Northwestern Iran. In: D. Potts

(Hg.), The Oxford Handbook of Ancient Iran (Oxford 2013) 161–178. **Tonussi, M. 2017,** Salt in the economic system of Early Transcaucasian Culture. New perspectives in the interpretation of the migration theory in the Southern Levant. In: E. Rova/M. Tonussi (Hg.), At the northern frontier of Near Eastern archaeology. Recent research on Caucasia and Anatolia in the Bronze Age. Subartu 38, 2017,133–152. **Yener, K. A./Edens, C./Harrison, T./Verstraete, J./Wilkinson,T. 2000,** The Amuq valley regional project, 1995–1998. American Journal of Archaeology 104, 2000, 163–220. **Wilkinson, T. C. 2014,** The Early Transcaucasian phenomenon in structural-systemic perspective: Cuisine, craft and economy. Paléorient 40/2, 2014, 203–229.

Das älteste Gold in Georgien im Kontext

Thomas Stöllner unter Mitarbeit
von Irina Gambashidze und Moritz Jansen

Die ältesten Goldartefakte in Transkaukasien stammen aus dem 4. Jahrtausend v. Chr., und damit aus einer Zeit, in der sich beträchtliche gesellschaftliche und wirtschaftliche Dynamiken in den Gesellschaften der Kura- und Araxes-Täler und in den zentral dazwischen liegenden Hochebenen, etwa Armeniens, Ostanatoliens und Aserbaidschans, entfalteten. Diese Veränderungen führten zu einer insgesamt stärkeren Nutzung montaner Landschaften und ihres reichen Dargebots mineralischer Ressourcen in den Gebirgen des kleinen Kaukasus. Diese dürften zunächst vor allem saisonal gewesen sein, wie einzelne stationäre Siedlungsplätze andeuten (Areni-Höhle in Ostarmenien; Parawani-Höhle am Baraleti-Plateau). Dies deutet darauf hin, dass Hirten und ihre Herden schrittweise diese Landschaften während der sommerlichen Hochweide erschlossen. Dies führte damit schon früh zur Erschließung mineralischer Ressourcen wie etwa dem gut bearbeitbaren Vulkanglas Obsidian, das in den Bergländern Armeniens aber auch Georgiens (hier der Vulkan Chikiani) in einiger Menge vorkommt.

Das Ende des 5. Jahrtausends v. Chr. brachte die Etablierung von permanenten Siedlungen nahe der mineralischen Ressourcen. Diese liegen entweder an den Zugängen zu den montanen Nutzungsräumen (Ovçular, Kültepe, Mentesh Tepe) oder sogar schon innerhalb der Lagerstättenzonen. Hierzu gehören beispielsweise die Siedlung von Godedzor nahe der Syunik-Vulkanglasvorkommen im östlichen Armenien oder die Siedlung von Dzedzwebi im oberen Maschawera-Tal. In dieser Zeit werden auch Innovationen im Hausbau und der Voratshaltung erkennbar. Daneben sind erste Belege einer Kupfermetallurgie dokumentiert, die eine umfassendere Metallnutzung einleiten. Sie markieren auch soziale Veränderungen, wie sie an Grab- und Architekturmonumenten am Ende des transkaukasischen Chalkolithikums greifbar werden. Erstmals gibt es Orte, die an bestimmte Personen oder Sozialverbände erinnern, und erstmalig sind diese durch Niederlegung von Objekten besonderer Herstellung und Herkunft gekennzeichnet. Dazu gehören erstmals auch Edelmetallperlen, wie sie aus den Gräbern von Soyuq Bulaq nahe der georgisch/aserbaidschanischen Grenzen geborgen wurden. Sie markieren die ersten Goldfunde in Transkaukasien überhaupt (Abb. 2). Die Grabausstattung der Zentralbestattung von Kurgan 1 stammt nach einer ^{14}C-Datierung aus der ersten Hälfte des 4. Jahrtausends v. Chr. und lässt neben den erwähnten Perlen auch weitere Objektverbindungen erkennen, die von Nordiran bis in den Nordkaukasus (die Maikop-Kultur) reichen. Diese weiten Verbindungen sind für ihre Zeit nicht untypisch und markieren ein weites Kommunikations- und Mobilitätsnetz, das die nordkaukasischen Fundorte der

Abb. 1 Goldkette, Ananauri Kurgan Nr. 2, 2 400 v. Chr., Kat. 231.

Maikop-Kultur mit jenen in Transkaukasien, Nordiran und Nordmesopotamien verbunden hat. Allein die metallurgischen Kenntnisse und Traditionen dieser Zeit machen dies deutlich, denn die Techniken der Kupferverarbeitung und Silberproduktion sind seit dem Ende des 5. Jahrtausends v. Chr. auf das engste mit dem iranischen Plateau verbunden. Auch die spätestchalkolithische Leylatepe-Kultur des Kura-Tales kann in dieses Netz von Austausch und Mobilität einbettet werden, umso mehr auch der Gold- und Silberreichtum der nordkaukasischen Maikop-Kultur, der ohne die weitgespannten technischen oder ideologischen Verbindungen kaum denkbar ist[1].

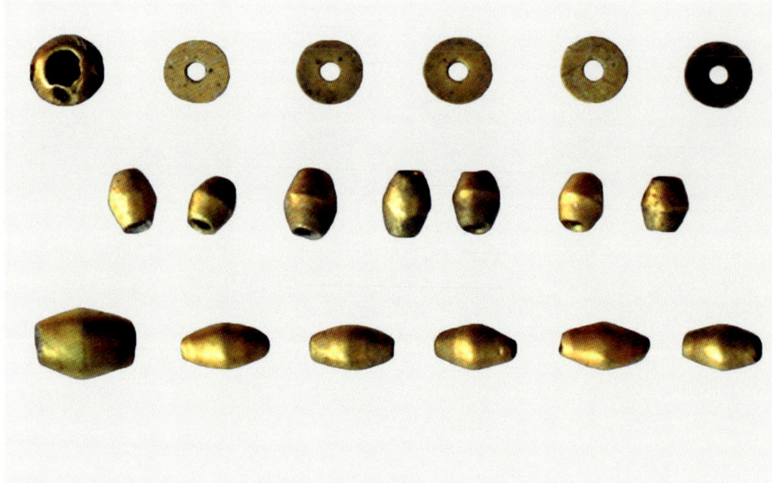

Abb. 2 Goldperlen aus dem Kurgan 1 von Soyuq Bulaq (Aserbaidschan).

Dennoch, Gold als Mittel sozialer Darstellung der Eliten bleibt in Georgien und seinen Nachbarländern während dieser Zeit noch die Ausnahme: Dies trifft noch mehr auf die nachfolgenden klassischen Kura-Araxes-Gemeinschaften zu, deren materielle Hinterlassenschaften mindestens ab der Mitte des 4. Jahrtausends v. Chr. die archäologische Fundüberlieferung bestimmen[2]. Waren die Hinweise auf eine metallurgische Praxis noch in den spätchalkolithischen Fundverbänden einigermaßen deutlich, so ändert sich das Bild nun scheinbar radikal. Vor allem die frühen metallurgischen Nachweise der Kura-Araxes-Kultur sind ausgesprochen selten. Selbst die Überlieferung an Metallen ist äußerst spärlich und beschränkt sich auf Objekte des täglichen Gebrauchs: Es entsteht der Eindruck, dass die Gemeinschaften dieser Zeit Metall, und damit auch Gold, als Mittel sozialer Performanz etwa im Grabbrauchtum ablehnten. Vor allem die schwarz-rot polierte Keramik ist so charakteristisch, und tritt auch in Gräbern vor 3000 v. Chr. so standardisiert auf, dass man in ihr unschwer das eigentliche, überregional wirksame Mittel der Gruppenidentifikation sehen kann. Die Kura-Araxes-Kultur wirkt

Abb. 3 Kachagiani-Hügel (Sakdrissi) bei Kazreti, Ausgrabungen 2008.

Abb. 4 Kwaschelebi Grab Nr. 2.

in vielem wie eine Antithese zu der vorhergehenden Leylatepe-Kultur. Dabei lassen die wenigen Metalle durchaus erkennen, dass ein hoher Kenntnisstand in der Arsenbronzentechnologie existierte und diese weniger experimentell denn als Standard beherrscht wurde[3]. Nicht weniger überrascht die Tatsache, dass die transkaukasischen Gesellschaften dieser Zeit auch erfahrene Bergleute gewesen waren. Davon zeugen etwa die Nachweise von Gold- und Salzbergbau in Georgien (Sakdrissi) und Nakhicevan (Duzdagi)[4] (Abb. 3). Selbst wenn im zentralen und südlichen Georgien Siedlungskontinuitäten einstweilen fehlen, so besetzten ihre Gemeinschaften in der Regel alle Landschaften, in denen zuvor spätchalkolithische Gruppen siedelten, ja mehr noch, sie dehnen diese aus. Kura-Araxes-Gemeinschaften siedelten bis in ent-

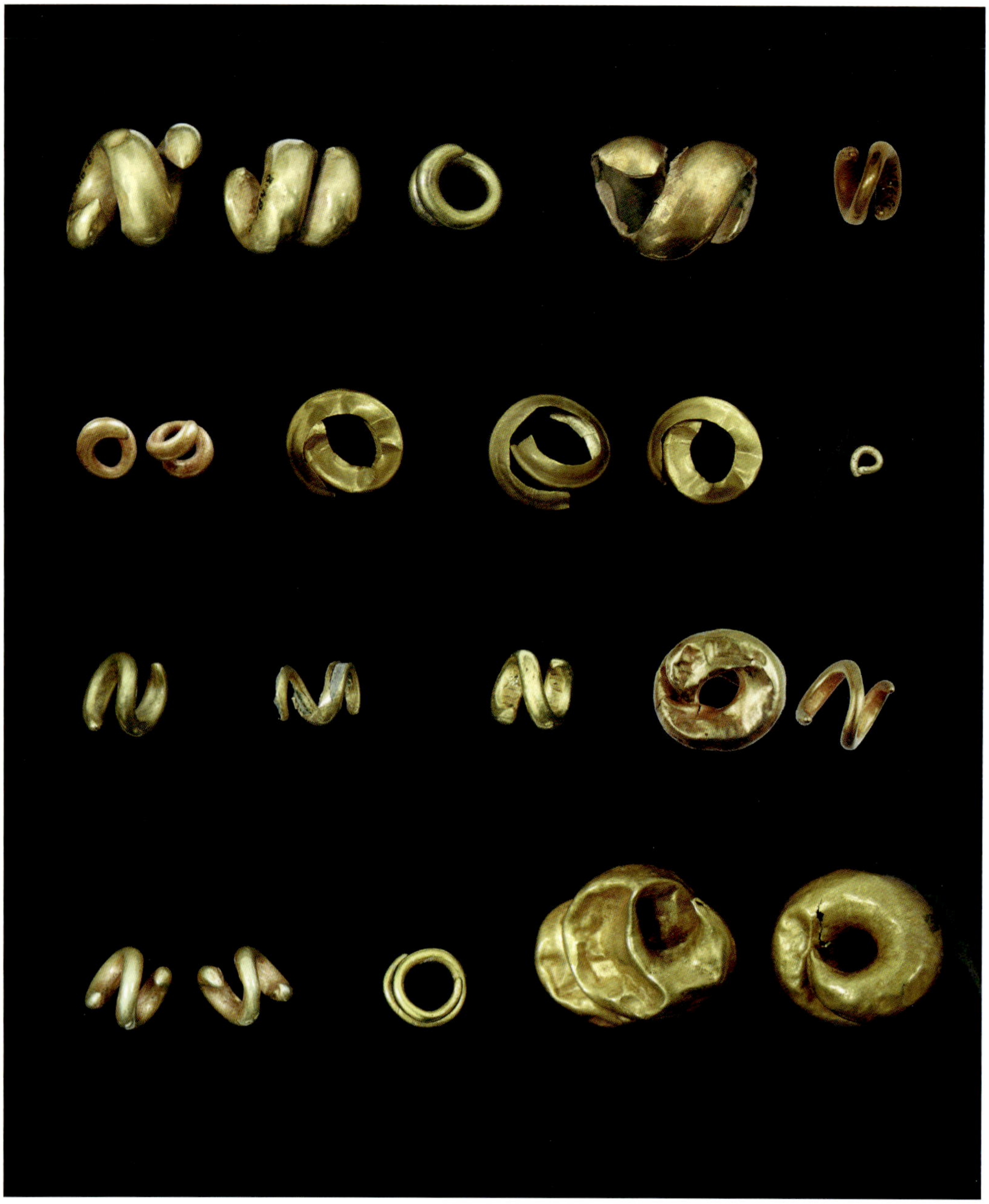

Abb. 5 Goldene Spiralringe des 3. Jahrtausends v. Chr.

legene Gebirgstäler. Fundstellen sind bis auf über 3.000 Meter über dem Meeresspiegel nördlich des Aragvi im Großen Kaukausus bekannt. Hier wurden sicher auch Lagerstätten genutzt. Nicht grundlos tauchen etwas später außergewöhnliche Legierungen in den ersten nun mit Metallen ausgestatteten Gräbern in Oberkartli auf, deren besondere Legierungen eine Nutzung der reichen Antimonlagerstätten in der Ratscha belegen. Das reiche Grab Nr. 2 von Kwaschelebi stellt zugleich einen Wandel im Selbstverständnis der späteren transkaukasischen Gemeinschaften dar (Abb. 4): Die aus schwarzgrauer Antimon-, aus grausilbriger Arsenbronze, aus Silber und aus rotem Karneol sowie aus rötlichem Kupfer gefertigte Grabausstattung spiegelt nun erstmals den Wunsch nach metallischer Polychromie zur Totendarstellung besonderer Individuen wider. Dieser offensichtlich kultische und soziale Wandel tritt nicht grundlos in einer Zeit auf, als transkaukasische Kulturelemente und Gruppen bis an den oberen Euphrat, nach Nordiran und an die nördliche Levante fassbar werden[5]. Betrachtet man die nun neu aufkommenden Goldobjekte in Gräbern, so bleibt dennoch festzuhalten, dass es keine opulenten Goldmengen sind, die dokumentiert sind. Meist handelt es sich um Spiralringe, sogenannte Schläfenringe, die einzeln oder paarig in den Gräbern auftauchen; anfangs noch klein und massiv, im Verlaufe des 3. Jahrtausends v. Chr. dann allerdings größer, öfters hohl und mit Kupferkern gearbeitet (Abb. 5). Selbst im berühmten Fürstengrab des Arslantepe am fernen Euphrat spielt Gold in der Darstellung des herausragenden Toten nur eine Rolle unter vielen[6]. Auch hier finden wir einen Spiralohrring als markantes Abzeichen des herausragenden Toten. Interessant ist, dass auch die ältesten Goldfunde in der nördlichen Levante offensichtlich mit rot-schwarz polierter Khirbet-Kerak-Keramik verbunden werden können, hier auch Gold selbst mit kaukasisch verknüpften Gruppen[7].

Ob Bergwerke wie Sakdrissi für die Kura-Araxes-Gemeinschaften eine wichtige Rolle für die Herstellung solcher Güter gespielt haben, ist eine interessante Frage, die viele Richtungen aufzeigt. Der Goldabbau in Sakdrissi setzt in einer Zeit ein, als Gold in den Gräbern nicht nur die Ausnahme, sondern eher verpönt schien. Dies ist umso auffälliger, da etwa zur gleichen Zeit die goldreichen Ausstattungen so charakteristisch für die nordkaukasischen Maikop-Gemeinschaften gewesen sind. Dass ein Teil der Spiralringe durchaus aus dem Berggold von Sakdrissi hergestellt worden sein könnte, dafür gibt es aus dem späten Kura-Araxes-zeitlichen Grab von Hasansu im Kura-Tal (westliches Aserbaidschan) mittlerweile einen eindeutigen Beleg (Abb. 5, 2. Reihe ganz links).

Der Umgang mit Metall ändert sich grundlegend in dieser Zeit: Betrachtet man die zunehmenden Goldmengen in den Gräbern, so wird daran auch ein zunehmendes Luxurieren der Gräber in den späten Kura-Araxes-Gesellschaften klar. Damit treten die transkaukasischen Gemeinschaften nicht allein auf, ähnliche Phänomene sind über weite Landschaften rund um das Schwarzmeergebiet, das östliche Mittelmeergebiet und auch in Eurasien zu verfolgen. Im Kaukasus selbst ist die Kontinuität der Entwicklung bis in die erste Hälfte des 2. Jahrtausends v. Chr. immer wieder betont worden. Das Grabbrauchtum wurde zunehmend von großen und opulent ausgestatteten Kurganen bestimmt, die seit der Mitte des 3. Jahrtausends v. Chr. vereinzelt und in Gruppen in immer größerer Zahl auftauchen (Abb. 6). Die georgische Archäologie hat die einzelnen Stadien dieser Entwicklung in eine zeitliche Ordnung gebracht und sie mit den Bezeichnungen »Kurgane der Martqopi, der Bedeni- und der Trialeti«-Kultur versehen[8]. Im Grunde folgten hier seit den ältesten Beispielen verschiedene Ausstattungsmuster aufeinander (Martqopi etwa um die Mitte des 3. Jahrtausends v. Chr.; Bedeni gegen Ende des 3. Jahrtausends v. Chr.; Trialeti am Beginn des 2. Jahrtausends v. Chr.). Während die älteren Martqopi-Kurgane noch am deutlichsten an die älteren Traditionen anschließen und neben Gefäß- und Bankettausstattungen eine größere Anzahl von Metallbeigaben samt Goldperlen und Schläfenringen aufweisen, wurden Bedeni-Kurgane noch deutlich aufwendiger ausgestattet. Die Kurgane von Bedeni (Tsalka) und Ananauri (Kachetien) aus dem letzten Viertel

Abb. 6 Kurgan 1 von Martqopi während der Ausgrabungen der Universität Tbilissi und des Georgischen Nationalmuseums.

des 3. Jahrtausends v. Chr. sind besonders eindrucksvoll. Neben großen hölzernen Totenhäusern (Kammern) sind vierrädrige Wagen, große Gefäßeinheiten mit beachtlichen Vorratsmengen, opulenter Edelmetallschmuck und zahlreiche auf Schauwirkung gearbeitete Objekte beigegeben. Die höchst kunstvoll gearbeiteten zweiflügeligen Pfeilspitzen aus Flint, Bergkristall oder Obsidian – wie auch einzelne Waffen (zum Beispiel die sogenannten Bedeni-Äxte) – sind hierfür gute Beispiele.

Im Laufe der Zeit werden einzelne Kurgane monumentaler in ihrer Bauweise und insgesamt werden die Gräber in den einzelnen Landesteilen des zentralen Transkaukasien häufiger (Kachetien, Kartli, Armenien, westliches Aserbaidschan). Dies ist vor allem für die Trialeti-Zeit zu bemerken. Diese Entwicklung ist auch an der Menge der Goldfunde erkennbar, die zur Trialeti-Phase der »Kurgankulturen« immer zahlreicher werden (Abb. 7). Nach wie vor gibt es einzelne herausragende Kurgane, die durch oberirdische architektonische Elemente wie sogenannte Prozessionsstraßen noch herausgehoben werden. Dennoch ist die Variabilität der Grabausstattungen und der Anlage der Kurgane größer. Betrachtet man nun auch ihre Verteilung in den einzelnen Landschaften, aber auch ihre zahlenmäßige Zunahme, so scheint sich darin ein sozialer Prozess innerhalb der bestimmter Landschaften zu spiegeln. Diese könnte auf eine Rivalität einzelner Gruppen

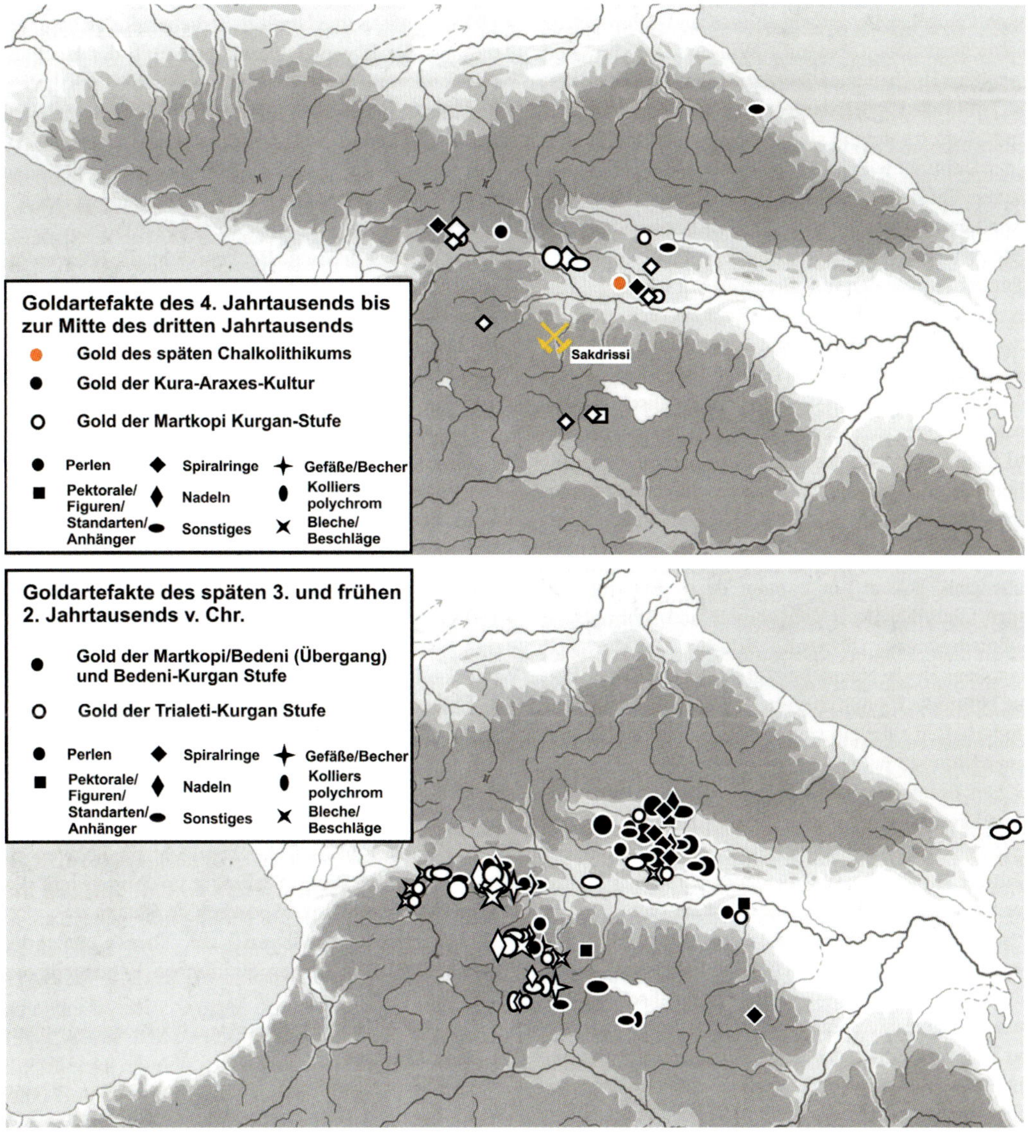

Abb. 7 Verbreitungskarte der Goldfunde Transkaukasiens zwischen dem 4. und 2. Jahrtausend v. Chr.

verweisen, die zur immer pompöseren Ausstattung der Gräber führte. Die symbolische Überhöhung einzelner Personen und Verwandtschaftslinien im Brauchtum der Bestattungen hatte sicher auch ganz handfeste Gründe, etwa in der Frage, welche Weide- und Agrargebiete von den Gruppen genutzt werden konnten und welche Landrechte mitunter »traditionell« begründet wurden. Die Fragen sind einstweilen schwer zu beantworten, weil es in vielen Räumen der Kurgankulturen bis heute schwer fällt, die wirtschaftlichen Grundlagen dieser Bevölkerungen zu bestimmen. Dies liegt zum Teil auch an den mangelhaft erfassten und untersuchten Siedlungen. Nur wenige sind heute in Georgien bekannt (Berikldeebi, Ilto im Alazani-Tal [Kachetien]). Allein aufgrund ihrer Lage hat man schon länger die pastoralen, weidewirtschaftlichen Grundlagen dieser Gemeinschaften betont.

Das frühe Gold und seine handwerklichen Aspekte

Wenn man akzeptiert, dass das frühe georgische Gold letztlich auch Ausdruck einer lang andauernden sozialen Entwicklung ist, dann lohnt sich ein Blick auf die Goldfunde selbst, sagt doch das handwerkliche Niveau der Arbeiten etwas über den Nutzerkreis und die mit den Gold verbundenen Praktiken aus. Leider stehen ausführliche handwerkliche Untersuchungen zum georgischen und transkaukasischen Gold bislang aus. Doch schon eine oberflächliche Betrachtung enthüllt mehrere Aspekte. So sind die frühen Goldobjekte, Perlen und Spiralringe, in der Regel massiv gefertigt. Die massiven goldenen Spiralohrringe sollten gegossen sein, was bei Perlen wie aus Soyuq Bulaq umgekehrt unklar ist, denn diese mögen eher aus dickeren Blechen zusammen in einer Warmschmiedetechnik zusammengefügt und weiter geformt worden sein (Abb. 2). Was im 4. Jahrtausend v. Chr. alles schon möglich gewesen ist, darüber geben die Edelmetallgefäße und Tierfigurinen der Maikop-Kultur ausführlich Auskunft. Sie belegen das Wachsausschmelzverfahren in dieser Zeit, eine Technik, die mindestens auch für die massiven Spiralringe anzunehmen ist.

Im Verlaufe des 3. Jahrtausends v. Chr. verändert sich das Objektspektrum: Neben den Spiralringen, die jetzt größer, aber häufiger mit Kupferkern und dünnem Blechüberzug, oder überhaupt aus dünnem Blech gearbeitet wurden, kommen jetzt neue Perlenformen in Gebrauch. In den Kurganen der Martqopi-Phase, zum Beispiel Kurgan Nr. 4 von Martqopi und von Mentesh Tepe (Aserbaidschan), sind profilierte Ringe und astragalartige Goldperlen bekannt (Abb. 8: 3-4,7). Sie belegen die Weiterentwicklung des Wachsausschmelzverfahrens für diese nun höchst aufwendig gefertigten Perlen und Ringe. Dennoch bleibt auch in der ersten Generation der Kurgane Gold noch eher selten, ganz im Gegensatz zu schweren Schaftlochäxten, pfriemartigen Geräten und lorbeerblattförmigen Griffangeldolchen. Parallel dazu werden allerdings auch Zinnbronzen häufiger, was durch ihre goldgelbglänzende Farbe durchaus in einem Zusammenhang mit den, im 2. Jahrtausend v. Chr. deutlich häufigeren, Goldfunden gesehen werden kann[9].

Mit den Kurganen von Tsnori und Ananauri Kurgan Nr. 2 wird schließlich auch der Übergang zur Bedeni-Phase der frühen Kurgane eingeleitet. Die Goldausstattungen in den Grabhügeln erreichen jetzt einen ersten Höhepunkt[10]: Allein die Ausstattung der Kurgane Nr. 2 aus Tsnori und jene aus den Kurganen von Ananauri (Nr. 1–3) zeigen die Veränderungen in den Goldausstattungen (Abb. 8, 12–15). Neben ganzplastischen Figürchen, wie dem berühmten Löwen von Tsnori, finden sich jetzt aufwendig gestaltete Brustkolliers mit volutenartig eingerollten, auf ajour gearbeiteten Anhängern (Abb. 1), die an ältere späte Kura-Araxes-zeitliche Arbeiten erinnern (Gegharot/Armenien)[11]. Perlen und Besatzbleche sind nun häufiger flächig dekoriert und auch hohl gearbeitet. Dies erhöhte die Schauwirkung des Goldes insgesamt, vor allem wenn man bedenkt, dass vielleicht aus einer bestimmten Menge an Gold aufwendigere »Ornate« gefertigt werden sollten. Der Löwe von Tsnori enthüllt mit seiner linearen Punktknöpfchenzier an den Vorderläufen, Hals, Kopf und Maul noch ein anderes Detail (Abb. 8, 14). Das Dekor ist deutlich an Granulationsarbeiten angelehnt, wie sie etwa in derselben Zeit aus den Königsgräbern von Ur bekannt sind. Es handelt sich um ein mitgegossenes Zierelement. Aus größerer Ferne betrachtet,

Abb. 8 Goldfunde der beiden Kurganstufen Martqopi und Bedeni aus Georgien. 1–10: Martqopi-Stufe, 1: Koreti, Satschchere, Kat. 233; 2: Zarzisgora, Satschchere; 3–4, 6–7, Kat. 170: Martqopi Kurgan Nr. 5: Parawani, Chulgumo, Kurgan 1; 8: Martqopi Kurgan Nr. 5; 9: Martqopi Kurgan Nr. 3, eingetieftes Grab; 10: Martqopi Kurgan Nr. 3, Hauptgrab, Kat. 168); 11–20: Bedeni-Stufe (11–12, 14, Tsnori , Kurgan Nr. 2, Kat. 237; 13: Tsnori, Kurgan Nr. 1; 15: Ananauri, Kurgan Nr. 2, Kat. 231; 16–18: Trialeti Kurgan L; 19–20: Bedeni Kurgan Nr. 5).

1
2
3
4
5
6
7
8
9
10
Martqopi-Stufe
11
12
13
14
15
16
17
18
19
20
Bedeni-Stufe

sollte es möglicherweise an die kunsthandwerkliche Qualität der offensichtlich weithin bekannten Spitzenarbeiten der Zeit erinnern. In diese Richtung gehören auch die auflageartig mitgegossen Zierelemente auf den Volutennadeln von Trialeti Kurgan Nr. 22 und Bedeni Kurgan Nr. 7, jene auf dem bandförmigen Ring von Trialeti Kurgan Nr. 50 (Abb. 8, 18–20) und die aufwendige Halskette mit schieberförmigen Anhängern aus Zilitscha Kurgan Nr. 2. Hier sind offensichtlich filigranartige Auflagen gemeint. Wie beim Granulat wurde die, in Südmesopotamien seit dem frühen 3. Jahrtausend v. Chr. bekannte, Goldlöttechnik noch nicht beherrscht[12].

Die in den Bedeni-Kurganen Georgiens und Armeniens bekannten Goldausstattungen folgen, betrachtet man die Objektgruppen als Gesamtes, einer gewissen Konvention. Nicht anders sieht es in den darauffolgenden Jahrhunderten aus. Die Trialeti-zeitlichen Kurgane des frühen zweiten Jahrtausends v. Chr. stechen, wie die Großkurgane der Epoche zuvor, durch reichhaltige Ausstattungen und aufwendige Grabarchitektur hervor: Die Goldobjekte wirken aber in Teilen noch artifizieller als zuvor. Wie der berühmte Goldbecher aus Trialeti Kurgan Nr. 17 oder die Perlenkette aus Kurgan Nr. 8 zeigen, sind zahlreiche Techniken weiterentwickelt (Abb. 9). So gibt es nun echtes Goldfiligran, echte Granulation sowie auf polychrome Wirkung gearbeitete Einlagen aus Schmucksteinen aller Art. Sehr auffällig sind die zum Teil sehr dünn ausgehämmerten Goldbleche, die sich als Beschlagbleche, aber auch als geriefte, punzierte, gebuckelte Goldblechperlen in den Gräbern gefunden haben. Zum Teil sind die Blecharbeiten aber auch noch mit Filigran- und Granulationimitationen versehen, wie dies etwa an Irgantschai Kurgan Nr. 9 deutlich wird. Bei den vielfältigen Blechen kommt die Frage auf, ob durch das Gold auch »verhüllt« werden sollte. Objekte, die aus hauchdünnem Blech gefertigt wurden, sind nicht wirklich zu gebrauchen, so etwa viele der nach dem uralten Schema der Spiralringe gefertigten Blechringe. Sie wären demnach kaum mehr als eine reine Grabbeigabe gewesen. In diese Richtung kann auch das mit Goldblech verkleidete Hirschfigürchen aus Holz (Kurgan Nr. 5 von Trialeti) interpretiert werden. Die Fragilität des Objektes – gepaart mit seiner Größe (lediglich circa 5 cm – lässt vermuten, dass das Objekt als symbolhafte Beigabe zu verstehen ist. Das Objekt steht auf einem goldverkleideten Holzsockel, der außen mit gefassten bunten Steinen versehen war. Analog zum Goldbecher aus Kurgan Nr. 17 von Trialeti lässt es rote Karneol- und blaue Lapislazulieinlagen erahnen. Einlegearbeiten, zum Teil mit gefassten bunten Karneolen, Achaten und Lapislazuli, zierten Perlen von Kolliers und Nadelköpfe (wie in der Perlenkette von Trialeti Kurgan Nr. 8, oder die Nadelköpfe aus Mrawalzkali Kurgan Nr. 4) (Abb. 9, 2). Bei den prunkvollen Nadeln wurde die Farbwirkung zudem noch durch silberne Nadelschäfte wie in Kurgan Nr. 15 und Nr. 36 von Trialeti oder jene von Karašamb (Armenien) erhöht[13].

Farbunterschiede konnten auch bei der Auswahl des verwendeten Goldes eine Rolle spielen. Die verwendeten Naturgoldsorten weisen zum Teil deutliche Unterschiede in den Silber- aber auch in den Kupfergehalten auf, was das Edelmetall manchmal etwas gelblich-blasser, beziehungsweise etwas rötlicher, erscheinen ließ (Abb. 10). Eine Darstellung nach Objekten lässt allerdings keine spezifische Präferenz für bestimmte Naturgoldsorten erkennen. Betrachtet man etwa die Silbergehalte nach einzelnen Zeitgruppen, so bleibt aber immerhin festzustellen, dass die jüngeren Kurgane höhere Silbergehalte bevorzugten und in einzelnen

Abb. 9 Gold- und Silberfunde der Trialeti-Kurgan-Stufe; 1: Becher aus Kurgan 17; 2: Halskollier aus Kurgan 8; Silbernadeln aus Kurgan 7; 2 Silbernadeln mit goldenem Kopf aus Gantiadi bei Dmanisi, 3: Becher aus Kurgan 5; 4: Nadelkopf Bleche aus Mrawalzkali Kurgan Nr. 4; 5–7: Irgantschai, Kurgan 4 und 9; 8: Bleche aus Tabazkuri (Tawkwetili) Kurgan Nr. 1.

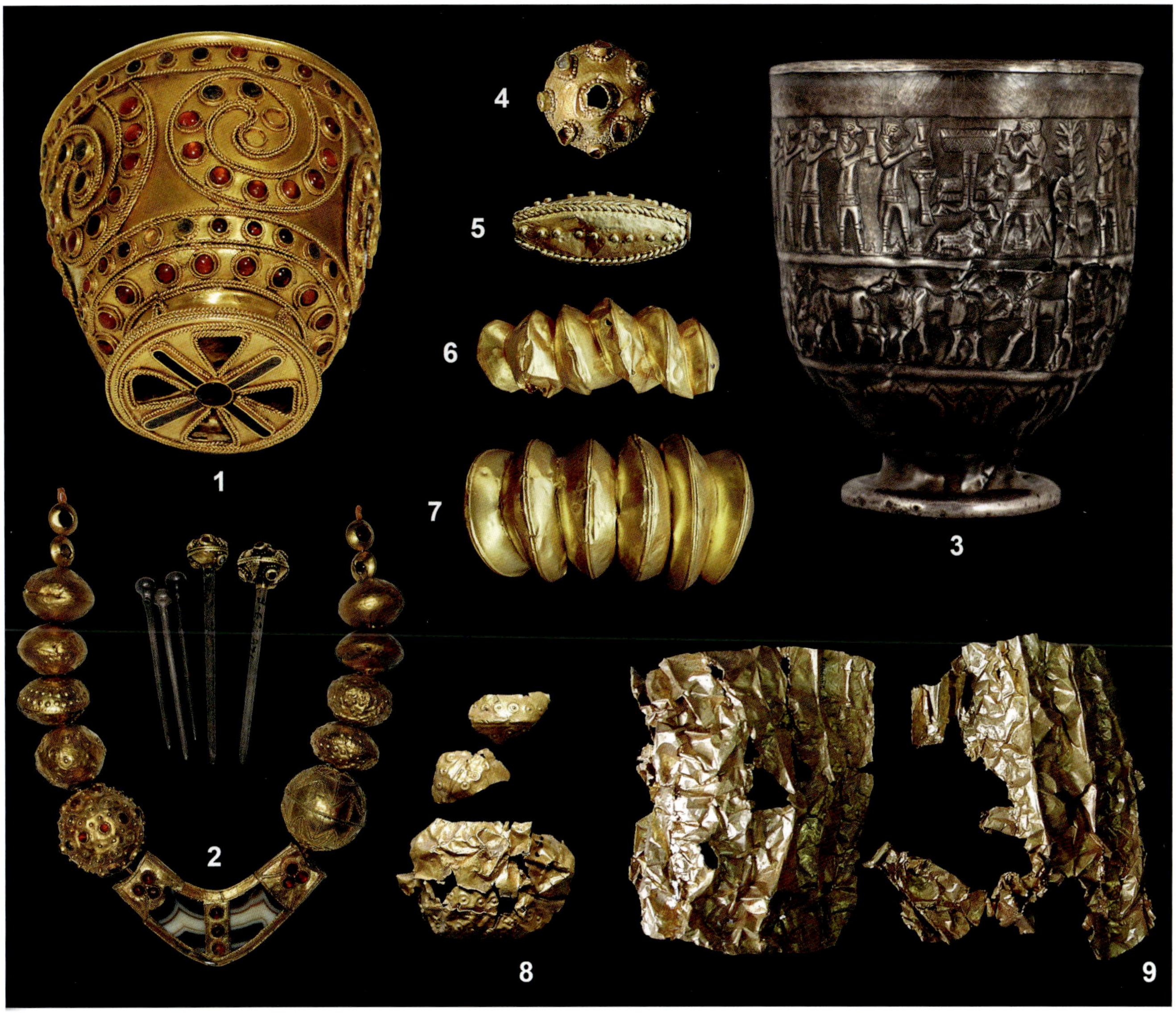

Ausstattungen Farbunterschiede im Gold auftauchen konnten (Abb. 10, unten).

Wo diese Objekte hergestellt wurden, wissen wir nicht: Die Siedlungen geben, anders als noch in der Kura-Araxes-Zeit (Dzedzwebi, Amiranis gora)[14], keine klare Antwort. Sie sind für die Zeit der frühen Kurgan-Kulturen nur mangelhaft untersucht worden. Vor allem für die Edelmetallarbeiten der drei Kurgangruppen wird deutlich, dass ihre handwerklichen Traditionen über weite Teile Ostgeorgiens, Armeniens und auch Westaserbaidschans vergleichbar waren. Das könnte dafür sprechen, dass der Transfer von Wissen zwischen einzelnen Gemeinschaften sehr weitreichend war, wahrscheinlich bedingt durch eine hohe Mobilität der einzelnen Handwerker. Dass sich dieser Transfer zwischen den Eliten einzelner Gemeinschaften abspielte, ist aber mindestens wahrscheinlich.

Die Herkunft des frühen Goldes und die sozialen Implikationen seiner Gewinnung

Abschließend kann man fragen, wie die Beschaffung des Edelmetalls im Einzelnen organisiert war. Gold ist insgesamt aufwendiger zu beschaffen als andere Metalle, nicht weil es metallurgisch komplexer zu bearbeiten ist, sondern weil es in der Natur viel seltener als zum Beispiel Kupfer auftritt. Dass man es in den Gemeinschaften gehortet hat, ist daher leicht vorstellbar. Umgekehrt konnte es aber jederzeit wieder eingeschmolzen und für andere Zwecke verwendet werden. Wenn es darüber hinaus in größeren Mengen zum Beispiel für Totenausstattungen gebraucht wurde, ist zudem denkbar, dass man verschiedene Goldsorten gemischt hat, zum Beispiel solches aus Flussgold- oder auch aus Berggoldlagerstätten (Abb. 2). Auch geraubtes Gold mag eine mögliche Quelle gewesen sein.

Seit der Entdeckung des prähistorischen Goldbergwerkes von Sakdrissi ist klar geworden, dass auch das frühe Gold Georgiens zumindest teilweise aus Berggoldlagerstätten stammen konnte. Berggold hat den Vorteil, dass eine Lagerstätte über längere Zeit Gold liefern konnte, und nicht wie Flussgold vom unsicheren Erfolg einer zufälligen Entdeckung abhing. Sicher waren auch die Flüsse Georgiens noch in der Antike deutlich goldreicher als heute, doch bleibt unklar, wie systematisch diese Quellen zwischen dem 4. und 2. Jahrtausend v. Chr. ausgebeutet wurden.

Doch kann die Herkunft des Goldes überhaupt bestimmt werden? Heute haben sich eine ganze Reihe von Methoden etabliert, die eine sichere Bestimmung der grundsätzlichen Herkunft, ob Fluss- oder Berggold, erlauben[15]. Flussgold bildet dabei immer einen Querschnitt von Lagerstätten, die durch Erosion im Einzugsgebiet des Flusses abgetragen wurden. Gehalte ähnlich schwerer Metalle und Minerale wie Platin oder Zinn konnten sich somit mit Nuggets von gediegenem Gold in den Flussseifen anreichern. Davon zeugen nicht nur die chemisch bestimmbaren Nebenelemente des Goldes (zum Beispiel von Zinn, Platin oder auch Silber), sondern auch Reste von Platingruppenmineralen (sogenannte PGE/PGM), die im geschmolzenen Metall erhalten blieben. Letztere sind Minerale wie sie in sogenannten Ophiolithkomplexen vorkommen, was weiterhin ein Hinweis auf eine bestimmte Lagerstättenumgebung ist. Sie lassen sich relativ einfach mikroskopisch nachweisen. Liegt hingegen ein relativ zinn- beziehungsweise platinarmes Metall ohne entsprechende Einschlüsse vor, so besteht der Verdacht auf Berggold. Dieses kann dann wiederum auf eine mögliche Provenienz aus einer primären Lagerstätte getestet werden.

Im Kaukasus sind solche Untersuchungen in den letzten 15 Jahren in größerem Umfang durchgeführt worden: Fluss- wie auch Berggoldlagerstätten (zum Beispiel Sakdrissi) wurden umfassend charakterisiert und beschrieben. Somit konnte auch an der möglichen Herkunft des Goldes gearbeitet werden. Ausschlaggebend waren beispielsweise die Nebenelement- und Spurenelementmuster des Goldes, also seine natürlichen Beimengungen[16]. Im Falle der beiden Spiralringe von Hasansu ist eine solche Zuweisung gelungen (Abb. 5, 2. Reihe ganz links). Das relativ nebenelementarme Gold dürfte tatsächlich aus der Berggoldlagerstätte von Sakdrissi stammen (Abb. 11). Diese Zuweisung belegt, dass Sakdrissi-Berggold noch am Ende einer mehrhundertjährigen Nutzung der Lagerstätte bis zur Mitte des 3. Jahrtausends v. Chr. eine Rolle spielte[17]. Was jedenfalls von Anbeginn auffällig war, ist,

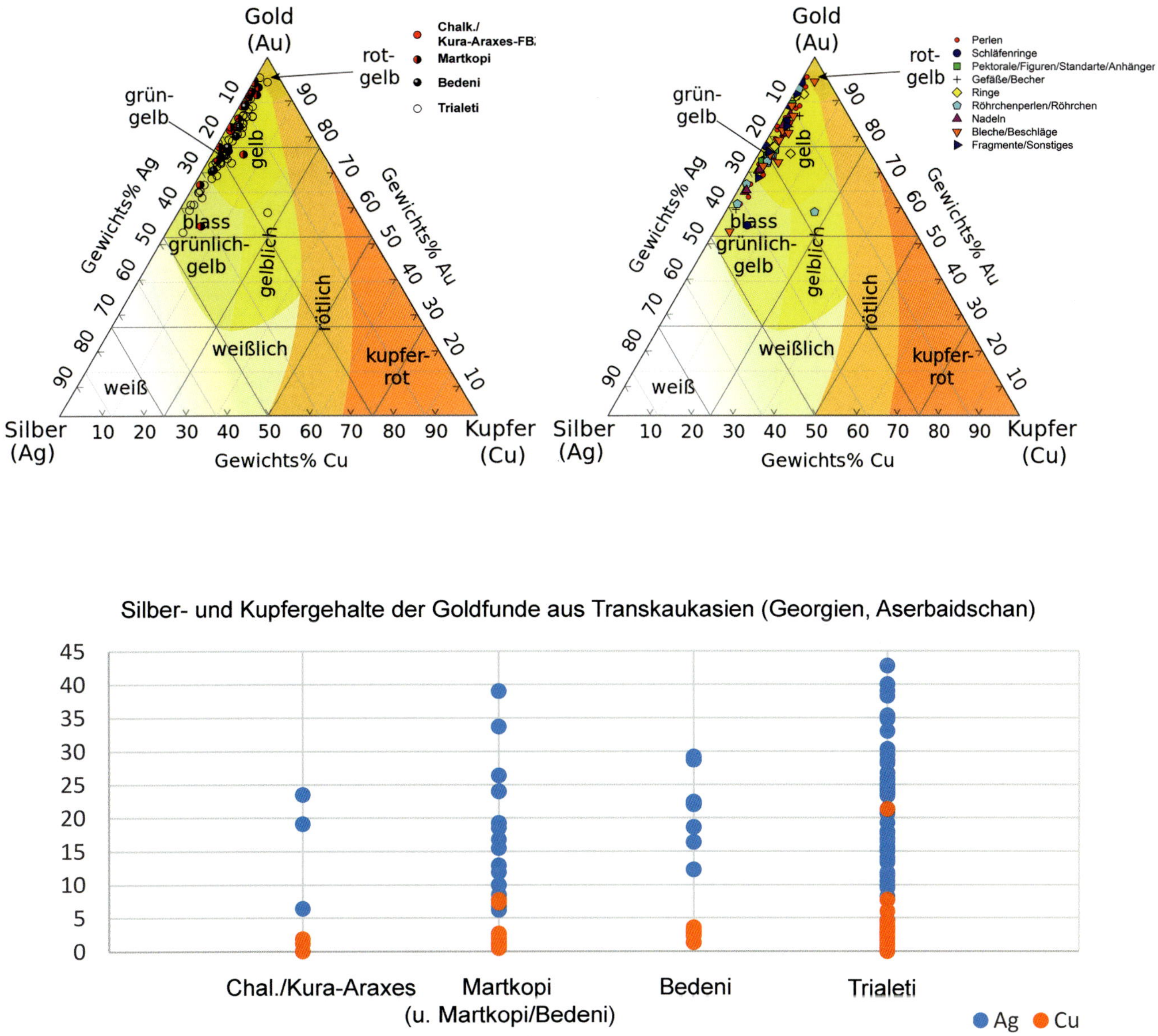

Abb. 10 Zusammensetzung nach Au, Ag und Cu von 90 Goldfunden aus Georgien und Aserbaidschan, oben, nach Datierung (links) und nach Objektgruppen (rechts), unten nach Datierung und Gehalten von Ag und Cu.

dass größere Goldmengen parallel zur Lagerstätte von Sakdrissi im archäologischen Fundbestand nicht überliefert sind. An anderer Stelle wurde argumentiert, dass dieses Gold nicht deponiert, sondern wohl nur gehortet wurde und im »rituellen« Umlauf war[18]. Dies mag mit der speziellen rituellen Praxis der frühen und entwickelten Kura-Araxes-Gemeinschaft zusammenhängen, die erst um 3 000 v. Chr. vereinzelt und dann immer stärker zu einer Mitgabe von »individuellen« oder »statusbezogenen« Beigaben führte.

Das Gold etwa des frühen 4. Jahrtausends v. Chr. dürfte jedenfalls noch aus Flussgold gefertigt worden sein, wie eine Untersuchung der Goldperlen von Soyuq Bulaq ergab. Die Untersuchungen durch Moritz Jansen ergaben zwar die Nutzung einer Alluvialgoldlagerstätte, aber

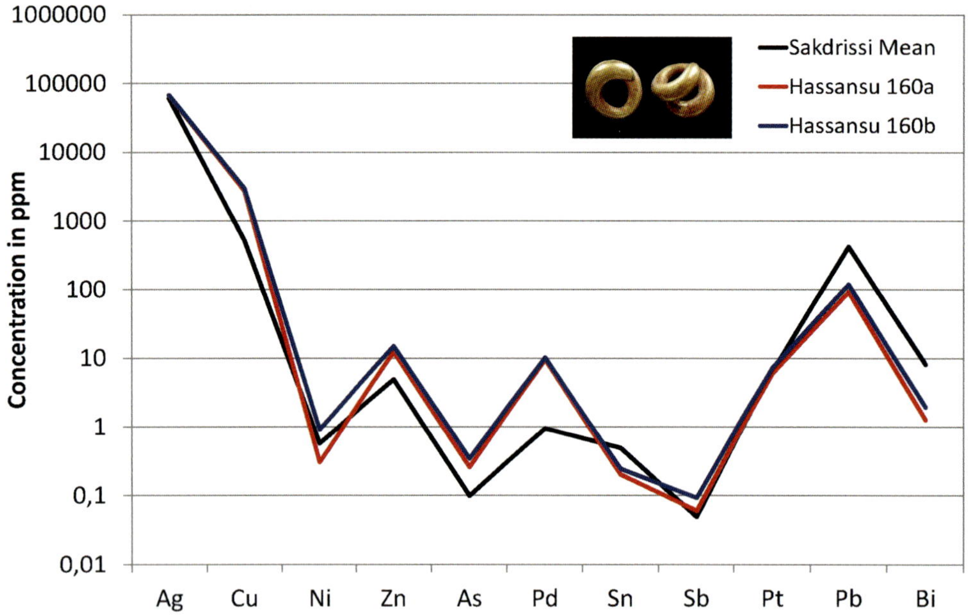

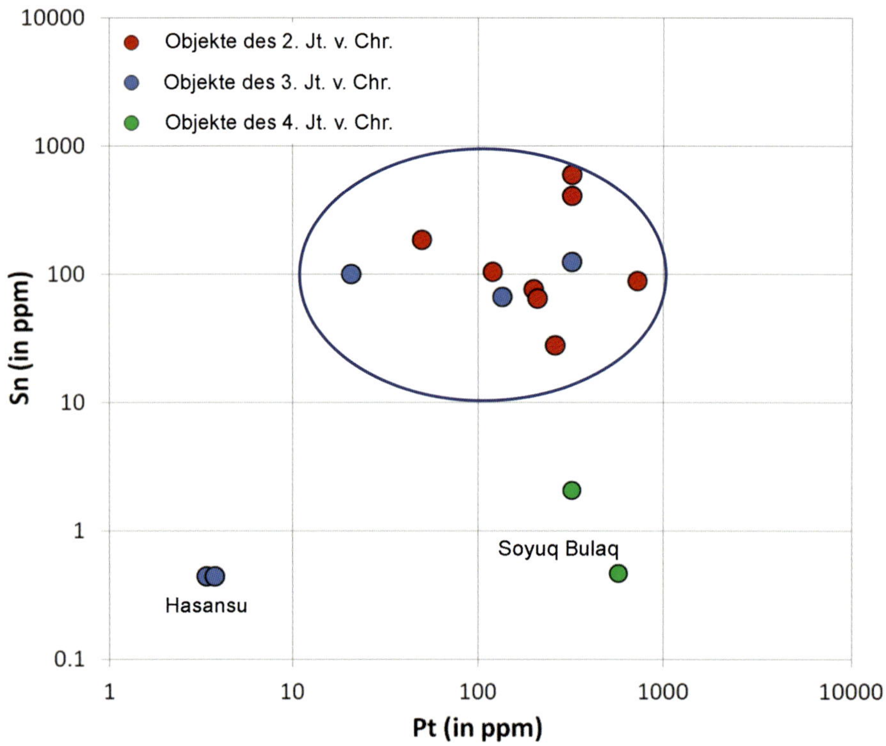

Abb. 11 Zusammensetzung des georgischen und aserbaidschanischen Goldes nach Spurenelementen, oben Vergleich des Goldes der Sakdrissi-Lagerstätte mit den Spiralringen von Hasansu unten, Pt und Sn-Gehalte von 15 Au-Funden aus Aserbaidschan im Vergleich zu entsprechenden Funden aus Georgien (blaue Ellipse) als Hinweis auf Seifengold.

einer, die nur wenig Zinn aufwies. Dies unterscheidet das kupferzeitliche Gold von Soyuq Bulaq von anderen Goldfunden der späteren Martqopi-Bedeni- und der Trialeti-Stufe, in der in der Regel höhere Platin- und Zinngehalte auftreten. Beiden gemeinsam ist aber das regelhafte Auftreten von Platingruppenmineralen, wie sie primär in Ophioliten vorkommen. Das deutet insgesamt auf eine Herkunft dieses Seifengoldes aus der Sevan-Akera-Ophiolith-Zone hin, wo mit der armenischen Lagerstätte von Sotk ein anderes bedeutsames Goldvorkommen liegt[19] (Abb. 12). Auffällig ist aber die vergleichsweise einheitliche Zusammensetzung des Martqopi-Bedeni- und Trialeti-Goldes Ostgeorgiens und Westaserbaidschans. Dies deutet auf eine Homogenisierung des Goldes durch die Mischung aus mehreren Quellen hin. Vielleicht hat man sogar das chemisch diskrete Gold aus Sakdrissi weiter genutzt, um den seit dem Ende des dritten Jahrtausends v. Chr. deutlich gestiegenen Goldbedarf zu decken. Im Vergleich zum ganz frühen Gold ist festzuhalten, dass Ersteres wohl gezielt für die Herstellung einzelner Objekte genutzt wurde, während ab der Mitte des 3. Jahrtausends v. Chr. stärkere Mischungen auftauchen.

Eine gezielte Nutzung konnte mit der sogenannten Parawani-Kalkulation für das Bergwerk von Sakdrissi verdeutlicht werden[20]: Einen Goldring von etwa neun Gramm hätte man im Rahmen weniger Tage durch eine Handvoll Personen gewinnen können. Auch die Siedlung und die Aufbereitungsbefunde aus Dzedzwebi lassen vermuten, dass solche Gruppen nur zeitweise anwesend waren[21]. Die im Laufe der Zeit durchaus beträchtliche Goldmenge verteilte sich somit in vielen der Kura-Araxes-Gemeinschaften. Anders lief es in der Phase der massiven sozialen Veränderungen, die mit dem Erscheinen der Großkurgane erkennbar werden – vor allem seit der Bedeni-Phase. Die für die Ausstattungen benötigte beträchtliche Goldmenge wurde von den nun stärker territorial gebundenen Gemeinschaften womöglich nicht mehr selbst gewonnen, sondern eher im Sinne kommunaler Verbindlichkeiten zusammengebracht. Allein der Bau der monumentalen Grabanlagen muss größere Gruppen versammelt haben. Möglicherweise gehörte das Sammeln von Gold für solche Anlässe auch zu den rituellen Verpflichtungen dieser Gruppen. »Ahnengold« war vielleicht von besonderer Bedeutung. Denkbar ist, dass dafür auch ältere Gräber wieder geöffnet werden mussten. Die zunehmende Verwendung von dünnen Goldfolienumhüllungen mag ein Hinweis von Engpässen sein, die sich bei gesteigertem Grabluxus einstellten.

Die Geschichte des frühen Goldes in Georgien und Transkaukasien verdeutlicht, wie eng das Edelmetall Gold und sein Erscheinen in den archäologischen Quellen mit sozialer Praxis verknüpft war. Hob sein Besitz vielleicht zu Beginn noch einzelne Individuen und Sippenverbände heraus, so wurde es zum Ende der Entwicklung zum unverzichtbaren Darstellungsmedium einer elitären Gruppe, deren rituelle und territoriale Machtansprüche dadurch immer wieder gefestigt werden mussten. Goldbeschaffung war in diesem Sinne nicht weniger bedeutend für die Festigung des sozialen Systems wie für dessen Darstellung nach außen.

Abstract

Contrary to antique tradition, the earliest known gold from Georgia does not appear in the west Georgian Colchis but in East Georgia and the adjoining landscapes of Armenia and Azerbaijan. Beginning with few objects in the 4th millen-

nium BC, incidences of gold in archaeological contexts continuously increase over the Late Kura-Araxes culture up to the time of the large kurgans in the late 3rd and early 2nd millennia BC. The deposition of gold objects in outstanding graves can thus be taken as an indicator for social and economic developments within Transcaucasian societies. Furthermore, certain objects like golden temple rings point at a long-existing, continuous symbolic and formal language. Although gold was already exploited in the mines of Sakdrisi during the oldest phases of the Kura-Araxes culture, it rarely ended up in graves; neither did metal in general. From about 3000 BC, this began to change. Grave equipment now became increasingly differentiated, beginning with spiral rings and beads. Elaborate beads and rings were a typical part of the assemblages in Martqopi kurgans. Bedeni and Trialeti kurgans were usually equipped with very specific gold objects, hinting at a use of these objects in ritual practices. Gold thus became an important resource of the territorial elites who relied on its procurement in large quantities. Archaeometric analyses of the gold show that, different from the earliest gold, all objects from later contexts were manufactured from very similar types of gold. Apparently, gold was not procured from different, specific sources (such as alluvial gold and reef gold, for instance) to serve various different purposes. More likely, the very labour-intensive burial practices required communal efforts which, besides building the kurgans, perhaps also included procuring the gold which may have also partly been stock-piled in earlier times. This might explain why, among others, the chemically discreet gold from Sakdrisi would have still been in circulation in a later period.

Abb. 12 Digitalmikroskopische Aufnahmen von PGE-Einschlüssen im Gold von kupferzeitlichen Gold von Soyuq Bulaq (links) und bronzezeitlichen Gold aus Mentesh Tepe. Diese Einschlüsse bestehen aus Osmium, Iridium und Ruthenium.

1 Hansen 2014.

2 Die Debatte um die Entstehung der K-A-»Kulturen« ist bislang ein noch nicht eindeutig geklärtes Forschungsproblem. In vielen Fällen besteht etwa in Georgien keine direkte Kontinuität zu den älteren spätchalkolithischen Fundschichten, während es Diskussionen um mögliche Vergesellschaftungen mit Kura-Araxes-Keramik in Fundschichten am Ende des 5. Jahrtausends v. Chr. gibt (Wilkinson u. a. 2012). Die Vorlage der Befundstratigraphie der Areni I-Höhle ist m. E. kritikwürdig, weil die fragliche Keramik in äolische Sedimente (Befund 1002) eingebettet ist, in der auch spätchalkolithische Keramik auftaucht. Sie hat m. E. zufolge keine eindeutige chronologische Relevanz (zudem ist die Stratigraphie nicht publiziert). Dagegen ist die Fundstratigraphie von Ovçular Tepesi (zuletzt Marro u. a. 2014) deutlich besser begründet, aber immer noch nicht vollständig vorgelegt (bisher gibt es nur schematische Stratigraphiedarstellungen). Auch hier besteht für den Autor noch Diskussionsbedarf, ehe von der konventionellen Vorstellung einer Herausbildung des Phänomens ab der Mitte des 4. Jt. abgewichen werden sollte. Sollten sich die chronologischen Implikationen erhärten, ist sicher nötig, die entsprechende Keramik (Late Chalcolithic Kura--Araxes-kurz LCKA) besser zu definieren, wie von Marro u. a. 2014 (siehe auch Palumbi/Chataigner 2014) vorgeschlagen.

3 Kavtaradze 1999; Stöllner/Gambashidze 2014.

4 Stöllner u. a. 2014; Marro u. a. 2010.

5 Palumbi/Chataigner 2014.

6 Interessanterweise hat eine Untersuchung der Goldringe vom Arslantepe durch das Deutsche Bergbau-Museum Bochum (M. Jansen, A. Hauptmann, Th. Stöllner) kürzlich ergeben, dass die Goldfunde des bekannten Prunkgrabes (Frangipane u. a. 2001) eindeutig aus einer Berggoldlagerstätte (Sakdrissi?) stammen dürften. Dennoch bedarf es weiterer Untersuchungen, um diesen Anfangsverdacht zu erhärten.

7 Braidwood/Braidwood 1960, 518 (Phase H) Taf. 70,1 (Phase H sollte etwa in die erste Hälfte des 3. Jt. v. Chr. gehören); besonders Nadeln vom kaukasischen Typ (»Satschchere«-Typ) sind hierfür zu nennen (a. O., 377 Taf. 292,14). Auch Goldfunde aus Tell Beth Yerah werden mit Khirbet-Kerak verbunden: mündl. Inf. Dr. Sarit Paz, Vortrag Tblissi 2017.

8 Dshaparidse 1995, 55–94.

9 Kavtaradze 1999.

10 Eine Auflistung nehmen Gambashidze u. a. 2010 vor.

11 Meliksetian u. a. 2011, 204 Abb. 8.

12 Tallon 1987; Eluère 1998, 18–20.

13 The Gold of Armenia 2007, Taf. 1, 3–10, besonders Taf. 9.

14 Zu Dzedzwebi siehe Stöllner/Gambashidze 2018 und dieser Band. Zu Amiranis gora u. a. Dshaparidse O. 1995, 67.

15 Siehe u. a. Hauptmann u. a. 2010; Hauptmann 2011; Jansen 2018.

16 Spurenelementmuster sind nur bei entsprechend niedrigen und quantitativ erfassbaren Nachweisgrenzen sicher vergleichbar, was jedenfalls eine hochauflösende Analytik, etwa über eine Massenspektrometrie oder eine Neutronenaktivierungsanalyse erfordert. Dies benötigt derzeit noch Laboruntersuchungen mit Hilfe einer Laserablation (mit geringster, oberflächlich entnommener Probenmenge) oder einer traditionell invasiven Probenentnahme. Knapp 90 Objekte, vorwiegend aus dem späten 3. und frühen 2. Jahrtausend v. Chr. konnten auf diese Weise untersucht werden, weitere aufgrund geringer Pb-Mengen sogar hinsichtlich ihrer Pb-Isotopenzusammensetzung. In Bezug auf eine mögliche Lagerstättenzuweisung erwies sich aber die Auswertung des Spurenelementmusters als aussagekräftiger, siehe Hauptmann u. a. 2010; Hauptmann 2011; Jansen, M./Courcier, A./Söllner, Th. 2014. In: Stöllner u. a. 2014. Aktuell steht eine Dissertation zu mesopotamischen und kaukasischen Gold dieser Zeit kurz vor der Abgabe: Jansen 2018. Dank an M. Jansen für die jahrelange Zusammenarbeit.

17 Die Nutzung des Bergwerkes von Sakdrissi beginnt den ^{14}C Daten und der Datierung der Keramikfunde zufolge zwischen dem 34./33. Jahrhundert v. Chr. und erstreckt sich mindestens bis in das 27./26. Jahrhundert v. Chr.: Stöllner u. a. 2014; siehe Beitrag Sakdrissi in diesem Band.

18 Stöllner 2016.

19 Wolf u. a. 2011.

20 Stöllner/Gambaschidze 2014; Stöllner 2016.

21 Stöllner/Gambashidze 2018.

Literatur

Braidwood, R. B./Braidwood, L. 1960, Excavations in the Plain of Antioch I. The Earlier Assemblages Phases A-J. The University of Chicago, Oriental Institute Publications 61 (Chicago 1960). **Dshaparidse, O. 1995,** Die Kura-Araxes-Kultur. In: A. Miron/W. Orthmann (Hg.), 1995, 55–94. **Eluère, C. 1998,** Orfèvres du IVème millénaire à suse. La pendeloque au petit chien. Techné 7, 1998, 18–20. **Frangipane, M./Di Norcera, G. M./Hauptmann, A./Morbidelli, P./Palmieri, A. M./Sadori, L./ Schultz, M./ Schmidt-Schultz, T. 2001,** New symbols of a new power in a «Royal» tomb from 3000 BC Arslantepe, Malatya (Turkey). Paléorient, 27/2, 2001, 105–139. **Gambashidze, I./Mindiaschwili, G./ Gogotschuri, G./Kachiani, K./Dschaparidze, I. 2010,** Alte Metallurgie und Bergbau in Georgien im 6.–3. Jt. v. Chr. (Tblissi 2010). **The Gold of Ancient Armenia 2007,** The Gold of Ancient Armenia (III. mill. BCE – 14 cent. AD) (Yerevan 2007). **Hansen, S. 2014,** Gold and silver in the Maikop Culture. In: H. Meller/E. Pernicka/R. Risch (Hg.), Metalle der Macht. Tagungen des Landesmuseums für Vorgeschichte Halle 11 (Halle 2014) 389–410. **Hauptmann, A./ Bendall, C./Brey, G., Japaridze, I./Gambashidze, I./ Klein, S./Prange, M./Stöllner, Th. 2010,** Gold in Georgien. Analytische Untersuchungen an Goldartefakten und an Naturgold aus dem Kaukasus und dem Transkaukasus. In: S. Hansen/A. Hauptmann/I. Motzenbäcker/E. Pernicka (Hg.), Von Majkop nach Trialeti – Gewinnung und Verbreitung von Metallen und Obsidian in Kaukasien im 4.–2. Jahrtausend v. Chr. Beiträge des Internationalen Symposiums in Berlin vom 1.–3. Juni 2006. Kolloquien zur Vor- und Frühgeschichte 13 (Bonn 2010) 139–160. **Hauptmann, A. 2011,** Gold in Georgia I: Scientific Investigations into the Composition of Gold. In: Ü. Yalçın (Hg.), Anatolian Metal V. Der Anschnitt, Beiheft 24 (Bochum 2011) 173–186. **Jansen, M. 2018,** Geochemistry of gold from the prehistoric mine of Sakdrisi and Transcaucasian gold artefacts between the 4th and 2nd millennia BC. In: C. Marro/Th. Stöllner (Hg.), On salt, copper and Gold: The origins of early mining and metallurgy in the Caucasus. Proceedings of the conference held in Tbilisi (Georgia), June 16th–19th 2016. Paris, im Druck 2018. **Kavtaradze, L. 1999,** The importance of metallurgical data for the formation of a Central Transcaucasian chronology. In: A. Hauptmann/E. Pernicka/T. Rehren/Ü. Yalçın (Hg.), The Beginnings of Metallurgy. Proceedings of the International Conference, Bochum 1995. Der Anschnitt, Beiheft 9 (Bochum 1999) 67–102. **Lyonnet, B./Akhundov, T./Almamedov, K./Bouquet, L./ Courcier, A./Jellilov B./Huseynov, F./Loute, S./ Makharadze, Z./Reynard, S. 2010,** Late Chalcolithic kurgans in Transcaucasia. The cemetery of Soyuq Bulaq (Azerbaijan). Archäologische Mitteilungen aus Iran und Turan 40, 2008, 27–44. **Marro, C./ Bakhshaliyev, V./Sanz, S./Aliyev, N. 2010,** Archaeoogical investigations on the Salt mine of Duzdaği (Nakhcivan, Azerbaidjan). TÜBA-AR 13, 2010, 229–244. **Marro, C./Bakhshaliyev, V./Berthon, R. 2014,** On the genesis of the Kura-Araxes phenomenon: New evidence from Nakhchivan (Azerbaijan). Paléorient 40/2, 2014, 131–154. **Meliksetian, K./ Kraus, S./Pernicka, E./Avetissyan, P./Devejian, S./ Petrosya, L. 2011,** Metallurgy of Prehistoric Armenia. In: Ü. Yalçın (Hg.), Anatolian Metal V. Der Anschnitt, Beiheft 24 (Bochum 2011) 201–210. **Miron, A./Orthmann, W. (Hg.) 1995,** Unterwegs zum goldenen Vlies. Archäologische Funde aus Georgien. Katalog der Ausstellung Saarbücken (Saarbrücken 1995). **Palumbi, G./Chataigner, Ch. 2014,** The Kura-Araxes Culture from the Caucasus to Iran, Anatolia and the Levant: Between unity and diversity. A synthesis. Paléorient 40/2, 2014, 247–260. **Stöllner Th. 2016,** The Beginnings of Social Inequality: Consumer and Producer Perspectives from Transcaucasia in the 4th and the 3rd Millennia BC. In: M. Bartelheim/B. Horeijs/R. Krauss (Hg.), Von Baden bis Troia. Ressourcennutzung, Metallurgie und Wissenstransfer. Eine Jubiläumsschrift für Ernst Pernicka. Oriental and European Archaeology Volume 3 (Rahden 2016) 209–234. **Stöllner, Th./Gambaschidze, I. 2014,** The gold mine of Sakdrisi and the earliest mining and metallurgy in the Transcaucasus and the Kura-Valley system. In: G. Narimanishvili (Hg.), Problems of Early Metal Age Archaeology of Caucasus and Anatolia. Proceedings of the International Conference, November 19–23, 2014, Georgia (Tbilisi 2014) 102–124. **Stöllner, Th./Craddock, B./Gambaschidze, I./Gogotchuri, G./Hauptmann, A./ Hornschuch, A./Klein, F./Löffler, I./Mindiashvili, G./Murvanidze, B./Senczek, S./Schaich, M./Steffens, G./Tamasashvili, K./Timberlake, S. 2014,** Gold in the Caucasus: New research on gold extraction in the Kura-Araxes Culture of the 4th millennium BC and early 3rd millennium BC. With an appendix of M. Jansen, Th. Stöllner, A. Courcier. In: H. Meller/ E. Pernicka/R. Risch (Hg.), Metalle der Macht. Tagungen des Landesmuseums für Vorgeschichte Halle 11 (Halle 2014) 71–110. **Stöllner, Th./Gambashidze, I. 2018,** The Paravani calculation. The Early Gold Mining Complex in Sakdrisi and its societal impact. In: C. Marro/Th. Stöllner (Hg.), On salt, copper and Gold: The origins of early mining and metallurgy in the Caucasus. Proceedings of the conference held in Tbilisi (Georgia), June 16th–19th 2016. Paris, im Druck 2018. **Tallon, F. 1987,** Métallurgie susienne I (Paris 1987). **Wilkinson, K. N./Gasparian, B./Pinhasi, R./ Avetisyan, P./Hoysepyan, R./Zardaryan, D./**

Areshian, G. E. /Bar-Oz, G./Smith, A. 2012, Areni-1 Cave, Armenia: A Chalcolithic–Early Bronze Age settlement and ritual site in the southern Caucasus. Journal of Field Archaeology 37/1, 2012, 20–33.

Wolf, D./Borg, G./Pernicka, E./Meliksetian, K./ Kunze, R./Bobokyan, A. 2011, Geoarchäologische Untersuchungen der Goldvorkommen von Sotk und Fioletovo, Armenien. In: H. Meller/P. Avetisyan (Hg.), Archäologie in Armenien, Veröffentlichungen des Landesamtes für Denkmalpflege und Archäologie Sachsen-Anhalt-Landesmuseum für Vorgeschichte 64 (Halle 2011) 51–68.

Das Goldbergwerk von Sakdrissi am Kachagiani-Hügel in Georgien – Ein außergewöhnlicher Fundplatz

Thomas Stöllner und Irina Gambashidze

Sakdrissi wurde durch seine spektakulären montanarchäologischen Entdeckungen, aber auch durch die Auseinandersetzungen um die Erhaltung als archäologisches Monument international bekannt. Doch auch zuvor war die Existenz eines alten Bergwerkes bekannt und in der georgischen Forschung beschrieben[1]. Dennoch wurde das wahre Alter und die Bedeutung des Fundplatzes erst deutlich, als seit 2004 ein deutsch-georgisches Team mit seiner Erforschung begann und diese bis 2013 fortführte. Dieses bedeutende Monument fiel seit Ende 2014 schließlich dem industriellen Goldabbau zum Opfer[2].

Sakdrissi ist der Name einer Ortsflur nahe der Gemeinde Kazreti im Bezirk Bolnissi im unteren Kartli in Südostgeorgien. Der Name leitet sich von zwei Kirchen in der Flur Orsakdrebi ab und bezeichnet eigentlich ein geologisches Prospektionsgebiet, das im Zuge von Explorationsarbeiten auf seine Lagerstätten hin untersucht und mit den Bezeichnungen Sakdrissi I bis V versehen wurde[3]. Der Fundplatz des ältesten Goldbergwerkes selbst befand sich auf, beziehungsweise im sogenannten Kachagiani-Hügel, einer geologischen Formation innerhalb dieses Prospektionsgebietes (Abb. 1). Geologisch stellt dieser Hügel einen reliktischen Härtling aus vulkanischen Gesteinen, meist Daziten und Rhyolithen, dar, in denen stockwerkartig zahlreiche goldführende Quarz-Hämatitgänge eingelagert waren. Dieser Vererzungstyp ist für den sogenannten »eisernen Hut« über großen Massivsulfidlagerstätten des Lagerstättenbezirks Bolnissi typisch[4]. Häufiger sind hier Goldanreicherungen überliefert, besonders der Kachagiani-Hügel wies, auch nach den älteren geologischen Berichten, besonders reiche Goldanomalien auf. Interessant ist, dass nach den neueren Untersuchungen an den, in der Urgeschichte abgebauten Goldgehalten, diese sehr schwanken können. Außerdem ist die Zusammensetzung des Freigoldes im Kachagiani-Hügel in den Nebengehalten von Kupfer und Silber unterschiedlich[5]. Das hat sich sicher auf das Aussehen des in kleinen Mengen gewonnenen Goldes ausgewirkt, das dann entweder silbriger, goldener oder rötlicher gewesen ist.

Schon zu Beginn der Forschungen wurde relativ schnell klar, dass das Bergwerk am Kachagiani-Hügel mehr als 5.000 Jahre alt sein dürfte[6]. Dies haben die dann anschließenden montanarchäologischen Forschungsarbeiten eindrucksvoll bestätigen können. Durch die systematischen Grabungsarbeiten seit 2005 konnte in acht Kampagnen ein Überblick über etwa ein Viertel des Grubengebäudes erzielt werden. Dabei wurde deutlich, dass der Kachagiani-Hügel im Wesentlichen in zwei Perioden abgebaut wurde, einmal in der Zeit der Kura-Araxes-Kultur, etwa zwischen 3 400/3 300 und 2 800/2 700 v. Chr., und nochmals durch eine Art Nachlesebergbau im 5. und 6. Jahrhundert n. Chr.[7] (Abb. 2). Auch andere Perioden sind im Scherbenmaterial der Fundstelle belegt, doch lassen sich hier einstweilen

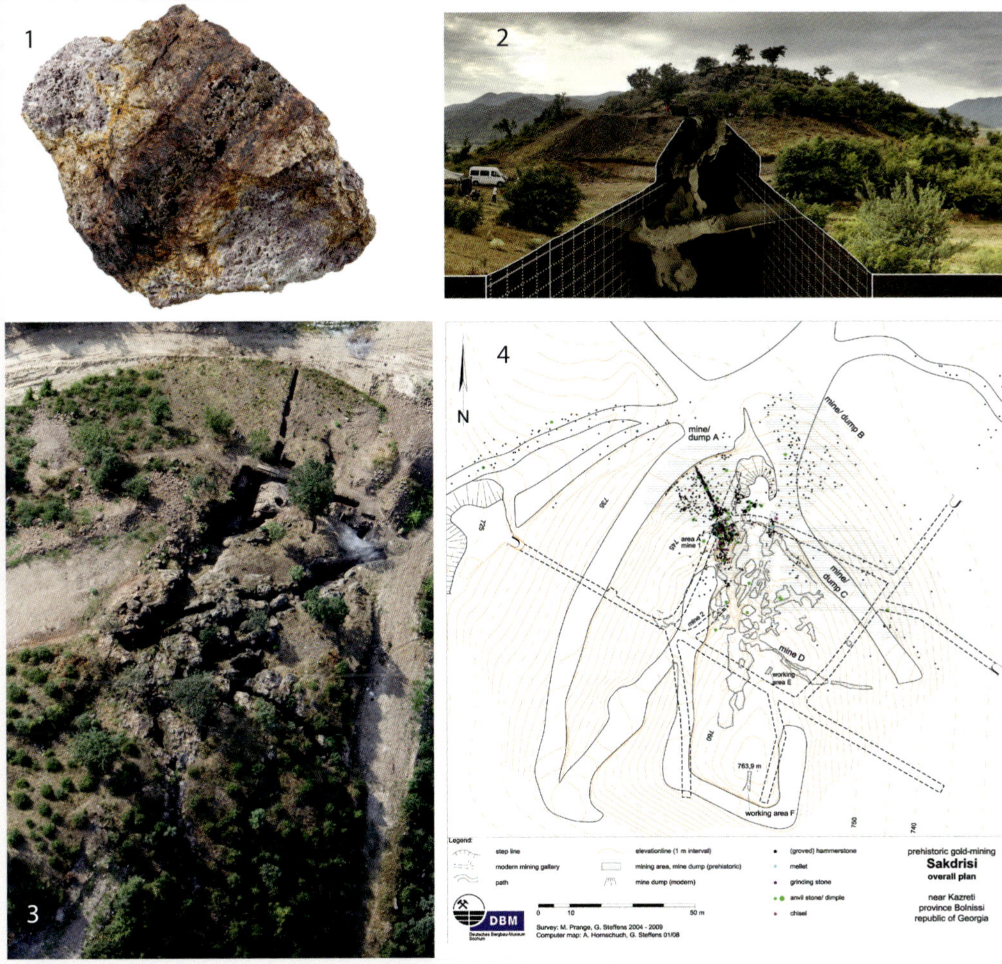

Abb. 1 Der Kachagiani-Hügel (Sakdrissi).
1: Erzgang der Hämatit-Quarzvererzung in Paragenese.
2: Der Kachagiani-Hügel mit eingetragenem Abbau unter Tage (prähistorische und horizontale moderne Prospektionsstrecken) von Nordosten.
3: Luftaufnahme der Gruben.
4: Vermessungsplan mit Halden und Fundverteilung über Tage.

kein Abbau, sondern bestenfalls Begehungen im Umfeld des Hügels belegen.

Die montanarchäologische Erforschung

Die archäologischen Arbeiten hatten von Anbeginn den Vorteil, dass der Altbergbau durch den Explorationsbergbau der 1980er Jahre aufgeschlossen und auch unter Tage zu erreichen war, dort wo schon der Ingenieur Timur Mudschiri die ersten Beobachtungen machen konnte. Somit waren Bergbauspuren über und unter Tage zu beobachten gewesen und dies erlaubte einen Zugriff auf verschiedene Abbauphasen. Durch den neuzeitlichen Explorationsbergbau waren die ursprünglichen Geländedenkmäler schon in Mitleidenschaft gezogen, so etwa die Halden, die durch Trassierung der Kuppe des Kachagiani-Hügels angeschnitten worden waren (Abb. 1). Umgekehrt konnten dadurch Einblicke in die Haldenstratigraphie erreicht werden und es gelang relativ schnell, die Ausdehnung des alten Grubengebäudes zu erfassen. Vermessungs-, Kartierungs- und Prospektionsarbeiten mussten mit umfangreichen Rodungen einhergehen, die die zentralen Teile von Buschvegetation, aber auch von kleineren Bäumen, befreiten. Vier größere Pingen, beziehungsweise Abbaubereiche, wurden dokumentiert (Abbaubereiche A–D). Im

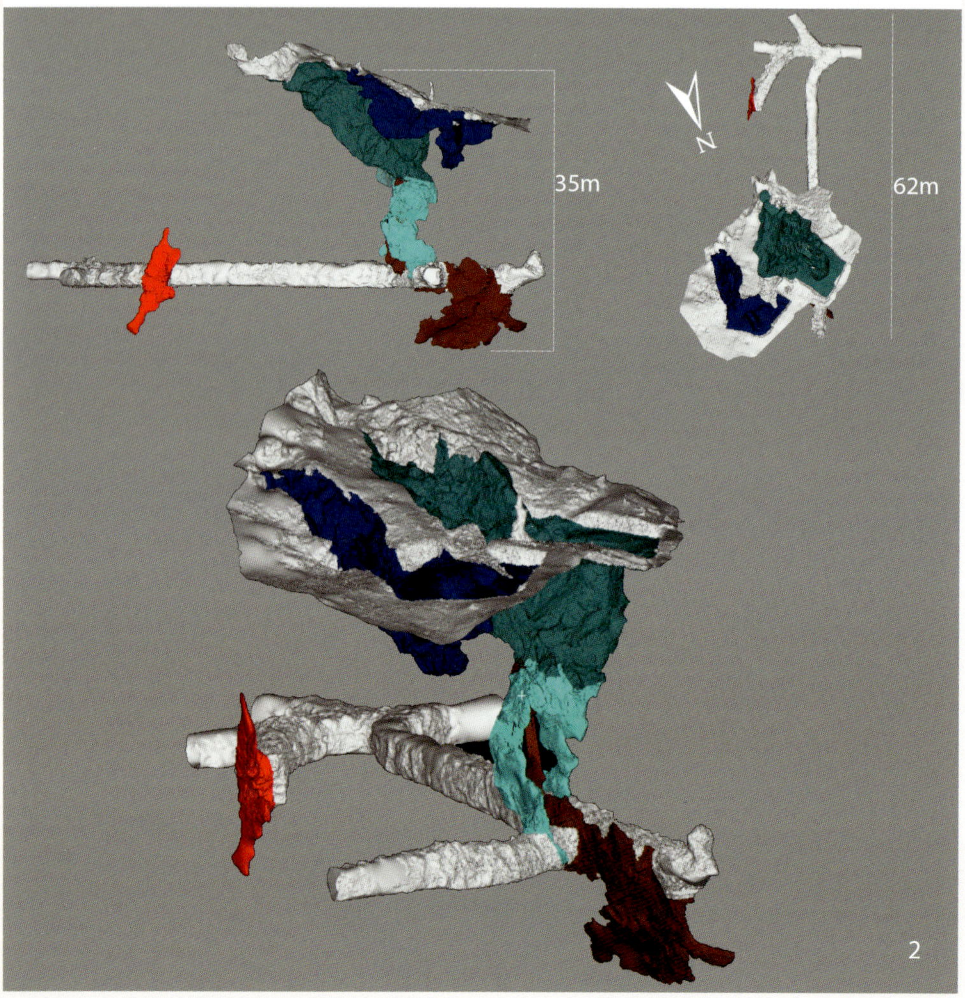

Abb. 2 Kachagiani-Hügel (Sakdrissi).
1: Untertagegrabungen bei Grube 1/2 auf der ersten Sohle des Explorationsbergbaues.
2: 3D-Visualisierung der ausgegrabenen Grubenbauteile, blau/grün: prähistorische Teile, spätantik wieder geöffnet, rot/türkis/braun: Kura-Araxes-Teile des Grubenbaues, ungestört.

Abb. 3 Kachagiani-Hügel (Sakdrissi). 1: Befunde des spätantiken/frühmittelalterlichen Nachleseberg-baues. 2: Keilhausen-spuren an der östlichen Abbauwand über Abbautasche 3. 3: Abbautasche A9 mit abgebauten Kura-Araxes-zeitlichen Stoß. 4: Grube B3 mit Versatz-mauer und dort gefundenes Öllämpchen.

zentralen Teil des Grubengebäudes wurden größere Gebirgsbrüche festgestellt, wahrscheinlich weil sich hier ursprünglich mehrere Erzgänge zu einem Gangschwarm vereinigten und dieser durch den Abbau zu einem größeren untertägigen Hohlraum führte, der schließlich verstürzt war. Die nachfolgenden Grabungen haben sich schließlich auf die beiden Pingen A und B konzentriert, die sich im Nordosten, beziehungsweise im Norden der Lagerstätte befanden. Dabei wurde die Grabung sowohl von der ersten Prospektionssohle wie auch von Übertage geführt, letztlich von Beginn an mit dem Ziel, die Ausgrabungen zu verbinden. Während die übertägigen Pingen noch bis zu einer Teufe (bergmännische Bezeichnung für die Tiefe) von acht Metern mit Abraum und wieder eingeflossenem Sediment von Halden prähistorischer und spätantiker Zeit verfüllt war und ungestörte prähistorische Schichten anfangs nur schwer aufgefunden werden konnten, war dies Untertage anders. Dort konnten in den Gruben 1 und 2 (entsprechen den Abbaubereichen A und B) mehrere rein Kura-Araxes-zeitliche Gruben beobachtet, dokumentiert und vollständig ausgegraben werden (Abb. 2). Die detaillierte, nach Schichten vorgenommene Ausgrabung enthüllte hier zahlreiche Einsichten in die Abbau- und vor allem die Verfüllungsgeschichte des prähistorischen Goldbergwerkes. Nicht immer war die Ausgrabung ganz einfach, musste doch zum Teil von unten nach oben gegraben werden. Erst im Jahr 2009 und 2010 gelangen verschiedene Verbindungen zu den Grubenbauen Übertage, wodurch die räumliche

Struktur der Grubenbaue erst klar wurde. So war der Grubenbau in Pinge A nach Norden in die Teufe vorgetrieben worden, während die Grube B nach Südwest orientiert worden war. Während der Kura-Araxes-zeitliche Bergbau in der Regel hier Teufen von 25 bis 30 Meter erreichte, stoppte der spätere Nachlesebergbau schon bei einer Tiefe von acht Metern (Abb. 3). Die in den Grabungsbereichen aufgenommenen Befunde und Profile ließen hierbei deutlich erkennen, dass dieser jüngere Bergbau vor allem die älteren Pingen nochmals ausgeräumt haben musste und offensichtlich noch goldführende Gehalte an den Stößen (den sogenannten Salbändern des Erzkörpers) hereingewonnen hatte. Die montanarchäologischen Untersuchungen wurden von lagerstättenkundlichen und archäobotanischen Untersuchungen sowie von experimentalarchäologischen Arbeiten begleitet. Durch diese Analysen kann heute eine gute Vorstellung von den Arbeitsabläufen im frühbronzezeitlichen Goldbergwerk von Sakdrissi entwickelt werden. Als schließlich parallel zum Bergbau im Jahr 2007 auch eine zeitgleiche Siedlung am nahen Dzedzwebi-Plateau entdeckt wurde (siehe Beitrag »Fundplatz Dzedzwebi. Siedlung mit früher Edel- und Buntmetallverarbeitung«) konnte schließlich der Goldbergbau, vor allem der Kura-Araxes-Zeit auch siedlungsarchäologisch kontextualisiert werden. Dies ermöglichte einen bis dato einzigartigen Einblick in eine Gesellschaft von »Goldmachern« in der Zeit um 3 000 v. Chr.

Die Bergbauphase der Kura-Araxes-Periode

Über 10.000 heute nachgewiesene Steingeräte der frühbronzezeitlichen Abbauphase geben eine gute Vorstellung darüber, mit welcher Intensität der Abbau am Kachagiani-Hügel betrieben wurde. Die hohe Zahl an verschiedenen Steinhämmern ist nicht nur der langen Abbaudauer geschuldet, sondern auch der Härte der abgebauten goldführenden Quarz- und Hämatitgänge samt den in ihrer Umgebung hart silifizierten vulkanischen Gesteinen[8]. Dies erforderte von den Bergleuten ein hohes Maß an Können und Erfahrungen. Der Härte des Gesteins war praktisch nur mit dem Feuersetzen, einer seit dem 5. Jahrtausend v. Chr. vom Balkan und aus Südmitteleuropa bekannten Technik, beizukommen. Verschiedene Experimente, die zwischen 2011 und 2013 vorgenommen wurden, haben dies deutlich gemacht[9]: Feuer führt zu einem Bersten vor allem des Quarzes und ermöglicht danach das leichtere Lösen des Gesteins mit Geweihhacken und das Losschlagen des Gesteins mit Steinhämmern (Abb. 4). Diese Abbautechnik ist typisch für die Kura-Araxes-zeitliche Abbauphase. Mit ihrer Hilfe erreichten die Bergleute eine Teufe von 25 bis 30 Metern. Dabei wurde der Vortrieb leicht abwärts gerichtet entlang und innerhalb der Erzgänge ausgeführt. Der Erzgang wurde dabei gleichsam »ausgeerzt«. Stellenweise musste beim Abteufen auch ein Richtungswechsel in Kauf genommen werden, um so die nötige Teufe zu gewinnen und schließlich über Kopf leichter hereingewinnen zu können. Vor allem in größeren Teufen und größter Enge war diese Technik anspruchsvoll, allein die Entzündung und der erfolgreiche Brand benötigte einiges an Erfahrungswissen, etwa um auch die Grube schnell wieder verlassen zu können – durch ein Auf- und Hinabklettern im engen Grubenbau. Die Experimente haben gezeigt, dass eher nur kleine Vortriebsgeschwindigkeiten erreicht wurden und ein Feuersetzvorgang nur wenige Stunden benötigte. So konnte selbst im härtesten Gestein ein Fortschritt von 5 bis zu 10 cm erreicht werden.

Die gewonnenen Gesteine wurden danach vor allem in den höheren Bereichen der Grube zunächst grob sortiert und »geschieden«, eher das erzführende, aber verwachsene, Gestein an den Tag gebracht. Dort belegen zahlreiche Näpfchen-Ambosse aus größeren Geschiebegesteinen (meist aus Andesiten) und solche

Abb. 4 Kachagiani-Hügel (Sakdrissi). Abbau- und Aufbereitungsversuche 2011/2013.
1: Werkzeugset der Versuche vor abgebauten Vererzungen.
2: Feuersetzversuch 11 mit Kaminwirkung des Rauchabzugs.
3: Geräteset der Experimente.
4: Geräte- und Experimentanordnung des Aufbereitungs-experiments.

Vertiefungen im anstehenden Fels, dass um die Grube herum an zahlreichen Stellen die mechanische Zerkleinerung und Sortierung (Trockenaufbereitung) erfolgte. Diese Arbeit ist weniger anspruchsvoll, dafür aber zeitaufwendig. Dabei wurde ein etwa nussgroßes Erzkonzentrat erzeugt, das nun in einem weiteren Schritt gemahlen werden musste. Bei der Klassierung mussten die Bergleute genau wissen, in welchen Partien die größte Hoffnung auf größere Goldgehalte bestand. Denn in der Regel sieht man das Freigold nicht mit bloßem Auge. Dieses kann erst nach dem Mahlen und nassmechanischer Trennung (etwa in einer Waschpfanne) so konzentriert werden, dass ein erfolgreiches Ausschmelzen im Tiegel möglich ist. Diese Arbeiten sind aber in der Regel nicht am Bergwerk durchgeführt worden, umso mehr aber in der Siedlung auf dem Plateau Dzedzwebi (siehe Beitrag »Das prähistorische Siedlungsplateau Dzedzwebi nahe Balitschi in Unterkartli«). Nur an einer Stelle nahe Pinge A und nahe einer zisternenartigen Grube wurde eine kleine Halde mit typischen Feinaufbereitungs- und Mahlgeräten gefunden, wie sie sonst in großer Menge in Dzedzwebi vorkommen (Abb. 4)[10]. Wir nehmen daher an, dass hier das Material in kleineren Mengen aufbereitet wurde, um die unregelmäßigen Goldgehalte zu testen und durch ein Waschen an der Zisterne nassmechanisch zu konzentrieren. Dass dies nicht in großem Umfang am Bergwerk selbst stattfand, kann mehrere Gründe haben, etwa die Tatsache, dass im Umfeld fließendes Wasser fehlt, aber auch, dass die zeitintensive Arbeit vielleicht von anderen Teilen der Bevölkerung in der Siedlung, und möglicherweise unter Kontrolle, durchgeführt wurde. Jedenfalls zeigt der Befund, dass es ein systematisches Probieren und Testen der Lagerstätte gab, was wiederum auf ein schon sehr entwickeltes Wissen um die Geologie der Lagerstätte hinweist. Ein solches dürfte mit den Jahren des Bergwerksbetriebes noch angewachsen sein. Im Umfeld und am Kachagiani-Hügel selbst wurde jedenfalls nicht gesiedelt: Die vor Ort gefundene Keramik bestand nur aus größeren Vorratsgefäßen und Henkeltassen, die höchstwahrscheinlich ein Trinkset der Bergleute darstellen und wahrscheinlich aus der Siedlung Dzedzwebi, vielleicht auch von anderen Siedlungen, mitgebracht wurden. Das zeigen zumindest materialkundliche Studien an der Keramik[11]. Natürlich können einzelne Schöpfgefäße auch für die nassmechanische Aufbereitung nahe der Zisterne oberhalb von Pinge 1 gedient haben. Denn bei der Arbeit mit einer Waschpfanne muss immer wieder Wasser in kleinen Mengen zugegossen werden. Dass es pfannenartige Gefäße gegeben hat, zeigt ein entsprechender Befund aus Dzedzwebi, Haus 4, wo eine Art Goldwaschinstallation entdeckt wurde (siehe Beitrag »Fundplatz. Siedlung mit früher Edel- und Buntmetallverarbeitung«).

Die Bergbauphase der Spätantike und des Mittelalters

Die jüngeren Bergbauphasen konnten sowohl in Pinge A wie auch in Pinge B dokumentiert werden: In Pinge A wurde der gesamte obere Bereich des Grubenbaus so stark verändert, dass schließlich eine lange Furchenpinge entstand, die im Nordteil etwa acht Meter Geländeoberfläche abbaute. An einzelnen frühbronzezeitlichen Abbautaschen war noch zu erkennen, dass ihre Stöße abgebaut oder seitlich hereingewonnen wurden[12]. In Teilen wurde der alte Grubenbau entlang des östlichen Stoßes geöffnet und ausgeräumt, in Teilen wurden aber alte, nicht goldführende und wieder verfestigte Verfüllungen vor Ort belassen. Zwei Schädelfunde in den später wieder verstürzten Grubenbauteilen lassen erkennen, dass dieser Nachlesebergbau durchaus auch Grubenunglücke nach sich gezogen hat. Ein besonders eindrucksvolles Beispiel für diese Ausräumungen konnte in der Grube B3 erfasst werden, wo der wieder geöffnete Hohlraum noch angetroffen wurde und der Übergang der nicht veränderten frühbronzezeitlichen Stöße zu jenen der Spätantike (gröber und um wenige Zentimeter zurück gesetzt) beobachtet werden konnte. Teile des Abraumes wurden als Versatzmauer in eine Nebenstrecke geschichtet. Eine dort gefundene Öllampe sichert auch hier die zeitliche Einordnung der Aktivitäten an dieser Stelle. Vereinzelt wurde nicht nur mit eisernen Keilhauen nachgerissen, sondern auch neue Strecken aufgefahren, wie etwa die Grube 10061 nördlich von Pinge B oder eine nördlich gerichtete Strecke im untertägigen Teil von Grube B3 zeigen. Alle diese Aktivitäten lassen erkennen, dass die spätantiken Bergleute nicht mehr an die reichen Goldvorkommen der Kura-Araxes-Zeit herankamen, aber durchaus noch durchschnittlich gute Goldgehalte von circa fünf bis zehn Gramm pro Tonne Erz und Nebengestein nutzen konnte. Ob dieser Abbau aber über lange Zeit betrieben wurde, kann dennoch bezweifelt werden, betrachtet man die eng zusammen liegenden ^{14}C-Daten aus diesen Abbaubereichen. Nicht unwahrscheinlich ist, dass eine im Umfeld von georgischen Kollegen schon vor Längerem untersuchte Siedlung samt Gräberfeld direkt mit diesen Bergbauaktivitäten verbunden werden muss.

Zusammenfassung

Mit Sakdrissi liegt das älteste, bisher bekannte und auf Gold abgebaute Bergwerk der Menschheit vor. Etwa in derselben Zeit begann auch in Ägypten die Nutzung von Gold, doch sind dort regelrechte Bergwerke erst im Laufe des

3. und frühen 2. Jahrtausends v. Chr. in größerem Umfang bekannt geworden[13]. Auch die größere, aber doch jüngere, Goldgewinnung auf dem Ada Tepe in den bulgarischen Rhodopen reicht kaum weiter als über die Mitte des 2. Jahrtausends v. Chr. zurück[14]. Goldbergwerke der Art von Sakdrissi sind auch deshalb so bedeutsam, weil durch sie erstmals die Goldgewinnung steuerbar und unabhängig von den zufälligen Glücksfällen einer Waschgoldgewinnung wurde. Im Transkaukasus geht dieser erste zielgerichtete Abbau nicht zufällig mit beträchtlichen gesellschaftlichen Veränderungen kurz vor der Jahrtausendwende um 3 000 v. Chr. einher: Die transkaukasischen Gemeinschaften befanden sich zu dieser Zeit in einem beträchtlichen Wandel, ausgelöst durch intensivierte Wanderungen und Kontaktaufnahmen nach Nordiran, die nördliche Levante und nach Nordmesopotamien[15]. Sie veränderten die noch in den Jahrhunderten zuvor eher konservativen transkaukasischen Gesellschaften und schufen damit den Bedarf nach gesellschaftlicher (Selbst)Darstellung einzelner Personen und Gruppen. Gold wurde so ein bedeutsames Mittel der sozialen Kommunikation in Zeiten unruhiger (und vielleicht unsicherer) gesellschaftlicher Konstellationen.

1 Mudžiri 1987; Tshochonelidze 1975.

2 Zu den Ereignissen rund um die Zerstörung des Sakdrissi-Monuments siehe Stöllner 2015.

3 Zur Geologie und Lagerstättenkunde: Tshochonelidze 1975; Gugushvili u. a. 2002.

4 Gugushvili u. a. 2002; Omiadze 2007; Hauptmann u a. 2010; Hauptmann 2011.

5 Siehe u. a. Stöllner 2016, 218–220, Abb. 7; Jansen 2018 lehnten die Bedeutung solcher Lagerstättenanomalien ab (etwa unterschiedlich hohe Silbergehalte), aber dies ohne klare Begründung. Eine Lagerstätte, wenn in kleinen Mengen abgebaut, konnte durchaus unterschiedliche Endprodukte erbringen, wie noch im Spätmittelalter von Theophilus Presbyter für den Reicherzbergbau des Spätmittelalters beschrieben. Um einen Ohrring von sechs Gramm zu erzeugen, musste nach der »Parawani-Kalkulation« (Stöllner u. a. 2014; Stöllner 2016; Stöllner/Gambashidze 2018) in einem reichen Lagerstättenmittel etwa 138 Kilogramm Erz plus Nebengestein erzeugt werden, was etwa zwei bis drei Feuersetzungen in einer Gesamtausdehnung von 20–30 cm im Erzgang von Sakdrissi entsprach. In räumlich so beschränkten Lagerstättenbereichen konnten somit Anomalien in der Goldzusammensetzung durchaus eine Rolle spielen, vor allem weil die Aufbereitung ja nicht über weite Teile des Erzgangs standardisiert wurde.

6 Stöllner/Gambashidze/Hauptmann 2008; Gambashidze u. a. 2010; Stöllner u. a. 2010. Die Forschungen am Kachagiani-Hügel wurden und werden großzügig von VW-Stiftung in den Projekten Gold in Georgien I III sowie durch die DFG unterstützt; aktuell werden die Befunde und Funde von F. Klein, Bochum, und K. Tamasaschwili, Tblissi/Bochum, im Rahmen von Dissertationen ausgewertet.

7 Zu den Daten schon Stöllner u. a. 2014, Abb. 7.

8 Stöllner u. a. 2014, besonders 84–95; auch Tamazashvili 2014; Tamazashvili 2018.

9 Stöllner u. a. 2012.

10 Die Bedeutung einer Zisterne und der naheliegenden Halde mit Aufbereitungsgeräten schon herausgestellt bei Stöllner u. a. 2014, 86–90, Abb. 17.

11 Otkhvani u. a. 2018.

12 Stöllner u. a. 2014, Abb. 8.

13 Klemm/Klemm 2013.

14 Popov/Jockenhövel 2011.

15 Palumbi/Chataigner 2014.

Literatur

Gambashidze, I./Stöllner, Th./Hauptmann, A./Mindiaschwili, G./Gogotschuri, G./Dschaparidze, I. 2010, Sakdrissi – Das älteste Goldbergwerk (georg.). In: I. Gambashidze u. a. (Hg.), Alte Metallurgie und Bergbau in Georgien im 6.–3. Jt. v. Chr. (Tblissi 2010) 53–97. **Gambashidze, I./Stöllner, Th. 2016,** The Gold of Sakdrisi. Man's first gold mining enterprise. Veröffentlichungen aus dem DBM Bochum 211 (Bochum/Rahden 2016). **Gugushvili, V. I./Akhvlediani, R./Natsvlishvili, M./Hart, I. 2002,** Two stages of gold mineralization within Sakdrissi deposit (Bolnisi Mining District, Georgia). Geologica Carpathica spec. 53 (ohne Seitenzahl). **Hauptmann, A./Bendall, C./Brey, G., Japaridze, I./Gambashidze, I./Klein, S./Prange, M./Stöllner, Th. 2010,** Gold in Georgien. Analytische Untersuchungen an Goldartefakten und an Naturgold aus dem Kaukasus und dem Transkaukasus. In: S. Hansen/A. Hauptmann/I. Motzenbäcker/E. Pernicka (Hg.), Von Majkop nach Trialeti – Gewinnung und Verbreitung von Metallen und Obsidian in Kaukasien im 4.–2. Jahrtausend v. Chr. Beiträge des Internationalen Symposiums in Berlin vom 1.–3. Juni 2006. Kolloquien zur Vor- und Frühgeschichte 13 (Bonn 2010) 139–160. **Hauptmann, A. 2011,** Gold in Georgia I: Scientific Investigations into the Composition of Gold. In: Ü. Yalçın (Hg.), Anatolian Metal V. Der Anschnitt, Beiheft 24 (Bochum 2011) 173–186. **Jansen, M. 2018,** Geochemistry of gold from the prehistoric mine of Sakdrisi and Transcaucasian gold artefacts between the 4th and 2nd millennia BC. In: C. Marro/Th. Stöllner (Hg.), im Druck. **Klemm, D./Klemm, R. 2013,** Gold and Gold Mining in Ancient Egypt and Nubia. Geoarchaeology of the Ancient Gold Mining Sites in the Egyptian and Sudanese Eastern Deserts. Natural Science in Archaeology (Heidelberg/Berlin 2013). **Marro, C./Stöllner, Th. (Hg.),** On salt, copper and Gold: The origins of early mining and metallurgy in the Caucasus. Proceedings of the conference held in Tbilisi (Georgia), June 16th–19th 2016 (Paris), im Druck. **Mudžiri, T. P. 1987,** Муджири Т. П., Выявление памятников горнорудного производства Грузии эпохи поздней бронзы – раннего железа. Фонды института горной механики АН ГССР (Тбилиси 1987). Mudžiri, T. P., Vyjavlenie pamjatnikov gornorudnogo proizvodstva Gruzii epochi pozdnej bronzy-rannego železa. Fondy institute gornoj mechaniki AN GSSR (Tbilisi 1987). Mudžiri, T. P., Entdeckungen zu Denkmälern des Erzbergbaues Georgiens der Spätbronze- und Früheisenzeit. Unpublished Report Institute Gornoj mechaniki Im. G.A. Zulukidze (Tbilissi 1987). **Omiadze, A. 2007,** Mineralogical and Petrological Analysis of Sakdrissi Deposit. [Diplomarbeit, Tbilsi State University Ivane Javakhishivili]. **Otkhvani, N./Klein, F./Senczek, S./Gambashidze, I./ Stöllner, Th. 2018,** Kura-Araxes Ceramics and the Sakdrisi Ancient Gold Mine. In: C. Marro/Th. Stöllner (Hg.), im Druck. **Palumbi, G./Chataigner, Ch. 2014,** The Kura-Araxes Culture from the Caucasus to Iran, Anatolia and the Levant: Between unity and diversity. A synthesis. Paléorient 40/2, 2014, 247–260. **Popov, H./Jockenhövel, A. 2011,** At the northern borders of the Mycenean world: Thracian gold mining from the Late Bronze and the Early Iron Age at Ada Tepe in the eastern Rhodopes, Anodus, in: Studies of the Ancient World 10/2010, 2011, 265–281. **Stöllner, Th. 2015,** Sakdrissi – das älteste Goldbergwerk der Welt. Archäologische Forschung im Fokus von Öffentlichkeit und Politik. Blickpunkt Archäologie. Deutscher Verband für Archäologie 1, 2015, 65–71. **Stöllner, Th. 2016,** The Beginnings of Social Inequality: Consumer and Producer Perspectives from Transcaucasia in the 4th and the 3rd Millennia BC. In: M. Bartelheim/B. Horeijs/R. Krauss (Hg.), Von Baden bis Troia. Ressourcennutzung, Metallurgie und Wissenstransfer. Eine Jubiläumsschrift für Ernst Pernicka. Oriental and European Archaeology 3 (Rahden 2016) 209–234. **Stöllner, Th./Gambashidze, I./Hauptmann, A. 2008,** The Earliest Gold Mining of the Ancient World? Research on an Early Bronze Age Gold Mine in Georgia. In: Ü. Yalcin/H. Özbal/A. G. Paşamehmetoğlu (Hg.), Ancient Mining in Turkey and the Eastern Mediterranean. International Conference AMITEM 2008 (Ankara 2008) 271–288. **Stöllner, Th./Gambaschiże, I./Hauptmann, A./Mindiašvili, G./Gogočuri, G./Steffens, G. 2010,** Goldbergbau in Südostgeorgien – Neue Forschungen zum frühbronzezeitlichen Bergbau in Georgien. In: S. Hansen/A. Hauptmann/I. Motzenbäcker/E. Pernicka (Hg.), Von Majkop nach Trialeti – Gewinnung und Verbreitung von Metallen und Obsidian in Kaukasien im 4.–2. Jahrtausend v. Chr. Beiträge des Internationalen Symposiums in Berlin vom 1.–3. Juni 2006. Kolloquien zur Vor- und Frühgeschichte 13 (Bonn 2010) 103–138. **Stöllner, Th./Craddock, B./Timberlake, S./Gambashidze, I. 2012,** Feuersetzen im frühesten Metallerzbergbau und ein Experiment im frühbronzezeitlichen Goldbergbau von Sakdrissi, Georgien. In: K. Oeggl/V. Schaffer (Hg.), Die Geschichte des Bergbaues in Tirol und seinen angrenzenden Gebieten. Proceedings 6. Milestone-Meeting Klausen 2011 (Innsbruck 2012) 65–77. **Stöllner, Th./Craddock, B./Gambaschidze, I./Gogotchuri, G./Hauptmann, A./Hornschuch, A./Klein, F./Löffler, I./Mindiashvili, G./Murvanidze, B./Senczek, S./Schaich, M./Steffens, G./Tamasashvili, K./Timberlake, S. 2014,** Gold in the Caucasus: New research on gold extraction in the Kura-Araxes Culture of the 4th millennium BC and early 3rd millennium BC. With an appendix of M. Jansen/Th. Stöllner/A. Courcier. In:

H. Meller/E. Pernicka/R. Risch (Hg.), Metalle der Macht. Tagungen des Landesmuseums für Vorgeschichte Halle 11 (Halle 2014) 71–110. **Stöllner, Th./Gambashidze, I. 2018,** The Paravani calculation. The Early Gold Mining Complex in Sakdrissi and its societal impact. In: C. Marro/Th. Stöllner (Hg.), im Druck. **Tamazashvili, Q. 2014,** Prehistoric Mining Implements from Georgia (Tbilisi 2014). **Tamazashvili, Q. 2018,** The prehistoric mining implements from Georgia. In: C. Marro/Th. Stöllner (Hg.), im Druck. **Tshochonelidze, M. 1975,** Тшохонолидзе, М., О древных разработках руд бла- городных, цветных металлов и железа в Болнисском рудном районе Грузии (unpublizierter Bericht). Tshochonelidze, M., O drevnych razrabotkach rud blagorodnych, cvetnych, metallov i železa v Bolnisskom rudnom Rajone Gruzii. Tshochonelidze, M., About ancient workings on metallic and iron ores at the Georgian ore-district Bolnissi. (Unveröffentlichter Bericht der 1970er Jahre).

Das prähistorische Siedlungsplateau Dzedzwebi nahe Balitschi in Unterkartli

Thomas Stöllner und Irina Gambashidze

Die prähistorische Besiedlungsgeschichte des Kleinen Kaukasus lässt sich heute erst in Teilen rekonstruieren, weil systematische siedlungsarchäologische Arbeiten, etwa zur neolithischen Besiedlung des 6. Jahrtausends v. Chr., eher die Ausnahmen geblieben sind. Die heutigen Siedlungslandschaften des südlichen Kaukasus sind in der Regel durch kleinteilige, agropastorale Bewirtschaftungsstrukturen geprägt. Sie erlauben daher nur selten flächige Einblicke in kleinregionales Siedlungsgeschehen.

Die Untersuchung im Rahmen des deutsch-georgischen Gemeinschaftsprojektes im mittleren Maschawera-Tal hat somit höchst willkommene Einblicke in eine regionale Siedlungsgeschichte erbracht, die umso spannender war, weil sie zumindest in Teilen mit der Nutzung der Lagerstätten zusammengebracht werden kann. So ist schon eine (spät)mittelalterliche Tradition in der Nutzung der Lagerstätten erkennbar, die sich in einer schriftlichen Überlieferung im 17. Jahrhundert widerspiegelt[1]. Archäologische Siedlungsbefunde wurden von der älteren Forschung vor allem durch L. Muschlischwili und M. Sinauritse entlang des Flüsschens Kazretula etwa im Bereich der Anhöhe um den heutigen Ort Kazreti, dann im Umfeld der Kapelle von Orsakdrebi und im Areal des Kachagiani-Hügels und schließlich im Tälchen von Abanoschewi überliefert, wo bis heute die Reste des ursprünglichen muslimischen Dorfes zu sehen sind[2]. Auch wurden anfangs kleine Sondagen auf dem sogenannten Dzedzwebi-Plateau des Ortsfriedhofes von Balitschi durchgeführt, diese blieben aber den Aufzeichnungen zufolge relativ erfolglos.

Insofern war der Fund eines fast vollständigen Kura-Araxes-Gefäßes durch den Totengräber von Balitschi im Jahr 2007 ein echter Glücksfall[3]. Die daraufhin von der deutsch-georgischen Expedition eingeleiteten Begehungen führten relativ schnell zu der Erkenntnis, dass es sich auf dem ausgedehnten Plateau von Balitschi-Dzedzwebi um eine ausgedehnte prähistorische Siedlung handeln dürfte. Das Areal ist heute weitgehend unbesiedelt, weist aber auf seinem nach Norden gerichteten Haupthang einige Terrassierungen auf, die vermutlich auf landwirtschaftliche Aktivitäten der nahegelegenen Dörfer hinweisen. Die zahlreichen Büsche des Dzedzvi-Busches, einer Art Weißdorn-Akazie, haben dem Ort seinen Namen gegeben.

Das prähistorische Siedlungsplateau

Durch die zahlreichen seit 2007 durchgeführten Prospektionen und Ausgrabungen kann heute ein erster Überblick über die Besiedlung des 60 Hektar großen Siedlungsplateaus gegeben werden (Abb. 1). Dabei zeigte sich, dass das nach Westen und Osten zu den Flüssen Maschawera und Dampludka abfallende Plateau nur von Norden und Süden zugänglich war, während im Norden der Zugang wohl entlang der heutigen Wegetrasse verlief und dadurch eine Art Torsituation entstand. Die Besiedlung erstreckte sich im Süden bis zu einer Engstelle der beiden Flusstäler. Dort war der Zugang mindestens seit dem frühen ersten Jahrtausend v. Chr. von einer Wallanlage geschützt, die von hier aus Teile des Südplateaus umfasst hat. Die Lage des Plateaus zwang

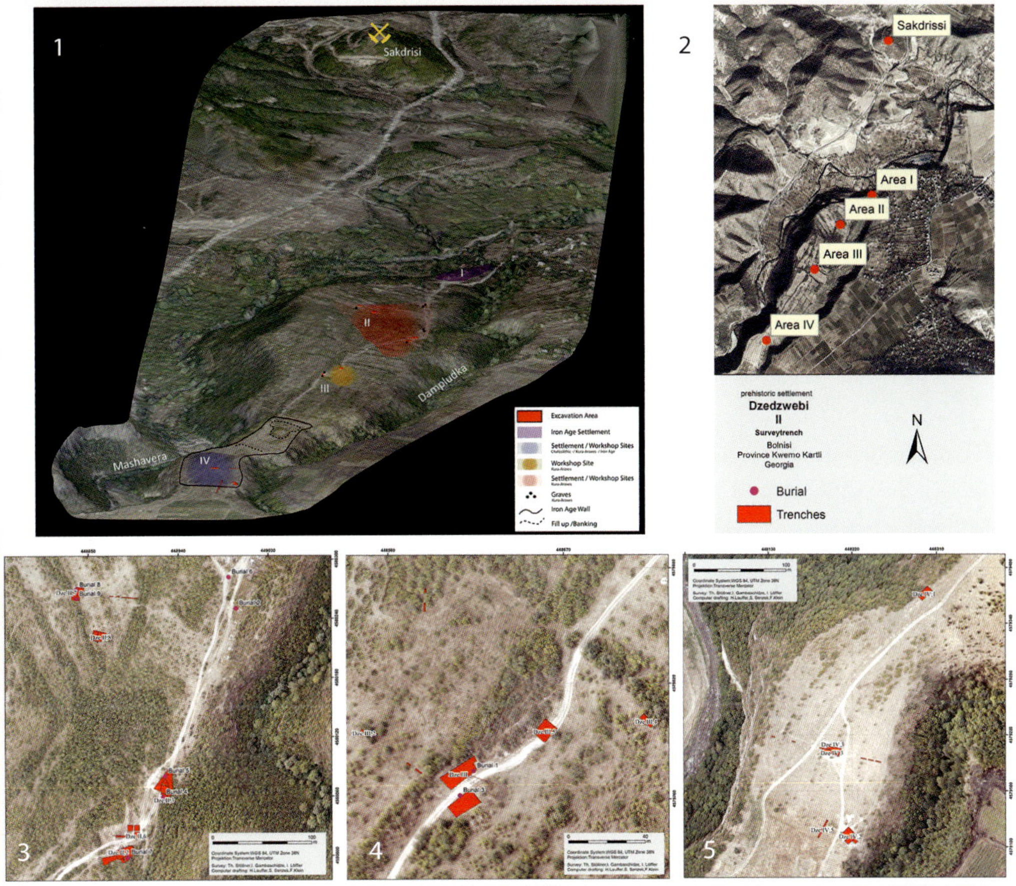

Abb. 1 Dzedzwebi-Plateau.
1–2: Das Plateau und seine Fundstellen;
3: Die Grabungsareale am Nordhang (Dzedzwebi, Bereich II);
4: Nördlicher Teil des zentralen Plateaus (Dzedzwebi, Bereich III);
5: Südplateau (Dzedzwebi, Bereich IV).

den Personen- und Warenverkehr über das Plateau, sofern die Reiseroute von Norden oder von Süden in Richtung Bolnissi oder in Richtung Dmanissi erfolgen sollte.

Heute lässt sich erkennen, dass die Besiedlung nicht gleichmäßig über das Plateau verteilt war. Während die früheisenzeitliche Besiedlung etwa seit dem 11. Jahrhundert v. Chr. vor allem im Bereich des Südplateaus und am Sporn des Nordplateaus zu finden ist, hier also auch strategisch wichtige Stellen besetzte, lag die frühbronzezeitliche Kura-Araxes-Besiedlung eher gestreut über Teile des Plateaus verteilt. Andere Zeitperioden treten am Plateau punktuell auf, so der Nachweis einer spätchalkolithischen Besiedlung der südostgeorgischen Tsopi-Sioni-Kultur im Süden des Plateaus[4]. Vereinzelt gibt es auch Hinweise auf mittelbronzezeitliche Funde, doch ist bis dato unklar, ob es sich um regelrechte Besiedlungsnachweise handelt. Sie wären in diesem Raum eine echte Rarität.

Die spätchalkolithische Besiedlung

Die Grabungen in Areal IV.3. haben vor allem in den Jahren 2010, 2014 und 2015 zahlreiche Siedlungsgruben der spätchalkolithischen Tsopi-Sioni-Kultur erbracht. Die Gruben erwiesen sich als sehr fundreich, wodurch ein guter Eindruck in die Wirtschaftsweise und die häuslichen Aktivitäten der Bewohner im späten 5. Jahrtausend v. Chr. möglich wird[5]. So konnten durch die Untersuchung der Tierknochen interessante Einblicke in die pastoralen Wirtschaftsweisen gewonnen werden: Neben einem größeren Anteil von Rindern spielten Schaf/Ziege eine wichtige Rolle, ungewöhnlich vor allem deshalb, weil sie in den älteren Perioden Südostgeorgiens noch nicht in dieser Menge auftreten. Die Schlachtmuster und die Altersverteilung lassen zudem erkennen, dass die Herden vor allem im Frühjahr und Sommer nicht im Umfeld der Siedlung waren, sondern wahrscheinlich in umliegenden Weidegebieten gehalten wurden[6]. Diese auf saisonale Bewirtschaftung ausgelegte Wirtschaftsweise geht womöglich mit stärkerer Nutzung der umliegenden Landschaften und ihrer Rohstoffe einher. Darauf deuten auch die zahlreichen Nachweise von metallurgischen Aktivitäten, die damit in Einklang stehen. So wurden Tiegel und eine Gussform für ein Kupferschwergerät entdeckt (Abb. 2). Die im Umfeld bekannten Lagerstätten wurden offensichtlich genutzt und Kupfer, sowie wahrscheinlich auch schon Edelmetalle, weiter verarbeitet. Die metallurgische Tradition von Dzedzwebi lässt sich mit Techniken vergleichen, wie sie in dieser Zeit beispielsweise auf dem iranischen Plateau verbreitet waren[7]. Dies alles deutet darauf hin, dass die neuen Strategien der Herdenhaltung und der Metallverarbeitung mit der Übermittlung von Wissensbeständen zu verbinden sind. Ihre Übertragung kann mit der Neubesiedlung des oberen Maschawera-Tals im Laufe des 5. Jahrtausends v. Chr. verbunden werden, als vermutlich neue Siedlergruppen aus den tieferen Teilen des Kura-Talsystems zuwanderten und auch neue Techniken und Wirtschaftsweisen mitbrachten[8].

Die Kura-Araxes-zeitliche Besiedlung

In dieser Phase ist nicht nur die Besiedlung am Dzedzwebi-Plateau längst etabliert, sondern es lässt sich eine deutliche interne Struktur erkennen. Dabei ist durch die derzeit kleinen Ausschnitte noch unklar, ob der Kura-Araxes-zeitlichen Besiedlung am Südplateau eine spätestchalkolithische Besiedlung vorausging, etwa der im Kura-Talsystem bekannten Leylatepe-Tradition. Jedenfalls ist die Besiedlung hier vor allem durch agropastorale und häusliche Aktivitäten geprägt[9]. Weiterhin ist eine gemischte Herdenhaltung belegt, zu der nun auch ein kleinerer Anteil von Hausschweinen und ein erhöhter Rinderanteil tritt. Weiterhin dürften Herden in das pastorale Umfeld getrieben worden sein. Leider sind die Kura-Araxes-zeitlichen Befunde, die ab der Mitte des 4. Jahrtausends v. Chr. einsetzen, durch die spätere früheisenzeitliche Besiedlung des Südplateaus stark gestört[10]. Doch lässt der keramische Bestand eine ältere Kura-Araxes II-zeitliche und eine jüngere Kura-Araxes III-zeitliche Besiedlung der ersten Hälfte des 3. Jahrtausends v. Chr. erkennen. Auffällig ist, dass nun keine metallurgischen Aktivitäten mehr stattfinden. Sie sind aber in anderen Teilen des Dzedzwebi-Plateaus umso deutlicher, was eine Separation der mit der Metallgewinnung befassten Aktivitäten belegt. Es ist zu vermuten, dass dies weniger technische Ursachen (etwa die Feuergefahr), sondern vor allem soziale Ursachen hatte. Die im Bereich des nördlichen Hanges in Dzedzwebi II und III konzentrierte Kura-Araxes-Besiedlung kann als

Abb. 2 Dzedzwebi-Plateau. Spätchalkolithische Metallurgiegeräte der Tsopi-Sioni-Gruppe aus Dzedzwebi, Bereich IV.3, Kat. 121, 122.

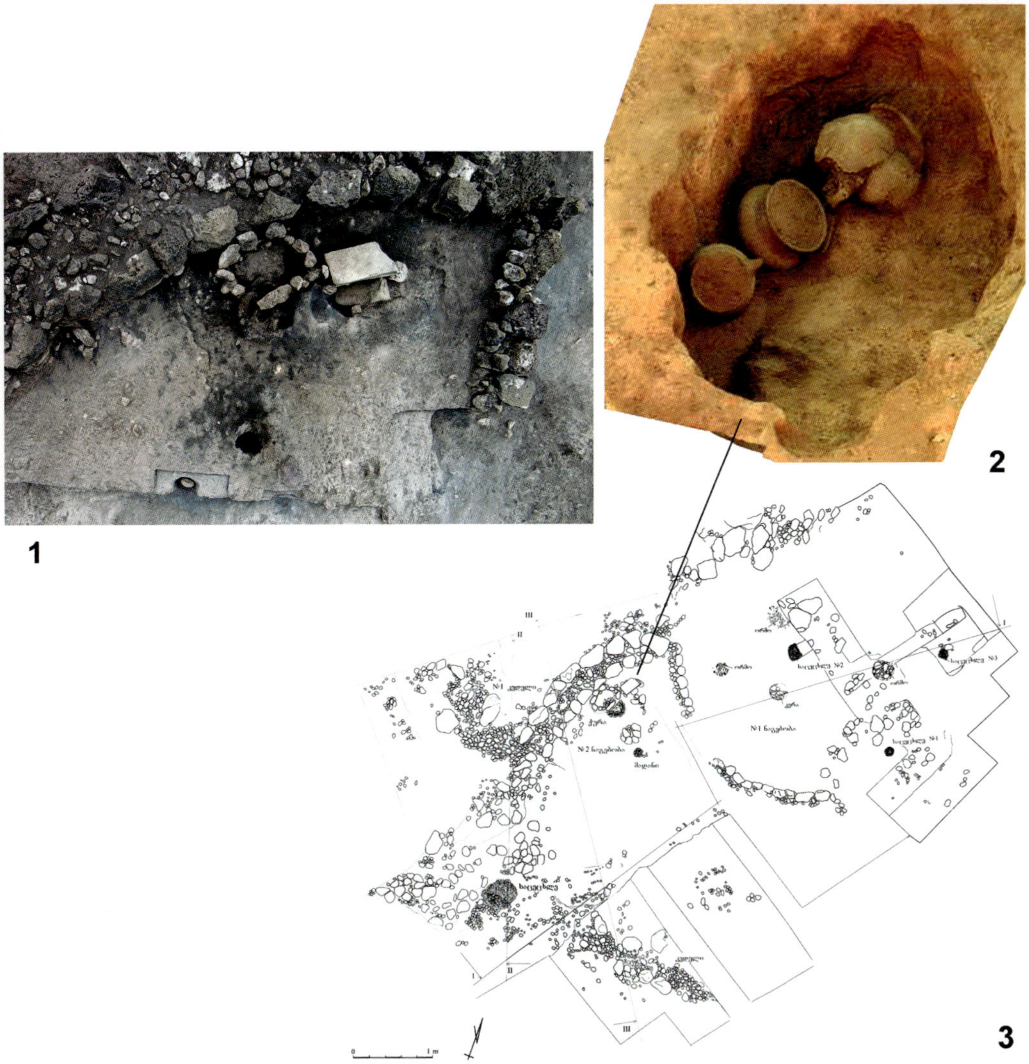

Abb. 3 Dzedzwebi-Plateau.
1: Bereich II.2, Haus 2 mit Werkstatt;
2: Senkrechtaufnahme des Werkstattbereiches, Grab 7, 3D-SFM-Modell der Schädel- und Gefäßdeponierung;
3: Planzeichnung der Werkstatt.

spezialisiertes Handwerksareal beschrieben werden. An verschiedenen Stellen konnten Hausbefunde entdeckt werden, die sich durch metallurgische Aktivitäten auszeichneten. An Fundstelle III.5 wurde etwa eine Freilandstation entdeckt, an der Golderze aus Sakdrissi gemahlen und wohl auch geschmolzen wurden[11]. Dies belegen die mineralogischen Untersuchungen der dort aufgefundenen Erze wie auch die deutlich erhöhten Goldgehalte der Sedimente in einer vermuteten Schmelzgrube. Weiter nördlich fand sich ein aus mehreren Häusern bestehender Handwerkskomplex: Neben einer auf Kupfer spezialisierten Werkstatt (Haus Nr. 2) wurde unter anderem ein großes Haus (Nr. 3) untersucht, dessen große Zahl von Mahlgeräten und Kleinambossen auf eine spezialisierte Golderzaufbereitung hindeutet[12]. Auch hier scheint das Erzkonzentrat im Umfeld geschmolzen worden zu sein, wie zahlreiche Tiegelfragmente zeigen. Am deutlichsten sind die auf Golderzmahlen und das Waschen eines Erzkonzentrats ausgerichteten Arbeitsgänge in

Abb. 4 Dzedzwebi-Plateau. 1: Bereich II.8, Haus 4, Plandarstellung des oberen Schichtbefundes mit Keramik- und Steingerätedeponierung. 2: Deponierung eines mit rotem Hämatitpigment gefüllten Gefäßes und zwei keramischen Idolständern seitlich, in situ. 3: Objekte der Deponierung. 4: Reliefverziertes Wandputzfragment 25521, zwischen verbranntem Lehm über dem oben genannten Gefäß gefunden.

Haus 4 (Dzedzwebi Areal II.8). Hier konnten neben mehreren Feuerstellen auch zahlreiche Goldmahlgeräte und eine beckenförmig hergerichtete Waschinstallation mit Goldwaschpfanne dokumentiert werden. Die erhöhten Goldgehalte in den Sedimenten belegten erneut die spezifischen Arbeitsgänge der Aufbereitung.

Dass in diesem Areal die goldführende Erze aus Sakdrissi aufbereitet wurden, kann mittlerweile an zahlreichen Einzelbespielen belegt werden. Dennoch handelt es sich nicht um ein Handwerkerviertel, sondern eher um einen Ort, an dem solche Arbeiten durchgeführt wurden. Dass es sich um ein insgesamt spezielles Areal handelte, lässt sich auch an anderen Elementen verdeutlichen: Die Gold- und Kupfermetallurgie war in Dzedzwebi in der Regel von einer ganzen Anzahl ritueller Aktivitäten begleitet: Sie stehen häufig in einer engen Verbindung mit Grablegen, die häufig nahe der Häuser oder im Umfeld der metallurgischen Aktivitäten aufgefunden wurden. Besonders eng ist die Verbindung im Fall der Gräber 5 und 7, die direkt an die Arbeitsbereiche angebaut waren und wie im Fall von Grab 7 unter einer mehrphasigen Mahlinstallation neben der eigentlichen Herdstelle angelegt wurden[13] (Abb. 3). In beiden Fällen handelt es sich um Schädelbestattungen jugendlicher Individuen, möglicherweise Personen, die in einem signifikanten Verhältnis zu den Produktionspraktiken standen. Einzelne Jugendliche fallen auch in den drei größeren Kollektivgräbern auf (Grab Nr. 1, 3 und 6). Besonders auffällig ist der Fall enger Verknüpfung von Produktionsaktivitäten mit rituellen Praktiken im Fall des Komplexes von Haus 4–5 und den mit ihnen verbundenen Gräbern. Während Haus 5 eher als Plattform angesprochen werden kann, dem mehrere Gräber (Grab Nr. 8–9) angehörten, können in Haus 4 besonders deutlich die verschiedenen Rituale während und nach Ende des Golderzaufbereitungsprozesses nachvollzogen werden (Abb. 4). So waren gemeinschaftliches Trinken und Speisen, aber auch weitere festartige Zeremonien, mit dem Goldaufbereitungsprozess verbunden. Das in einem besonderen dreihenkeligen Gefäß zwischen zwei »Ritualständern« aufbewahrte rote Hämatitpigment bestand ebenfalls aus Sakdrissi-Erz[14]. Vielleicht wurde es im vermahlenen Zustand zur Körperbemalung verwendet? Jedenfalls wurde diese Deponierung wie auch Speise- und Trinkgeschirr abschließend von einer Lage von Mahlsteinen überdeckt. Die Deponierung von Geräten, die der Goldaufbereitung zugehören, ist insofern aussagekräftig, da sie wie die verschiedenen Installationen des Hauses, die mehreren vorhandenen Herdstellen und auch die oben erwähnte Waschinstallation, einen direkten Bezug zu den Arbeiten um die Goldgewinnung nahelegt.

Offensichtlich erforderten die metallurgischen und insbesondere die Prozesse um die Goldgewinnung eine rituelle Begleitung und einen Abschluss durch eine wie auch immer geartete Zeremonie. Befunde dieser Art sind praktisch in beinahe allen diesbezüglichen Befunden zu greifen, was umgekehrt auch den Ort der Handlungen heraushebt und betont. Warum gerade dieser Ort sozial und religiös aufgeladen war, kann aber höchstens vermutet werden. Ob sich die Bergbaugemeinschaft von den übrigen Siedlern separierte oder/und ob sogar fremde Personen und Gruppen in diese Aktivitäten eingebunden waren, bleibt offen. Dennoch gibt es viele Beispiele für solches Verhalten, insbesondere bei spezialisierten Metallurgen und fremden Handwerkern.

Die eisenzeitliche Besiedlung

Die besten Einblicke konnten vor allem am Südplateau erzielt werden, wo die früheisenzeitliche Besiedlung flächig über den älteren Befunden liegt[15]. Hier lag keine gestreute Besiedlung vor, sondern es dürfte sich um eine einigermaßen dichte Bebauung gehandelt haben, die sich mindestens über drei Siedlungsphasen entwickelt hat. Die mehrräumigen Häuser können als einigermaßen geräumig und mit mindestens einem Steinsockel als relativ stabil gebaut beschrieben werden. Größere Freiflächen sind intensiv für die Vorratshaltung und die Anlage von Gruben genutzt worden. Dass es möglicherweise sogar spezialisierte Nahrungszubereitung beziehungsweise Bäckereien gegeben hat, zeigt Haus 1 in Areal IV.3, wo mindestens mehrere Brotbacköfen eines in Transkaukasien gut bekannten Typs entdeckt wurden[16]. Die Siedlung war offensichtlich befestigt und verfügte anfangs über einen Zugang aus dem südöstlichen Vorfeld (Areal IV.2), wo ein Tangentialtor den Zutritt sicherte. Der breite Torweg erlaubte sogar die Nutzung von zweispännigen Gefährten. Dieser Zugang scheint in der spätesten Wallphase schließlich blockiert worden zu sein. Möglicherweise wurde ein anderes Tor an anderer Stelle errichtet, worauf ein mögliches weiteres Tor im zentralen Teil des Südwalles hinweist[17].

Der Fundreichtum der eisenzeitlichen Siedlung, die noch bis in das 6. Jahrhundert v. Chr. bestanden haben sollte, ist auffällig. Funde rotengobierter urartäischer Keramik belegen, dass die Siedlung im Kontakt zu den mächtigen Nachbarn im Süden stand. Warum sie aufgegeben wurde, ist unklar. Möglicherweise wurde eine neue Siedlung weiter talabwärts im Umfeld des heutigen Ortskerns von Kazreti gegründet. Das dort am Telebisweli ausgegrabene Gräberfeld lässt auch noch Funde erkennen, die sich mindestens noch in einen jüngeren achämenidischen Horizont erstreckten[18]. Doch sind die Zusammenhänge noch reichlich unklar und gerade die eisenzeitliche Besiedlungsgeschichte Südostgeorgiens hält noch zahlreiche offene Fragen bereit.

Mit dem Siedlungsplateau von Dzedzwebi lässt sich jedenfalls eine zentrale Vorzugslage erkennen, die den prähistorischen Siedlern des mittleren Maschawera-Tals einen enormen strategischen Vorteil brachte. Das betraf nicht nur die Kontrolle der Wege durch das Tal, sondern auch die Einbettung in ein weidewirtschaftlich nutzbares und rohstoffreiches Hinterland. Schon jetzt sprechen zahlreiche außergewöhnliche Befunde und Funde dafür, dass der Ort immer wieder eine gewisse zentralörtliche Funktion im weiteren Umfeld einnahm.

1 Batonishwili 1941; Grdzelischwili 1967.
2 Muskhelishvili 1941; Sinauridze 1985; zusammenfassend Berdzenishvili 2006.
3 Stöllner/Gambashidze/Hauptmann 2008; Stöllner u. a. 2010, Abb. 12, 6000.
4 Allgemein zur Siedlung: Gambashidze/Stöllner 2016; Stöllner u. a. 2010; Stöllner/Gambashidze 2011; Stöllner u. a. 2014. Die Forschungen am Dzedzwebi-Plateau wurden und werden großzügig von der VW-Stiftung in den Projekten Gold in Georgien II–III sowie durch die DFG im Projekt STO 458/15 unterstützt.
5 Gambashidze/Stöllner 2016, 110–115.
6 Berthon u. a. 2018.
7 Gussform und Tiegel erlauben Vergleiche mit dem iranischen Plateau, speziell mit der Werkstatt von Tappeh Ghabrestan, dazu siehe Majidzadeh 1996 (zur neuen Datierung siehe Fazeli u. a. 2005); generell siehe Helwing 2012.
8 Siehe hierzu die Fundstellenkartierung bei Stöllner 2016, 224, Abb. 10.
9 Narimanov/Achundov/Aliev 2007; für die chronologische Einbettung siehe Lyonnet 2007.
10 Stöllner u. a. 2014, 102–103, Abb. 19.
11 Stöllner 2017, 130–133, Abb. 5,2; Stöllner/Gambashidze 2018.
12 Stöllner u. a. 2014, 97–99; Gambashidze/Stöllner 2016, 74–77, 94–99; Stöllner 2017, besonders 121–127.
13 Stöllner u. a. 2014, 97–99, Abb. 25; Gambashidze/Stöllner 2016, 80–91.
14 Stöllner 2017, besonders 121–127.
15 Gambashidze/Stöllner 2016, 118–123.
16 Gambashidze/Stöllner 2016, 120–121, Abb. oben.
17 Gambashidze/Stöllner 2016, 122.
18 Sinauridze 1985.

Literatur

Batonishvili, V. 1941, ბატონიშვილი, ვ., ქართლის ცხოვრება (ს. ყაუხჩიშვილის რედაქციით) (თბილისი 1941). Batonishvili, V., Kartlis tskhovreba (teksti dadgen. S, Qauchishvilis mier) (Tbilisi 1941). Batonishvili, V., Das Leben Kartlis (alle Texte zusammengestellt von S. Qauchishvili) (Tbilisi 1941). **Berthon, R./Giblin, J./Balasse, M./Fiorillo, D./Bellefroid, E. 2018,** The role of herding strategies in the exploitation of natural resources by early mining communities in the Caucasus. In: C. Marro/Th. Stöllner (Hg.), im Druck. **Berdzenishvili, D. 2006,** ბერძენიშვილი, დ., ნარკვევები საქართველოს ისტორიული გეოგრაფიიდან: ქვემო ქართლი (თბილისი 2006). Berdzenishvili, D., Narkvevebi sakartvelos istoriuli geografiidan: Kvemo Kartli (Tbilisi 2006). Berdzenishvili, D., Studien zur historischen Geographie von Georgien: Kvemo Kartli (Tbilisi 2006). **Fazeli, N. H./Wong, E./Potts, D. T. 2005,** The Qazvin Plain revisited: A reappraisal of the chronology of north western Central Plateau, Iran in the 6th to the 4th millennium BC. Ancient Near Eastern Studies 42,

2005, 3–82. **Gambashidze, I./Stöllner, Th. 2016,** The Gold of Sakdrisi. Man's first gold mining enterprise. Veröffentlichungen aus dem DBM Bochum 211 (Bochum/Rahden 2016). **Grdzelischvili, J. 1967,** გრძელიშვილი, ჯ., სპილენძის მოპოვება-დამუშავების უძველესი ისტორიისათვის ბოლნისის რაიონში. In: საქართველოს სსრ მეცნიერებათა აკადემიის მოამბე XLVII, 1 (თბილისი 1967) 248. Grdzelischvili, J., Spilenzis mopoveba-damushawebis udzvelesi istoriisatvis Bolnisis raionshi. In: Sakartvelos SSR metsnierebata Akademiis Moambe XLVII, 1 (Tbilisi 1967) 248. Grdzelishvili, J., Zur Geschichte des frühen Kupferbergbaues und -produktion im Kreis Bolnissi. In: Mitteilungen der Georgischen Akademie der Wissenschaften XLII, 1 (Tbilisi 1967) 248. **Helwing, B. 2012,** Late Chalcolithic craft traditions at the North-Eastern «Periphery» Origini 35, 2012, 201–220. **Lyonnet, B. 2007,** La culture de Maïkop, La Transcaucasie, L'Anatolie orientale et la Proche-Orient: relations et chronologie. In: B. Lyonnet (Hg.), Les cultures du Caucase (VIe-IIIe millénaires avant notre ère). Leurs relations avec le Proche-Orient (Paris 2007) 133–161. **Majidzadeh, Y. 1996,** Excavations at Tepe Ghabristan (Rome 1996). **Marro, C. /Stöllner, Th. (Hg.),** On salt, copper and Gold: the origins of early mining and metallurgy in the Caucasus. Proceedings of the conference held in Tbilisi (Georgia), June 16th–19th 2016 (Paris 2016), im Druck. **Muskhelishvili, L. 1941,** მუსხელიშვილი, ლ., არქეოლოგიური ექსკურსიები მაშავრის ხეობაში (თბილისი 1941). Muskhelishvili, L., Arkeologiuri ekskursiebi mashavris khepbashi (Tbilisi 1941). Muskhelishvili, L., Archäologische Expeditionen ins Tal von Mashavera (Tbilisi 1941). **Narimanov, I. G./Achundov, T. I./Aliev, N. G. 2007,** Нариманов И. Г./ Ахундов Т. И./ Алиев Н. Г., Лейлатепе. Поселение, традиции, этап в этнокультурной истории Южного Кавказа (Баку 2007). Narimanov, I. G./Achundov, T. I ./Aliev, N. G., Lejlatepe. Poselenie, tradicii, etap v etnokul‹turnoj istorii južnogo Kavkaza (Baku 2007). Narimanov, I. G./ Achundov, T. I./Aliev, N. G., Leylatepe. Siedlung, Tradition, eine Etappe in der ethnokulturellen Geschichte im Südkaukasus (Baku 2007). **Sinauridze, M. 1985** , სინაურიძე, მ. 1985 კაზრეთის ხეობის არქეოლოგიური ძეგლები (თბილისი 1985). Sinauridze, M., Kazretis cheobis arkeologiuri dzeglebi (Tbilisi 1985). Sinauridze, M., Archäologische Denkmäler aus der Kazreti Schlucht (Tbilisi 1985). **Stöllner, Th. 2016,** The Beginnings of Social Inequality: Consumer and Producer Perspectives from Transcaucasia in the 4th and the 3rd Millennia BC. In: M. Bartelheim/B. Horeijs/R. Krauss (Hg.), Von Baden bis Troia. Ressourcennutzung, Metallurgie und Wissenstransfer. Eine Jubiläumsschrift für Ernst Pernicka. Oriental and European Archaeology Volume 3 (Rahden 2016) 209–234. **Stöllner, Th. 2017,** The ritual interplay: gold mining practices in the late 4th and early 3rd millennia BC. In collaboration with I. Gambashidze. With an appendix from T. Skowronek, A. Courcier, Th. Stöllner. In: B. V. Eriksen, A. Abegg-Wigg, R. Bleile, U. Ickerodt (Hg.), Interaktion ohne Grenze. Festschrift für Claus von Carnap-Bornheim zum 60. Geburtstag (Schleswig 2017) 119–136. **Stöllner, Th./ Gambashidze, I./Hauptmann, A. 2008,** The Earliest Gold Mining of the Ancient World? Research on an Early Bronze Age Gold Mine in Georgia. In: Ü. Yalcin/ H. Özbal/A. G. Paşamehmetoğlu (Hg.), Ancient Mining in Turkey and the Eastern Mediterranean. International Conference AMITEM 2008 (Ankara 2008) 271–288. **Stöllner, Th./Gambaschiże, I./Hauptmann, A./ Mindiašvili, G./Gogočuri, G./Steffens, G. 2010,** Goldbergbau in Südostgeorgien – Neue Forschungen zum frühbronzezeitlichen Bergbau in Georgien. In: S. Hansen/ A. Hauptmann/I. Motzenbäcker/E. Pernicka (Hg.), Von Majkop nach Trialeti – Gewinnung und Verbreitung von Metallen und Obsidian in Kaukasien im 4.–2. Jahrtausend v. Chr. Beiträge des Internationalen Symposiums in Berlin vom 1.–3. Juni 2006. Kolloquien zur Vor- und Frühgeschichte 13 (Bonn 2010) 103–138. **Stöllner, Th./ Gambashidze, I. 2011,** Gold in Georgia II: The Oldest Gold Mine in the World. In: Ü. Yalçın (Hg.), Anatolian Metal V. Der Anschnitt, Beiheft 24 (Bochum 2011) 187–199. **Stöllner, Th./Craddock, B./Gambaschidze, I./ Gogotchuri, G./Hauptmann, A./Hornschuch, A./ Klein, F./Löffler, I./Mindiashvili, G./Murvanidze, B./ Senczek, S./Schaich, M./Steffens, G./Tamasashvili, K./ Timberlake, S. 2014,** Gold in the Caucasus: New research on gold extraction in the Kura-Araxes Culture of the 4th millennium BC and early 3rd millennium BC. With an appendix of M. Jansen, Th. Stöllner, A. Courcier. In: H. Meller/E. Pernicka/R. Risch (Hg.), Metalle der Macht. Tagungen des Landesmuseums für Vorgeschichte Halle 11 (Halle 2014) 71–110. **Stöllner, Th./Gambashidze, I. 2018,** The Paravani calculation. The Early Gold Mining Complex in Sakdrisi and its societal impact. In: C. Marro/ Th. Stöllner (Hg.), im Druck.

Gudabertqa – Eine Siedlung der Kura-Araxes-Kultur

Giorgi Mindiashvili

Die 5.000 Jahre alte Siedlung Gudabertqa umfasst eine Fläche von circa drei Hektar und ist somit eine der größten Siedlungen der Kura-Araxes-Kultur in Georgien. Gudabertqa liegt in der zentralen Region des Landes, nahe der Stadt Gori, nur knapp 80 Kilometer westlich von Tbilissi (Abb. 1). Zur Kura-Araxes-Kultur gehören die untersten Schichten der Siedlung. Der Platz wurde während der Spätbronze- und Früheisenzeit wieder aufgesucht. Zum Denkmal gehören der, an der heutigen Schnellstraße liegende, Siedlungshügel (699,8 Meter über dem Meeresspiegel) und die nördliche Fläche am Hügelfuß. Die Stärke der Kulturschichten erreicht an manchen Stellen drei Meter. Die Ausgrabungen der Siedlung dauern seit ihrer Entdeckung 1956 bis heute ohne Unterbrechung an[1]. Die in der Siedlung nachgewiesenen Reste von 14 Bauten sowie andere Funde der Kura-Araxes-Kultur zeigen, dass die früheren Bauten in Gudabertqa über einen kreisförmigen Grundriss und ein flaches Dach verfügten. Diese Bauweise wurde in den anderen zeitgleichen Siedlungen in der Region Schida Kartli nachgewiesen[2] (Abb. 2). Für die späteren Bauten ist ein rechteckiger Grundriss mit abgerundeten Ecken typisch. Als Baumaterial wurden

Abb. 1 Siedlung Gudabertqa. Der Siedlungshügel in einer Ansicht von Osten.

Abb. 2 Siedlung Gudabertqa. Der zentrale Bereich mit den Bauten 1 und 2 in einer Ansicht von Nordwesten.

feste, in Tonmörtel eingelegte, Stampflehmblöcke verschiedener Größen sowie Flechtwerk mit Lehmbewurf verwendet. Bei den größeren Gebäuden (5 × 5 m und 6 × 7 m) sind Bauelemente von Flachdächern in den Lehmputz eingedrückt und gut sichtbar. Der Lehm, der für den Bau verwendet wurde, war mit Stroh- und Graspartikeln gemagert. Im zentralen Bereich der Wohnhäuser auf dem festgetretenen und mit einer dünnen Schicht Lehm verstrichenen Fußboden wurde eine schüsselförmige Herdstelle mit inneren Absätzen nachgewiesen. An der Vorderseite der Gebäude wurden Vorbauten unterschiedlicher Größe und Grundrissform angeschlossen[3]. In manchen Fällen sind solche Vorbauten genauso groß wie die Bauten mit der Herdstelle. In den Häusern wurde ein 4–5 cm hohes, stufenförmiges Podest nachgewiesen. In den Rundbauten befand sich das Podest an der Rückwand, während in den rechteckigen Bauten (inklusive der Vorbauten) das Podest entlang der Seitenwand angelegt wurde. Das Podest war in der Regel mit Lehm verputzt und geglättet. Die Häuser wurden ohne Fundament gebaut, zudem erfolgte eine sorgfältige Vorbereitung und Planierung des Bauplatzes. Zum Einebnen wurde Lehm aus den Kulturschichten, aber auch gewachsener Boden, verwendet. Im unteren Bereich der Wände ist von außen eine circa 1 m breite und 0,10–0,15 m starke Lehmschicht – das sogenannte Kissen – angebracht. Als Funktion für das leicht geneigte Kissen werden zum einen die Verstärkung der Hauswände und zum anderen das Abfließen des Regenwassers angenommen. Die Bauten wurden an flachen Stellen und an Hanglagen errichtet, dabei kam es oft zur Beschädigung von Kulturschichten. Die Bauten in Gudabertqa wiesen Eingänge im Norden und Westen auf, was mit der Windrichtung in Zusammenhang gebracht werden kann. In der Siedlung wurde ein Baukomplex aus zwei parallel zueinander laufenden, schmalen, länglichen Bauten freigelegt. Dieser

Abb. 3 Siedlung Gudabertqa. Der zentrale Bereich mit dem als Tempel bezeichneten Komplex der Kura-Araxes-Kultur in einer Ansicht von Südosten.

Komplex wurde als Tempel bezeichnet[4]. Die mit Nischen versehenen Bauten wurden dicht aneinander errichtet und im mittleren Bereich über einen festgestampften Platz miteinander verbunden (Abb. 3). Die Wände der Bauten sind mit farbigen, schräg verlaufenden Linien versehen. In einer Nische des nördlichen, und ein wenig kürzeren, Gebäudes wurde neben Keramik ein konisches Stempelsiegel gefunden (Abb. 6, oben). An der Südwand des südlichen Gebäudes wurde eine hohe Kult- oder Opferplattform mit zwei Hörnerpaaren dokumentiert. Aus diesem Grund teilt der Autor die Meinung des Ausgräbers, dass es sich bei den beiden Bauten um einen rituellen Komplex handelt. Verschiedene Kulte der Kura-Araxes-Kultur, die zuerst in Wohnhäusern ausgeübt wurden, nehmen während der späteren Stufen homogenen Charakter nicht nur in Gudabertqa, sondern auch in den benachbarten Siedlungen an. Speziell für rituelle Zwecke wurde ein Tempel gebaut. Ausdruck der Zentralisierung von kultischen Handlungen sind auch die sakralen Zeichen auf Wänden von Wohnhäusern, wie zum Beispiel eine Reliefdarstellung auf der Wand eines Wohnhauses in Gudabertqa. Kupferdiademe wurden als Zeichen der Synthese von kultisch-mythologischen Vorstellungen gedeutet. Ihre Verbreitung über größere Distanzen wird durch das Vorkommen ähnlicher Kupferdiademe in den Kura-Araxes-Schichten in Gudabertqa[5] (Abb. 6, Mitte und unten), im Grab 2 von Kvatskhela[6] und im Königsgrab von Arslantepe[7] belegt.

Wichtige Informationen über die Landwirtschaft und das Handwerk liefern Mahlsteine, Reibsteine und Reste von Kulturpflanzen sowie Tierknochen und Tonfiguren. Die Existenz von Metallurgie wird durch Dolche aus Arsenbronze, die bereits erwähnten Diademe, sowie durch verschiedene Gussformen bestätigt. Aus der Siedlung ist eine große Anzahl an beigen, braunen und auch schwarzen Henkelgefäßen mit gut polierter Oberfläche und Deckel bekannt. Zur zweiten Keramikgruppe gehören rot gebrannte Gefäße mit rauher Oberfläche. In geringeren Mengen sind Gefäße mit roter oder dunkelroter Bemalung vertreten (Abb. 5, oben). Auf einigen Gefäßen mit polierter Oberfläche sind Ritzornamente zu sehen. Aus Gudabertqa sind Sichelklingen und Pfeilspitzen aus Feuerstein und Obsidian bekannt. Zu den Objekten aus Knochen gehören beispielsweise Spinnwirtel, Harpunen, Pfeilspitzen, Nadeln, Pfrieme, Perlen und eine Pfeife oder Hirtenflöte. In Gudabertqa konnten auch Mattenabdrücke und verkohlte Stoffreste nachgewiesen werden. Das archäologische Material zeigt deutlich, dass die Bevölkerung der Kura-Araxes-Kultur eine entwickelte Form von Ackerbau und Viehzucht betrieb. Nahezu in jeder Siedlung wohnte ein Metallgießer oder ein Schmied. In der Kura-Araxes-Kultur wurden große Mengen an Tongefäßen hergestellt. Das Polieren von Gefäßoberflächen war sehr sorgfältig ausgeführt und zeitintensiv. Ebenso zeitlich aufwändig war vermutlich das Spinnen und Weben. Jagen und Fischen gehörten zum Alltag. Pollen und andere botanische Reste lassen vermuten, dass in Gudabertqa möglicherweise auch Honig produziert wurde.

Die Analyse der Fundverteilung in einem abgebrannten Gebäude zeigt, dass die Rückwandpodeste fast fundleer waren. Vor den Podesten auf dem Fußboden des Gebäudes lagen Tongefäße, Sichelklingen, Spinnwirtel, Ofenständer und vieles mehr. Eine große Anzahl an Keramikscherben (Abb. 4) konzentrierte sich auf einer Seite des Hauses, während alle anderen Funde auf der gegenüberliegenden Seite lagen. Dabei waren die Keramikscherben so verstreut auf dem Boden, als ob die Gefäße von einem Abstellbrett heruntergefallen wären (Abb. 5). Auf der anderen Seite der Herdstelle befanden sich fünf Spinnwirtel und Sichelklingen. In unmittelbarer Nähe der Herdstelle ist kein Material nachgewiesen worden. Der Mauerfuß des Baus, die Herdstelle und der Rand des Podests waren mit roter Farbe bemalt. Auf dem Boden und den Podesten wurden symmetrisch angelegte Vertie-

Abb. 4 Siedlung Gudabertqa. Der Bereich III mit dem südöstlichen Teil des Rundbaus 2. Im zentralen Bereich ein Herd mit Absätzen; auf dem Fußboden wurden Keramikfragmente und Deckel in situ *nachgewiesen.*

Abb. 5 Siedlung Gudabertqa. Tongefäße aus der Kura-Araxes-Schicht und aus den Bauten.

Abb. 6. Siedlung Gudabertqa. 1: Konisches Stempelsiegel aus dem Tempel der Kura-Araxes-Kultur; 2–3: Kupferdiademe aus der Kura-Araxes-Schicht.

Probe	Fundort	Lab no. MAMS	^{14}C age (yr BP)	±	$\delta\,^{13}C$ AMS (‰)	Cal 1-sigma	Cal 2-sigma	Collagen (%)	Material
GB.0027	Fläche I, Vorbau des dritten Gebäudes	33441	4344	23	10,8	cal BC 3009-2908	cal BC3017-2904	59,8	Pflanzen-fragment
GB.0028	Fläche I, Herd-stelle des dritten Gebäudes	33442	4264	24	-1,5	cal BC 2902-2886	cal BC2912-2878	26,6	Pflanzen-fragment
GB.6782	Fläche I, Vorbau des dritten Gebäudes. Grube N	33445	4203	24	-26,8	cal BC 2885-2760	cal BC2893-2694	8,2	Knochen
GbN0006-1	Fläche III, 17/9 b2, fünftes Gebäude	29661	4179	22	-25,5	cal BC 2876-2704	cal BC2880-2678	56.2	Pflanzen-fragment
GbN0012-2	Fläche III, 17/9 c1, fünftes Gebäude	29662	4207	22	-22,6	cal BC 2886-2764	cal BC2893-2699	55.8	Pflanzen-fragment

Tab. 1 ^{14}C-Daten aus Gudabertqa.

fungen nachgewiesen, in denen manchmal Tongefäße standen.

Was die Datierung der Siedlung anbelangt, sind aktuell vier ^{14}C-Daten aus Gudabertqa vorhanden[8] (Tab. 1).

Für die chronologische Stellung der Gründung von Gudabertqa sind die Radiokarbondaten derjenigen Kura-Araxes-Denkmäler wichtig, in denen ähnliche Diademe gefunden worden waren. Dazu gehören das Grab 2 aus der Schicht C2 von Kvatskhela[9] und das Königsgrab von Arslantepe, Schicht VI B[10]. Anhand dieser Radiokarbondaten ist es möglich, den Rundbau 2 von Gudabertqa, der typologisch und stratigraphisch der früheste in der Siedlung war, ins letzte Viertel des 4. Jahrtausends v. Chr. und die rechteckigen Bauten mit abgerundeten Ecken ins erste Viertel des 3. Jahrtausends v. Chr. zu datieren. Allerdings ermöglicht das archäologische Material aus den, für den Bau 2 planierten, Schichten eine um circa 200 Jahre frühere Datierung der Gründung von Gudabertqa. Der Unterschied von 200 Jahren zwischen den ^{14}C-Daten aus verschiedenen Siedlungsbereichen ist plausibel, denn er entspricht den vier Bauphasen, die an den Resten des Gebäudes 3 nachgewiesen wurden.

Übersetzung aus dem Georgischen: Vladimir Ioseliani

1 In den Jahren 1956–1989 wurde die Siedlung Gudabertqa von ihrem Entdecker, dem Direktor des Historisch-Ethnografischen Museums der Stadt Gori, Sergo Nadimashvili, untersucht. Das archäologische Material und die Grabungsdokumentation wird im Sergi Makhalatia Historisch-Ethnografischen Museum der Stadt Gori aufbewahrt.
2 Javakhishvili 1973, 223–229.
3 Mindiashvili u. a. 2012, 234–250.
4 Nadimashvili 1963.
5 Mindiashvili 2012,1–11.
6 Javakhishvili/Ghlonti 1962, 59.
7 Di Nocera 2010.
8 Mit Hilfe des Direktors der Eurasien-Abteilung des Deutschen Archäologischen Instituts, Prof. Svend Hansen, wurden die Proben aus der Siedlung im Klaus-Tschira-Archäometrie-Zentrum an der Universität Heidelberg und im Curt Engelhorn-Zentrum Archäometrie GmbH, Mannheim gemessen.
9 Javakhishvili/Ghlonti 1962.
10 Di Nocera 2010.

Literatur

Di Nocera, G. M. 2010, Metals and Metallurgy. Their Place in the Arslantepe society between the End of the 4th and Beginning of the 3rd Millennium B.C. Economic Centralization in Formative States. In: M. Frangipane (Hg.), The Archaeological Reconstruction of the Economic System in 4th Millennium Arslantepe (Roma 2010). **Mindiashvili, G. 2012,** Earliest Diadems from Shida Qartli. Studies in Caucasian Archaeology I, Prof. Sergi Makalatia Gori – Historical-Ethnographical Muzeum. Editor in Chief – Mindiashvili G. 2012, 4–11. **Mindiashvili, G./Iremashvili, Sh./Sherazadishvili, Z. 2012,** Gudabertka Settlement (Excavations of 2005, 2009 years). Studies in Caucasian Archaeology I, Prof. Sergi Makalatia Gori – Historical-Ethnographical Muzeum Editor in Chief – Mindiashvili G. 2012, 234–250. **Nadimashvili, S. 1963,** ნადიმაშვილი, ს., გუდაბერტყა-ციხიაგორა. In: ო. ჩხეიძე (Hg.) »ლიახვი«, გორის ახალგაზრდა მწერალთა კრებული (გორი 1963) 148–152. Nadimashvili, S., Gudabertka-Tsikhiagora. In: O. Chkheidze (Hg.), »Liakhvi«, goris akhalgazrda mtseralta kreburi (Gori 1963) 148–152. Nadimashvili, S., Gudabertka-Tsikhiagora. In: O. Chkheidze (Hg.), »Liakhvi«, Sammelband der jüngen Autoren aus Gori (Gori 1963) 148–152. **Javakhishvili, A./Ghlonti, L. 1962,** ჯავახიშვილი, ა./ღლონტი, ლ., ურბნისი I (თბილისი 1962). Javakhishvili, A./Ghlonti, L., Urbnisi I (Tbilisi 1962). **Javakhishvili A. I. 1973,** Джавахишвили, А. И., Строительное дело и архитектура поселений Южного Кавказа V-III тыс. до н. э. (Тбилиси 1973). Javakhishvili, A. I., Stroitel'noe delo i arkhitektura poselenij Juzhnogo Kavkaza V-III tys.do n.e. (Tbilisi 1973). Javakhishvili, A. I., Das Bauwesen und die Architektur der Siedlungen im Südkaukasus zwischen dem 5. und 3. Jahrtausends v. Chr. (Tbilissi 1973).

Die Frühe-Kurgan Kultur in Georgien

Zurab Makharadze

Die Frühbronzezeit Georgiens (Abb. 1) ist durch die Kura-Araxes- oder Transkaukasische archäologische Kultur vertreten, während die finale Etappe der Frühbronzezeit als sogenannte Frühe-Kurgan Kultur bezeichnet wird. Chronologisch wird die Kura-Araxes-Kultur in die zweite Hälfte des 4. Jahrtausends und ins 3. Jahrtausend v. Chr. datiert. In der Fachliteratur wird häufig die Ansicht vertreten, dass während der zweiten Hälfte des 3. Jahrtausends v. Chr. im Südkaukasus, und zwar im Gebiet des heutigen Ostgeorgien, die Dominanz der Kura-Araxes-Kultur aufgehoben wird. Als eine von vielen Ursachen dafür wird das Eindringen fremder Kultur-Elemente sowohl aus dem Süden als auch aus dem Norden genannt. Denn zu dieser Zeit breitet sich eine neue Bestattungssitte von Einzelbestattungen unter Kurganen (Grabhügeln) aus und der Tote wird häufig mit einem Wagen als Grabbeigabe ausgestattet. Außerdem treten umfassende Veränderungen in der sozialen Stratifizierung der damaligen Gesellschaft auf[1].

Eine Gruppe von frühen Kurganen wurde bereits in den 1940er Jahren von Boris Kuftin erkannt. Er datierte sie in die Frühbronzezeit zwischen das 14.–12. Jahrhundert v. Chr.[2]. Von besonderer Bedeutung sind die im Jahr 1966 auf dem Bedeni-Plateau ausgegrabenen Kurgane mit reichen Bestattungen. Die dort gefundenen einzigartigen Grabbeigaben waren für diese Periode so ungewöhnlich, dass in die Forschungsliteratur neue Konzepte wie die Bedeni-Kultur, die Bedeni-Keramik und anderes eingeführt wurden. Germane Gobejishvili datierte diese Kurgane in die zweite Hälfte des 3. Jahrtausends v. Chr.[3]. Später wurden Grabhügel der Bedeni-Kultur, die durch ihre monumentale Größe gekennzeichnet waren, in Kachetien untersucht[4]. Zur »Gruppe der frühen Kurgane« gehören weiterhin die Grabhügel in Kvemo Kartli und in Martqopi[5]. Aleksander Javakhishvili unterteilte die Trialeti Kurgane in zwei Gruppen: Die erste Gruppe – die Kurgane Nr. IV, XII, XIII, XIX, XXIV – wurden der späteren Stufe der frühbronzezeitlichen Kura-Araxes-Kultur zugeteilt und ihre oberste Zeitgrenze wurde in das 14. Jahrhundert v. Chr. gesetzt. Die zweite Gruppe – die Kurgane Nr. XI, XXV, XLVI (das heißt die Bedeni-Kultur nach Zurab Makharadze) – wurde von A. Javakhishvili als die frühere Stufe der mittelbronzezeitlichen Trialeti-Kultur interpretiert. Er behandelte die zweite Gruppe und die damit verbundenen Denkmäler als eine eigenständige archäologische Kultur und bezeichnete sie als eine Übergangsphase zwischen der Kura-Araxes- und Trialeti-Kultur. Die Gruppe wurde in die Zeit zwischen das 13. und 12. Jahrhundert v. Chr. datiert[6]. Aufgrund des Grabinventars aus diesen und anderen Kurganen wurde die archäologisch »Frühe-Kurgan

Abb. 1 Freigelegte Grabbeigaben auf einer Expedition 1938 unter Leitung von Boris Kuftin.

Kultur« definiert und in zwei chronologische Stufen unterteilt: die frühere »Martqopi-Stufe« und die spätere »Bedeni-Stufe«[7]. Die frühesten Kurgane dieser Kultur gehören vermutlich in die Mitte des 3. Jahrtausends v. Chr., während die Bedeni-Stufe in die zweite Hälfte des 3. Jahrtausends v. Chr. datiert wird.

Seit den Forschungen B. Kuftins (Abb. 2) wird die chronologische Sequenz der Kura-Araxes-Kultur zur Frühen-Kurgan Kultur festgestellt und die Bedeni-Kultur als eine zeitlich spätere Stufe angesehen[8]. Unserer Meinung nach ist die geschilderte Entwicklung plausibel, aber die Verhältnisse zwischen der Kura-Araxes- und der Frühen-Kurgan Kultur sowie zwischen einzelnen chronologischen Stufen sind komplizierter als bisher angenommen.

Die Koexistenz der Kura-Araxes-Kultur und der »Martqopi-Stufe« ist innerhalb der Siedlung Badaani gut sichtbar[9]. Von großer Bedeutung ist in diesem Zusammenhang die stratigraphische Sequenz aus der Siedlung Tsikhiagora, denn die genannte Koexistenz der beiden Phänomene wird dort in allen fünf frühbronzezeitlichen Bauhorizonten gut sichtbar: In der Kura-Araxes-Keramik aus dem untersten Horizont B treten Martqopi-Elemente auf, während im oberen Horizont A das Kura-Araxes-, Martqopi- und Bedeni-Inventar zusammen nachgewiesen wird[10].

Abb. 3 Bei dem goldenen Schläfenring aus Satschkhere handelt es sich um das älteste Goldobjekt Georgiens überhaupt. Er datiert in die Mitte des 3. Jahrtausends v. Chr., Kat. 233.

Die Bedeni-Kultur ist hauptsächlich durch das Grabinventar dokumentiert[11]. Die Kurganbestattungen der Bedeni-Kultur sind durch ungewöhnlichen Reichtum an Grabbeigaben gekennzeichnet (Abb. 3–4). Von besonderer Bedeutung ist die Bedeni-Keramik, die als charakteristisches Merkmal dieser Kultur bezeichnet wird[12]. Sie ist handgemacht und zeichnet sich durch Formenvielfalt und qualitative Oberflächenbehandlung aus. Die Oberfläche der Gefäße ist so gut bearbeitet, dass sie an Metallglanz erinnert (Abb. 5). Zwar ist schwarz polierte Keramik für die südkaukasische Bronzezeit charakteristisch, aber die Gefäßoberfläche der Bedeni-Keramik ist durch besonders qualitativen Glanz gekennzeichnet. Die Keramikformen sind meisterhaft ausgearbeitet, was vor allem die kleineren dünnwandigen Gefäße betrifft. Bei denen kommen zwei Gefäßtypen am häufigsten vor: Beim ersten Typ handelt es sich um Gefäße mit offenem kurzen zylindrischen Hals, meist kugelförmigem Bauch und nur einem Henkel; für den zweiten Typ ist eine bikonische Form mit einem Henkel und einem niedrigen Hals mit einem Ausguss charakteristisch. Gefäße mit zylindrischem Hals sind häufig mit Rillen, einem oder mehreren Knubben »Perlen« oder feiner geometrischer Ritzornamentik verziert. Außer dünnwandiger Feinkeramik sind auch

Abb. 2 Boris Kuftin bei Ausgrabungen einer Bestattung in Trialeti 1937.

grob verarbeitete dickwandige große und mittelgroße Krüge, Dosen, Töpfe und andere Gefäßformen ohne oder mit niedrigem Hals in Zylinderform mit oder ohne Ausguss vertreten. Große Gefäße sind meistens ovoid mit einem kleinen Henkel. Manchmal werden Gefäße mit »perlenartigem« Ornament oder feinem geometrischen Ritzmuster verziert[13]. Außerdem treten dosenförmige grob gearbeitete Gefäße auf, die mit Reliefornamenten, runden Rinnen und zugespitzten Stempelabdrücken verziert sind[14].

Während der Bedeni-Zeit wurde die Metallurgie, die sich bereits in der Kura-Araxes-Kultur auf einem hohen Niveau befand, stark weiterentwickelt. Zum ersten Mal treten Objekte aus Zinnbronze auf. Davor fand überwiegend Arsenbronze Verwendung[15]. Neben den bereits bekannten Objekten kommen auch neue Formen von Metallgegenständen vor: Als leitende Form ist eine Schaftrohraxt mit einer relativ breiten Schneide zu nennen, die die früheren Axtformen ersetzt. Pfeilspitzen mit pyramidalem Kopf aus Metall, die für die frühesten Kurgane typisch waren, kommen in der Bedeni-Kultur nur vereinzelt vor. Stattdessen sind fein ausgearbeitete Pfeilspitzen aus Obsidian weit verbreitet.

In der Bedeni-Kultur findet eine wichtige Veränderung der Bestattungssitte statt: Zum ersten Mal wird der Tote zusammen mit einem vierrädrigen Wagen aus Holz bestattet[16].

Die Herkunft der Bedeni-Kultur ist nicht eindeutig geklärt. Da für diese Kultur Kurganbestattungen typisch sind, wird angenommen, dass sie aus nördlichen Regionen in den Südkaukasus gelangt ist[17]. Gleichzeitig wurden unter anderem südliche Kulturelemente wie Bestattungen mit vierrädrigem Wagen und die Zunahme an Edelmetallbeigaben hervorgehoben[18], die jedoch durch Kontakte mit Kulturen aus dem Süden erklärt werden können.

Die Frage nach der Entstehung der Bedeni-Kultur kann gegenwärtig nicht beantwortet werden. Nach Meinung des Verfassers steht die Bedeni-Kultur in keinerlei Beziehung zur Kura-Araxes-Kultur. Unabhängig davon, wo ihr Ursprung liegt, ist das Auftreten der Bedeni-Kultur

Abb. 4 Die sieben goldenen Perlen sind eine Grabbeigabe der Martqopi-Periode und stammen aus dem Martqopi Hügelgrab Nr. 4. aus der 2. Hälfte des 3. Jahrtausends v. Chr., Kat. 170.

der Auslöser für den Untergang der Kura-Araxes-Kultur im Südkaukasus. Dieser Prozess vollzog sich über einen längeren Zeitraum, so dass die beiden Kulturen eine lange Zeit nebeneinander bestanden.

Die Koexistenz der Kura-Araxes- und der Bedeni-Kulturen wurde vor allem in Ostgeorgien unter anderem in folgenden Fundzusammenhängen nachgewiesen: in den unteren Schichten der Siedlung Ilto in Kachetien[19], in der Siedlung Zveli in Samtskhet-Javakheti[20], in den Beshtasheni zyklopischen Festungen II und III in Trialeti[21], im gemischten Keramikkomplex von Khashuris »Natsargora« in Schida Kartli[22], in einigen späteren Bestattungen von Sachkhere[23], im Kurgan Trialeti Nr. XII[24] und in den Kurganen Shulaveri Nr. 5 und Nr. 9[25].

Die stratigraphischen Daten aus der Siedlung Tsikhiagora ermöglichten die Bestimmung der Anfangsphase der Bedeni-Kultur in der Region Schida Kartli. Dementsprechend ist anzunehmen, dass die Koexistenz der Kura-Araxes- und der Bedeni-Kultur über ein Jahrhundert gedauert hat. Die Stufe IV der Kura-Araxes-Kultur entspricht zeitlich Phase I von Bedeni. In der Schicht Tsikhiagora B1 tritt zum ersten Mal das Bedeni-Material auf, während die Schichten Tsikhiagora A2 und A1 als die auslaufende Phase der Bedeni-Kultur bezeichnet werden können. Somit gehören alle Fundstätten, in denen das Kura-Araxes- und das Bedeni-Material zusammen vorkommt, zu den Stufen Kura-Araxes IV – Bedeni I. Nach dem heutigen Forschungsstand lässt sich bei den Bedeni-Denkmälern eine frühere Gruppe definieren, die der Bedeni-Phase I angehört. Es handelt sich dabei um die Bedeni-Denkmäler, bei denen das Material der Kura-Araxes- und der Frühen-Kurgan Kultur zusammen auftritt: Dazu gehören unter anderem der Zeiani Kurgan Nr.1[26], die Kurgane Trialeti Nr. XI, XXII, XL, XLVI[27], die Ananauri Kurgane Nr. 1 und 2[28] und der Kurgan Chinchriani gora[29]. Gefäße mit rauer Oberfläche, häufig mit Rillen und Reliefknubbenmustern verziert, treten zusammen mit schwarz polierter Keramik nahezu in allen Siedlungen mit Bedeni-Schichten auf.

Abb. 5 Besonders auffällig für die Zeit der frühen Kurgane sind hoch polierte schwarze Tongefäße, die mit ihrem silbrigen Glanz Gefäße aus Silber imitierten. Die Trinkgefäße sind aus Hügelgrab Nr. 5 von Bedeni, 2. Hälfte des 3. Jahrtausends v. Chr., Kat. 175–177.

Abb. 6 Während der Grabungen am Großkurgan Ananauri Nr. 3 stießen die Forscher auf Bernsteinperlen, die zu den frühesten bekannten Exemplaren im gesamten Vorderen Orient zählen, Kat. 215.

Zu nennen sind dabei die oberen Schichten der Tsikhiagora, die unteren Schichten der Ilto, Khashuris Natsargora und andere Siedlungsorte. In den Grabkomplexen kommt die Keramik mit rauer Oberfläche ausschließlich in älteren Kurganen vor. Das wird durch die Stratigraphie der Kurgane Khovle und Martqopi Nr. 3 bestätigt[30]. Dort enthalten die Hauptbestattungen der Bedeni-Kultur Keramik mit Rillen an der Oberfläche und gehören damit zur Phase Bedeni I, während die Nachbestattungen in die Phase Bedeni II zu datieren sind, weil sie ausschließlich typische schwarz polierte Keramik enthalten.

Während der Phase Bedeni II kommt grobe Keramik mit Rillen auf der rauen Oberfläche in Siedlungen der Bedeni-Kultur vor, zum Beispiel in Berikldeebi[31]. In den Bestattungen der Bedeni-Phase II tritt qualitativ hochwertige schwarz polierte Feinkeramik auf. Zu nennen sind die Kurgane von Bedeni[32], Shulaveri Nr. 4 und 6[33] und die Grabhügel im Alazani-Tal[34]. Die reich ausgestatteten Großkurgane aus Bedeni und dem Alazani-Tal gehören zum Ende der Phase Bedeni II und sind chronologisch unmittelbar vor den frühen Kurganen der mittelbronzezeitlichen Trialeti-Kultur einzuordnen[35].

Während der Phase Bedeni II verschwindet die Kura-Araxes-Kultur in Ostgeorgien. Diese Phase kann als die Blütezeit der Bedeni-Kultur und gleichzeitig als Übergangshorizont von der Früh- zur Mittelbronzezeit bezeichnet werden. Die Ergebnisse langjähriger Forschung zu verschiedenen Denkmälern zeigen, dass in Ostgeorgien in der zweiten Hälfte des 3. Jahrtausends v. Chr. sehr komplexe und wichtige Prozesse stattfanden, die zu einer bedeutenden Umwandlung der Gesellschaft geführt haben müssen. Als ein Referenzort dieser Epoche kann der Kurgan von Ananauri Nr. 3 genannt werden (Abb. 6). Die archäologischen Untersuchungen dieses Denkmals haben es ermöglicht, unsere Kenntnisse über die Bedeni-Kultur bedeutend zu erweitern. Jedoch steht die archäologische Forschung immer noch vor vielen Problemen, deren Lösung die Aufgabe der Zukunft ist.

Übersetzung aus dem Georgischen: Vladimir Ioseliani

Abstract

The Early Bronze Age in Georgia dates from the 2nd half of the 4th millennium to the 3rd millennium BC. This period is very important for the South Caucasus. The region has rich copper, gold and other metal deposits, which sparked the emergence of metallurgy.

Archaeologically, this period is associated with the Kura-Araxes or old Transcaucasian culture, which is found in an area spanning the South Caucasus, the eastern part of the North Caucasus, North-West Iran, Eastern Anatolia and finally Syria-Palestine, where it is known as the Khirbet-Kerak culture. Some connections also exist with the Aegean region. The Kura-Araxes culture is characterized by black and red burnished pottery, circular hearths with projections and fire stands, and arsenic bronze artifacts, which are typical for Early Caucasian metallurgy.

From the middle of the 3rd millennium BC, significant innovations emerge in what is now modern-day Georgia – graves for chiefs and large-scale kurgans (burial mounds). Although this period is called the Early Kurgan culture, two stages must actually be distinguished: Martqopi and Bedeni.

During the Martqopi phase, the kurgans contain materials, which were mainly of local production, while the construction of the kurgans and some types of weapons and jewelry indicate the presence of groups of people who came from valleys in the Northern Black Sea region. Because of their mobility and probably military advantage, they rose to a position of power. However, they also adopted the local culture and stimulated a transformation of the society.

The 2nd half of the 3rd millennium BC sees the appearance of the Bedeni archaeological culture which is also characterized by large, wealthy kurgans for chiefs. Here, we find four-wheeled, wooden chariots in kurgan burials. Black burnished pottery is handmade and highly polished to imitate a metallic sheen. Besides that, rough pottery is also common. Another characteristic of the Bedeni culture are weapons made from tin bronze and wonderful gold and silver objects.

The origin of the Bedeni culture is unknown. We know that at the end of Early Bronze Age, in the 2nd half of the 3rd millennium BC, the late Kura-Araxes, Martqopi and Bedeni cultures co-existed in Georgia. Studies of the stratigraphy of several settlements in Georgia, such as Tsikhiagora, Berikldeebi, and Natsargora, confirm this observation. Thus, the transition from the Early Bronze Age to the Middle Bronze Age is one of the most interesting and problematic periods in Georgian archaeology.

1 Japaridze 1993; Japaridze 1998.
2 Kuftin 1941; Kuftin 1948.
3 Gobejishvili 1981.
4 Dedabrishvili 1979.
5 Japaridze 1975; Djaparidze 1993; Japaridze 1998.
6 Džavachišvili 1973.
7 Japaridze 1998.
8 Džavachišvili 1973; Gogadze 1972; Japaridze 1998.
9 Mirckhulava 2008.
10 Makharadze 1994; Makharadze 2008.
11 Gobejishvili 1981; Dedabrišvili 1979; Japaridze 1998.
12 Japaridze 1998.
13 Japaridze 1998.
14 Gogadze 1972, 91.
15 Dedabrišvili 1979; Japaridze 1998.
16 Japaridze 1998.
17 Burney 1958; Japaridze 1998; Orjonikidze 1983.
18 Japaridze 1998; Picchelauri 1982.
19 Dedabrišvili 1969.
20 Orjonikidze 1983.
21 Kuftin 1941, 115–117, Taf. CXXII, CXXIV.
22 Ramishvili 2013; Orjonikidze 1992.
23 Japaridze 1961, 138.
24 Gogadze 1972, Taf. VIII.
25 Japaridze 1975.
26 Pitskhelauri/Varazashvili 1988, 48-52, Taf. LIV–LVI.
27 Gogadze 1972.
28 Pitskhelauri/Orthmann/Qvavadze 1994.
29 Makharadze/Murvanidze 2014.
30 Japaridze 1998.
31 Glonti/Džavachišvili 1987.
32 Gobejishvili 1981.
33 Japaridze 1975.
34 Dedabrišvili 1979; Picchelauri 1982.
35 Makharadze 1994, 71–76.

Literatur

Burney, Ch. 1958, Eastern Anatolia in the Chalcolithic and Early Bronze Age. Anatolian Studies VIII, 1958, 157–209. **Dedabrišvili, Š. Š. 1969,** Дедабришвили Ш. Ш., Памятники эпохи ранней и средней бронзы. Труда Кахетской археологической экспедиции I (Тбилиси 1969). Dedabrišvili, Š. Š., Pamjatniki epochhi rannej i srednej bronzy. Truda Kachetskoj Archeologičeskoj ekspedicii I (Tbilisi 1969). Dedabrišvili, Š. Š., Denkmäler der Früh- und Mittelbronzezeit. Arbeiten der Kachetischen archäologischen Expedition (Tbilissi 1969). **Dedabrišvili, Š. Š. 1979,** Дедабришвили, Ш. Ш., Курганы Алазанской долины. Труда Кахетской археологической экспедиции II (Тбилиси 1979). Dedabrišvili, Š. Š., Kurgany Alazanskoj doliny. Truda Kachetskoj Archeologičeskoj ekspedicii II (Tbilissi 1979). Dedabrišvili, Š. Š., Die Kurgane im Alazani-Tal (Tbilissi 1979). **Glonti, L./Džavachišvili, A. 1987,** Глонти, Л./Джавахишвили, А., Новые данные о многослойном поселении эпохи энеолита - поздней бронзы в Шида-Картли - Бери Клдееби. Краткие сообщения Института Археологии 192, 1987, 80–87. Glonti, L./Džavachišvili, A., Novye dannye o mnogoslojnom poselenii epochi enelita – pozdnej bronzy v Šida-Kartli – Beri Kldeebi. Kratkie soobščenija Instituta Archeologii 192, 1987, 80–87. Glonti, L./Džavachišvili, A., Neue Daten zur mehrschichtigen Siedlung Beri Kleebi der Epoche Eneolithikum/Spätbronzezeit in Šida-Kartli. Kurze Mitteilungen des Instituts für Archäologie 192, 1987, 80–87. **Gobejishvili, G. 1981,** გობეჯიშვილი, გ., ბედენის გორასამარხების კულტურა (თბილისი 1981). Gobejishvili, G., Bedenis gorasamarkhebis cultura (Tbilisi 1981). Gobejshvili, G., Die Bedeni Frühkurgankultur (Tbilisi 1981). **Gogadze, E. 1972,** გოგაძე, ე., თრიალეთის ყორღანული კულტურის პერიოდიზაცია და გენეზისი (თბილისი 1972). Gogadze, E., Trialetis korganuli kulturis periodizacia da genezisi (Tbilisi 1972). Gogadze, E., Die Periodisierung und die Genese der Trialeti Kurgankultur (Tbilisi 1972). **Japaridze, O. 1961,** ჯაფარიძე, ო., ქართველ ტომთა ეთნიკური ისტორია ლითონის წარმოების ადრეულ საფეხურზე (თბილისი 1961). Japaridze, O., Kartvel tomta etnikuri istoria litonis tsarmoebis adreul sapekhurze (Tbilisi 1961). Japaridze, O., Zur ethnischen Geschichte der georgischen Stämme während der frühen Entwicklungsstufe der Metallurgie (Tbilisi 1961). **Japaridze, O. 1975,** ჯაფარიძე, ო., ბრინჯაოს ხანის ყორღანები. In: ჯავახიშვილი, ა/ჯაფარიძე, ო. (Hg.), ქვემო ქართლის არქეოლოგიური ექსპედიციის შედეგები (თბილისი 1975). Japaridze, O., Brinjaos khanis korganebi. In: Javakhishvili, A./Japaridze, O. (Hg.), Kvemo Kartlis arkeologiuiri ekspeditsiis samushaoebis shedegebi (1965–1971) (Tbilisi 1975) 137–165. Kurgane der Frühbronzezeit. In: A. Javakhishvili/O. Japaridze (Hg.), Grabungsergebnise der archäologischen Expedition in Kvemo-Kartli in den Jahren 1965–1971 (Tbilisi 1975) 137–165. **Japaridze, O. 1993,** Über die ethnokulturelle Situation in Georgien gegen Ende des 3. Jahrtausends v. Chr. In: M. Frangipane/H. Hauptmann/M. Liverani/P. Mattiae/M. Mellink (Hg.), Between the rivers and over the mountains. Archaeologica Anatolica et Mesopotamica (Roma 1993) 475–491. **Japaridze, O. 1998,** ჯაფარიძე, ო., ქართველ ტომთა ეთნოკულტურული

ისტორია ძვ. წ. III ათასწლეულში (ადრე ყორღანული კულტურა) (თბილისი 1998). Japaridze, O., Kartvel tomta etno-kulturuli istoria dzv. ts. III atastsleulshi (adre qorganuli kultura) (Tbilisi 1998). Japaridze, O., Ethno-kulturelle Geschichte der georgischen Stämme im 3. Jahrtausend v. Chr. (die Frühkurgankultur) (Tbilisi 1998). **Džavachišvili, A. 1973,** Джавахишвили, А., Строительное дело и архитектура поселений Южного Кавказа в У-III тыс. до н. э. (Тбилиси 1973). Džavachišvili, A., Stroitel'noe delo i architektura poselenij južnogo Kavkaza v V-III tysjačeletie do n. e. (Tbilisi 1973). Džavachišvili, A., Zur Bauweise und Architektur von Siedlungen im Südkaukasus im 5.–3. Jt. v.Chr. (Tbilissi 1973). **Kuftin, B. A. 1941,** Куфтин, Б. А., Археологические раскопки в Триалети (Тбилиси 1941). Kuftin, B. A. 1941 Archeologičeskie raskopki v Trialeti (Tbilisi 1941). Kuftin, B. A., Archäologische Ausgrabungen in Trialeti (Tbilisi 1941). **Kuftin, B. A. 1948,** Куфтин, Б. А., Археологические раскопки 1947 года в Цалкинском районе, Академии наук Грузинской ССР (Tbilisi 1948). Kurftin, B. A., Archeologičeskie raskopki 1947 goda v Calkinskom rajone, Akademii nauk grusinskoj SSR (Tbilisi 1948). Kuftin, B. A., Archäologische Ausgrabungen im Jahr 1947 im Gebiet Tsalka, Akademie der Wissenschaften der georgischen SSR (Tbilissi 1948). **Makharadze, Z. 1994,** მახარაძე, ზ., ციხიაგორის მტკვარარაქსული ნამოსახლარი (თბილისი 1994). Makharadze, Z., Tsikhiagoris mtkvararaxsuli namosakhlari (Tbilisi1994). Makharadze, Z., Eine Siedlung der Kura-Araxes Kultur in Tsikhiagora (Tbilisi 1994). **Makharadze, Z./Orjonikidze A. 2007, Махарадзе, З./ Орджоникидзе, А.,** Проблемы изучения так называемой »культуры ранних курганов« в Грузии. In: М. Гаджиев (Hg.), Археология, этнология, фольклористика Кавказа (Махачкала 2007) 83–84. Makharadze, Z./Orjonikidze, A.**,** Problemy izučenija tak nazyvaemoj »kul'tury rannich kurganov« v Gruzii. In: M. Gadžiev (Hg.), Archeologija, ethnologija i fol'kloristika Kavkaza (Machačkala 2007) 83–84. Makharadze, Z./ Orjonikidze, A.**,** Probleme bei der Erforschung der sogenannten »Frühkurgankultur« in Georgien. In: M. Gadžiev (Hg.), Kaukasische Archäologie, Ethnologie und Volkskunde (Machačkala 2007). **Makharadze, Z. 2008,** The settlement at Tsikhiagora and the early barrows at Kavtiskhevi. In: A. Sagona/M. Abramishvili (Hg.), Archaeology in Southern Caucasus: perspectives from Georgia. Ancient Near Eastern Studies, Supplement 19 (Leuven 2008) 63–104. **Makharadze, Z./Murvanidze, B. 2014,** Korgani »Tchintchriani Gora«. »Dziebani«, Journal of Georgian Archaeology 22, 2014, 69–80. **Mirckhulava, G. 2008,** The Badaani settlement. In: A. Sagona/M. Abramishvili, (Hg.), Archaeology in Southern Caucasus: perspectives from Georgia. Ancient Near Eastern Studies, Supplement 19 (Leuven 2008) 105–116. **Orjonikidze, A. 1983,** ორჯონიკიძე, ა., სამცხე-ჯავახეთი ადრებრინჯაოს ხანაში (თბილისი 1983). Orjonikidze, A., Samtskhe-Javakheti adrebrinjaos xanashi (Tbilisi 1983). Orjonikidze, A., Samtskhe-Javakheti während der Frühbronzezeit (Tsbilissi 1983). **Orjonikidze, A. 1992** ორჯონიკიძე**, ა.,** შერეულ კერამიკიანი კომპლექსები შიდა ქართლიდან (თბილისი 1992). Orjonikidze, A., Shereul keramikiani kompleksebi shida kartlidan (Tbilisi 1992). Orjonikidze, A., Archäologische Komplexe mit gemischtem Keramikspektrum aus Shida Kartli (Tbilisi 1992), im Druck. **Picchelauri, K. N. 1982,** Пицхелаури, К. Н., Исследования Кахетской археологической экспедиции. In: Полевые Археологические Исследования в 1980 году, Тбилиси 1982, 17–20. Picchelauri, K. N., Issledovanija Kachetskoj archeologičeckoj ekspedicii. In: Polevye Archeologičeckie Issledovanija v 1980 godu, Tbilisi 1982, 17–20. Picchelauri, K. N., Forschungen der Kachetischen archäologischen Expedition. In: Archäologische Ausgrabungen aus dem Jahr 1980, Tbilissi 1982, 17–20. **Pitskhelauri, K./Varazashvili, V. 1988,** ფიცხელაური, კ./ვარაზაშვილი, ვ., ზეიანის ყორღანი Nr. 1 (გარეჯი, თბილისი 1988) 48–52. Pitskhelauri, K./Varazashvili, V., Zeianis korgani Nr. 1 (Gareji, Tbilisi 1988) 48–52. Pitskhelauri, K./Varazashvili, V., Der Kurgan Nr. 1 von Zeiani (Gareji, Tbilisi 1988) 48–52**. Pickhelauri, K.,/ Orthmann, W./Qvavadze, D. 1994,** Neue archäologische Funde in Kachetien. Georgica 17, 1994, 9–16. **Ramishvili, A. 2013,** რამიშვილი, ა., ნაცარგორა. ხაშურის არქეოლოგიური ექსპედიციის შრომები VI (თბილისი 2013). Ramishvili, A., Natsargora. Khashuris arkeologiuri ekspeditsiis shromebi VI (Tbilisi 2013). Ramishvili, A., Natsargora. Schriften der Khashuri Archäologischen Expedition VI (Tbilisi 2013).

Detailaufnahme einer Goldader, Kat. 165.

Die ältesten Wagen im Kaukasus

Florian Klimscha

Das Rad gilt neben dem Metall als die vielleicht wichtigste Erfindung vor der Industriellen Revolution.

Wie aber kam es dazu, dass Menschen bereits im 4. Jahrtausend v. Chr. das Rad erfanden und wozu wurden frühe Räder und Räderfahrzeuge eigentlich benutzt? Der Kaukasus und seine Nachbarregionen bieten zur Beantwortung dieser Fragen reichhaltiges Quellenmaterial, denn Wagen wurden hier als Beigaben in Bestattungen in sehr großen Grabhügeln (Kurganen) beigegeben und haben sich oft sehr gut erhalten. Im Kaukasus und dem nördlichen Schwarzmeergebiet liegt die weltweit größte Konzentration prähistorischer Wagen vor (Abb. 1). Zählungen russischer Forscher kommen auf circa 250 Wagenbestattungen, und viele davon sind bislang nur in Vorberichten oder kurzen Mitteilungen veröffentlicht. Erst die verstärkte Anwendung moderner Datierungsmethoden in den letzten Jahren hat nachweisen können, dass es sich vielleicht sogar um die ältesten Wagen der Welt handelt.

Um Wagen zu bauen, musste eine Gesellschaft Ackerbau und Viehzucht betreiben. Jäger- und Sammler-Gesellschaften verfügten weder über das notwendige technische Know-how noch über die erforderlichen Zugtiere. Die wichtigste Komponente früher Wagen war der Antrieb durch ein Rindergespann. Diese Tiere wurden bereits seit dem 6. Jahrtausend v. Chr. im Vorderen Orient für die Bewegung schwerer Lasten eingesetzt[1]. Daher verwundert es zunächst, dass der Wagen nicht bereits um 5 000 v. Chr. erfunden wurde, sondern über tausend Jahre später.

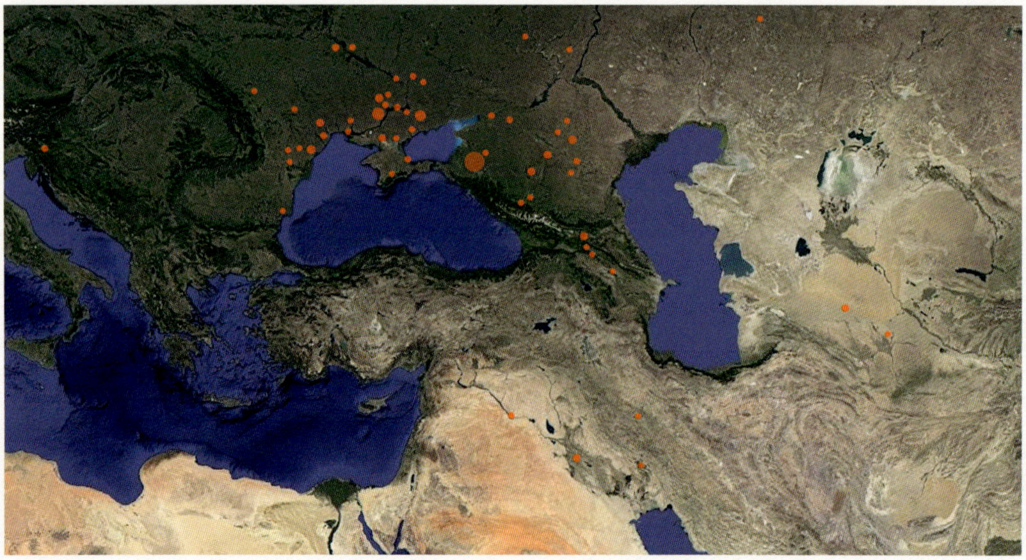

Abb. 1 Die Verbreitung von Nachweisen früher Räderfahrzeuge zwischen 3 500 und 2 750 v. Chr. stellt die Bedeutung des Kaukasus und des nördlichen Schwarzmeerraumes heraus. Die große Anzahl an Wagen, die in Grabhügeln als Beigaben für die Verstorbenen verwendet wurden, erlauben die Rekonstruktion vieler technischer Details, die in anderen Regionen fehlen, weil sich das für den Bau verwendete Holz nur in geringen Mengen oder gar nicht erhalten hat.

Abb. 2 Die flach-bikonische, durchlochte Keramikscheibe aus Orchosani (Georgien) hat einen Durchmesser von 6,5 cm und könnte möglicherweise zu einem Miniaturwagen oder einer auf Rädern stehenden Figurine gehört haben. In diesem Fall wäre sie als Radmodell zu deuten, Kat. 104.

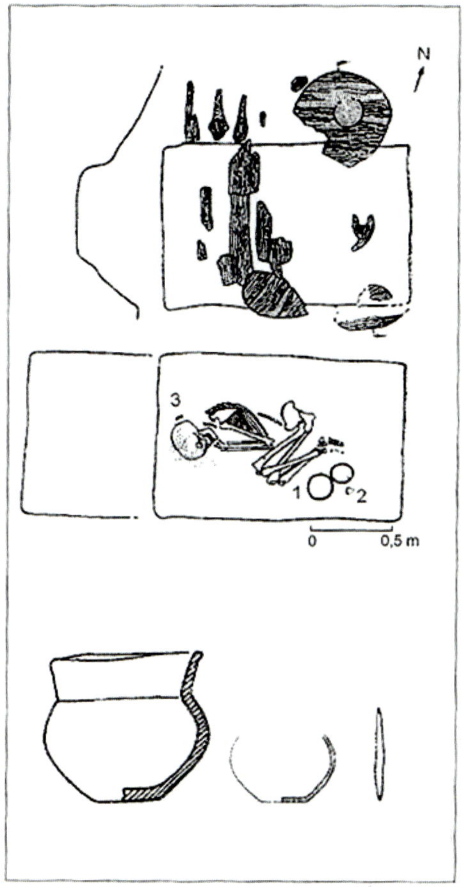

Abb. 3 Der Wagen in Grab 18 aus Kurgan 2 von Novokorsunskaya im nordwestlichen Kaukasusvorland ist der älteste erhaltene Wagen. Das Grab wird in die späte Maikop-Kultur datiert.

Jedoch ist der Fall komplizierter, und die restlichen Komponenten eines Wagens erfordern bereits Abstraktion und die Rekombination einzelner Komponenten, um eine bislang unbekannte Apparatur zu erschaffen. Die Kenntnis der Drehbewegung muss dahingehend abstrahiert und verstanden worden sein, dass man das Prinzip einer, um eine vertikale Achse, rotierenden Scheibe weiterentwickelte und zwei solcher Scheiben mit einer horizontalen Achse verband. Tatsächlich lassen bereits seit dem Frühneolithikum tönerne und steinerne Spinnwirtel zumindest auf die Kenntnis der Drehbewegung schließen, und auch die Durchbohrung von Steingeräten macht davon Gebrauch. Die Verlagerung der rotierenden Achse aus der Vertikalen in die Horizontale jedoch tritt zum ersten Mal mit dem Wagen in Erscheinung. Des Weiteren muss nicht nur eine ausreichend hohe Fertigkeit bei der Konstruktion von Holz vorliegen, um Räder, Achsen, Fahrgestell und Wagenkasten zu bauen, sondern auch Komponenten zur Schirrung und Steuerung der Rinder sowie die Übertragung von deren Kraft auf die Achsen entwickelt worden sein. Während zumindest in Mitteleuropa ab circa 5 500 v. Chr. der Bau großer, hölzerner Pfostenhäuser indirekt hohe Zimmermannsfertigkeiten erschließen lässt, ist es sehr schwierig, Vorbilder für Joche, Schirrungen, Nasenringe und anderes zu finden.

Von Rindern gezogene Fahrzeuge gingen der Erfindung des Wagens voraus und sind bereits in der ersten Hälfte des 4. Jahrtausends v. Chr. im Nordschwarzmeergebiet, aber auch in den Alpen belegt. Aus der frühen Tripol'e-Kultur können schlittenförmige Gefäße mit Rinderköpfen als Belege angeführt werden. Die ältesten Hinweise auf das Rad stammen ebenfalls aus der Tripol'e-Kultur. Es handelt sich dabei um kleine tönerne Tierfigurinen, deren Beine durchlocht sind, und die aufgrund des zeitgleichen Vorkommens runder, durchbohrter Tonscheiben als auf Rädern stehend rekonstruiert werden[2]. Die Figuren datieren ungefähr um 3 600 v. Chr. Bislang sind vergleichbare Tonfiguren noch sehr selten, aber Objekte, die möglicherweise als Miniaturräder gedeutet werden können, tauchen häufiger auf, und sind in Georgien zum Beispiel aus Orchosani (Abb. 2) belegt.

Erst damit sind alle wichtigen Komponenten des Wagens archäologisch dokumentiert, und es wäre möglich gewesen, ihn zu bauen. Das geschah dann auch spätestens ab 3 400 v. Chr. Hinweise finden sich in der Norddeutschen Tiefebene, im Karpatenbecken, im Alpenraum, in Mesopotamien und im nördlichen Schwarzmeergebiet[3]. Besonders wichtig ist dabei das Grab 18 aus Kurgan 2 von Novokorsunskaya[4] im westlichen Kaukasusvorland nördlich von Krasnodar. Es enthielt die schlecht erhaltenen, hölzernen Reste eines ursprünglich vierrädrigen Wagens, der auseinandergebaut neben der Grabgrube deponiert worden war (Abb. 3). Das Grab gehört in die späte Maikop-Kultur, datiert um 3 350 v. Chr., und stellt damit die bisher ältesten erhaltenen Wagenreste dar; ebenfalls in die späte Maikop-Kultur wird ein weiteres Wagengrab aus Koldyri sowie ein mögliches Radmodell aus Konstantinovskoe datiert[5]. Ähnlich alt sind nur einige Wagenmodelle aus dem Karpatenbecken, die der Badener-Kultur angehören[6]. Außerdem sind noch die vermuteten Fahrspuren eines Wagens (oder einer Schleife) unter einem megalithischen Grabhügel im norddeutschen Flintbek zu erwähnen[7].

Zwischen 3 400 und 3 000 v. Chr. verbreitete sich der Wagen über große Teile des westlichen Eurasiens. Neben indirekten Hinweisen, Modellen und Bildern, beruht unsere Kenntnis auch auf den unter glücklichen Umständen erhaltenen hölzernen Überresten solcher Wagen. Neben den Funden in Mooren und Seen sind hier vor allem Gräber mit Wagenbeigabe im Kaukasus und der nordpontischen Steppe hervorzuheben. Die Tatsache, dass Hinweise auf den Wagen nahezu zeitgleich in unterschiedlichsten Quellengattungen auftauchen, deutet an, dass wir mit den archäologischen Funden tatsächlich den Zeitraum seiner großflächigen Ausbreitung erfassen. Der Wagen verbreitete sich vor allem über bestehende Kommunikationsnetzwerke, die zum Beispiel für den Austausch von Rohmaterialien oder Prestigeobjekten aufgebaut worden waren[8]. Erstaunlich ist, dass er in vielen Regionen, zum Beispiel in Ägypten, schlicht abgelehnt wurde[9].

Für die Entwicklung des Wagens im Kaukasus oder dem Nordschwarzmeerraum spricht vor allem, dass hier die Entwicklung wichtiger Komponenten bereits zu einem früheren Zeitpunkt nachweisbar ist, und dass sich von dort ausgehend die nahezu zeitgleiche Verbreitung nach Mesopotamien, ins Karpatenbecken und die Norddeutsche Tiefebene gut erklären ließe. Ältere Belege lassen sich nirgendwo sonst anführen, und die Ausbreitung des Wagens über den eurasischen Doppelkontinent könnte im Kaukasus und in den südrussischen Steppen ihren Anfang genommen haben. Wie wir uns die Verbreitung des Wagens vorzustellen haben, ist nicht abschließend geklärt. Denn auch wenn die These einer Migration aus den Steppen nach Europa durch die Paläogenetik wieder Aktualität gewonnen hat[10], so fand die Ausbreitung des Wagens früher als angenommen statt, und der Wagenbau blieb in Mitteleuropa weiter lokalen Traditionen verhaftet – Wagengräber wie sie aus dem Nordschwarzmeergebiet bekannt sind, verbreiteten sich nur bis in den Ostbalkan.

In jedem Fall gingen entscheidende Impulse weiterhin vom Kaukasus aus. Ein Grund dafür liegt in der Verbesserung der einzelnen Komponenten, die vor allem mit Entwicklungen bei der Herstellung von Werkzeugen und Waffen aus Metall zusammenhängen, denn die Wagentechnologie war keineswegs statisch: Beispielsweise wurde bereits vor 3 200 v. Chr. im Alpenraum ein neues Raddesign mit viereckigem Achsloch, bei dem die Achse nicht starr ist, sondern mit den Rädern rotiert, entwickelt. Die Scheiben dieses Radtyps wurden seit circa 3 200 v. Chr. aus zwei Teilen hergestellt, die mit in Vertiefungen befestigten Riegeln verbunden wurden. Diese Idee wiederum wurde im Kaukasus und den

Abb. 4 Der große Kurgan Nr. 3 von Ananauri war noch zwölf Meter hoch und hatte einen Durchmesser von ca. 100 Meter. In einer hölzernen Kammer befanden sich zwei Wagen als Beigaben. Der hier gezeigte hervorragend erhaltene, hölzerne Wagen ist besonders wegen seiner großen Räder mit einem Durchmesser von 1,45–1,55 Meter bemerkenswert. Kat. 193.

östlichen Steppen kurze Zeit später, ungefähr ab 3 100/3 000 v. Chr., übernommen, und verbessert. Das Ergebnis waren dreiteilige Scheibenräder, die zunächst über Holzdübel, später auch über Schnürungen, zusammengehalten wurden.

Diese Verbesserung konnte vor allem deswegen im Kaukasus stattfinden, weil hier auf eine lange Erfahrung bei der Herstellung von Dolchklingen aus Arsenbronze zurückgegriffen werden konnte. Somit konnten auch dünne, schmale Hohlmeißel hergestellt werden, die für die Produktion mehrteiliger Scheibenräder notwendig waren[11]. Die frühesten Belege stammen erneut aus dem nördlichen Kaukasusvorland. Sie werden zur Novotitarovska-Gruppe der Grubengrab-Kultur gerechnet. In Grab 150 des Kurgans 1 von Ostannij im Kuban-Gebiet (Südrussland) wurden gleich zwei Wagen am Rand der Grabgrube niedergelegt[12]. Beide hatten vier Scheibenräder, die jeweils aus drei Teilen zusammengesetzt worden waren, und einen rechteckigen, hölzernen Rahmen, der durch mehrere parallele, sowie zwei x-förmig sich überkreuzende Querhölzer stabilisiert wurde. Auch solche Wagen wurden weiterhin von Rindern gezogen; einige Forscher ergänzen sie mit einem Dach als Planwagen. Ob die Wagen der Maikop-Kultur ähnlich oder anders aufgebaut waren, ist bislang unklar. Folgt man jedoch der Rekonstruktion, dann könnten solche Fahrzeuge die Vorbilder für die ab dem frühen 3. Jahrtausend v. Chr. im Orient als Modelle belegten Planwagen sein, die mitsamt anderen Innovationen und vielleicht auch Menschengruppen über den Kaukasus immigrierten[13].

Eindrucksvolle Beispiele der Wagenkonstruktionen, die um die Mitte des 3. Jahrtausends v. Chr. benutzt wurden, sind in Georgien zum Beispiel im Grabhügel Nr. 3 von Ananauri überliefert (Abb. 4). Die enorm großen Räder der Wagen hatten Durchmesser von 1,45–1,55 m und waren aus drei Segmenten zusammengesetzt. Eine auf beiden Seiten deutlich ausgeprägte Nabe stabilisierte die Räder auf der Achse. Die Wagenkästen waren ungefähr 2,80 m lang und 1,20 m breit, und aus Holz gefertigt. Eine Radiokarbondatierung des Holzes macht die Konstruktion in der ersten Hälfte des 24. Jahrhunderts v. Chr. wahrscheinlich.

Die Teilung der Radscheibe in drei anstatt zweier Teile führte zudem zu einer wirtschaftlicheren Nutzung von Holz, denn Scheibenräder mussten davor aus einzelnen Holzplanken hergestellt werden und erforderten daher entsprechend alte und in manchen Regionen vielleicht schon seltene Bäume. Die Segmentierung der Radscheibe erlaubte es, nun auch jüngere Bäume zu nutzen und trotzdem gleichgroße oder sogar größere Räder herzustellen. Mehrteilige Räder gelangten über den Kaukasus auch ins holzarme Mesopotamien und von dort weiter nach Osten. Sie werden häufig zusammen mit den, ebenfalls aus dem Norden übernommenen, Meißeln in Werkstattbefunden und mit Wagenteilen assoziiert aufgefunden.

Interessanterweise fehlen uns Hinweise, dass Verbesserungen des Wagens, die im frühdynastischen Mesopotamien gemacht wurden, sich über den Kaukasus nach Norden ausbreiteten.

Abb. 5 Das Modell eines zweirädrigen Wagens aus Badaani stellt den bislang ältesten sicheren Nachweis des Wagens in Georgien dar, Kat. 167.

Weder das Anspannen von Pferden oder Eseln noch die Benutzung genagelter oder aus Metall gegossener Reifen finden einen Niederschlag in den archäologischen Quellen. In umgekehrter Richtung allerdings lassen sich die Keramikgefäße der südkaukasischen Kura-Araxes-Kultur über Obermesopotamien bis ins heutige Israel hinein verfolgen und diese Einflüsse korrelieren wohl nicht zufällig mit der Ausbreitung von Rad und Wagen entlang des Jordans[14]. Es handelt sich dabei um einen neuen Wagentypus, der lediglich zwei Räder aufweist und im Kaukasus oder den Nachbarregionen entwickelt wurde. Ob mit dieser Innovationswelle auch die Verbreitung des Wagens auf den indischen Subkontinent verbunden werden kann, ist bislang nicht abschließend geklärt. Die Verbreitung von Wagenbelegen während der ersten Hälfte des 3. Jahrtausends v. Chr. erfolgte allerdings sukzessive über den Nordiran und Turkmenistan in die Harappa-Kultur, und macht ein solches Szenario zumindest möglich. Jedoch ist zu bedenken, dass momentan die für die zweirädrigen Karren der Harappa-Kultur als Vorbilder in Frage kommenden Funde im Kaukasusumland nur sehr ungenau datiert sind: So wird das Modell eines solchen Wagens aus einer Siedlungsgrube aus Badaani[15] (Abb. 5) aufgrund der Keramik und einer charakteristischen Axtform in die späte Kura-Araxes-Kultur datiert, das heißt um die Mitte des 3. Jahrtausends v. Chr. Und die Beigabe eines solchen Wagens aus dem Großen Ipatovo Kurgan bei Stavropol ist sogar noch etwas jünger[16].

1 Klimscha 2017.
2 Gušev 1998.
3 Burmeister 2011.
4 In der Literatur wird dieses Grab oft auch als Starokorsunskaya (oder Starokorsunskaja) bezeichnet. Nach Izbitser 2017 sind beide Funde allerdings identisch und die korrekte Bezeichnung ist Novokorsunskaya.
5 Trifonov 2004.
6 Bondar 2006.
7 Zich 1993.
8 Klimscha 2016.
9 Köpp 2015.
10 Haak u. a. 2015; Allentoft u. a. 2015.
11 Hansen 2013.
12 Gej 2000, 178–183.
13 Frangipane u. a. 2001; Burmeister 2004, 24–30; Palumbi 2008.
14 Greenberg 2014.
15 Vgl. ausführlich Sagona 2013.
16 Zusammenfassend Teufer 2014.

Literatur

Allentoft, M. E./Sikora, M./Sjögren, K.-G./Rasmussen, S./Rasmussen, M./Stenderup, J./Damgaard, P. B./Schroeder, H./Ahlström, T./Vinner, L./Malaspinas, A.-S./Margaryan, A./Higham, T./Chivall, D./Lynnerup, N./Harvig, L./Baron, J./Della Casa, P./Dąbrowski, P./Duffy, P. R./Ebel, A.V./Epimakhov, A./Frei, K./Furmanek, M./Gralak, T./Gromov, A./Gronkiewicz, S./Gruppe, G./Tajdu, T./Jarysz, R./Khartanovich, V./

Khokhlov, A./Kiss, V./Kolář, J./Kriiska, A./Lasak, I./Longhi, C./McGlynn, G./Merkevicius, A./Merkyte, I./Metspalu, M./Mkrtchyan, R./Moiseyev, V./Paja, L./Pálfi, G./Pokutta, D./Pospieszny, Ł./Price, T. Douglas/Saag, L./Sablin, M./Shishlina, N./Smrčka, V./Soenov, V. I./Szeverényi, V./Tóth, G./Trifanova, S. V./Varul, L./Vicze, M./Yepiskoposyan, L./Zhitenev, V./Orlando, L./Sicheritz-Pontén, T./Brunak, S./Nielsen, R./Kristiansen, K./Willerslev, E. 2015, Population genomics of Bronze Age Eurasia. Nature 522, 2015, 167–172. **Bondar, M. 2006,** Le chariot en Europe au Chalcolithique récent. In: P. Pétrequin/R.-M. Arbogast/A.-M. Pétrequin/S. van Willingen/M. Bailly (Hg.), Prémiers chariots, prémiers araires. La Diffusion de la traction animale en Europe pendant les IVe et IIIe millénaires avant notre ère. Centre National de la Recherche Scientifique Monographies 29 (Paris 2006) 225–237. **Burmeister, S. 2004,** Der Wagen im Neolithikum und in der Bronzezeit: Erfindung, Ausbreitung und Funktion der ersten Fahrzeuge. In: M. Fansa/S. Burmeister (Hg.), Rad und Wagen. Der Ursprung einer Innovation. Wagen im Vorderen Orient und Europa. Archäologische Mitteilungen aus Nordwestdeutschland, Beiheft 40 (Mainz 2004) 13–40. **Burmeister, S. 2011,** Innovationswege – Wege der Kommunikation. Erkenntnisprobleme am Beispiel des Wagens. In: S. Hansen/J. Müller (Hg.), Sozialarchäologische Perspektiven: Gesellschaftlicher Wandel 5 000–1 500 v. Chr. zwischen Atlantik und Kaukasus. Archäologie in Eurasien 24 (Mainz 2011) 211–240. **Frangipane, M./di Nocera, G. M./Hauptmann, A./Morbidelli, P./Palmieri, A./Sadori, L./Schultz, M./Schmidt-Schultz, T. 2001,** New Symbols of a New Power in a »Royal« tomb from 3000 BC Arslantepe, Malatya (Turkey). Paléorient 27, 2001, 105–139. **Gej, A. N. 2000,** Гей, A. H., Новотитаровская культура (Москва 2000). Gej, A. N., Novotitarovskaja kul'tura (Moskva 2000). Gej, A. N., Novotitarovskaja-Kultur (Moskau 2000). **Greenberg, R. 2014,** Oxcarts and the Kura-Araxes Migrations. In: G. Narmanishvili/M. Kvachadze/M. Puturidze/N. Shanshashvili (Hg.), Problems of Early Metal Age Archaeology of Caucasus and Anatolia. Proceedings of an International Conference November 19–23, Georgia (Tbilisi 2014) 94–101. **Gusev, S. A. 1998,** Гусев, С. А., К Вопросу о Транспортных Средствах Трипольской. Российская Археология 1998, 15–28. Gusev, S. A., K voprosu o transportnych sredstvach tripol'ckoj. Rossijskaja Archeologija, 1998, 15–28. Gusev, S. A., Zur Frage der Transportmittel der Tripolje-Kultur, Russische Archäologie, 1998, 15–28. **Haak, W./Lazaridis, I./Patterson, N./Rohland, N./Mallick, S./Llamas, B./Brandt, G./Nordenfelt, S./Harney, E./Stewardson, K./Fu, Q./Mittnik, A./Bánffy, E./Economou, C./Francken, M./Friederich, S./Garrido Pena, R./Hallgren, F./Khartanovich, V./Khokhlov, A./Kunst, M./Kuznetsov, P./Meller, H./Mochalov, O./Moiseyev, V./Nicklisch, N./Pichler, S. L./Risch, R./Rojo Guerra, M. A./Roth, C./Szécsényi-Nagy, A./Wahl, J./Meyer, M./Krause, J./Brown, D./Anthony, D./Cooper, A./Alt, K. W./Reich, D. 2015,** Massive migration from the steppe was a source for Indo-European languages in Europe. Nature 522, 2015, 207–211. **Hansen, S. 2013,** Innovative Metals: Copper, Gold and Silver in the Black Sea Region and the Carpathian Basin during the 5th and 4th Millennium BC. In: St. Burmeister/S. Hansen/M. Kunst/N. Müller-Scheeßel (Hg.), Metal Matters. Innovative Technologies and Social Change in Prehistory and Antiquity. Menschen – Kulturen – Traditionen 12 (Rahden/Westfalen 2013) 137–167. **Izbitser, E. 2017,** Novokorsunskaya 2/18. A Grave with a Wagon: Work on Mistakes. Tyragetia Serie Nouă XI [XXVI], Nr. 1, 2017, 83–85. **Klimscha, F. 2016,** Axes and Allies. Long-range contacts in Northern Central Europe during the 4th-3rd Millennium as exemplified by Stone and Metal artefacts. In: M. Furholt/R. Großmann/M. Szmyt (Hg.), Transitional Landscapes? Spatial Patterns, Standardised Burials, and Intensified Communication in the 3rd Millennium cal BC in Europe: The Globular Amphora, Corded Ware and Bell Beaker Complexes in Context. Human Development in Landscapes 9 (Bonn 2016) 85–100. **Klimscha, F. 2017,** Transforming Technical Know-how in Time and Space. Using the Digital Atlas of Innovations to understand the Innovation Process of Animal Traction and the Wheel. eTOPOI, Journal for Ancient Studies 6, 2017, 16–63. **Köpp, H. 2015,** Reisen im Alten Ägypten. Reisekultur, Fortbewegungs- und Transportmittel in pharaonischer Zeit. Göttinger Orientforschungen 4. Reihe Ägypten 55 (Wiesbaden 2015). **Palumbi, G. 2008,** The Red and Black. Social interaction and Cultural Interaction between the Upper Euphrates and Southern Caucasus Communities in the Fourth and Third Millennium BC. Studi di Preistoria Orientale 2 (Roma 2009). **Sagona, A. 2013,** Wagons and Carts of the Trans-Caucasus. In: Ö. Tekin/M. H. Sayar/E. Konyar (Hg.), Tarhan Armağani. M. Taner Tarhan'a Sunulan Makaleler. Essays in Honour of M. Taner Tarhan (İstanbul 2013) 277–297. **Teufer, M. 2012,** Der Streitwagen: Eine »indo-iranische« Erfindung? Zum Problem der Verbindung von Sprachwissenschaft und Archäologie. Mitteilungen aus Iran und Turan 44, 2012, 270–312. **Trifonov, V. 2004,** Die Majkop-Kultur und die ersten Wagen in der südrussischen Steppe. In: M. Fansa/S. Burmeister (Hg.), Rad und Wagen. Der Ursprung einer Innovation. Wagen im Vorderen Orient und Europa. Archäologische Mitteilungen aus Nordwestdeutschland, Beiheft 40 (Mainz 2004) 167–176. **Zich, B. 1993,** Die Ausgrabung chronisch gefährdeter Hügelgräber der Stein- und Bronzezeit in Flintbek, Kreis Rendsburg-Eckernförde. Ein Vorbericht. Offa 49–50, 1992/1993, 15–31.

Der Großkurgan Nr. 3 von Ananauri

Zurab Makharadze

Im Jahr 2012 wurde im Rahmen einer archäologischen Expedition des Georgischen Nationalmuseums unter der Leitung von Zurab Makharadze der »Großkurgan Nr. 3 von Ananauri« untersucht. Dieser Grabhügel (Kurgan) liegt im Alazani-Tal, im Bezirk Lagodekhi auf der linken Seite des Flusses Alazani. Der Durchmesser beträgt 100 Meter, die Höhe zwölf Meter (Abb. 1).

Bei der Untersuchung wurde die Gesamtfläche des Denkmals in vier 50 × 50 m große Sektoren A, B, C, D aufgeteilt; jeder Sektor wurde in 5 × 5 m große Quadrate unterteilt.

Im Zentrum des Kurgans entlang der West-Ost-Achse in den Sektoren C und D wurde ein 10 m breiter und 12 m tiefer Probeschnitt angelegt. Nach der Entdeckung der Grabkammer wurde dieser Schnitt zum Zentrum des Kurgans in die Sektoren A und B erweitert, wo seine Ausmaße 35 × 25 m erreichten.

Durch den Probeschnitt wurde deutlich, dass die Kurganaufschüttung mit Lehm und einem 0,5–1 m dicken »Panzer« aus Bruchsteinen gebaut war. Zwischen den Steinen lagen Obsidiansplitter. Der Lehm war in 2–3 m mächtigen Schichten gelagert. Die Farbe des Lehms war hauptsächlich gelb und nur direkt über der Grabkammer dunkelgrau.

Im Zentrum des Kurgans auf der alten Oberfläche wurde eine 25 × 15 m große, mit Eichenstämmen (0,3–0,35 m im Durchmesser) belegte Plattform nachgewiesen. Die Plattform war mit einer 0,15–0,2 m mächtigen Schicht von Holzsplittern bedeckt. Der Boden der Plattform und ihr Umfeld waren mit rotem Ocker überlagert (Abb. 2).

Die mit Eichenstämmen belegte Plattform stellte sich als Abdeckung der Grabkammer

Abb. 1 Ananauri Kurgan Nr. 3. Kurganaufschüttung. Schnitt. Blick von Südosten.

Abb. 2 Ananauri Kurgan Nr. 3. Abdeckung der Grabkammer. Blick von Westen.

Abb. 3 Ananauri Kurgan Nr. 3. Die Grabkammer mit teilweise entfernter Abdeckung. Blick von Osten.

heraus. Sie bestand aus zwei Reihen von Eichenstämmen mit einer Matte dazwischen. Darunter befand sich eine circa 15 ×10 m große Grube, in die eine Holzkonstruktion eingetieft war. Die Innenfläche der Grabkammer betrug 9 × 6,5 m, die Tiefe 2,75 m. Die Grabkammer wies eine rechteckige Form auf, ungefähr nach Ost-West ausgerichtet (Abb. 3). Die Grabkammer hatte eine doppelte Wand: Die äußere Reihe ist mit runden Balken, die innere Reihe mit rechteckigen Balken gefertigt. Der Fußboden bestand aus Holzbrettern, die mit einer Matte bedeckt waren. Das Dach lag auf drei vertikalen Pfosten und sieben horizontalen Holzbalken.

Die Abdeckung war in die Grabkammer gestürzt und an mehreren Stellen beschädigt. Ihr nordöstlicher 4 × 2 m großer Teil wurde abgetrennt und zu einem späteren Zeitpunkt mit dünneren Balken wieder abgedeckt. Es stellte sich heraus, dass zu der Hauptbestattung ein weiterer Verstorbener in die Grabkammer gelegt worden war. Außerdem wurden im Osten, im Westen und im Zentrum der Grabkammer Beschädigungen festgestellt, die vermutlich von Grabräubern stammten.

Die Kammer wurde zweimal von Grabräubern aufgesucht, jedoch fand die Plünderung erst nach dem Einsturz der Kammerabdeckung statt. Aus diesem Grunde blieb ein Teil der Grabbeigaben in der Kammer erhalten.

In der Kammer wurden zwei vierrädrige Wagen nachgewiesen. Der Wagen Nr. 1 lag im südwestlichen Teil, der Wagen Nr. 2 im nordwestlichen Teil der Kammer. Die beiden Wagen waren nach Osten ausgerichtet. Auf dem Fußboden der Kammer dicht an der Ostwand befanden sich zwei verzierte Joche (Abb. 4).

Als Folge der Plünderung lagen die Menschenknochen nicht mehr im Verband, einige Skelettteile fehlten. Insgesamt lassen sich sieben Individuen nachweisen.

Wagen Nr. 1: Ein Individuum befand sich auf

dem Wagenkasten, ein weiteres Individuum lag auf dem Fußboden der Kammer unter dem Wagen.
Wagen Nr. 2: Zwei Individuen (darunter ein Jugendlicher), lagen auf dem Wagenkasten, ein Individuum lag auf dem Boden unter dem Wagen.

Zwei Individuen (darunter ein Jugendlicher) lagen im nordöstlichen Teil der Grabkammer.

Beide Wagen, die sich ursprünglich in stehender Position befanden, waren durch den Einsturz der Wände und der Abdeckung deformiert. Die Räder und der Wagenkasten lagen zur Zeit ihrer Entdeckung plattgedrückt auf dem Fußboden der Grabkammer. Der Raum zwischen den beiden Wagen, der durch den westlichen Pfosten vom Einsturz relativ gesichert war, wurde durch die Plünderung beschädigt. Der vertikale Raubgang endete direkt über dem Wagenkasten des Wagens Nr. 1 und führte zum Wagen Nr. 2. In diesem Gang, ein Meter über dem Fußboden der Kammer, wurden drei Goldobjekte gefunden, die die Räuber wohl verloren hatten.

Die beiden Wagen sind fast identisch konstruiert und unterscheiden sich nur in wenigen Einzelheiten (Abb. 5): Ihre Länge beträgt 2,8 m, die Breite 1,1–1,2 m; die Wand und der Boden des Wagenkastens bestehen aus Holzbrettern. Die Vorder- und Rückseite des Kastens war mit figürlichen Einzelteilen verziert. Die Seiten des Wagenkastens sind aus vertikal stehenden 0,35–0,4 m hohen Holzstäben gebaut. Im Falle des Wagens Nr. 1 war der Wagenkasten von innen mit Tierfell ausgekleidet und von außen mit einer rot gefärbten Bastmatte bedeckt. Das Kasteninnere des Wagens Nr. 2 war ebenfalls mit Tierfell bedeckt und mit verzierten Holzplatten versehen. Die Radachse befand sich unter dem Wagenkasten. Die Räder, die aus einem Holzstück hergestellt sind, bestehen aus drei Teilen: Die Segmente sind miteinander durch Zapfen verbunden, wobei das mittlere Segment über eine runde, von beiden Seiten offene, Radnabe verfügte. Der Durchmesser der Räder des Wagens

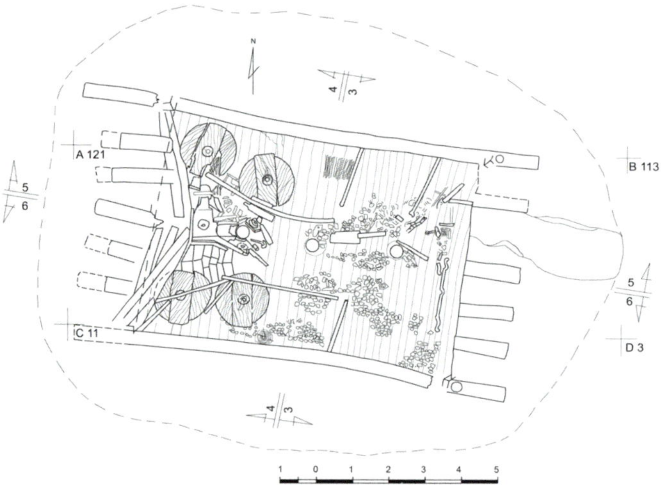

Abb. 4 Ananauri Kurgan Nr. 3. Plan der Grabkammer.

Abb. 5 Ananauri Kurgan Nr. 3. Wagen Nr. 1. Rekonstruktion.

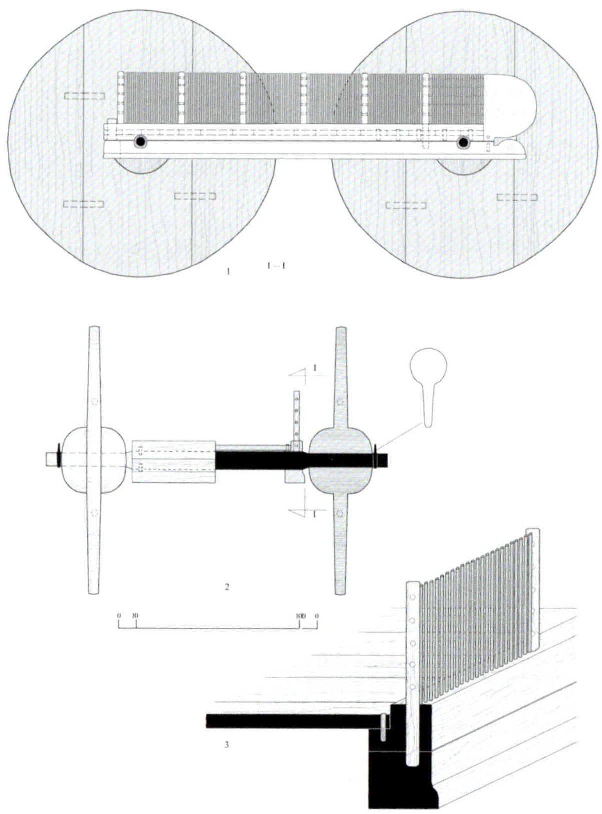

Abb. 6 Ananauri Kurgan Nr. 3. Holzsessel.

Nr. 1 beträgt 1,55 m und des Wagen Nr. 2 1,45 m. An der Außenseite des zweiten und dritten Rades von Wagen Nr. 1, sowie am ersten Rad des Wagens Nr. 2 wurden drei scheibenartige Objekte aus Metall gefunden. Ihre Lage *in situ* macht ihre Funktion als Nieten der Radachse deutlich.

Auf den beiden Wagen lagen über 3,5 m lange Deichseln. Ihr Durchmesser beträgt 15 cm. Offensichtlich waren die Deichseln an der Vorderseite der Wagen angebracht.

Trotz der Plünderung wurde in der Kammer zahlreiches Grabinventar nachgewiesen. Nachdem alle Räder des Wagens Nr. 1 entfernt waren, wurde auf dem Fußboden im südwestlichen Teil der Grabkammer die rechte Seite eines verzierten Holzsessels (Abb. 6) gefunden. Vermutlich wurde der Sessel als Thron verwendet und ist als Machtsymbol des Verstorbenen zu betrachten. Nahe dem Sessel wurden drei hölzerne Schalen mit verzierten Standfüßen (Abb. 7) nachgewiesen. An derselben Stelle wurden auch Reste geflochtener Holzkörbe und Tonschalen dokumentiert, die Reste von Haselnüssen, Kastanien und Waldbeeren enthielten. Bei den Beeren haben sich sowohl die Form als auch die Farbe erhalten (die Beeren waren mit Honig vermischt). In der südwestlichen Ecke der Grabkammer wurde eine große Menge an Haselnüssen und Kastanien dokumentiert. Weiterhin lagen am Wagen Nr. 1 ein großes Stück Stoff sowie Perlen aus Gold (Abb. 8) und schwarzem Onyx (Abb. 10,1).

Im nordwestlichen Teil der Grabkammer nahe dem Wagen Nr. 2 wurden Gold- und Bernsteinperlen (Abb. 10,2) gefunden. Eine Vielzahl an Bernsteinperlen verschiedener Form lag unter dem linken Vorderrad des Wagens.

Im zentralen und südöstlichen Teil der Grabkammer wurden große Mengen an Keramikscherben festgestellt. Insgesamt konnten 40 Tongefäße in der Kammer dokumentiert werden, die meisten davon waren groß, schwarz poliert und mit Reliefornamenten verziert (Abb. 9). In der Nähe wurden ein Ring aus Chalzedon (Abb. 10,3) und ein Objekt aus dünnem Fell mit Fransen freigelegt.

Der nordöstliche Teil der Grabkammer wies eine starke Beschädigung als Folge der Plünde-

Abb. 7 Ananauri Kurgan Nr. 3. Holzgeschirr.

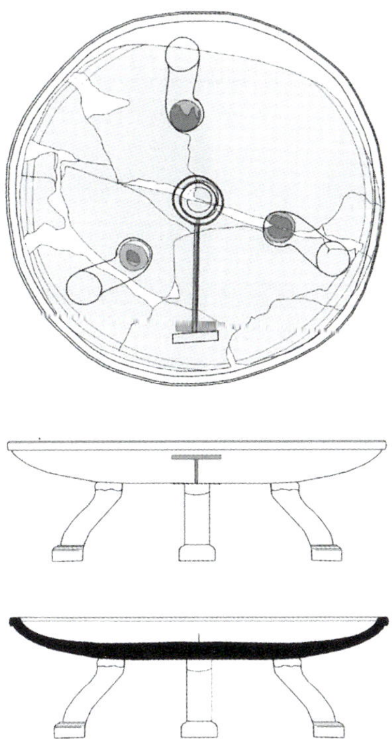

Abb. 8 Ananauri Kurgan Nr. 3. Goldobjekte. 1: Goldperlen, Kat. 201–212; 2: Nadelkopf, Kat. 197; 3: Perle in Form eines zylindrischen Röhrchens, Kat. 198; 4: Anhänger, Kat. 199; 5: Anhänger, Kat. 200; 6: Perle – Abstandhalter, Kat. 196; 7: Goldbeschläge, Kat. 194–195.

rung auf. Wie bereits erwähnt, wird an dieser Stelle eine Nachbestattung vermutet. Dafür spricht die Tatsache, dass die Kammerabdeckung zuerst geöffnet und dann wieder verschlossen wurde. Es wird angenommen, dass die Nachbestattung zu dem Zeitpunkt stattfand, als die Abdeckung bereits abgeschlossen, aber die Aufschüttung noch nicht erfolgt war. Vermutlich

Abb. 9 Ananauri Kurgan Nr. 3. Keramik, Kat. 230.

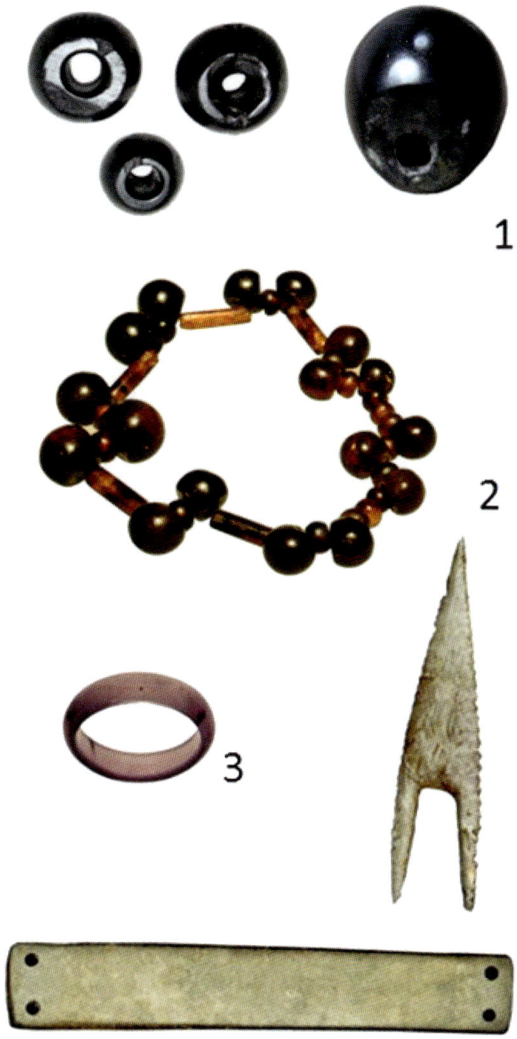

Abb. 10 Ananauri Kurgan Nr. 3.
1: Perlen aus schwarzem Onyx, Kat. 216–217;
2: Perlen aus Bernstein, Kat. 215;
3: Ring aus Chalzedon, Kat. 214;
4: Pfeilspitze aus Obsidian, Kat. 227;
5: Unterarmschutz aus schwarzem Gestein, Kat. 222.

gehörte der Verstorbene zu der Familie, die als Hauptbestattete auf den Wagen bestattet waren. Die Grabplünderung erfolgte erst nach dem Einsturz der Kammerabdeckung. Durch den Gang im Osten gelangten die Räuber in die Kammer. Im Grabräubergang circa 0,5–0,7 m vom Fußboden wurden ein menschlicher Schädel und Keramikscherben nachgewiesen. Auf dem Kammerboden lagen menschliche Knochen, Keramikscherben, Reste der Holzkörbe, Stoffbeutel mit Holzgriffen, Stoffstücke (Abb. 11) sowie Perlen aus Gold (Abb. 8) und schwarzem Onyx (Abb. 10,1). An einer Stelle war der Boden mit einer Matte bedeckt, auf der fünf Pfeilspitzen aus Obsi-

Abb. 11 Ananauri Kurgan Nr. 3. Stoff, Kat. 219.

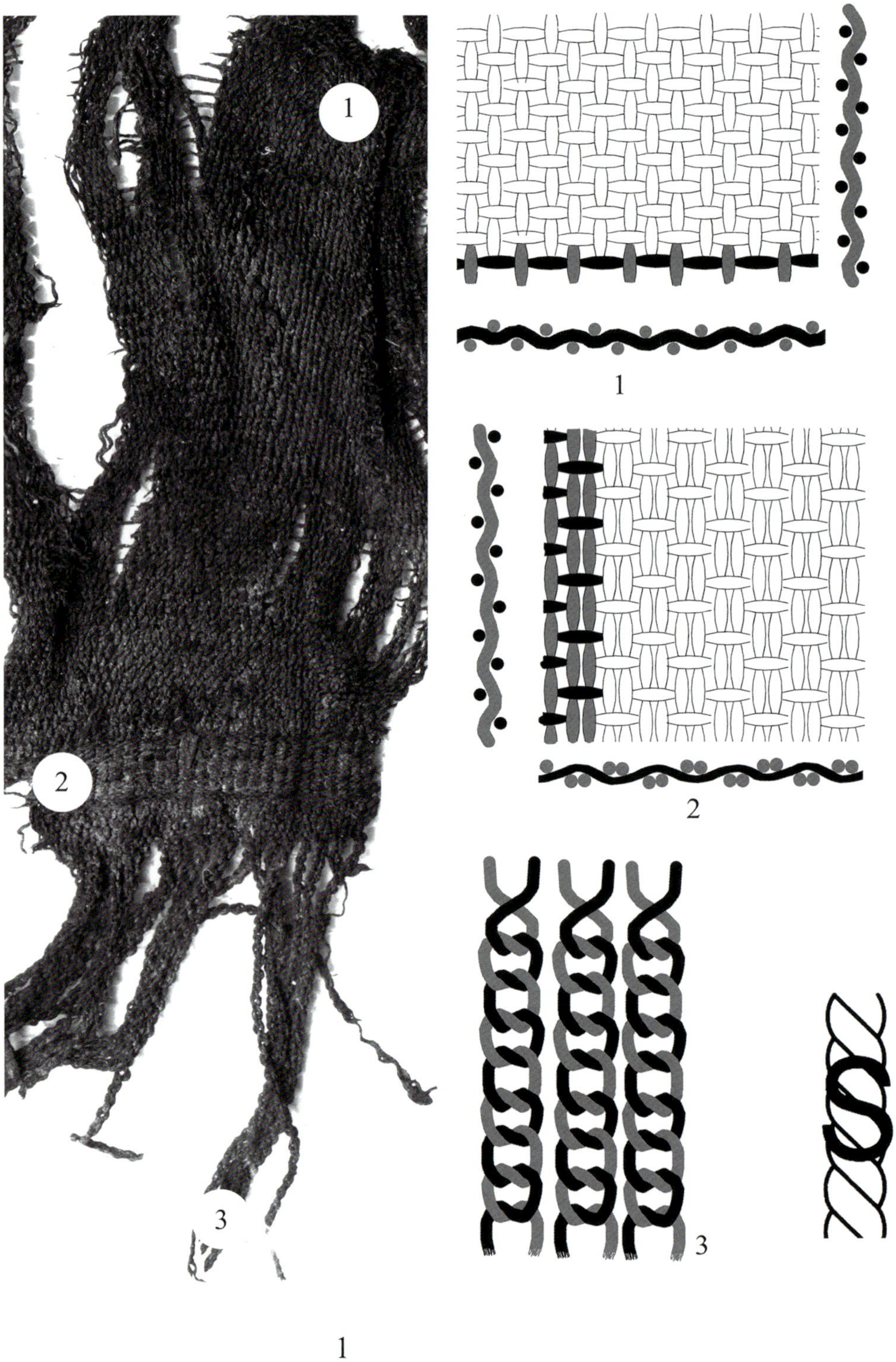

dian (Abb. 10,4) und eine gut verarbeitete längliche Platte (Abb. 10,5) lagen. Diese aus Gestein hergestellte Platte wies an den vier Ecken Bohrungen auf. Vermutlich diente sie als Armschutz beim Bogenschießen.

Der hervorragende Erhaltungszustand des organischen Materials aus dem Kurgan Ananauri Nr. 3 ermöglichte viele neue Kenntnisse mittels naturwissenschaftlicher Analysen.

Der hier vorgestellte Kurgan gehört zur archäologischen Bedeni- oder Alazani-Bedeni-Kultur, die generell in die zweite Hälfte des 3. Jahrtausends v. Chr. datiert wird. Die in Ananauri Nr. 3 belegten Merkmale – eine Grabkammer aus Holz, ein Wagen als Grabbeigabe, Keramik, Goldschmuck und typische Pfeilspitzen aus Obsidian – sind charakteristisch für diese archäologische Kultur. Jedoch lassen sich dort gewisse Besonderheiten beobachten: Zum ersten Mal wurde im Südkaukasus eine Grabkammer mit zwei Wagen nachgewiesen. Bis dato war nur ein Wagen pro Kammer belegt. Ein Teil des Keramikinventars trägt Merkmale, die typisch für Denkmäler des Martqopi-Kulturkreises sind. Sowohl anhand der Metallzusammensetzung als auch stilistisch betrachtet ist der Goldschmuck typisch für die Bedeni-Kultur, obwohl sich neue – bis dato unbekannte – Formen feststellen lassen. Die offensichtlich importierten Bernsteinperlen stellen die frühesten Bernsteinfunde im Südkaukasus dar, was auf die Existenz weiträumiger Handelsrouten hinweist. Die Erhaltung und die hervorragende Qualität der Artefakte aus Holz, Stein, Metall, Ton, Tierfell, Woll- und Leinenstoff verdeutlichen das hohe Entwicklungsniveau des damaligen Handwerks.

Von großer Bedeutung ist ein weiteres Merkmal der Bestattungssitte im Kurgan Nr. 3 von Ananauri: Den Verstorbenen wurden hauptsächlich Waldprodukte mit ins Grab gegeben. Dazu zählen Haselnüsse, Kastanien, Eicheln, Beeren und Honig. Auffällig ist das Fehlen von Tierknochen mit Ausnahme von fünf Schafsastragalen und von Kulturpflanzen wie Weizen und Gerste. Diese Kulturpflanzen sind aus zeitgleichen Siedlungen gut bekannt und wurden zu dieser Zeit intensiv kultiviert. Honig wurde für die Konservierung frischer Beeren verwendet. Weiterhin konnte Honig auf den Knochenfragmenten der Verstorbenen und auf den Leinenstoffen nachgewiesen werden. Es ist denkbar, dass es sich dabei um Balsamierungsreste der Toten handelt. Ein großes bis zu ein Meter hohes Tongefäß mit engem Hals wurde zum Aufbewahren von Flüssigkeiten, möglicherweise Wein, verwendet.

Die Radiokarbondaten (2370 v. Chr. +/– 26 Jahre, Daten von Heußner, DAI Berlin) aus dem Kurgan Nr. 3 von Ananauri belegen, dass dieser Kurgan in der ersten Hälfte des 24. Jahrhunderts v. Chr. errichtet wurde. Dieses Denkmal gilt als Referenzort für diese Zeitstufe im Südkaukasus.

Übersetzung aus dem Georgischen:
Vladimir Ioseliani

Literatur

Makharadze, Z./Kalandadze, N./Murvanidze, B. 2016, Ananauri Big Kurgan N 3 (Tbilisi 2016).

Das organische Material aus dem Kurgan Nr. 3 von Ananauri

Eliso Kvavadze

Organisches Material aus archäologischen Denkmälern wurde bisher hauptsächlich in Südgeorgien mit paläobotanischen Methoden untersucht. Dazu gehören organische Reste aus Kurganen und anderen Fundstellen aus den Regionen Kvemo Kartli und Javakheti[1]. In Ostgeorgien wurden solche Untersuchungen bis vor Kurzem nicht durchgeführt. Im Jahr 2012 erfolgte im Alazani-Tal (Kacheti) die Freilegung von Grabhügel Nr. 3 von Ananauri, der anhand des Grabinventars zur Bedeni-Kultur gehört[2]. Der Kurgan wurde ins Jahr 2370 v. Chr. +/– 26 Jahre anhand der ^{14}C-Daten datiert[3].

Das organische Material aus diesem Kurgan ist nach fast 4.400 Jahren in der Erde durch einen sehr guten Erhaltungszustand und besondere Vielfalt gekennzeichnet. Während der Ausgrabung wurden mehrere Holzteile der Grabkammer freigelegt, bei denen die Holzfestigkeit, die Jahresringe und die Holzfarbe erhalten waren. Von besonderem Interesse sind die beiden gut erhaltenen Holzwagen und der Holzsessel. Im Kurgan wurden mehrere Reste gut erhaltener Stoffe, Filz, Fasern und Fäden (Abb. 1–2) sowie Reste von Matten, Holzflechtwerken und Körben nachgewiesen. An menschlichen Skeletten und in ihrer Nähe wurden Kleidungsreste sowie mikroskopische Reste der Balsamierungsstoffe der Körper gefunden. Von Bedeutung sind die mikroskopischen Untersuchungen organischer Strukturen inklusive der Pollenanalysen[4].

In der Grabkammer wurden große Mengen an Nüssen, Kastanien, Eicheln und Lindenfrüchten gefunden. Mehrere Zweige verschiedener Pflanzen, Gräser und Moose konnten ebenfalls nachgewiesen werden. Außerdem wurden Samen von Blasenkirschen (*Physalis alkekengi L.*) und Schlehdorn (*Prunus spinosa L.*) entdeckt[5]. Diese Beeren sind nicht nur gute Nahrungsmit-

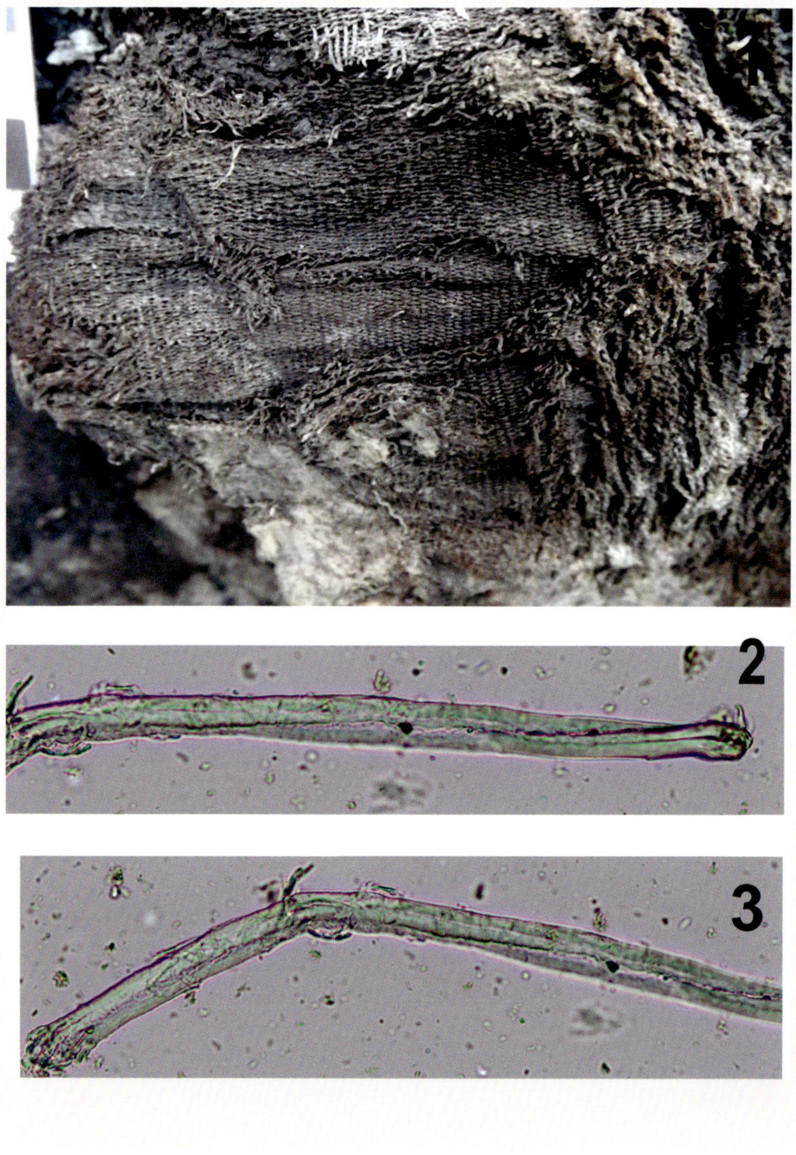

Abb. 1 Kurgan Nr. 3 von Ananauri. 1: Leinenstoff; 2–3: Leinfasern (x400).

tel, sie gelten auch als gesundheitsfördernd. Getrocknete Blasenkirschensamen sind in der Volksmedizin als antiseptisches Mittel und Harnmittel bekannt, sie werden auch bei Leberkrankheiten verwendet. Schlehdorn hat eine gute Wirkung zur Beruhigung[6]. Lindenfrüchte, -blüten und sogar -holz werden ebenfalls als Heilmittel verwendet[7].

Im Kurgan Nr. 3 von Ananauri wurden 34 Pollenproben genommen, die in drei Gruppen unterteilt werden können: 1) Proben vom Fußboden unter den Wagen und Umgebung; 2) Proben von organischen Resten drei bestatteter Individuen; 3) Proben von Stoff- und Mattenresten.

Abb. 2 Kurgan Nr. 3 von Ananauri. 1: Wollfaden; 2: Wollstoff; 3: Wollfasern (x400).

Die Analyse organischer Materialien aus dem Ananauri Kurgan ermöglichte klimatische und allgemeine Umweltbedingungen im Alazani-Tal während der Bedeni-Zeit zu rekonstruieren. Einige Fragen zur landwirtschaftlichen Tätigkeit im Alazani-Tal konnten beantwortet werden. Außerdem wurde versucht, die Bestattungszeremonie zu rekonstruieren.

Pollenanalytische Untersuchungen an den Resten von circa 100 Pflanzenarten aus dem Ananauri Kurgan haben gezeigt, dass das Klima im Alazani-Tal vor 4.400 Jahren im Vergleich zu heute deutlich wärmer und feuchter war. Diese Vermutung wird nicht nur durch die Funde von wärmeliebenden Pflanzen, sondern auch durch Peitschenwurmeier am Beckenknochen des Bestatteten bestätigt. Die Darminfektion Trichuriasis, die durch Peitschenwürmer ausgelöst wird, gehört zu den Tropenkrankheiten und ist heute vor allem in südlichen Ländern mit warmem Klima verbreitet. Ein guter Indikator für ein warmes Klima ist die in stehendem Wasser wachsende, wärmeliebende Alge Pseudoschizeae, die im botanischen Material vorkommt. Die Tatsache, dass die klimatischen Bedingungen im Südkaukasus viel wärmer waren als heute, bestätigten bereits frühere Untersuchungen. Zum Beispiel wurden in den frühbronzezeitlichen Gräbern auf dem 1.900–2.000 Meter über dem Meeresspiegel gelegenen Bedeni-Hochplateau Kastanie, Zelkove und Linde nachgewiesen[8]. Heute ist das Bedeni-Hochplateau hauptsächlich von subalpiner Wiesenvegetation bewachsen. Stellenweise kommen kleinere Birken-, Weiden- und Buchenwälder vor.

Anhand palynologischer Untersuchungen kann festgestellt werden, dass der Ackerbau in der Region zur Bedeni-Zeit weit entwickelt war. Es wurden mehrere Weizensorten, Hafer (*Avena*), Gerste (*Hordeum*), Roggen (*Seale*) und Hirse

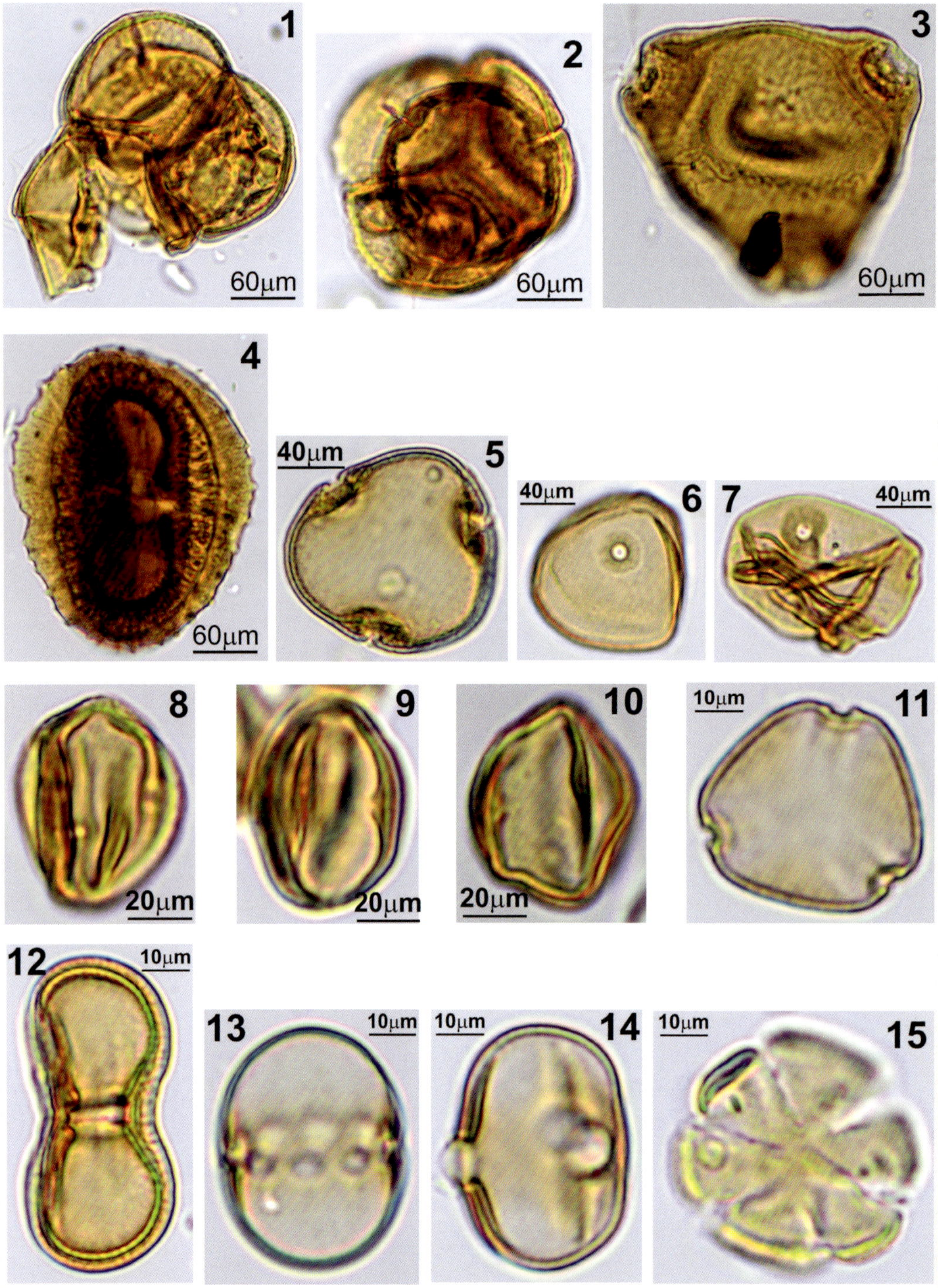

Abb. 3 Kurgan Nr. 3 von Ananauri. Im Leinenstoff auf dem Skelett des 35–40 Jahre alten Toten wurden Reste von Honig und Pollen von Blütenpflanzen nachgewiesen. 1–2: Gelbe Azalee (Rhododendron luteum); 3: Weidenröschen (Chamenerium); 4: Kugeldisteln (Echinops); 5: Linde (Tilia); 6: Gerste (Hordeum); 7: Weizen (Triticum); 8–10: Weinrebe (Vitis vinifera); 11: Kreuzdorn (Rhamnus); 12: Doldenblütler (Apiaceae); 13: Beinwell (Symphytum); 14: Wiesenklee (Trifolium); 15: Lippenblütler (Lamiaceae).

Abb. 4 Kurgan Nr. 3 von Ananauri. Auf dem Schädel eines 35–40 Jahre alten Individuums wurden Reste von Bienen nachgewiesen. 1, 4–5: Bienenhaare; 2–3: Bienenkrallen.

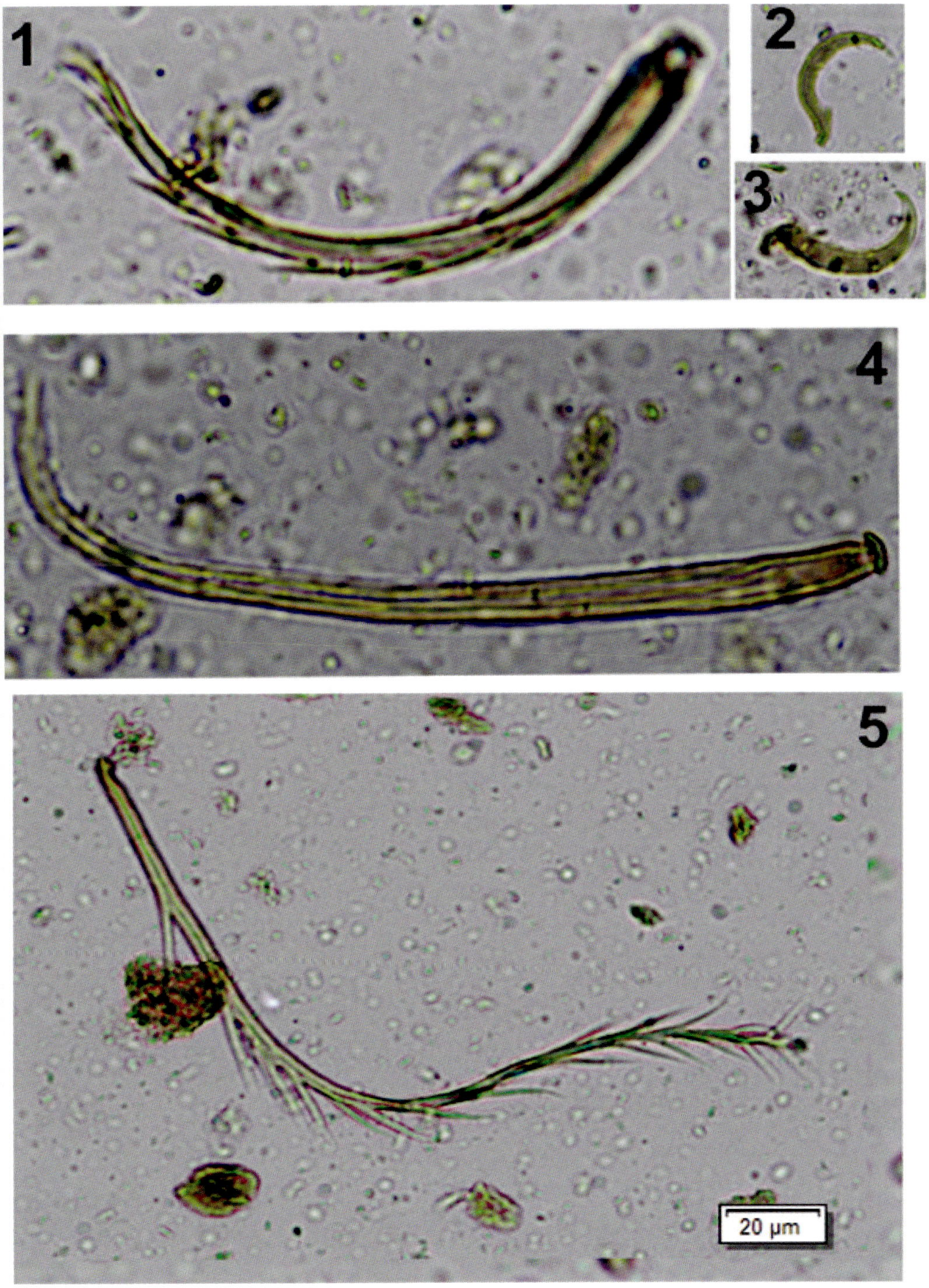

(*Panicum*) angebaut. Es wurden auch Feigen und Walnüsse geerntet. Auf einem hohen Niveau befand sich der Wein- und Gartenbau. Lein (*Linum*) wurde ebenfalls angebaut, was durch die Reste von Leinenstoffen aus dem Kurgan bestätigt wird (Abb. 1). Fast alle Stoffe, ob Lein, Flachs oder Wolle (Abb. 2), waren mit dem Webstuhl und nicht per Hand gewebt. Leinenstoffe wurden in vielen Farben gefärbt[9].

Auch Viehzucht spielte eine wichtige Rolle. Dafür sprechen die Reste von Dungpilzen sowie von Wollstoff und Filz.

Die Bienenzucht war ebenfalls gut bekannt und weit verbreitet, denn Blütenpflanzen waren zur Bedeni-Zeit in der Region reichlich vorhanden[10]. Durch pollenanalytische Untersuchungen wurden die bislang frühesten Spuren von Bienenzucht in Gefäßen der neolithischen Siedlung Shulaveris gora (zwischen 6 000 und 5 000 v. Chr.) nachgewiesen[11]. Das Holzfass aus der chalkolithischen Wohngrube von Kviratskhovla enthielt 7.000 Jahre alte Honigreste[12].

Pollenanalysen aus dem Kurgan von Ananauri zeigen, dass es sich bei den organischen Proben, die unter dem Wagen I und aus der Umgebung genommen wurden, um Honig handelt. Vermutlich stand neben dem Wagen ein mit Honig gefülltes, großes Holzgefäß. Es wird vermutet, dass dieses Gefäß entweder bei der Bestattung oder kurz danach umkippte. Der Honig floss aus und klebte an allen Gegenständen, die unter dem Wagen standen. Dazu gehören die Räder, der Sessel, der Stoff und die Reste von Flechtwerk.

Aufgrund der Tatsache, dass an drei Skeletten Honig und Leinenstoff gefunden wurde, wird angenommen, dass die Toten in ein mit Honig durchtränktem Leinentuch eingewickelt wurden. Dafür sprechen die auf dem Skelettmaterial nachgewiesenen Pollen von Blütenpflanzen und mikroskopische Reste von Bienen (Abb. 3–4). Das Einbalsamieren der Toten mit Honig ist aus Altägypten und Mesopotamien bekannt. Da Honig auf allen drei Skeletten gefunden wurde, kann davon ausgegangen werden, dass Honig ein wichtiges Element dieser Bestattung darstellt. Diese Tradition wurde während der Bedeni-Zeit bis zum Frühmittelalter fortgeführt[13].

Übersetzung aus dem Georgischen:
Vladimir Ioseliani

1 Kvavadze u. a. 2004; Kvavadze u. a. 2007a; Kvavadze u. a. 2007b; Kvavadze u. a. 2013; Kvavadze u. a. 2015; Kvavadze 2016; Kvavadze/Kakhiani 2010; Kvavadze u. a. 2007b.
2 Makharadze/Murvanidze 2014.
3 Makharadze 2016.
4 Kvavadze 2016.
5 Rusishvili 2016.
6 Rasheed u. a. 2010.
7 Bradley (Hg.) 1992.
8 Kvavadze u. a. 2013; Kvavadze u. a. 2015.
9 Kvavadze 2016.
10 Kvavadze 2016.
11 Jalabadze u. a. 2010; Kvavadze u. a. 2014; Kvavadze/Licheli 2015.
12 Kvavadze/Licheli 2015.
13 Bitadze u. a. 2011.

Literatur

Bitadze, L./Chitanava, D./Laliashvili, Sh./Kvavadze, E./Zubiashvili, T. 2011, ბითაძე, ლ./ჭითანავა დ./ლალიაშვილი, შ./ყვავაძე, ე./ზუბიაშვილი, თ., ქართლის მასახლეობის ეთნიკური ვინაობის საკითხები და ანთროპოლოგიური ტიპის ცვალებადობა ძვ.წ. III ათასწლეულიდან XX საუკუნის ჩათვლით, თბილისი, 2011. გამომცემლობა მერიდიანი. Bitadze, L./Chitanav, D./Laliashvili, Sh./Kvavadze, E./Zubiashvili, T., Qartlis mosaxleobis etnikuri vinaobis sakitxebi da antropologiuri tipis cvalebadoba zd.ts.III atascleulidan XX saukunis chatvlit.Tbilisi, Gamomcemloba meridiani. Bitadze, L./Chitanava, D./Laliashvili, Sh./Kvavadze, E./Zubiashvili, T., Questions of ethnic entity of the population of Kartli region and changes of anthropological type from III Millenium B.C. through XX AD (Tbilisi 2011).

Bradley, P. (Hg.) 1992, British Herbal Compendium 1, 142–144. British Herbal Medicine Association, Dorset (Great Britain 1992).

Jalabadze, M./Esakia, K./Rusishvili, N./Kvavadze, E./Shakulashvili, N./Tsereteli, M. 2010, ჯალაბაძე, მ./ესაკია, კ.,/რუსიშვილი, ნ./ყვავაძე, ე./შაყულაშვილი, ნ./წერეთელი, მ., გადაჭრილ გორაზე 2006–2007 წლებში არქეოლოგიური კვლევის შედეგები. ძიებანი საქართველოს არქეოლოგიაში, საქართველოს ეროვნული მუზეუმი 18, 2010, 17–32. Jalabadze, M./Esakia, K./Rusishvili, N./Kvavadze E./Shakulashvili N./Tsereteli M., Gadachril goraze 2006–2007 clebshi arkeologiuri kvlevis shedegebi. Dziebani sakartvelos arkeologiashi. Sakartvelos erovnuli muzeumi 18, Tbilisi, 17–32. Jalabadze, M./Esakia, K./Rusishvili, N./Kvavadze, E./Shakulashvili, N./Tsereteli, M., Report on archaeological work carried out on Gadachrili Gora in 2006–2007 years. Dziebani, Journal of the Georgian Archaelogy 19, 2010, 17–32.

Kvavadze, E. 2006, The use of fossilized honey for palaeoecological reconstruction: A palynological study of archaeological material from Georgia. Palaeontological Journal 40, 5, 2006, 595–603.

Kvavadze, E. 2016, Palynological study of organic remains from the Ananauri Kurgan. In: Z. Makharadze/N. Kandelaki/B. Murvanidze (Hg.), Ananauri Big Kurgan #3 (Tbilisi 2016) 156–192.

Kvavadze E./Kakhiani K. 2010, Palynology of the Paravani Burial Mound (Early Bronze Age). Vegetation History and Archaeobotany 19, 2010, 469–478.

Kvavadze, E./Licheli, V. 2015, Traces of beekeeping and stock-breeding in Lowen Kartli 7000 years ago on the basis of palynological study of the material from Eneolithic Hut of Kviratskhoveli. In: M. Kokhia (Hg.), Proceedings of the Institute of Zoology of Ilia State University (Tbilisi 2015) 205–219. (Zusammenfassung auf Georgisch).

Kvavadze, E./Shatberashvili, Z./Amiranashvili, J./Arabuli, G. 2004, Palynological investigation of two burial mounds of the Middle Bronze Age of Tkemlara (southern Georgia). Acta Paleobotanica 44, 2004, 267–279.

Kvavadze, E./Gambashidze, I./Mindiashvili, G./Gogochuri, G. 2007a, The first find in southern Georgia of fossil honey from the Bronze Age, based on palynological data. Vegetation History and Archaeobotany 16, 2007, 399–404.

Kvavadze, E./Kakhiani, K./Pataridze, N./Connor, S. 2007b, The results of palynological investigation of Paravani Kurgan. Proceedings of the Georgian Academy of Sciences 5, 2, 2007, 97–107.

Kvavadze, E./Martkoplishvili, I./Chichinadze, M./Rukhadze, L./Kakhiani, K./Jalabadze, M./Koridze, I. 2013, Palynological and palaeobotanical data about Bronze Age medicinal plants from archaeological sites in Georgia. Georgian National Museum Proceedings, Natural and Prehistoric Section 5, 2013, 11–21.

Kvavadze, E./Jalabadze, M./Koridze, I./Chichinadze, M./Martkoplishvili, I. 2014, Results of the Palynological Study of the Layers and Vessels of the Gadachrili Gora and Shulaveris Gora settlements (based on the material taken in 2007). Georgian National Museum Proceedings, Natural and Prehistoric Section 6, 2014, 20–32.

Kvavadze, E./Sagona, A./Martkoplishvili, I./Chichinadze, M./Jalabadze M./Koridze, I. 2015, The hidden side of ritual: New palynological data from Early Bronze Age Georgia, the Southern Caucasus. Journal of Archaeological Science 2, 2015, 235–245.

Makharadze, Z./Murvanidze, B. 2014, მახარაძე, ზ./მურვანიძე, ბ., ჭინჭრიანო გორა. ძიებანი საქართველოს არქეოლოგიაში 22, 2014, 50–64. Makharadze Z./Munvanidze, B., Chinchriani Gora. Dziebani sakartvelos arkeologiashi, 22, 50–64. Makharadze Z./Munvanidze, B., Chinchriani Gora. Dziebani (Journal of the Georgian Archaelogy) 22, Georgian National Museum, Tbilisi, 69–80.

Makharadze, Z. 2016, მახარაძე, ზ. ადრებრინჯაოს ხანა საქართველოში. In: ზ. მახარაძე/ნ. კალანდაძე /ბ. მურვანიძე (Hg.), ანანაურის დიდი ყორღანი Nr. 3. საქართველოს ეროვნული მუზეუმი (თბილისი 2016) 7–19. Makharadze, Z., Adrebrinjaos xana sakartveloshi. In: Z. Maxaradze/N. Kandelaki/B. Murvanidze (Hg.), Ananauris didi korgani #3 (Tbilisi 2016) 7–8. Makharadze, Z., Early Bronze Age in Georgia. In: Z. Makharadze/N. Kandelaki/B. Murvanidze (Hg.), Ananauri big Kurgan #3 (Tbilisi 2016) 7–18.

Rasheed, N. M. A./Shareef, M. A./Ahmad, M./Gupta, V. C./Arfin, S./Shamshad, A. K. 2010, HPTLC finger print profile of dried fruit of Physalis alkekengi Linn. Pharmacognosy Journal 12, 2, 2010, 464–469.

Rusishvili, N. 2016, Identification results of botanical material from Ananauri Archaeological Complex. In: Z. Makharadze/N. Kandelaki/B. Murvanidze (Hg.), Ananauri Big Kurgan #3 (Tbilisi 2016) 193–203.

Die Kurgane von Bedeni

Alexander Orjonikidze

Die Kura-Araxes-Kultur, die in den Frühphasen im Zentral- und Ostkaukasus verbreitet war, erstreckte sich im Laufe der Zeit auf ein riesiges Gebiet des Nahen Ostens. Diese Situation führte zu einer Stärkung der Beziehungen zwischen der Kaukasus-Region und der vorderasiatischen Welt, so dass der Kaukasus bald zu einem integralen Teil dieser Welt wurde.

Die Situation änderte sich grundlegend zum Ende der Kura-Araxes-Kultur, die sich in einer Krise befand. Als Hauptursache für die Krise wird ein komplett neues Kulturphänomen angenommen – das Auftreten einer Kurgankultur (Hügelgräberkultur) in Ostgeorgien. Eine bis dato unbekannte Bestattungsform ohne lokale Tradition – Einzelbestattungen in einem Grabhügel – breitete sich weitgehend im Zentral- und Ostkaukasus aus. Diese im Südkauksaus fremde Bestattungsform war für die Bevölkerung des Nordkaukasus charakteristisch[1].

Die Entdeckung dieser Kultur ist eng mit dem Archäologen und Ethnographen Boris Kuftin

Abb. 1 Kurgan Nr. 5 von Bedeni. Grabkammer (»Totenhaus«) aus Holz des Großkurgans aus der Mitte des 3. Jahrtausends v. Chr. 1: Grabschacht; 2: Fußboden aus Bohlen; 3: Schwellen; 4: Längsbalken; 5: Pfosten; 6: Querbalken; 7: Firstbalken; 8: Grabkammerwand; 9: Mauerfüllung aus Stein, Erde und Holzresten; Weitere Grabbeigaben: Geflochtene Bastmatten, ein vierrädriger Wagen, Grabinventar, Kupfergegenstände.

Abb. 2 Kurgan Nr. 5 von Bedeni. Keramik. 1: Dreifußgefäß mit geometrischem Ritzornament; 2: Gefäß mit Buckelreihenornament; 3: Gefäß mit einem Henkel und konzentrischem Rillenornament; 4: Gefäß mit einem Henkel.

verknupft. Während seiner Arbeiten in Trialeti in den 30–40er Jahren des 20. Jahrhunderts definierte er zwei Gruppen der frühen Kurgane, die sowohl chronologisch als auch kulturell unterschiedlich waren[2]. Später wurden die Kurgane von B. Kuftin nach ihren Entdeckungsorten Martqopi und Bedeni benannt. Mit dem Herausarbeiten der Unterschiede zwischen den beiden Kurgangruppen begann die Erforschung der Bedeni-Kultur, die während der 1966–70er Jahre durch die prachtvollen Entdeckungen von Germane Gobejishvili auf dem Bedeni-Plateau weitergeführt wurde[3].

Die auf dem Bedeni-Plateau ausgegrabenen Kurgane mit einem Durchmesser von 25 Meter bis 80 Meter waren durch eine Steinerdaufschüttung gekennzeichnet. Fast alle davon gehörten der Bedeni-Kultur an. Alle Kurgane waren mit einer Grabgrube versehen, die in den lehmigen oder steinigen Boden eingetieft war. Die Grabkammer von Kurgan Nr. 1 im Gegensatz zu den anderen Kurganen zweiteilig. In den Kurganen Nr. 5 und Nr. 8 wurden Reste senkrecht stehender Holzpfosten nachgewiesen, die zur Konstruktion der Grabkammer gehörten. Kurgan Nr. 10 wies Reste eines Holzdaches auf, das zur Zeit des

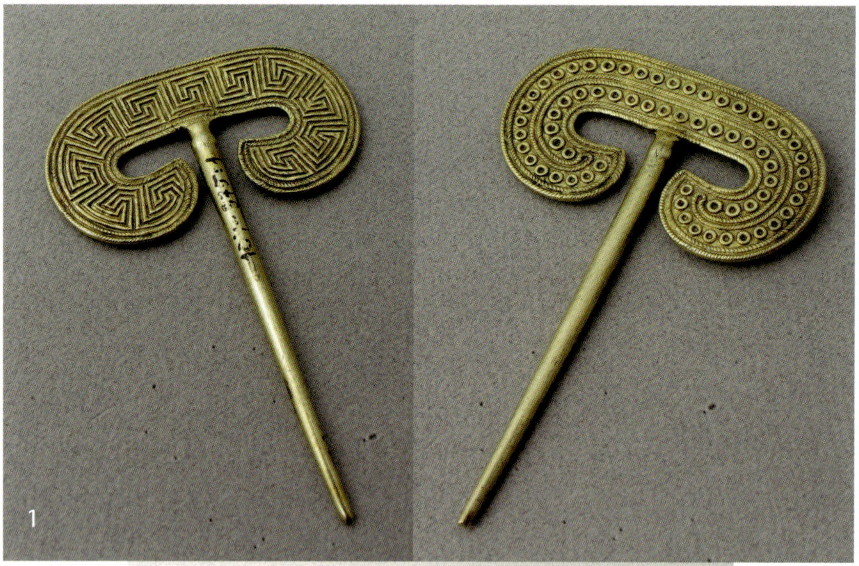

1

2

3

Abb. 3 Der Kurgan Bedeni Nr. 5.
1: Doppelvolutennadel aus Gold;
2: Silberner Weinstockhalter, Kurgan Bedeni Nr. 12;
3: Bronzeprunkaxt.

Bestehens auf sechs Pfosten gestützt war. Der gestampfte Lehmfußboden war mit Holzbrettern bedeckt. Auf dem Boden der Grabkammer lag eine Filzmatte, oder wie im Falle des Kurgans Nr. 5, ein Fell. Die Wände und das Dach der Grabkammer wurden zuerst mit einer Matte, die mit wasserdichtem Lehm bedeckt war, verkleidet und dann mit der Aufschüttung überbaut (Abb. 1). Durch den Einsturz des Kammerdachs wurden die mit Ocker bemalten menschlichen Skelette und die Grabbeigaben stark beschädigt und in der Grabkammer verstreut. Eine bis dato unbekannte Bestattungssitte konnte nachgewiesen werden: Der Tote wurde mit einem Holzwagen und mit den für ihn geopferten »Dienern« bestattet. Zu den Grabbeigaben gehörten Keramik, ein Bronzebeil, ein Meißel, Dolchklingen und eine goldene Doppelvolutennadel (Abb. 3). Weiterhin wurden in der Grabkammer Lebensmittelreste und gewebte Stoffe gefunden[4]. Von großem Interesse sind die Röhren aus Silberblech (Abb. 3) mit bislang ungeklärter Funktion.

Bedeutende neue Erkenntnisse wurden auch durch die Ausgrabungen gewonnen, die in den Jahren 1980–91 auf dem Bedeni-Plateau durchgeführt wurden. Bemerkenswert ist der Kurgan Nr. 1, im Zentrum des Plateaus, bei dem die Aufschüttung durch zwei Bruchsteinreihen befestigt wurde. Im Umkreis von 20 Meter von der Kurganmitte aus wurde ein steinerner Doppelkreis und im Umkreis von zwölf Meter eine Steinumfriedung mit drei trapezförmigen Anbauten errichtet. Im Zentrum des Kurgans wurde eine große, in den Boden eingetiefte Grabgrube nachgewiesen. An den Grubenrändern wurden schräg geschnittene Holzbalken aufgedeckt, die ursprünglich zur Abdeckung der Grabkammer gehörten.

In einer Ecke der Grabkammer wurden neben einer Holzleiter mit drei Sprossen auch drei Holzspaten und der Teil eines Wagenkastens nachgewiesen. Diese Objekte waren an die Kammerwand gelehnt. Das Grab wies Spuren einer Plünderung auf. Unter der Bruchsteinschicht wurde eine Nachbestattung dokumentiert. Die Grabgrube war ebenfalls geplündert, zurück blieben jedoch Bedeni-Keramik, ein Bronzemesser und kleinere doppelkegelförmige Perlen aus Gold[5].

Ein weiterer untersuchter Grabhügel, Nr. 12, befand sich im Nordosten des Bedeni-Plateaus. Auffällig war das Nichtvorhandensein von Menschenknochen in der Grabkammer. Die Grabbeigaben umfassten Keramik, Pfeilspitzen aus Obsidian, eine bronzene Dolchklinge und eine gegossene Ankeraxt (Abb. 3). Letztere besteht aus Kupfer mit einem Zinnzusatz von 9,2 % und wurde aus dem Süden eingeführt[6].

Südwestlich des Bedeni-Berges im Tkemlara-Tal befanden sich weitere Kurgane der Bedeni-Kultur. Auffällig ist der Kurgan Nr. 4, bei dem unter der Erdsteinaufschüttung eine viereckige Grabkammer erfasst wurde. Sie war zuerst mit Holz, dann mit Steinplatten und anschließend mit Lehm überdacht. Über der Grabkammer wurde eine Nachbestattung nachgewiesen. Zu den Beigaben zählten Bedeni-Keramik, eine bronzene Dolchklinge und ein Steinbeil. Auf dem Boden der Grabkammer wurden verkohlte Textilreste erfasst. Nahe an der Wand war eine Lehmplattform angelegt, auf der ein Bronzemesser lag. In der Kammer befanden sich mehrere Gefäße der Bedeni-Kultur. In den felsigen Boden waren zwei Rinnen geschnitten, in denen sich jeweils ein Holzrad und Teile einer Holzachse befanden. Auch hier wurden keine Menschenknochen nachgewiesen. Möglicherweise war auch diese Grabkammer geplündert[7].

Trotz der Gemeinsamkeiten in der Bestattungsform stellen die Kurgangruppen von Bedeni und Martqopi zwei unterschiedliche Kulturphänomene dar, was sich hauptsächlich im Keramikspektrum widerspiegelt. Martqopi-Keramik weist große Ähnlichkeiten mit den älteren Kura-Araxes-Waren auf, während für die Bedeni-Keramik keine lokalen Vorläufer bekannt sind[8].

Letztere zeichnet sich durch ein breites Spektrum an Formen und eine qualitative Herstellung aus. Die Gefäßoberfläche ist so gründlich poliert, dass es häufig einem metallischen Glanz ähnelt (Abb. 2). Vermutlich wurden diese Gefäße von oberen sozialen Schichten bei bestimmten Feierlichkeiten verwendet. Der Verbreitung der Bedeni-Kultur folgte eine Reihe von Innovationen: Kurganbestattungen mit einem vierrädrigen Holzwagen als Grabbeigabe; die Entwicklung von Metallurgie und Schmuckhandwerk; das Einsetzen von Zinnbronze; das Einführen neuer Waffentypen; die Herstellung steinerner Pfeilspitzen mit bearbeiteter Oberfläche (Abb. 4) und vielen anderen.

Die Entstehung der Bedeni-Kultur wird zunehmend mit europäischen Regionen in Verbindung gebracht. Anhand des Keramikinventars werden Parallelen häufiger in den Kulturen im Westen und Norden als im Süden und Osten der südkaukasischen Region nachgewiesen. Die Entstehung der Bedeni-Kultur hängt möglicherweise mit der Einwanderung von Menschen aus Ost- und Mitteleuropa zusammen[9]. Eine geringere Anzahl oder das komplette Fehlen von Kurganen oder anderen Denkmälern der Bedeni-Kultur südlich der südkaukasischen Region macht die Orientierung dieser archäologischen Kultur hin zur europäischen Welt noch deutlicher.

In den letzten Jahren wurden immer mehr Siedlungen der Bedeni-Kultur entdeckt und untersucht. Dadurch werden unsere Kenntnisse dieser Kultur, die bis jetzt hauptsächlich durch Untersuchungen an Bestattungen gewonnen wurden, deutlich erweitert. Von besonderer Bedeutung ist das Problem der Verbindung zwischen der Bedeni- und der Kura-Araxes-Kultur, denn der Untergang der letztgenannten wird oft mit der Bedeni-Kultur in Verbindung gebracht. Stratigraphische Beobachtungen an den Siedlungen zeigen eine deutliche Verbindung zwischen den beiden Kulturen und ihre Gleichzeitigkeit kann nicht mehr in Zweifel gezogen werden. Deswegen scheint es unwahrscheinlich, dass der Untergang der Kura-Araxes-Kultur durch das Einsetzen der Bedeni-Kultur ausgelöst wurde.

Übersetzung aus dem Georgischen: Vladimir Ioseliani

Abb. 4 Der Kurgan Tetritskharo Nr. 2. Steinpfeilspitzen aus Feuerstein und Obsidian mit und ohne gespaltene Basis.

1 Japaridze 1991, 136–137.
2 Kuftin 1941; Kuftin 1948.
3 Gobejishvili 1981.
4 Gobejishvili 1981.
5 Shatberashvili/Shatberashvili 2014, 81–101.
6 Shatberashvili/Shatberashvili 2014, 81–101.
7 Shatberashvili/Nikolaishvili 2010, 185–206.
8 Japaridze 1991, 138, 149.
9 Gogadze 1972, 111.

Literatur

Gobejishvili, G. 1981, გობეჯიშვილი, გ., ბედენის გორასამარხების კულტურა (თბილისი 1981). Gobejishvili, G., Bedenis gorasamarkhis kultura (Tbilisi 1981). Gobejishvili, G., Die Bedeni Kurgankultur (Tbilisi 1981). **Gogadze, E. 1972,** გოგაძე, ე., თრიალეთის ყორღანული კულტურის პერიოდიზაცია და გენეზისი (თბილისი 1972). Gogadze, E., Trialetis khorganuli kulturis periodizatsia da genezisi (Tbilisi 1972). Gogadze, E., Die Periodisierung und die Genese der Trialeti-Kurgankultur (Tbilisi 1972). **Shatberashvili, V./Nikolaishvili, V. 2010,** შატბერაშვილი, ზ./შატბერაშვილი, ვ./ნიკოლაიშვილი, ვ., ტყემლარას ბრინჯაოს ხანის სამარხები. In: G. Gamkhrelidze (Hg.), Rescue Archaeology in Georgia: The Baku-Tbilisi-Ceyhan and South Caucasian Pipelines (Tbilisi 2010) 198–206. Shatberashvili, V./Nikolaishvili, V., Tkemlaris brinjao khanis samarkhebi. In: G. Gamkhrelidze (Hg.), Rescue Archaeology in Georgia: The Baku-Tbilisi-Ceyhan and South Caucasian Pipelines (Tbilisi 2010) 198–206. Shatberashvili, V./Nikolaishvili, V., Bronzezeitliche Gräber in Tqemlari. In: G. Gamkhrelidze (Hg.), Rescue Archaeology in Georgia: The Baku-Tbilisi-Ceyhan and South Caucasian Pipelines (Tbilisi 2010) 198–206. **Shatberashvili, Z./Shatberashvili, V. 2014,** შატბერაშვილი, ზ./შატბერაშვილი, ვ., მარაბდა-ახალქალაქის ექსპედიციის მიერ შესწავლილი ბედენური ყორღანები ბედენის პლატოდან, ძიებანი 22, 2014, 81–101. Shatberashvili, Z./Shatberashvili, V., Marabda-akhalkalakis ekspeditsiis mier shestsavlili bedenuri qorghanebi bedenis platodan. Dziebani 22, 2014, 81–101. Shatberashvili, Z./Shatberashvili, V., Kurgane der Bedeni-Kultur auf dem Bedeni-Plateau, untersucht durch die Marabda-Akhalkalaki Archäologische Expedition. Dziebani 22, 2014, 81–101. **Japaridze, O. 1991,** ჯაფარიძე, ო., საქართველოს არქეოლოგია (თბილისი 1991). Japaridze, O., Sakartvelos arkeologia (Tbilisi 1991). Japaridze, O., Archäologie Georgiens (Tbilisi 1991). **Kuftin, B. 1941,** Куфтин, Б., Археологические раскопки в Триалети (Тбилиси 1941). Kuftin, B., Archeologičeskie raskopki v Trialeti (Tbilisi 1941). Kuftin, B., Archäologische Ausgrabungen in Trialeti (Tbilisi 1941). **Kuftin, B. 1948,** Куфтин, Б., Археологические раскопки 1947 года в Цалкинском районе (Тбилиси 1948). Kuftin, B., Archeologičeskie raskopki 1947 goda v Calkinskom rajone (Tbilisi 1948). Kuftin, B., Archäologische Ausgrabungen im Jahr 1947 in der Region Tsalka (Tbilissi 1948).

Die Trialeti-Kultur – Das Leben, der Tod und die Prozessionsstraßen in die Ewigkeit

Goderdzi Narimanishvili, Nino Shanshashvili,
Dimitri Narimanishvili

Archäologische Denkmäler der Trialeti-Kultur wurden erstmals in den 30er Jahren des 20. Jahrhunderts im Südkaukasus freigelegt. Ihre Entdeckung ist eng verbunden mit dem Namen von Boris Kuftin, der während seiner Forschung in Trialeti (Abb. 2), einer historischen Provinz Südgeorgiens, eine ganze Reihe neuer archäologischer Kulturen definiert hat[1]. Dazu gehört auch die Trialeti-Kultur, die durch monumentale Kurgane von herausragenden Persönlichkeiten (Eliten) gekennzeichnet ist. Schon während der Ausgrabung der Kurgane der Trialeti-Kultur wurde deutlich, dass die Toten mit einer prachtvollen Ausstattung versehen waren. Besonders auffallend waren bis dato unbekannte einzigartige Luxusobjekte, die als Beigaben in der speziell für den Bestatteten gebauten Grabkammer deponiert waren. Die Grabbeigaben aus den Kurganen der ersten Hälfte des 2. Jahrtausends v. Chr. umfassten verschiedenen Gold- und Silberschmuck, Standarten, Toreutik, Waffen aus Silber und Bronze, sowie schwarz polierte und bemalte Keramik. Die Bedeutung der Kultur reicht weit über die Region des Kaukasus hinaus[2].

Abb. 1 Prozessionsstraße der Trialeti-Kultur.

Verbreitungsgebiet

Nach dem heutigen Forschungsstand ist die Trialeti-Kultur in den zentralen, östlichen und südlichen Regionen des Südkaukasus verbreitet. Im Norden reicht ihr Verbreitungsgebiet bis zum Großen Kaukasus (Abb. 2), im Süden erstreckt es sich entlang des rechten Ufers des Flusses Araxes und des Oberlaufs des Flusses Mtkvari[3]. Die Trialeti-Kultur ist stark in Südgeorgien vertreten, dabei besonders in der Region Meskheti, wo die Hügelgräber größere Gruppen bilden. Weiterhin sind Kurgane der Trialeti-Kultur aus Kachetien und aus dem Iori-Alazani-Gebiet (unter anderem Akakiantkhevi, Purtseltskhali, Saduga, Shvindiani, Ananauri, David Garedji) bekannt. Aus Schida Kartli sind Gräberfelder und kleinere Kurgane der Trialeti-Kultur nachgewiesen (Metekhi, Grakali, Akhalsopeli, Corinto, Zghuderi, Osprisi, Tsaghvli, Mtskheta, Nuli und Kvasatali). Die Trialeti-Kultur erstreckte sich im Bereich des heutigen Armeniens bis Lori und in das Ararat-Tal (Wanadsor, Karašamb, Lori-Berd, Nerkin-Naver, Echmiadzin, Voskevaz und Aruch). Grabhügel der Trialeti-Kultur sind aus dem nordwestlichen Teil des heutigen Aserbaidschans bekannt.

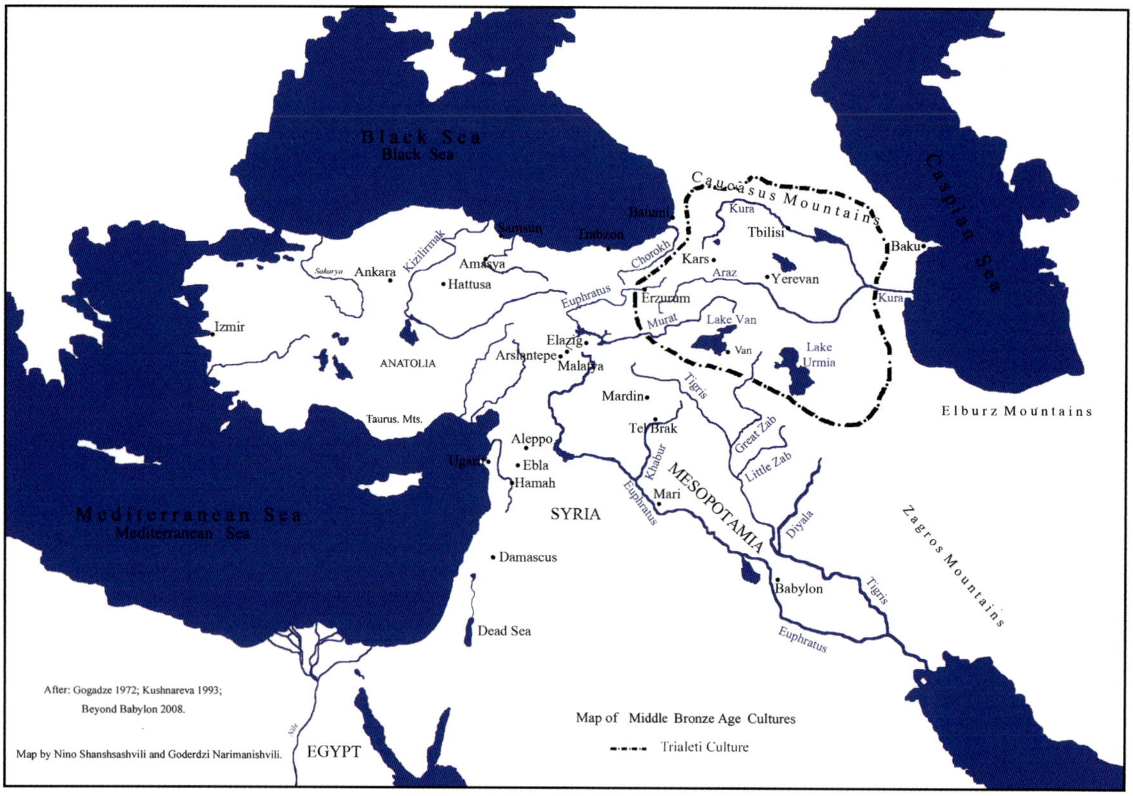
Black Sea
Black Sea
Caucasus Mountains
Caspian Sea
Batumi
Samsun
Trabzon
Kura
Tbilisi
Baku
Ankara
Kizilirmak
Amasya
Hattusa
Chorokhi
Kars
Araz
Yerevan
Euphratus
Erzurum
Kura
Izmir
Murat
Lake Van
Van
Elazig
Arslantepe
Malatya
Lake Urmia
ANATOLIA
Mardin
Tigris
Elburz Mountains
Taurus. Mts.
Tell Brak
Aleppo
Great Zab
Ugarit
Ebla
Khabur
Little Zab
Hamah
MESOPOTAMIA
Mari
Mediterranean Sea
Mediterranean Sea
SYRIA
Euphratus
Diyala
Zagros Mountains
Damascus
Babylon
Tigris
Dead Sea
Euphratus
After: Gogadze 1972; Kushnareva 1993;
Beyond Babylon 2008.
Map of Middle Bronze Age Cultures
Trialeti Culture
Map by Nino Shanshsashvili and Goderdzi Narimanishvili.
EGYPT

1

2

Abb. 3 Siedlung Jinisi. Mittelbronzezeit. 1: Gebäude Nr. 3: Blick von Südwesten; 2: Gebäude Nr. 1–4: Blick von Westen. Im Vordergrund: Gebäude Nr. 4.

1

2

*Abb. 2
1: Die Verbreitungskarte der Trialeti-Kultur;
2: Blick auf das Trialeti-Plateau.*

Fragen der Chronologie

Boris Kuftin unterteilte die auf dem Trialeti-Plateau gelegenen Kurgane in zwei chronologische Gruppen: Die erste Gruppe wurde von ihm in die Frühbronzezeit datiert, die zweite (»die Blütezeit der Trialeti-Kurgane«) in die Mittelbronzezeit – in die Mitte des 2. Jahrtausends v. Chr[4]. Die ältere Gruppe bezeichnete er zuerst als »Frühe Kurgane«, später aber als »Bedeni-Kultur«.

In den 60er Jahren des 20. Jahrhunderts wurden die Trialeti-»Prachtkurgane« von Elguja Gogadze in drei Gruppen unterteilt und in die erste Hälfte des 2. Jahrtausends v. Chr. datiert. Giorgi Kavtaradze datierte die früheren Trialeti-Kurgane in die erste Hälfte und in die Mitte des 3. Jahrtausends v. Chr., während er die »Prachtkurgane« in drei Gruppen unterteilte und in die zweite Hälfte des 3./Anfang des 2. Jahrtausends v. Chr. datierte[5]. Otar Japaridze vertritt die Meinung, dass die Bedeni-Etappe der früheren Kurgankultur zu Beginn des 2. Jahrtausends v. Chr. endet, unmittelbar gefolgt von der Periode der »prachtvollen Großkurgane«, die er in die erste Hälfte des 2. Jahrtausends v. Chr. datiert[6].

Karina Kushnareva schlägt die Existenz von vier mittelbronzezeitlichen Kulturen im Südkaukasus vor – die Trialeti-Kultur, die Kamir-Berd-Kultur, die Sevan-Uzerlik-Kultur und die Kizil-Vank-Kultur – und datiert sie zwischen das 24. und 16. Jahrhundert v. Chr.[7]. Oktay Belli und Velli Bahshaliev unterteilen die Mittelbronzezeit in sechs archäologische Kulturen: Trialeti, Tazakent, Sevan-Uzerlik, Kizil-Vank, Nakhchivan und Van-Urmia[8]. Jedoch deuten gewisse Ähnlichkeiten in den Bestattungssitten und im Inventar auf die Existenz von nur einer einzigen mittelbronzezeitlichen Kultur im Südkaukasus hin, die durch regionale Varianten vertreten ist.

Adam Smith, Ruben Badalyan und Pavel Avetisyan haben die Mittelbronzezeit im Südkaukasus in drei Phasen unterteilt: Phase I wurde als Übergangsperiode von der Früh- zur Mittelbronzezeit (2400–2000 v. Chr.) definiert. Dazu gehören sogenannte »Frühere Kurgane« (Trialeti, Martqopi und Bedeni); Phase II (2000–1800 v. Chr.) umfasst die Kurgane von Trialeti; zur Phase III (1800/1700–1550 v. Chr.) gehören die Denkmäler von Karmirberd, Karmirvank, Sevan-Uzerlik II und die spätere Trialeti-Wanadzor-Gruppe[9].

Nach Goderdzi Narimanishvili gehört die Bedeni-Kultur in die Mitte des 3. Jahrtausends v. Chr. (26.–24. Jahrhundert v. Chr.). Die Phase I der mittelbronzezeitlichen Trialeti-Kultur wurde dementsprechend in die Zeit zwischen dem 23. und 22. Jahrhundert v. Chr., die Phase II zwischen dem 21. und 20. Jahrhundert v. Chr. und die Phase III zwischen dem 19. und 18. Jahrhundert v. Chr. datiert[10].

Siedlungen

Bis vor Kurzem war die Trialeti-Kultur ausschließlich durch Grabanlagen bekannt. In den letzten Jahrzehnten konnten jedoch auch Siedlungen der Trialeti-Kultur in zentralen Regionen des Südkaukasus (Kachetien, Kartli, Lore) nachgewiesen werden[11]. Eine Siedlung aus der späteren Phase der Trialeti-Kultur wurde auf dem Trialeti-Plateau nahe des Dorfes Jinisi untersucht (Abb. 3). Die Freilegung vier semi-subterraner Häuser zeigte, dass die Wände aus Feldsteinen errichtet worden waren (Abb. 4). Die Häuser mit einem rechteckigen Grundriss (40,6–87,5 Quadratmeter) liegen in einer Reihe und sind drei bis vier Meter voneinander entfernt[12]. Alle Häuser waren einstöckig und vermutlich für eine Familie ausgelegt. Es ist anzumerken, dass Spuren

Abb. 4 Siedlung Jinisi.
1: Plan;
2–4: Rekonstruktion der Gebäude.

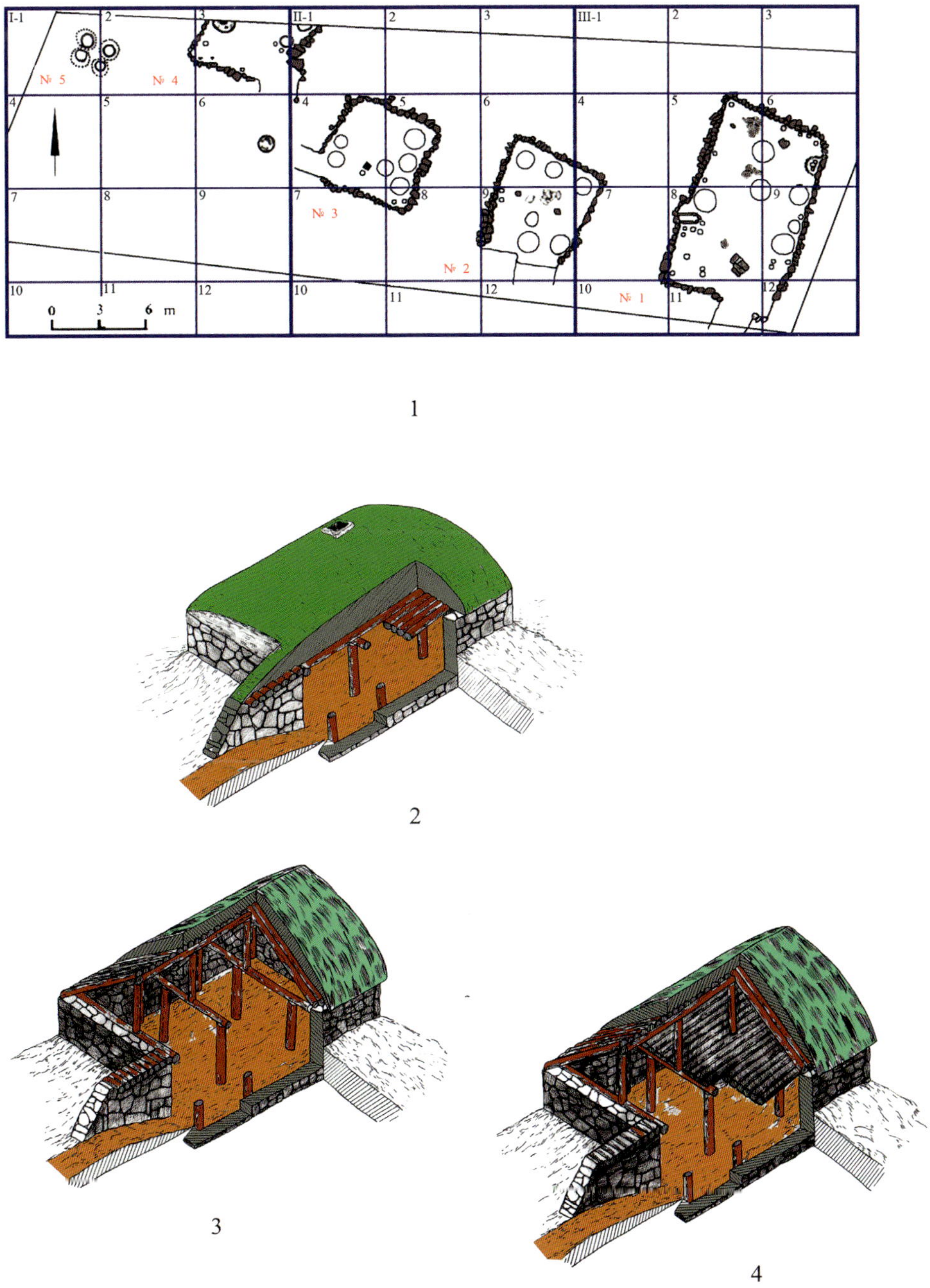

von Viehhaltung weder innerhalb noch in der Nähe der Häuser nachgewiesen wurden. Vermutlich lagen die Wirtschaftsbauten außerhalb der Wohnbereiche. In jedem Haus, dicht an der Wand, befand sich ein Ofen oder eine Herdstelle. Nahe dem Ofen lagen kleinere Gefäße, Mahlsteine aus Basalt, Reibsteine und steinerne Mörser. Der Schlafbereich befand sich ebenfalls nahe am Ofen. In Häuserecken oder entlang der Wände standen größere Tongefäße. Anhand des Keramikspektrums wurde die Siedlung in die Zeit zwischen dem 17. und 16. Jahrhundert v. Chr. datiert.

In der Siedlung Jinisi fanden sich Reste von Kulturpflanzen (Weizen, Gerste) sowie eine

Vielzahl von Steinmörsern, Mahlsteinen aus Basalt und Handmühlen, was auf Ackerbautätigkeiten hindeutet. Daneben wurden Rinder, Pferde, Schafe und Ziegen gehalten. In den Häusern fanden sich auch Knochen von Wildtieren, die auf die wichtige Rolle der Jagd hindeuten. Stiere, Pferde, Esel und Kulans (asiatische Halbesel) sind als Zugtiere nachgewiesen.

Bestattungsart und -sitten

Die mittelbronzezeitliche Grabarchitektur im Südkaukasus ist hauptsächlich durch Kurgane vertreten (Abb. 5), die sich vor allem in den zentralen Regionen des Südkaukasus konzentrieren. Die Gesamtanzahl der Kurgane der Trialeti-Kultur umfasst mehrere Tausende, die bisher jedoch nur zu einem geringen Teil untersucht wurden. Als Beispiel kann die Region Trialeti genannt werden. Dort wurden durch die Arbeiten von B. Kuftin, O. Japaridze und den Autoren dieses Beitrages insgesamt mehr als 800 Hügel registriert, von denen nur etwa 70 Kurgane ausgegraben wurden.

Die Kurgane der Mittelbronzezeit sind künstlich errichtete Hügel mit einer Stein-, Erd- oder Steinerdaufschüttung. Ihre Höhe variiert zwischen anderthalb und zwölf Metern. Der Grundriss der Kurgane ist kreisförmig oder rechteckig mit abgerundeten Ecken[13]. Unter jeder Aufschüttung befindet sich eine Grabkammer unterschiedlicher Größe. Die Innenfläche der Grabkammern beträgt zwischen sechs und 200 Quadratmetern, wobei größere Kurgane umfangreichere Grabkammern aufweisen. Ihre Wände sind in der Regel aus Steinen gebaut und erreichen eine Höhe von fünf bis acht Metern. Die komplexe Konstruktion der Dächer besteht aus Holzbalken, die auf die Wände gestützt sind. Ein solcher Typ von Kurganen verfügt im Osten über einen längeren *Dromos* (zehn bis 50 Meter), dessen Breite zwischen vier und sieben Metern liegt. Der *Dromos* war ebenfalls überdacht und bildete zusammen mit der Grabkammer einen Raum. Häufig geht der *Dromos* in eine mit Basaltsteinen gepflasterte rituelle Prozessionsstraße über.

Anhand der Zusammensetzung der Aufschüttung lassen sich die Kurgane der Trialeti-Kultur in drei Gruppen unterteilen: 1. Kurgane mit Erdaufschüttung; 2. Kurgane mit Steinaufschüttung; 3. Kurgane mit Erd- und Steinaufschüttung. Kurgane mit Erdaufschüttung kommen selten vor und sind eher für die frühere Etappe (Bedeni-Kultur) der Mittelbronzezeit charakteristisch. Kurgane mit Steinaufschüttung wurden bisher selten ausgegraben. Die Mehrzahl der mittelbronzezeitlichen Kurgane hat eine Erd- und Steinaufschüttung[14].

Die Kurgane unterscheiden sich weiterhin in der Bautechnik und -konstruktion der Grabkammer. Ein wichtiges Merkmal ist die Lage der Kammer innerhalb des Grabhügels. Die Grabkammer befindet sich unter der Aufschüttung und stellt entweder eine oberirdische Konstruktion dar oder ist tief im Boden versenkt. Anhand dieses Merkmals lassen sich zwei Haupttypen von Kurganen unterscheiden: mit und ohne Grabgrube.

Kurgane ohne Grabgrube

Dieser Typ von Kurganen tritt in allen Phasen der Mittelbronzezeit auf. Oberirdische Bestattungen sind in der Trialeti-Kultur mehrfach nachgewiesen worden und zeichnen sich durch Vielfältigkeit aus. Zum Beispiel wurde der Bestattungsplatz im Kurgan Nr. III von Trialeti durch Steinplatten umzäunt. Der Bestattungsplatz im Kurgan Nr. XVIII wurde mit niedrigen Mauern aus Steinplatten und Bruchsteinen umschlossen. Eine steinerne Umfriedigung, überdeckt mit

Abb. 5 Kurgane der Trialeti-Kultur. 1: Der Kurgan von Samgori; 2: Die Kurgane von Trialeti (Kurgane Nr. I–II wurden durch B. Kuftin ausgegraben, Kurgane Nr. XLVII wurden durch die Verfasser untersucht).

1

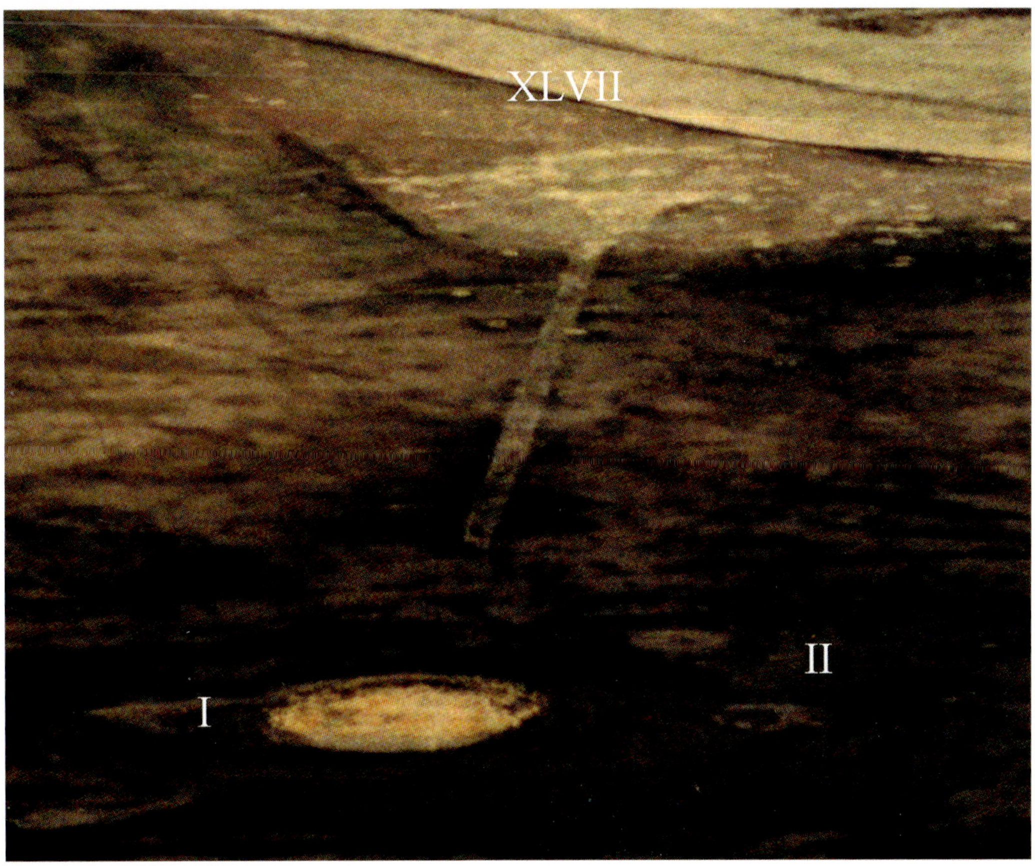

2

Holzbalken, wurde bei dem reich ausgestatteten Kurgan von Karašamb nachgewiesen. Eine ähnliche Konstruktion wird bei dem Kurgan Nr. XIV vermutet, wo ebenfalls Holz als Baumaterial Verwendung fand. Nach Meinung der Autoren ist es möglich, dass bei mehreren Trialeti-Kurganen (Nr. V, VI, VIII, IX) der Bestattungsplatz mit Umfriedigungen aus Holzbalken umgeben war[15]. Steinmauern wurden bei den monumentalen »Bestattungssälen« in den Kurganen von Trialeti und Zurtaketi nachgewiesen. Die Innenfläche des Bestattungssaals im Kurgan 4 von Zurtaketi beträgt 100 Quadratmeter, die von den Bestattungssälen des Trialeti Kurgans Nr. XLV, Zurtaketi 3 und 6 weisen eine Größe von 150 Quadratmetern auf, und die des Kurgans Kushchi Nr. XXXVI 175 Quadratmeter. Grabkammern mit Steinmauern wurden auch bei den Kurganen in Meskheti gefunden. Diese Kammern zeichnen sich dadurch aus, dass sie mit großen Steinplatten überdacht waren[16]. Sechs Grabkammern mit annährend gleicher Konstruktion wurden in Lori-Berd (Armenien) dokumentiert[17].

Kurgane mit Grabgrube

Diese Form weist verschiedene Typen von Grabkammern auf. Auch die Wände der Gruben sind unterschiedlich konstruiert. In den meisten Fällen sind sie aus Erde gebaut, in einigen Fällen bestehen die Wände aus Holzbalken.

Während der Mittelbronzezeit wurden die Toten außerdem auch in Steinkisten und Grabgruben beigesetzt. Gräberfelder sowie mehrere kleinere Grabhügel konnten auch in Metekhi, Grakali, Korinto, Nuli, Kvasatali und Tsaghvli ausgegraben werden. In Nuli und Kvasatali traten sowohl Kollektivbestattungen als auch Einzelbestattungen auf[18]. Grabgruben der Trialeti-Kultur sind auch aus Nakhchivan bekannt[19].

Soziale Stratifizierung

Die Unterschiede in den Bautypen der Kurgane und in der Grabausstattung deuten auf einen unterschiedlichen sozialen Status der Bestatteten hin. Es scheint, als ob jeder sozialen Schicht eine bestimmte Bestattungsart und -sitte entspricht und dies auf gewissen religiösen Vorstellungen der damaligen Bevölkerung basierte. Am Beispiel der meskhetischen Kurgane erscheint es möglich, das soziale Umfeld der Träger der Trialeti-Kultur mit gewisser Sicherheit zu rekonstruieren. Es wird vermutet, dass eine große Kurgangruppe den Bestattungsplatz eines starken Clans und der dazu gehörigen Familien darstellt. Im Zentrum solcher Kurgangruppen befindet sich ein großer Grabhügel mit Steinaufschüttung, in dem in der Regel ein älteres Individuum bestattet ist[20]. Möglicherweise handelt es sich dabei um die Bestattung eines Clanführers. Wichtig ist, dass der zentrale Kurgan von Grabhügeln mittlerer Größe mit Steinerdaufschüttung umgeben ist. Vermutlich gehören sie verschiedenen Großfamilien oder führenden Persönlichkeiten an. Jede Kurgangruppe umfasste auch kleinere, niedrigere Grabhügel, gekennzeichnet dadurch, dass kaum Aufschüttungen auftreten und mehr als drei Bestattete dokumentiert werden. Wahrscheinlich handelt es sich dabei um Kollektivbestattungen von Kleinfamilien[21]. Wenn dies der Fall wäre, dann ist anzunehmen, dass die Bestatteten in den großen Kurganen der Trialeti-Kultur (Trialeti, Zurtaketi, Kakheti, Kirovakan, Lore, Karašamb), die nicht nur durch ihre äußere Form und Größe, sondern auch durch aufwendige Bestattungssitten und Reichtum an Beigaben auffallen, der höchsten Stufe in der damaligen sozialen Hierarchie angehörten. Die Macht einer solchen Person erstreckte sich wahrscheinlich über größere

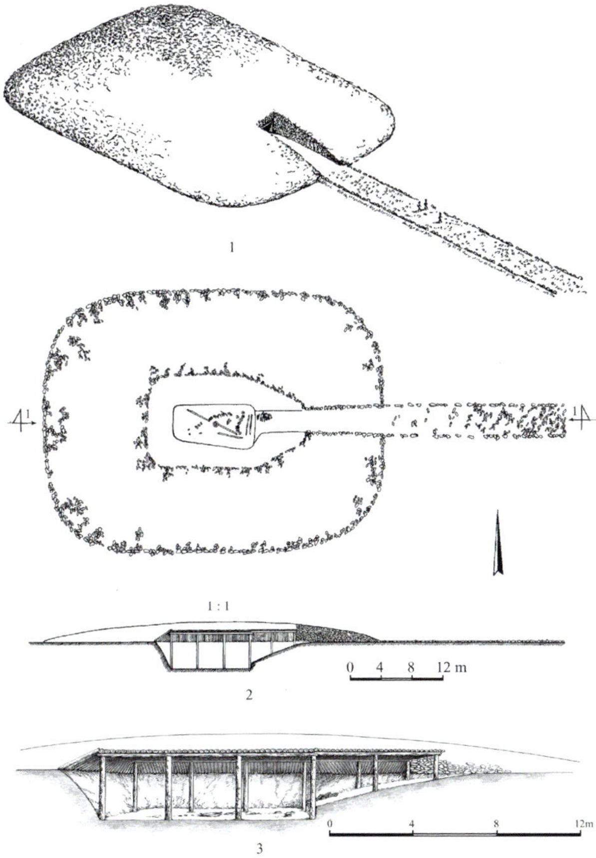

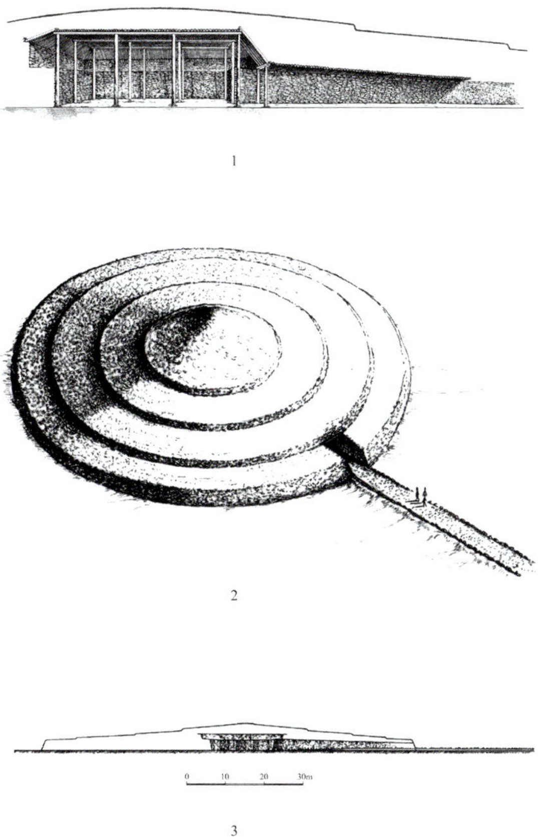

Abb. 6 (links)
Der Kurgan Nr. XV von Trialeti, Rekonstruktion.
1: Die Form des Kurgans;
2: Der Plan und der Schnitt durch den Kurgan;
3: Der Schnitt durch die Grabkammer.

Abb. 7 (rechts), Der Kurgan Nr. 6 von Zurtaketi, Rekonstruktion.
1: Die Grabkammer und der Dromos;
2: Die Form des Kurgans;
3: Der Schnitt durch den Kurgan.

Gebiete und sie scheint an der Spitze eines Bündnisses gestanden zu haben[22].

Anhand bisheriger Veröffentlichungen und Archivmaterialien wurde versucht, die ursprüngliche Form und den Aufbau einiger Kurgane zu rekonstruieren. Die Basis der Kurganaufschüttung ist in der Regel kreisförmig, die Aufschüttung selbst kegelförmig mit abgeflachter Spitze. Der Grundriss bei einigen Kurganen (zum Beispiel Trialeti Nr. XV, XVII) ist rechteckig mit abgerundeten Ecken (Abb. 6). Beim Kurgan Nr. 6 von Zurtaketi ist oberhalb des Bestattungssaales eine runde treppenförmige Konstruktion angelegt (Abb. 7). Die erste Stufe erreicht eine Höhe von drei Metern. Die treppenförmige Konstruktion ist aus großen und mittelgroßen Basaltsteinen errichtet. Die Wände des Bestattungssaals und des *Dromos* sind aus Steinplatten gebaut. Es handelt sich dabei um Trockenmauerwerk. Für die Konstruktion des Kurgans Nr. 6 von Zurtaketi existieren keine Parallelen im Südkaukasus.

Die Großkurgane wurden zu Lebzeiten derjenigen, die später darin bestattet wurden, gebaut und waren dann bereits Objekte kultischer Verehrung. Die Bedeutung von Großkurganen als Kultbauten wurde nach der Bestattung des Individuums beibehalten. Der Bau von Ritualstraßen, sowie Objekte, die auf diesen Straßen und an ihrer Verbindungsstelle mit den *Dromoi* oder in den Grabkammern gefunden wurden, deuten auf regelmäßig abgehaltene Zeremonien hin[23].

Ritualstraßen

In Trialeti wurden Ende des 20. Jahrhunderts Ritualstraßen entdeckt. Zwischen 1999 und 2000 wurden an einigen, bereits in den 1930er Jahren durch B. Kuftin untersuchten, Trialeti-Kurganen (Nr. III, VI, VIII, XV, XVII) mit Basaltsteinen gepflasterte Wege nachgewiesen (Abb. 8). Ähnliche Straßen konnten auch an den Kurganen von Zurtaketi beobachtet werden, die von O. Japaridze untersucht worden waren. Die Länge der Straßen variiert zwischen 40–700 Meter, die Breite zwischen 4–7 Metern. Die Straßen liegen bei allen Kurganen auf der östlichen Seite. Sie gehen in den meisten Fällen in einen längeren *Dromos* über, der an der Kante der Kurganaufschüttung anfängt und in die Grabkammer mündet. Die Straßen sind in der Regel aus einem Substrat aus größeren, in Schichten liegenden Steinen mit einer Gesamthöhe von maximal einem Meter gebaut. Die Oberfläche der Straßen ist mit kleineren Steinen ausgeglichen. Die beiden Straßenränder sind durch größere Basaltblöcke markiert.

Mit Steinen gepflasterte Straßen sind ein wesentlicher Bestandteil des Grabhügels. Sie scheinen mit Bestattungszeremonien verbunden zu sein und wurden vermutlich für Prozessionszüge angelegt[24]. Es gibt die Auffassung, dass die Toten (oder deren Asche) mit einem von Stieren gezogenen Wagen in einen bereits überdachten Bestattungssaal hineingebracht und zusammen mit dem Wagen bestattet wurden[25]. Wahrscheinlich fuhr der Wagen zusammen mit dem Prozessionszug die Ritualstraße entlang[26].

Die Ritualstraßen der Kurgane von Trialeti zeigen keine Entsprechungen im Bereich der Kurgan-Kulturen dieser Zeit. Große Ähnlichkeiten finden sich zu den in der alten Welt nachgewiesenen Prozessionsstraßen, insbesondere den Rampen der ägyptischen Pyramiden[27].

Alle Ritualstraßen der Trialeti-Kultur verlaufen von Osten nach Westen, und sind somit vermutlich am Verlauf der Sonne orientiert. Es scheint, dass ein Teil der Beisetzungszeremonie auf der Ritualstraße stattfand. Die Trauerprozession führte den Toten, der auf dem mit Stieren angespannten Wagen lag, von Osten nach Westen die Ritualstraße entlang und in die Grabkammer hinein. Nach dem heutigen Forschungsstand ist es schwierig, das komplexe Bestattungsritual zu rekonstruieren. Jedoch zeigen die Grabungsergebnisse deutlich, dass nach der Beisetzung der Wagen umgedreht wurde, sodass der Tote mit dem Gesicht nach Osten gerichtet lag. Zu welchem Zeitpunkt der Wagen umgedreht wurde, ist nicht ganz klar. Die Autoren dieses Beitrages vermuten, dass am Eingang zum *Dromos* oder am Fuße des Kurgans ein bestimmtes Ritual durchgeführt wurde, bei dem zuerst die Stiere abgespannt, dann der Wagen umgedreht und durch den *Dromos* in die Grabkammer hineingeführt wurde. In die Kurgane mit Grabgrube wurde entweder ein kompletter Wagen oder Teile davon hineingebracht. Anschließend erfolgte die Beisetzung der Verstorbenen an einem bestimmten Platz und die Deponierung der Grabbeigaben. Eine wichtige Beobachtung ist, dass die *Dromoi* und die sich dort befindenden Wagen immer nach Osten ausgerichtet waren. Bei einigen reich ausgestatteten Kurganen wurde die Grabkammer in Form eines Wagens in die Erde eingetieft. Es ist zu bemerken, dass in den durchschnittlichen mittelbronzezeitlichen Kurganen Stierschädel an der östlichen Wand der Grabkammer nachgewiesen sind (Abb. 9). Diese waren meistens an die Wand gelehnt (die Kurgane von Natakhtari), oder lagen in den dafür vorbereiteten Nischen (Kurgan Nr. 13 von Tsitsamuri)[28] oder auf Platten (Kurgane von Tsitsamuri)[29].

1

2

Abb. 8 Prozessionsstraßen zu den Kurganen von Trialeti. 1: Die Prozessionsstraße zum Kurgan Trialeti Nr. XLVII; 2: Die Prozessionsstraße zum Kurgan Trialeti Nr. XV.

Keramik

Tonwaren wurden meist entlang der Grabkammerwände oder in den dafür vorbereiteten Nischen gefunden (Abb. 10). Die Keramik der Trialeti-Kultur ist durch eine Vielzahl an Verzierungsmustern und Verzierungsarten (Ritzungen, Kerben, Reliefdekoration, Glättung Bemalung etc.) gekennzeichnet. Bei den Ornamenten kommen häufig Sonnenmotive, Wassersymbolik, die

1

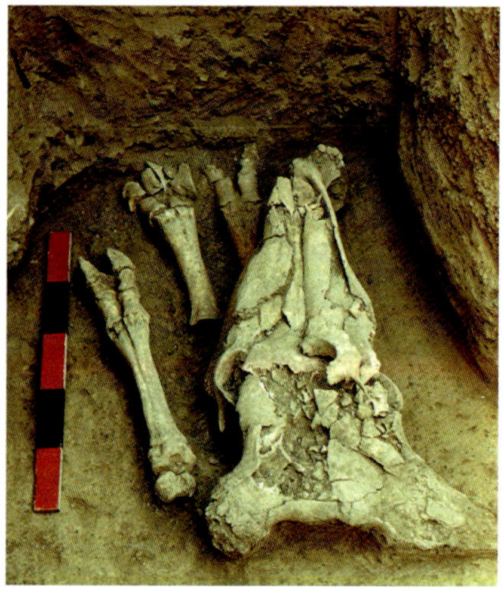

2

Abb. 9 Stierschädel in den mittelbronzezeitlichen Grabkammern der Kurgane. 1: Der Kurgan von Natakhtari (Provinz Kartli, Mtskheta Bezirk); 2–3: Der Kurgan Nr. 13 von Tsitsamuri (Provinz Kartli, Mtskheta Bezirk).

3

sogenannten Medaillons, Schachmotive, Doppeläxte oder Schmetterlingsmotive, Pflanzenornamente, Svastiken, Kreuze und Tierdarstellungen von Hirschen, Vögeln, Schlangen, Pferden sowie Hunden vor.

Bei dem Keramikinventar aus den Kurganen überwiegen größere schwarz polierte Töpfe und Schalen. Kleine Gefäße sind hier eher selten. Töpfe mit niedrigem Halsbereich tragen Ritzornamente und plastische Buckel, während

Abb. 10 Keramik in den Grabkammern der Kurgane. 1: Der Kurgan von Natakhtari (Provinz Kartli, Mtskheta Bezirk); 2: Der Kurgan Nr. 13 von Tsitsamuri (Provinz Kartli, Mtskheta Bezirk).

1

2

Gefäße mit hohem Halsbereich unterschiedliche Ziermotive haben: Sie sind mit geometrischen Figuren versehen, die in einem feinen Punktmuster im oberen Bereich des Gefäßes aufgetragen sind. Außerhalb von Trialeti ist diese Art von Verzierung nicht bekannt.

Von besonderer Bedeutung ist die bemalte Keramik (Abb. 11–12), die nahezu in jedem reich ausgestatteten Kurgan vorhanden war[30]. Die bemalte Keramik von Trialeti kann in zwei Gruppen unterteilt werden: 1. rote Gefäße ohne Engobe, also ohne einen Überzug, die Oberfläche

Abb. 11 Bemalte Keramik.
1: Trialeti Kurgan Nr. XVII;
2: Trialeti Kurgan Nr. XVII;
3: Trialeti Kurgan Nr. VI;
4: Trialeti Kurgan Nr. VII;
5: Trialeti Kurgan Nr. VII;
6–8: Keramik aus Nerkin-Naver Kurgan Nr. 7.

ist mit schwarzer Farbe bemalt; 2. Keramik mit schwarzer oder brauner Bemalung auf beigefarbener Engobe.

Die Gefäße der ersten Gruppe stellen einen großen Anteil an dem bemalten Keramikspektrum der Trialeti-Kultur dar. Sie kommen hauptsächlich in Kurganen mit Grabgrube vor. Die Ziermotive umfassen Dreiecke gefüllt mit Wellenlinien, Vogeldarstellungen, Svastiken und halbkonzentrischen Bögen (Abb. 11,4–8). Solche

Abb. 12 Bemalte Keramik aus den Trialeti Kurganen. 1–2: Kurgan Nr. V; 3: Kurgan Nr. VI; 4–6: Kurgan Nr. VII; 7–8: Kurgan Nr. XVII.

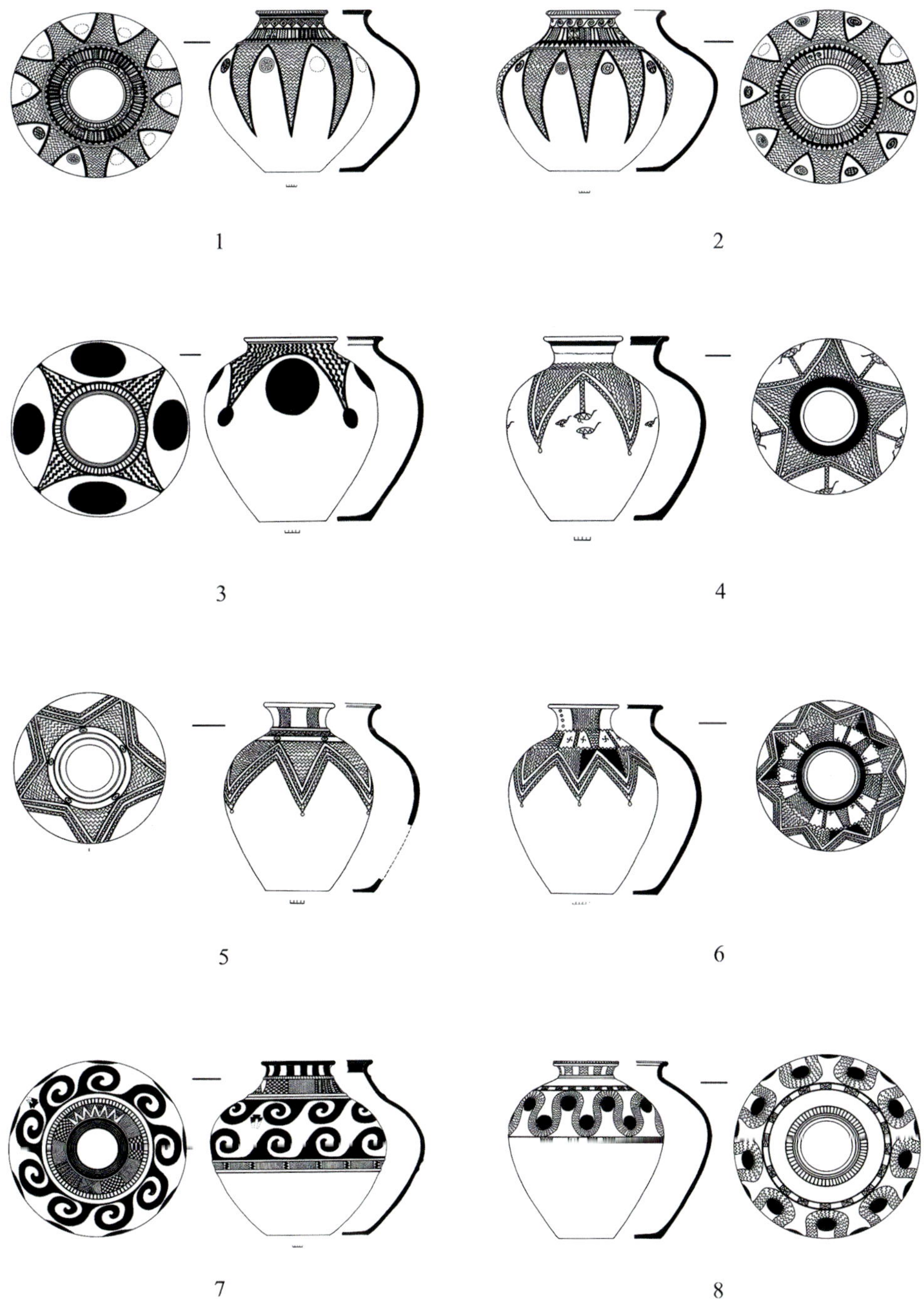

Gefäße sind in Südgeorgien, Armenien, Nakhchivan, Aserbaidschan, sowie in der Umgebung der Seen Van und Urmia weit verbreitet. Die westliche Verbreitungsgrenze dieser Keramikgruppe verläuft in der ostanatolischen Muş-Ebene, die südliche Verbreitungsgrenze liegt südlich des Sees Van, während die östliche in der Mil-Steppe verläuft[31]. In Armenien, Ostanatolien und Nakhchivan sind solche mit schwarzer Farbe aufgetragene Ziermotive wesentlich qualitätsvoller und vielfältiger in ihrer Ausprägung.

Die zweite Keramikgruppe ist im Südkaukasus äußerst selten nachgewiesen worden. Es handelt sich dabei um große, helle Gefäße, die mit dunkler Farbe bemalt sind (Abb. 11,1–3). Diese Gruppe wird als »Prestigekeramik« interpretiert, und wird hauptsächlich in den großen Kurganen ohne Grube auf dem Tsalka-Plateau gefunden (Trialeti-Kurgane Nr. V, VI und XVII).

Toreutik

Die Gräber der Trialeti-Kultur enthielten häufig Gefäße aus verschiedenen Metallen (Becher, Tassen, Töpfe, Kessel etc.). Gefäße aus Edelmetallen fanden sofort nach ihrer Entdeckung große Beachtung. B. Kuftin wies darauf hin, dass die Edelmetallgegenstände aus den Kurganen durch eine große Vielfalt gekennzeichnet und bis dato im Südkaukasus völlig unbekannt waren. Trotzdem stellte er gewisse Ähnlichkeiten mit figürlich verzierten Metallobjekten aus Ur, Uruk, Tell Halaf und den königlichen Bestattungen von Alaca Höyük fest[32]. E. Gogadze hebt die Ähnlichkeiten zwischen dem Metallgeschirr der Trialeti-Kultur und der Toreutik aus Troia und Mykene hervor[33]. Parallelen mit den Metallgefäßen des frühen 2. Jahrtausends v. Chr. aus dem Iran wurden ebenfalls erkannt[34]. Marine Puturidze bezeichnet die Herstellung von Metallgefäßen als eine der führenden Branchen im Kunsthandwerk der Trialeti-Kultur. Jedoch muss erwähnt werden, dass Metallgeschirr im Südkaukasus erstmals in Denkmälern der Trialeti-Kultur auftritt. M. Puturidze verknüpft das Auftreten von Metallgeschirr im Südkaukasus mit den Einflüssen aus dem Süden, denn Anatolien, Sumer und andere Regionen hatten eine viel längere Tradition der Herstellung von Edelmetallgefäßen als der Südkaukasus[35].

Von besonderer Bedeutung sind der Silbereimer aus dem Kurgan Nr. XVII von Trialeti (Abb. 13,9) und die Bronzekessel mit dem Standfuß aus dem Kurgan Nr. XV (Abb. 13,12). Dominique Collon ordnet sie in eine typologische Reihe ein und bezeichnet sie als »Bucket handles«. Er stellt weiterhin Parallelen zu diesen Objekten in Mesopotamien, Anatolien, Syrien und Mykene fest[36]. In der assyrischen Ikonographie wird ein Gefäß dieser Form in den Händen von zoomorphen und anthropomorphen Hybridwesen oder von anthropomorphen Figuren – *Genii* – dargestellt. Nach assyrischen Schriftquellen werden solche Eimer *Banduddu* genannt und für rituelle Waschungen benutzt. Wie assyrischen Texten zu entnehmen ist, musste dieser Gegenstand aus Metall sein und mit Wasser gefüllt werden. Das assyrische Ritual besagte, dass auf dem Gefäß Phantasiewesen, ein Lebensbaum, oder ein offenes Tor dargestellt werden mussten[37]. Somit erfüllt der Silbereimer aus Trialeti alle Bedingungen des mesopotamischen Rituals: Er ist aus Metall hergestellt und weist unübersichtlich positionierte Reliefdarstellungen von Tieren und Pflanzen auf[38].

Von großer Bedeutung ist das mythologisch-religiöse Motiv, dargestellt auf den Silberbechern aus den Kurganen Trialeti Nr. V[39] und Karašamb. Auf dem Becher von Trialeti sind vier Relieffriese zu sehen. Der zweite Fries zeigt eine Ritualprozession, ein Möbelstück und Gefäße (Abb. 14,1). Das Motiv des Bechers von Karašamb ist komplizierter (Abb. 14,2). Auf dem Becher sind insgesamt sechs Relieffriese dargestellt[40]. Auf dem ersten Relieffries ist eine Jagdszene zu sehen. Der zweite Fries zeigt eine Ritualprozession und der dritte Kampfszenen. Auf den Silberbechern von Trialeti und Karašamb sind mehrere Objekte abgebildet. Die dargestellten Stühle und Tische weisen Ähnlichkeiten

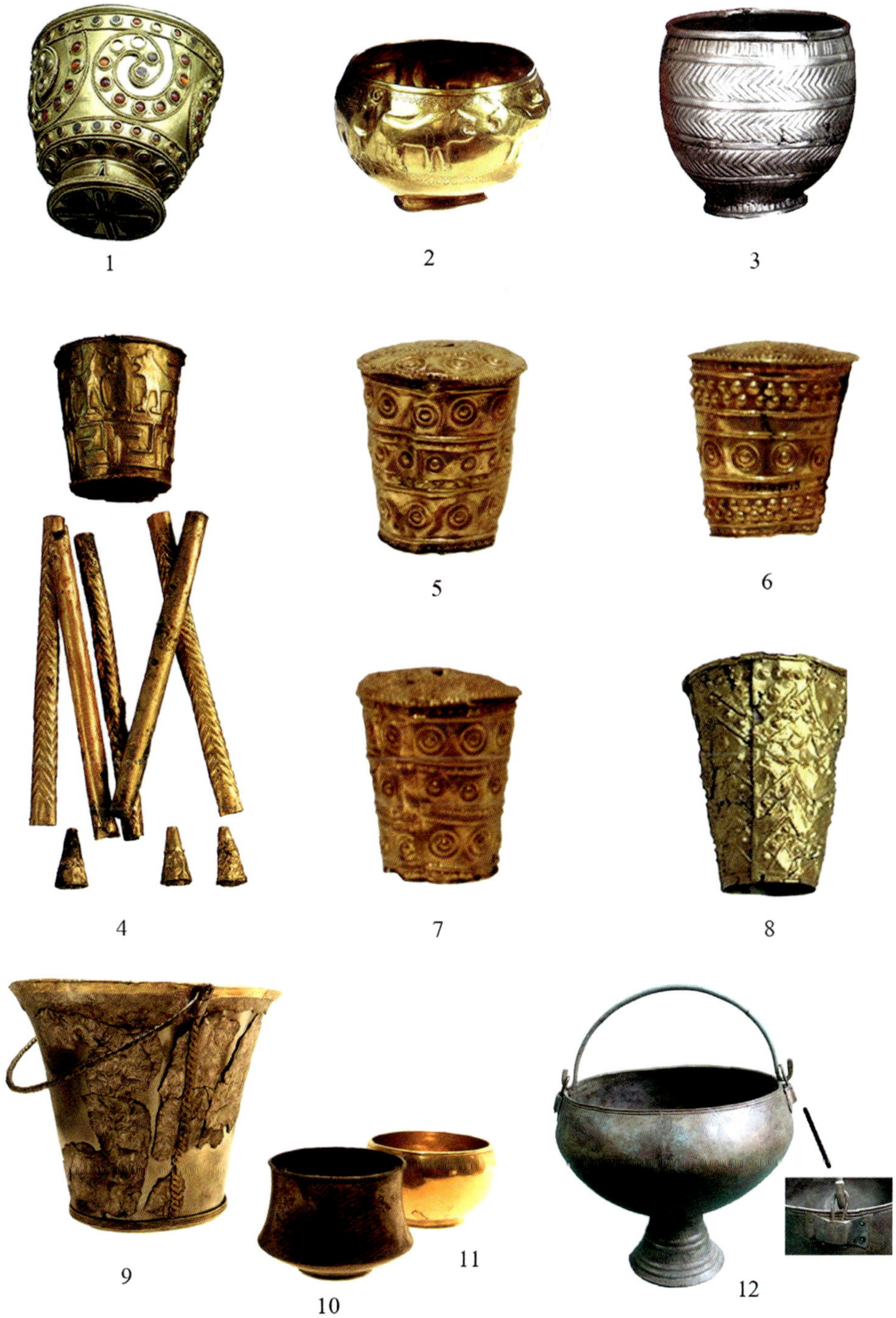

Abb. 13 Objekte aus Edelmetall und Bronze.
1: Goldbecher, Trialeti Kurgan Nr. XVII;
2: Goldbecher, Kirovakan/Vanadzor Kurgan;
3: Becher aus Elektron, Kurgan von Karašamb;
4: Goldstandarte, Trialeti Kurgan Nr. XV;
5–7: Teile einer Goldstandarte, Saduga Kurgan;
8: Spitze einer Goldstandarte, Trialeti Kurgan Nr. VI;
9: Eimer aus vergoldetem Silber, Trialeti Kurgan Nr. XVII;
10: Silberbecher, Trialeti Kurgan Nr. XV;
11: Goldbecher, Trialeti Kurgan Nr. VII;
12: Bronzegefäß, Trialeti Kurgan Nr. XV, Kat. 250.

mit Möbelstücken auf syrischen und mesopotamischen Siegeln sowie anderen Kultgegenständen des 3.–2. Jahrtausends v. Chr. auf. Vermutlich fanden solche Möbelstücke im Südkaukasus während der Mittelbronzezeit Verwendung und es ist daher anzunehmen, dass in jener Region bereits zu dieser Zeit ein gewisser gehobener Lebensstil existierte[41]. Diese Annahme wurde durch den 2012 gemachten Fund eines Holzsessels im Kurgan Nr. 3 von Ananauri bestätigt[42].

Goldschmiedekunst

Seit der Ausgrabung der Prachtkurgane von Trialeti stehen die dort gefundenen Objekte aus Edelmetallen im Mittelpunkt archäologischer Forschung (Abb. 13,1; 4–8, Abb. 15, 6–11). B. Kuftin war der erste Wissenschaftler, der gewisse Ähnlichkeiten zwischen Edelmetallobjekten von Trialeti und dem Vorderen Orient erkannte. Er schrieb, dass in Georgien eine Kultur mit alter Goldschmiedetradition entdeckt wurde, die der altmesopotamischen Goldschmiedetradition ähnele. Obwohl, so B. Kuftin, die Schmuckgegenstände der Trialeti-Kultur Parallelen in Mesopotamien, Anatolien und Mykene aufweisen, müsste es sich jedoch um eine lokale Produktion handeln[43]. Eine ganze Reihe von Wissenschaftlern innerhalb und außerhalb Georgiens haben die Goldschmiedeobjekte der Trialeti-Kultur untersucht und anhand von Vergleichsanalysen Ähnlichkeiten mit vorderasiatischem Material festgestellt. M. Puturidze schreibt »Unter den Schmuckwaren der Trialeti-Kultur sind nahezu alle Objektgattungen vertreten, die zu dieser Zeit in anderen Teilen der alten Welt in anderen archäologischen Kulturen vorhanden sind. Dazu gehören: verschiedene Typen von Ketten, Anhänger, Halsbänder, Gürtel, Standarten, Kleinplastik, Verschlüsse, Goldfolie, Metallständer, Nadeln, Haarspangen sowie Goldobjekte unklarer Funktion. An dieser Stelle sind selbstverständlich die Edelmetallgefäße zu nennen. Eine solche Vielfalt an Schmuckwaren spiegelt ein hohes Niveau der Goldschmiedekunst der Trialeti-Kultur wider, die qualitätsmäßig die vorhandenen Standards der vorderasiatischen Kulturen erreichte und diese manchmal sogar übertraf«[44].

Waffen

In den Kurganen von Trialeti und Dzavakheti fanden sich Waffen meist aus Zinnbronze[45]. Diese Legierung hatte sich als viel fortschrittlicher und vorteilhafter erwiesen als die Legierungen der früheren Perioden. Der Aufstieg der Trialeti-Kultur hing möglicherweise mit dem Ersetzen der Arsenbronze durch die Zinnbronzetechnologie zusammen, obwohl unklar bleibt, aus welchen Regionen das Zinn in den Südkaukasus importiert wurde.

In der Trialeti-Kultur kommen zum ersten Mal Tüllenlanzenspitzen vor, einige davon mit Gold- oder Silberringen an den Schaftenden. Eine neue Fundgattung für den Südkaukasus sind zudem Rapiere. Das Silberschwert aus dem Kurgan Nr. XVII von Trialeti zählt ebenfalls zur Kategorie der Prachtwaffen[46]. Zu den Arbeitsgeräten gehören ein Flachbeil, ein Haken und ein Meißel aus dem Kurgan von Kirovakan[47].

In den Prachtkurganen von Trialeti kommen weniger Waffen vor. Kampfwaffen werden viel häufiger in »ordinären« Kurganen nachgewiesen, zum Beispiel in den Kollektivbestattungen von Nuli und Kvasatala. In den Gräbern kommen häufig verschiedene Nadeltypen, Ringe, seltener Armbänder, vor. Außerdem finden sich dort Objekte aus seltenen Metallen, wie zum Beispiel Antimon. In diesem Zusammenhang ist zu erwähnen, dass im Alten Ägypten Antimon und Calcium-Antimon für die Herstellung von weißem und gelbem Glas verwendet wurde. Nach heutigem Forschungsstand wurde Antimon während der Bronzezeit nur im Südkaukasus verwendet, wo Lagerstätten von Antimonerz vorhanden sind. Allerdings fehlt jeder archäologische Hinweis für einen möglichen Export von Antimon aus dem Südkaukasus nach Ägypten[48].

Abb. 14 Silberbecher. 1: Kurgan Nr. V von Trialeti; 2: Kurgan von Karašamb.

1

2

Zusammenfassung

Das Aufkommen und Aufblühen bronzezeitlicher Kulturen im Südkaukasus hing offensichtlich mit dem Erzvorkommen zusammen. Dies wird durch die Konzentration von Denkmälern der Kura-Araxes- und Trialeti-Kulturen nahe der Erzlagerstätten oder deren Lage an Handelsrouten bestätigt. Die Wirtschaftsgrundlage für den Reichtum der früh- und mittelbronzezeitlichen Kulturen im Südkaukasus bildeten die Lagerstätten von Kupfer, Antimon und Arsen, die zu dieser Zeit intensiv genutzt wurden. Durch die Metallproduktion wurde der Kaukasus in ein internationales Netzwerk eingebunden. Die Handelsbeziehungen wurden durch das Handelszentrum von Kanesh unterstützt, das an den südlichen Grenzen des Kaukasus lag[49].

Mesopotamische Schriftquellen des 3.–2. Jahrtausends v. Chr. berichten vom Handel und kriegerischen Auseinandersetzungen mit weit entfernten, exotischen Ländern. Mit den durch Handel aus entfernten Regionen erworbenen Machtsymbolen versuchte die südkaukasische Elite ihren Machtstatus bei der eigenen Bevölkerung zu erhöhen. Aus exotischen Materialien hergestellte Gegenstände erweckten religiöse und magische Assoziationen, weil sie aus fernen Ländern stammten und durch gefährliche See- und Landrouten hergebracht wurden[50]. Selten vorkommende Funde und Materialien aus archäologischen Fundstellen weisen auf die Existenz interkulturellen Austauschs und auf weiträumige Beziehungen hin. Der Goldbecher aus dem Trialeti Kurgan Nr. XVII ist mit Karneol, Achat, Bernstein und Türkis eingelegt (Abb. 13,1). Lapislazuli und Türkis aus mittelbronzezeitlichen Gräbern weisen möglicherweise auf Handelsverbindungen mit dem heutigen Iran und Afghanistan hin[51]. Während des 3. Jahrtausends v. Chr. waren mit Weißpaste inkrustierte Karneolperlen im ganzen Alten Orient von Indien bis zum Mittelmeer weit verbreitet. Eine solche Perle (Abb. 15,5) wurde im Trialeti Kurgan Nr. XIII gefunden[52]. Einzigartige Halsketten aus Achat stammen aus den reich ausgestatteten Kurganen von Trialeti Nr. VIII (Abb. 15,10–11) und Karašamb. B. Kuftin erkannte Ähnlichkeiten zwischen einem Kettenanhänger aus Trialeti und der Halskette einer Priesterin aus Uruk[53].

Die im Vorderen Orient verbreiteten Gold- und Silberschmuckstücke werden oft in weit entfernten westlichen Regionen archäologisch nachgewiesen. Die im Südkaukasus bekannten spiralförmigen Ohrringe (Abb. 15,8–9) sind in Mesopotamien, Syrien, dem Iran, in Troja und im ganzen Mittelmeerraum weit verbreitet.

Im Südkaukasus fanden während der Mittelbronzezeit Muscheln der Gattung *Conus* (Abb. 15,2) breite Verwendung. Sie wurden nur bei reichen Bestattungen gefunden. Dazu gehören die Kurgane von Chachkrebi in Mesketi[54]: Verin-Naver[55] und Karašamb sowie das Gräberfeld Lori-Berd[56] in Armenien. Die Muscheln stammen vermutlich aus dem Persischen Golf und konnten zweifellos nur von ausgewählten Personen erworben und getragen werden. Seemuscheln als Grabbeigabe waren in Mesopotamien während des 4.–3. Jahrtausends v. Chr. weit verbreitet. Wichtige Routen für den Muschelhandel mit entfernten Regionen verliefen durch das Indus-Tal. Muscheln der Gattung *Conus*, die in sumerischen Städten gefunden wurden, gelangten als Importe aus Küstenregionen des Indischen und Pazifischen Ozeans in ferne Gebiete[57]. In Ermangelung schriftlicher Quellen ist es schwer, die praktische Nutzung der Muscheln zu ermitteln. Es war ein sehr prestigeträchtiges, fremdes Schmuckobjekt, das möglicherweise auch als Amulett hätte dienen können. Wichtig ist, dass *Conus*-Muscheln sowohl im Südkaukasus als auch in Mesopotamien ausschließlich in reichen Gräbern gefunden wurden.

Kontakte zwischen dem Südkaukasus und Ägypten können durch Amulette aus Trialeti-Kurganen erschlossen werden. Dazu gehört ein Amulett in Form eines menschlichen Fußes (Abb. 15,3) aus dem Trialeti Kurgan Nr. XIII[58]. Das Objekt zeigt Ähnlichkeiten mit Amuletten aus dem Alten Reich. Eine ägyptische Herkunft wird ebenfalls bei dem herzförmigen Anhänger aus

Abb. 15 Objekte aus den Kurganen der Trialeti-Kultur.
1: Tierfigurine (Schwein?), Fayence (Kurgan Nr. 13 von Tsitsamuri);
2: Muschel (Kurgan Nr. 2 von Chachkrebi);
3: Amulett in Form eines menschlichen Beines, Trialeti Kurgan Nr. XIII;
4: Anhänger aus Amethyst, Trialeti Kurgan Nr. XIII;
5: Perle mit Einlagen, Trialeti Kurgan Nr. XIII;
6: Tierfigurine aus Gold, Trialeti Kurgan Nr. V;
7: Objekt aus Gold, Trialeti Kurgan Nr. XVII;
8–9: Goldspirale, Trialeti Kurgan Nr. VIII;
10: Goldanhänger, Trialeti Kurgan Nr. VIII;
11: Anhänger (Einzelteil), Trialeti Kurgan Nr. VIII.

Amethyst (Abb. 15,4) aus dem gleichen Kurgan Trialeti Nr. XIII[59] und bei dem Fayenceanhänger in Form eines Ferkels (Abb. 15,1) aus dem Tsitsamuri Kurgan Nr. 13 vermutet[60].

Der Untergang der Trialeti-Kultur hing vermutlich mit politischen Prozessen in Anatolien zusammen. In das 19.–18. Jahrhunderts v. Chr. wird die auslaufende Phase des assyrischen

Handels datiert. Bedeutende politische Veränderungen im Vorderen Orient zu Beginn des 2. Jahrtausends v. Chr. hatten starke Auswirkungen auf die existierenden Handels- und Austauschbeziehungen. Durch die Militärzüge von Šamši-Adad I. (1813–1781 v. Chr.) wurde das bestehende Handelsnetzwerk des Vorderen Orients zerstört. Gleichzeitig wurde das mächtige hethitische Reich gegründet, das nun alle wichtigen Handelsrouten in Kleinasien kontrollierte. Nach der Gründung des hethitischen Reiches wurde die Kontrolle über den Metallhandel von den Hethitern übernommen, wodurch die traditionellen Handelsbeziehungen zerstört wurden. Als Folge verlor die mittelbronzezeitliche Bevölkerung des Südkaukasus, die auf Bergbau und Metallherstellung spezialisiert war, ihre Märkte. Das mag der Grund für den Beginn des Niedergangs der prachtvollen Trialeti-Kultur gewesen sein.

Übersetzung aus dem Georgischen: Vladimir Ioseliani

Abstract:

The Trialeti Culture of the Middle Bronze Age is represented by huge burial kurgans of »kings« and chiefs. Special attention must be paid to the unique, hitherto unknown and very precious materials, which were discovered in the burial chambers. The gold and silver adornments, standards, chased/engraved metal objects, silver and bronze weapons, black polished and painted pottery, which were discovered in the kurgans of the 3rd–2nd millennium BC can be counted not only among Caucasia's, but the world's most magnificent cultural treasures.

According to the present state of knowledge, the Trialeti culture was distributed across the central, eastern and southern parts of the Caucasus.

Until recently, the Trialeti culture had mainly been represented by burials. However, over the last decades settlements of the Trialeti culture were discovered in the central part of the South Caucasus (such as Kakheti, Kartli and Lore). A settlement dating to the final phase of the Trialeti culture was discovered in Trialeti itself, near the village of Jinisi.

The typical grave type of the Middle Bronze Age are burial mounds (kurgans) built from earth, stone or a stone-earth mixture. In the center of a kurgan lies a burial chamber. From the evidence of the burial chambers two types of burials can be distinguished – kurgans with or without pit burials. The construction of complex structures of this scale required a lot of time, resources and labor, and possibly took several years to complete. Apparently, the construction of a large kurgan was already begun during the lifetime of the buried. These funeral structures were connected with stone-paved roads, which were built for processions. These formed an integral part of the kurgan. The ritual roads of Trialeti kurgans have no analogues in the distribution area of the kurgan cultures. The stone roads could reach considerable size. Some of them reach a length of 500 meters and a width of 5–6 meters. Kurgan and road join exactly in the east, and the roads are sometimes the continuation of a dromos.

In the Trialeti kurgans, the deceased was sometimes buried together with a four-wheeled chariot. Some of these were disposable and were made just for a funeral ritual. Some scientists believe that the deceased, or their ashes, were placed on a chariot pulled by harnessed bulls and brought into the burial pit or the already erected burial chamber of a kurgan in a procession passing along the ritual road and on through a dromos.

The ritual-processional roads discovered in Trialeti date from the end of the 3rd millennium BC to the beginning of the 2nd millennium BC and belong to the Middle Bronze Age. They show strong similarities with ritual-processional roads known in the Old World, particularly with the so-called »Ascending Roads« of the Egyptian pyramids.

1 Kuftin 1941; Kuftin 1948.
2 Narimanishvili 2009, 23.
3 Japaridze 1991, 177–182.
4 Kuftin 1941, 79–105.
5 Kavtaradze 1983, 116–136.
6 Japaridze 1991, 190.
7 Kušnareva 1993, 95–96, 163–170.
8 Belli/Bakhshaliev 2001, 63.
9 Badalyan u. a. 2009, 56–68.
10 Narimanishvili 2009, 63.
11 Japaridze 1991, 179.
12 Narimanishvili/Amiranashvili 2010, 223.
13 Kuftin 1941, 83, Abb. 90, Taf. LIX, LX; Žoržikašvili/Gogadze 1974, 25, 27, Taf. 8-2,3, 17-1,3; Japaridze 1969, 14, Abb. 6, Taf. IX.
14 Kuftin 1941, 80; Kuftin 1948, 23; Japaridze 1969, 14; Japaridze 1991, 167; Oganesjan 1990, 27.
15 Kuftin 1941, 83,100, Taf. LXIII-2; Kuftin 1948, 14–15, 23–24, Taf. XXIII; Žoržikašvili/Gogadze 1974, 15, Taf. 8-2, 9-3, 13-2, 14-3, 15-3; Kušnareva 1993, 116.
16 Japaridze u. a. 1981, 21,24,32, Abb. 1,4,7.
17 Kušnareva 1993, 116.
18 Japaridze 1991, 178.
19 Kušnareva 1993, 123.
20 Japaridze u. a. 1981.
21 Japaridze u. a. 1981, 161–164.
22 Narimanishvili 2009.
23 Narimanishvili 2009, 89–90.
24 Narimanishvili 2009, 65.
25 Kuftin 1941, 81,143; Japaridze 1969, 68.
26 Narimanishvili 2009, 40–45, 65.
27 Stadelmann 1991,123–138, Abb. 42–43.
28 Nikolaishvili/Narimanishvili 1995, Abb. 530–535.
29 Narimanishvili u. a. 2013, Taf. III, IV.
30 Japaridze 1969, 123.
31 Özfirat 2001, 120–123.
32 Kuftin 1941, 87.
33 Gogadze 1972,75.
34 Narimanishvili 2015, 165.
35 Puturidze 2006, 72.
36 Collon 1982, 96–99.
37 Black/Green 1992, 46; Wiggermann 1992, 66.
38 Narimanishvili 2015, 167.
39 Kuftin 1941, 87–88, Taf. XLI.
40 Oganesjan 1993, 30–31.
41 Narimanishvili 2015, 122–125.
42 Makharadze 2014, Taf. II-1.
43 Kuftin 1941, 93–100.
44 Puturidze 2006, 67.
45 Japaridze 1991, 184.
46 Kuftin 1941, 95, Taf. CV.
47 Japaridze 1991, 181.
48 Pusch/Rehren 2007, 162–163.
49 Kušnareva/Rysin 2001, 105.
50 Aruz 2003, 239.
51 Kuftin 1941, 92, Taf. XCIII; Gogadze 1972, 135; Simonjan 2004, 126.
52 Kuftin 1941, 437, Taf. CI.
53 Kuftin 1941, 94, Taf. XCIV, XCV.
54 Japaridze u. a. 1981, Taf. LXI.
55 Simonjan 1984, 130.
56 Devedjian 2006, 344, Taf. IX-6, 7, 8.
57 Aynard 1966, 31.
58 Kuftin 1941, Taf. CI.
59 Kuftin 1941, Taf. CI.
60 Nikolaishvili/Narimanishvili 1995, 72, Abb. 572.

Literatur

Aruz, J. 2003, Art and interconnections in the third millennium BC. In: J. Aruz (Hg.), Art of the First Cities (New York 2003) 239–250. **Avetisyan, P./Piliposyan, A. 2007,** Karashamb. In: The Gold of Ancient Armenia (III mill. BC – 14 cent. AD), 89–99. **Aynard, J. M. 1966,** Coquillages mesopotamiens. Syria 43, 1966, 21–37. **Badalyan, R./Smith, A./Avetisyan, P. 2003,** The Emergence of Sociopolitical Complexity in Southern Caucasia: An Interim Report on the Research of Project ArAGATS. In: A. Smith/K. Rubinson (Hg.), Archaeology in the Borderlands. Investigations in Caucasia and Beyond 47 (Los Angeles 2003) 144–166. **Belli, O./Bashaliev, V. 2001,** Middle and Late Bronze Age Painted Pottery Culture in the Nakhichevan Region (Istanbul 2001). **Black, J./Green, A. 1992,** Gods, Demons and Symbols of Ancient Mesopotamia (Austin 1992). **Collon, D. 1982,** Some Bucket Handles. Iraq, 44/1, 95–101. **Devedjian, S. 2006,** Lori Berd (Bronze moyen) II (Erevan 2006). **Gogadze, E. 1972,** გოგაძე, ე., თრიალეთის ყორღანული კულტურის პერიოდიზაცია და გენეზისი (თბილისი 1972). Gogadze, E., Trialetis khorganuli kulturis periodizatsia da genezisi (Tbilisi 1972). Gogadze, E., Die Periodisierung und die Genese der Trialeti Kurgankultur (Tbilisi 1972). **Japaridze, O. 1969,** ჯაფარიძე, ო., არქეოლოგიური გათხრები თრიალეთში (თბილისი 1969). ჯაფარიძე, ო., საქართველოს არქეოლოგია (თბილისი 1991). Japaridze, O., Sakartvelos arkeologia (Tbilisi 1991). Japaridze, O., Arkeologiuri gatkhrebi trialetshi (Tbilisi 1969). Japaridze, O., Archaologische Ausgrabungen in Trialeti (Tbilisi 1969). **Japaridze, O. 1991,** Japaridze, O., Archäologie Georgiens (Tbilisi 1991). **Japaridze, O./Kikvidze, I./Avalishvili, G./Tsereteli, A. 1981,** ჯაფარიძე, ო./ კიკვიძე, ი./ავალიშვილი, გ./ წერეთელი, ა., მესხეთ-ჯავახეთის არქეოლოგიური ექსპედიციის შედეგები (1970–1977წწ.) (თბილისი 1981). Japaridze, O./Kikvidze, I./Avalishvili, G./Tsereteli, A., Meskhet-javakhetis arkeologiuri ekspeditsiis shedegebi (1970–1977) (Tbilisi 1981). Japaridze, O./Kikvidze, I./Avalishvili, G./Tsereteli, A., Grabungsberichte der Meskhet-Javakheti Expedition (1970–1977) (Tbilisi 1981). **Kavtaradze, G. 1983,** Кавтарадзе, Г., К хронологии эпохи энеолита и бронзы Грузии (Тбилиси 1983). Kavtaradze, G., K chronologija epochi eneolita i bronzy Gruzii (Tbilisi 1983). Kavtaradze, G., Zur Chronologie des Eneolithikums und der Bronzezeit Georgiens (Tbilisi 1983). **Khanzadyan E., Devejyian 2007,** Vanadzor (Kirovakan). In: The Gold of Ancient Armenia (III mill. BC – 14 cent. AD), 86–89. **Kuftin, B. 1941,** Куфтин, Б., Археологические раскопки в Триалети (Тбилиси 1941). Kuftin, B., Archeologičeskie raskopki v Trialeti (Tbilisi 1941). Kuftin, B., Archäologische Ausgrabungen in Trialeti (Tbilissi 1941). **Kuftin, B. 1948,** Куфтин, Б., Археологические раскопки 1947 года в Цалкском районе (Тбилиси 1948). Kuftin, B., Archeologičeskie raskopki 1947 goda v Calkskom rajone (Tbilisi 1948). Kuftin, B., Archäologische Ausgrabungen im Jahr 1947 im Gebiet Tsalka (Tbilissi 1948). **Kušnareva, K. 1993,** Кушнарева, К., Южный Кавказ в IX–II тыс. до н.э. (Санкт-Петербург 1993). Kušnareva, K., Južnyj Kavkaz v IX-II tys. do n.e. (Sankt-Peterburg 1993). Kušnareva, K., Der Südkaukasus im 9.–2. Jahrtausend v. Chr. (Sankt Petersburg 1993). **Kušnareva, K./Rysin, M. 2001,** Кушнарева, К./Рысин, М., Новые данные к проблеме датировки памятников «цветущей поры» Триалетской культуры. კავკასია: ნეოლით-ბრინჯაოს ხანის არქეოლოგიის საკითხები. ძიებანი. დამატებანი VI, 2001, 101–116. Kušnareva, K./Rysin, M., Novye dannye k probleme datirovki pamjatnikov «cvetuščej pory» Trialetskoj kul'tury (Tbilisi 2001) 101–116. Kušnareva, K./Rysin, M., Neueste Daten zur Datierung der Prachtkurgane der Trialeti-Kultur. In: Caucasus – Essays on the Archaeology of the Neolithic-Bronze Age, Dedicated to the 80th Birthday of Prof. Otar Japaridze. Dziebani, Supplement VI (Tbilisi 2001) 101–116. **Makharadze, Z. 2014,** The End of the Early Bronze Age in Georgia. In: G. Narimanishvili (Hg.), Problems of Early Metal Age Archaeology of Caucasus and Anatolia. Proceedings of International Conference 226–232 (Tbilisi 2014). **Narimanishvili, G. 2009,** ნარიმანიშვილი, გ., სიახლენი თრიალეთის კულტურაში (თბილისი 2009). Narimanishvili G., Siakhleni trialetis kulturashi (Tbilisi 2009). G. Narimanishvili, Neue Erkenntnisse zur Trialeti Kultur (Tbilisi 2009). **Narimanishvili, G./Amiranashvili, J. 2010,** Jinisi Settlement. In: Gamkhrelidze, G. (Hg.), Rescue Archaeology in Georgia: The Baku-Tbilisi-Ceyhan and South Caucasian Pipelines 207–253 (Tbilisi 2010). **Narimanishvili, G./Qvavadze, E./Bitadze, L./Murvanidze, B./Davlianidze, R./Giunashvili, G./Shanshashvili, N./Kvachadze, M./Bendukidze, O. 2013,** ნარიმანიშვილი, გ./ყვავაძე, ე./ბითაძე, ლ./მურვანიძე, ბ./დავლიანიძე, რ./გიუნაშვილი, გ./შანშაშვილი, ნ./კვაჭაძე, მ./ბენდუქიძე, ო., არქეოლოგიური გათხრები წინწყაროში. ძიებანი საქართველოს არქეოლოგიაში 21, 14–32. Narimanishvili, G./Qvavadze, E./Bitadze, L./Murvanidze, B./Davlianidze, R./Giunashvili, G./Shanshashvili, N./Kvachadze, M./Bendukidze, O., Arkeologiuri gatkhrebi tsitsqaroshi. Dziebani 21, 14–32. Narimanishvili, G./Qvavadze, E./Bitadze, L./Murvanidze, B./Davlianidze, R./Giunashvili, G./Shanshashvili, N./Kvachadze, M./Bendukidze, O. 2013, Archäologische Ausgrabungen in Tsintsqaro. Dziebani 21, 14–32. **Narimanishvili, D. 2015,** ნარიმანიშვილი, დ., მითო-რელიგიური მსოფლმხედველობა შუა ბრინჯაოს ხანის ცენტრალურ სამხრეთ კავკასიაში. (თბილისი 2015). Narimanishvili, D., Mito-religiuri msoplmkhedveloba shua brinjaos khanis tsentralur samkhret kavkasiashi. (Tbilisi 2015). Narimanishvili, D., Mythologisch-religiöse Weltanschauung während der Mittelbronzezeit in zentralen Regionen des Südkaukasus. Dissertation zur Erlangung des akademischen Titels eines Dr. phil. in Archäologie (Tbilisi 2015). **Nikolaishvili, V./Narimanishvili, G. 1995,** ნიკოლაიშვილი, ვ./ნარიმანიშვილი, გ., წიწამური III. მცხეთა 10, 58–96. Nikolaishvili, V./Narimanishvili, G., Tsitsamuri III. Mtskheta 10, 58–96. Nikolaishvili, V./Narimanishvili, G., Tsitsamuri III. Mtskheta 10, 58–96. **Oganesjan, V. 1993,** Оганесян, В., Раскопки Карашамбского могильника в 1987 г. Археологические работы на новостройках Армении (Результаты раскопок 1986–1987 гг.) I, 1993, 26–36. Oganesjan, V., Raskopki Karašambskogo mogil'nika v 1987 g. Archeologičeskie raboty na novostrojkach Armenii (Resul'taty raskopok 1986–1987 gg.) I, 1993, 26–36. Oganesjan, V., Die Ausgrabungen am Gräberfeld von Karašamb im Jahr 1987. Rettungsgrabungen in Armenien (Grabungsergebnisse von 1986–1987) I, 1993, 26–36. **Özfirat, A. 2001,** Dogu Anadolu Yayla Kulturleri (Istanbul 2001). **Pusch, E. B./Rehren, T. 2007,** Hochtemperatur-Technologie in der Ramses–Stadt. Rubinglass für den Pharao. Teil 1 (Gerstenberg 2007). **Puturidze 2006,** ფუთურიძე, მ., ზოგიერთი მოსაზრებანი თრიალეთური კულტურის მხატვრული ხელოსნობის განვითარების ტენდენციების შესახებ. ძიებანი საქართველოს არქეოლოგიაში 17–18, 66–76. Puturidze, M., Zogierti mosazrebani trialeturi kulturis mkhatvruri khelosnobis ganvitarebis tendentsiebis shesakheb. Dziebani 17–18, 2006, 66–76. Puturidze, M., Gedanken zu einigen Entwicklungstendenzen des Kunsthandwerks der Trialeti Kultur. Dziebani 17–18, 2006, 66–76. **Simonjan, A. 1984,** Симонян, А., Два погребения эпохи средней бронзы могильника Верин Навер. Советская археология 3, 1984, 122–135. Simonjan, A., Dva pogrebenija epochi srednej bronzy mogil'nika Verin Navar. Sovetskaja archeologija 3, 1984, 122–135. Simonjan, A., Zwei Bestattungen der Mittelbronzezeit aus dem Gräberfeld Verin Naver. Sowjetische Archäologie 3, 1984, 122–135. **Stadelmann, R. 1991,** Die Ägyptischen Pyramiden. Kulturgeschichte der Antiken Welt 30 (Mainz am Rhein 1991). **Wiggermann, F. A. M. 1992,** Mesopotamian Protective Spirits. The ritual texts (Groningen 1992). **Žoržikašvili, L./Gogadze, E. 1974,** Жоржикашвили, Л./Гогадзе, Э., Памятники, Триалети эпохи ранней и средней бронзы (Тбилиси 1974). Žoržikašvili, L./Gogadze, E., Pamjatniki Trialeti epochi rannej i srednej bronzy (Tbilisi 1974). Žoržikašvili, L./Gogadze, E., Die Trialeti-Denkmäler der Früh- und Mittelbronzezeit (Tbilissi 1974).

Fundplatz Trialeti – Der Silberbecher aus Grab V

Levan Tchabashvili

Der Fundplatz Trialeti befindet sich am Oberlauf des Flusses Chrami im Süden Georgiens. Bekannt geworden ist er durch die Rettungsarbeiten von 1936–1940. Bei Grab V handelt es um ein Hügelgrab (Originalbezeichnung des Hügels: Корух-Таш) mit einer Steinaufschüttung, das im Jahr 1937 von Boris Kuftin ausgegraben wurde. Das Hügelgrab befand sich einen Kilometer nördlich des Dorfes Sanomer. Der Hügel hatte eine maximale Höhe von anderthalb Metern, einen Durchmesser von 61 Metern auf der Nord-Süd-Linie und 50 Metern auf der West-Ost-Linie. Die Gesamtfläche der Aufschüttung betrug 0,15 Hektar. Die Steinaufschüttung war durch Nachbestattungen und moderne Eingriffe stark beschädigt. Einige Vertiefungen waren vorhanden, die mit schwarzer Erde verfüllt waren. Der Bestattungsplatz war auf der ursprünglich schwarzen Erdoberfläche errichtet. Sowohl die Form als auch die Größe des Bestattungsplatzes sind unklar. Dieser wurde in den Grabungsschnitten durch die Verteilung der Funde bestimmt. Folgende Funde wurden entdeckt: zwei vollständige Keramikgefäße und 80 Keramikfragmente, ein kupferner/bronzener Kessel, ein figürlich verzierter Silberbecher (Abb. 1[1]), eine silberne Nadel, zwei fragmentierte silberne Nadeln, zwei silberne Blechfragmente, eine Tierfigur aus Goldblech sowie Perlen und weitere Artefakte aus Goldblech, Perlen aus Fayence, ein Karneolplättchen, sechs Karneolperlen, ein Karneolanhänger, eine Obsidianpfeilspitze und vier runde Obsidianplättchen[2]. Das Grab wird der mittelbronzezeitlichen Trialeti-Kultur zugeordnet.

Diese Grabform stellt in Südkaukasien in der Bronzezeit keine Besonderheit dar. Bereits in der Kura-Araxes-Kultur sind einfache Gräber bekannt, in denen der Verstorbene auf der Erdoberfläche bestattet und darauf eine Steinaufschüttung errichtet wurde[3]. Hügelgräber mit auf der Erdoberfläche eingerichteten Grabkammern und unterschiedlichen Konstruktionen sind aus der Martqopi-[4] und Bedeni-Stufe der Frühkurgan-Kultur bekannt[5]. Im Verbreitungsgebiet der Trialeti-Kultur verfügen folgende Gräber über derartige Konstruktionen: Trialeti Nr. III, V, VI, VIII, IX, XIV, XVIII, XXIII, XXXII, XXXIII, XXXV, XLI, Sabidachtscha 3, Surtaketi 5, Karašamb, Orzklebi 4 und Tsitsmatiani. Diese Gräber sind sowohl auf den hohen Plateaus von Surtaketi und Trialeti als auch in anderen Gebieten im Südkaukasus festgestellt worden[6].

Der hier im Fokus stehende Silberbecher ist von zylindrischer Form und besitzt einen kleinen Standfuß. Das Gefäß ist aus einem Silberblech getrieben und hat folgende Maße: Höhe 11,3 cm, Durchmesser der Mündung 9,8 cm, Durchmesser des Fußes 5,7 cm. Er wiegt 163,39 g[7].

Der Silberbecher sticht wegen seines getriebenen figürlichen Dekors heraus. Die figürliche Verzierung ist in zwei Friesen angeordnet, die oben und unten von geometrischen Mustern gesäumt sind (siehe auch S. 221, Abb. 14,1).

Auf dem oberen Fries ist eine Prozession von 22 menschlichen Figuren dargestellt, die jeweils ein Gefäß in der Hand halten und sich zu der auf der Bank sitzenden Person wenden. Alle Figuren sehen gleich aus, mit Ausnahme von vieren, die ohne Bart abgebildet sind. Sie haben Tierschwänze. Die zentrale Figur ist von der Prozession beidseitig abgetrennt. In ihrem Rücken befindet

Abb. 1 Fundplatz Trialeti. Silberbecher aus Grab V.

sich ein stilisierter Baum. Vor der Figur befinden sich eine Bank mit drei hohen Füßen, zwei Tiere und ein Gefäß. Auf dem unteren Fries ist eine Prozession von neun Hirschen dargestellt. Ihre Laufrichtung ist der der Figuren des oberen Frieses entgegengesetzt[8].

Die Interpretation der Darstellungen auf dem Silberbecher begann Anfang der 1940er Jahre. Petre Uschakov interpretierte die Prozession als Darstellung eines der hethitischen Gottheit Telipinu gewidmeten Rituals. Dabei sollen die laufenden anthropomorphen Figuren mit Masken von Maulwürfen und mit Fuchsschwänzen abgebildet sein. P. Uschakov versuchte, die lateinische Bezeichnung von Maulwurf (*talpa*) mit der protohethitischen Gottheit Telipinu zu verbinden und auf dieser Grundlage die Darstellung zu interpretieren[9]. Diese Überlegung lehnte B. Kuftin noch im selben Jahr ab. Seiner Meinung nach sollen die Szenen auf dem Gefäß den Kult der Jagd darstellen – als Hinweis darauf bewertet er die Tierschwänze der Figuren. Der Baum hinter der zentralen Figur wird von ihm als »Baum des Lebens« gedeutet. Die Gesichter der menschlichen Figuren vergleicht B. Kuftin mit den hethitischen Darstellungen. Er äußerte die Vermutung, dass das Gefäß luvischer Herkunft sei. Später versuchte B. Kuftin jedoch, die einheimische Herkunft zu beweisen[10].

Die Darstellungen des Gefäßes wurden auch von dem georgischen Kunsthistoriker Schalva Amiranaschvili untersucht. Er vergleicht die Kleidung der menschlichen Figuren auf dem oberen Fries mit hethitischen und assyrischen Darstellungen. Er vertritt ebenso die Meinung, dass die Figuren Tiermasken tragen. Diese Tatsache weise Parallelen in Vorderasien auf. Laut S. Amiranaschvili ist ein Ritual der »georgischen Urreligion« auf dem Gefäß abgebildet[11].

Auf Basis der lokalen (georgischen) Ethnografie beurteilt auch Iaso Kikvidze die Becherdarstellungen. So soll die zentrale Figur die Gottheit der Fruchtbarkeit und der Baum den »Baum des Lebens« darstellen[12].

Laut Nana Djafaridze weisen die Darstellungen auf dem Becher Parallelen sowohl in der sumerischen als auch in der hethitischen Kunst auf. Sie betont die Ähnlichkeit im Sinne der Komposition und der Thematik mit einer Vase aus Alabaster, die in Uruk gefunden wurde. Darüber hinaus gebe es zum Beispiel bei den Hirschdarstellungen Ähnlichkeiten zu der hethitischen Ikonografie[13].

Ende der 1980er Jahre äußerten Mamuka Beriashvili und Sasa Skhirtladze eine abweichende Überlegung hinsichtlich der Interpretation der Becherdarstellungen. Sie beurteilen die Darstellungen auf dem zweiten Fries vor dem Hintergrund hethitischer Rituale. Die menschlichen Figuren werden als an einem Ritual teilnehmende

Menschen und nicht als Gottheiten aufgefasst. Der Baum soll ein Symbol der Stärke und der Fülle sein. Die laufenden Hirsche werden als Teilnehmer eines Rituals gedeutet, das mit der Erneuerung des Lebens, also mit dem Frühling, verbunden sein soll[14].

Karen Sydney Rubinson vergleicht die Darstellungen des Gefäßes mit anatolischen Abdrücken der zylindrischen Siegel der Karum-Kanesh-II-Periode (circa 1 950–1 836 v. Chr.)[15].

Laut Dimitri Narimanishvili gibt es Parallelen zwischen den Details des Trialeti-Bechers – dem Stuhl, den Gefäßen, der Kleidung – und syrischen, anatolischen sowie mesopotamischen Kunstwerken. Dabei merkt er an, dass die Kleidung der menschlichen Figuren einen lokalen, kaukasischen Charakter aufweist. Aus diesem Grund soll der Silberbecher entsprechend dem mesopotamischen Kunststil für einen kaukasischen Herrscher hergestellt worden sein[16].

Ein seiner Form nach sehr ähnlicher Silberbecher, ebenfalls mit einer figürlichen Verzierung, stammt aus dem Hügelgrab von Karašamb in Nordarmenien. Die Beifunde lassen sich der Trialeti-Kultur-zuweisen. Die Darstellungen auf diesem Gefäß sind komplexer als die des Trialeti-Bechers[17]. Die Fläche ist in sechs Zonen unterteilt. In diesen sind 25 Menschen, 36 Tiere und circa 60 Gegenstände dargestellt[18] (siehe auch S. 221, Abb. 14,2). Dazwischen treten ein Adler mit Löwenkopf und eine Kampfszene in Erscheinung. Dieser Becher wird ausführlich von Rainer Michael Boehmer und Georg Kossack behandelt. Der löwenköpfige Adler auf dem Becher wird als die mesopotamische Gottheit Anzu/Imdugud ausgelegt. Nach Boehmer erlauben diese und weitere Vergleiche, wie zum Beispiel die Schwerter, eine Datierung von der frühdynastischen bis zur neusumerischen Zeit, wobei die starken frühdynastischen und früh-/mittelakkadzeitlichen Einflüsse betont werden[19].

Ein weiteres Gefäß mit figürlichen Verzierungen stammt aus dem Nr. XVII von Trialeti. Es handelt sich um ein 14,5 cm großes Silbergefäß mit Tier- und Pflanzendarstellungen[20]. Darauf beschränken sich die Parallelen der figürlichen Verzierungen des Trialeti-Bechers in der Mittelbronzezeit in Südkaukasien.

Als zentrale Fragestellungen gelten die Datierung und Herkunft des Gefäßes. Dabei ist eine relative Gleichzeitigkeit des Trialeti- und des Karašamb-Bechers zu vermuten. Oben wurde der Datierungsvorschlag des Karašamb-Bechers von R. M. Boehmer erläutert.

Die Frage der Datierung des Gefäßes aus Trialeti ist nicht eindeutig geklärt. In diesem Zusammenhang stellt das Fehlen von ^{14}C-Datierungen das Hauptproblem dar. Der Entdecker B. Kuftin datierte die Trialeti-Kultur in die Mitte des 2. Jahrtausends v. Chr.[21]. Nach dem relativchronologischen Schema von Elguja Gogadze aus den 1970er Jahren zählt das Hügelgrab Trialeti Nr. V zur zweiten Gruppe der Hügelgräber des Trialeti-Gebietes, die im Zeitraum von 1 800 bis 1 600 Jahre v. Chr. datiert werden[22]. Die Zeitspanne vom 18. bis 17. Jahrhundert v. Chr. ist im Katalog der Saarbrückener Ausstellung des Jahres 1995 angegeben[23]. Mit Ende des 3. Jahrtausends v. Chr. schlägt Mikheil Abramishvili ein abweichendes Datum vor[24].

Für die Datierung des Silberbechers aus Trialeti sind aktuelle Erkenntnisse aus mittelbronzezeitlichen Gräbern der Region Ostgeorgien zentral. Zwei ^{14}C-Daten aus den Hügelgräbern Tetri Kvebi 3 und Gochebi legen eine Datierung im 21. Jahrhundert v. Chr. nahe. Aufgrund dieser Funde, insbesondere der schwarzpolierten Keramik mit Punktverzierung, ist eine ungefähre Gleichzeitigkeit mit dem Hügelgrab Trialeti Nr. V anzunehmen. Aus diesem Grund ist eine Datierung des Hügelgrabs Nr. V von Trialeti zwischen 2 100 und 2 000 v. Chr. anzunehmen.

Die Frage der Herkunft des Gefäßes könnten Metallanalysen klären. Derartige Untersuchungen wurden bis dato jedoch nicht unternommen. Der Frage kann zum Teil mittels der Beurteilung des Artefakts und seiner Dekoration nachgegangen werden. Wie oben gezeigt, wurde bei der Interpretation der Darstellungen immer auf vorderasiatische Analogien hingewiesen.

Es muss angemerkt werden, dass die Form des Metallgefäßes keine Parallelen in der Keramikproduktion der Trialeti-Kultur findet. Zwar sind Tongefäße mit Standfuß geläufig, aber keine Becher dieser Form. Bekannt ist, dass während der Bronzezeit ein und dieselbe Form sowohl in Keramik- als auch in Metallgefäßen in Südkaukasien vorkommt[25].

Die Details der Darstellungen auf dem Silberbecher sind im Südkaukasus sehr ungewöhnlich. R. M. Boehmer und G. Kossack weisen darauf hin, dass auf dem Becher aus Karašamb abgebildete Dolche Parallelen im frühdynastischen Mesopotamien besitzen. Außerdem deuten viele andere Details auf dem Becher auf Analogien in der mesopotamischen Kunst hin[26]. Es ist deshalb sehr unwahrscheinlich, dass zum Beispiel eine sumerische oder akkadische Gottheit in einer südkaukasischen Werkstatt am Ende des 3. Jahrtausends v. Chr. auf einem Silberbecher dargestellt wurde.

Ähnlich gestaltet sich die Situation in Bezug auf den Trialeti-Becher. Als Beispiel können die Gefäße, die auf dem oberen Fries von menschlichen Figuren getragen werden, herangezogen werden. Für diese Gefäßform existiert weder in der Keramik noch in der Toreutik der mittelbronzezeitlichen Trialeti-Kultur ein Beleg.

Zusammenfassend kann festgehalten werden, dass die Darstellungen auf dem Becher aus dem Hügelgrab Nr. V von Trialeti keine Prototypen in den heimischen Kulturen des Südkaukasus aufweisen. Ein deutlicher Einfluss der vorderasiatischen Kunst ist unverkennbar. Da der Becher wohl in das späte 3. Jahrtausend v. Chr. datiert wird, kommen keine Vorbilder aus der hethitischen Kunst in Betracht. Auch lokale ethnografische Angaben können keinen wesentlichen Beitrag zur Deutung der Darstellungen liefern.

Die Frage nach dem Herstellungsort muss aufgrund des derzeitigen Kenntnisstandes offenbleiben. Genaue Analogien für das Trialeti-Gefäß sind im vorderasiatischen Raum bislang nicht bekannt. Somit ist eine Herstellung in lokalen Werkstätten nicht auszuschließen.

1 Aus dem Fotoarchiv des Georgischen Nationalmuseums.
2 Žoržikašvili/Gogadze 1974, 19–20.
3 Djaparidze 1961, 204.
4 Djaparidze 1998, 12–30, 46–56; Picxelauri/Orthmann/Qvavadze 1994, 9.
5 Picchelauri 1982, 18.
6 Tchabashvili 2017, 21–23.
7 Žoržikašvili/Gogadze 1974, 71.
8 Kuftin 1941, 87–92; Djaparidze 1975, 180–183; Djafaridze 1991, 185–187.
9 Ušakov 1941, 111–112.
10 Kuftin 1941, 87–92.
11 Amiranaschvili 1944, 31–35.
12 Kikvidze 1976, 185–186.
13 Djaparidze 1975, 180–196.
14 Beriashvili/Skhirtladze 1984, 136–143.
15 Rubinson 2003, Rubinson 2013.
16 Narimanišvili 2007, 41–47; Narimanischvili 2015, 119–137.
17 Oganesjan 1988, 145–146.
18 Bobokhyan 2006, 254.
19 Boehmer/Kossack 2000, 26–36.
20 Žoržikašvili/Gogadze 1974, 96.
21 Kuftin 1941, 78–100.
22 Gogadze 1972, 38–44, 95.
23 Djafaridze 1995, 86.
24 Abramishvili 2010, 168.
25 Tchabashvili 2012, 6–8.
26 Boehmer/Kossack 2000, 26–36; Boehmer 2002, 203–205.

Literatur

Abramishvili, M. 2010, In search of the origins of metallurgy – An overwiev of South Caucasian evidence. In: S. Hansen/A. Hauptmann/I. Motzenbäcker/E. Pernicka (Hg.), Von Majkop bis Trialeti. Gewinnung und Verbreitung von Metallen und Obsidian in Kaukasien im 4.–2. Jt. v. Chr. Beiträge des Internationalen Symposiums in Berlin von 1.–3. Juni 2006. Kolloquien zur Vor- und Frühgeschichte 13 (Bonn 2010) 167–178. **Amiranaschvili, Sch. 1944,** ამირანაშვილი შ., ქართული ხელოვნების ისტორია I. (თბილისი 1944). Amiranaschvili, Sch., Kartuli chelovnebis istoria (Tbilisi 1944). Amiranaschvili, Sch., Geschichte der georgischen Kunst I (Tbilissi 1944). **Beriashvili, M./Skhirtladze, Z. 1984,** ბერიაშვილი, მ./სხირტლაძე, ზ., თრიალეთის ვერცხლის თასის სიუჟეტურ გამოსახულებათა გაგებისათვის. კახეთის არქეოლოგიური ექსპედიციის შრომები VI (თბილისი 1984) 133–153. Beriashvili, M./Skhirtladze, Z., Trialetis verzchlis tasis siujetur gamosakhulebata gagebisatvis. In: Kachetis arkeologiuri ekspediciis shromebi (Tbilissi 1984) 133–153. Beriashvili, M./Skhirtladze, Z., Gedanken zum Verständnis der Bilddarstellungen auf dem Silberbecher von Trialeti. In: Berichte der Kakhetischen archäologischen Expedition VI (Tbilissi 1984) 133–153. **Bobokhyan, A. 2006,** Grenzregionen und Weltvorstellungen. Kulturhistorische Untersuchungen zu Kommunikation und Austauschmechanismen in der Bronzezeit (ca. 2 500–1 500 v. Chr.) des Hochlands zwischen Kaukasus und östlichem Taurus. Doktorarbeit (Tübingen 2006). **Boehmer, R. M./Kossack, G.** 2000, Figürlich verzierter Becher von Karašamb. Umfeld, Interpretation und Zeitstellung. In: R. Dittmann/B. Hrouda/U. Löw/P. Matthiae/R. Mayer-Opificius/S. Thürwächter (Hg.), Iran und Westen. Gedenkschrift für P. Calmeyer (Münster 2000) 9–71. **Boehmer, R. M. 2002,** Der figürlich verzierte Becher von Karašamb. Ein Nachtrag. Archäologische Mitteilungen aus Iran und Turan 34, 2002, 195–207. **Djaparidze, O. 1975,** ჯაფარიძე, ო., თრიალეთის ვერცხლის თასი, შედარებით სტილისტური ანალიზი. In: თბილისის სახელმწიფო უნივერსიტეტის შრომები 165 (თბილისი 1975) 183–198. Djaparidze, O., Trialetis vertschlis tasi, shedarebit-stilisturi analisi. Tbilisis sakhelmtsipo universitetis shromebi (Tbilisi 1975) 183–198. Djaparidze, O., Der Silberbecher von Trialeti, eine vergleich-stilistische Analyse. Schriften der Staatlichen Universität Tbilissi 165 (Tbilissi 1975) 183–198. **Djaparidze, O. 1961,** ჯაფარიძე, ო., ქართველი ტომების ისტორიისთვის ლითონის წარმოების ადრეულ საფეხურზე (თბილისი 1961). Djaparidze, O., kartveli tomebis istoriistvis litonis tsarmoebis adreul sapexurze (Tbilisi 1961). Djaparidze, O., Zur Geschichte der georgischen Stämme während der frühen Entwicklungsstufe der Metallurgie) (Tbilissi 1961). **Djaparidze, O. 1991,** ჯაფარიძე ო., საქართველოს არქეოლოგია (თბილისი 1991). Djafaridze, O., Sakartvelos arkeologia (Tbilissi 1991). Djafaridze, O., Archäologie Georgiens (Tbilissi 1991). **Djaparidze, O. 1995,** Mittlere Bronzezeit. In: Katalog Saarbrücken 1995 Miron, A./Orthmann, W. (Hg.), Unterwegs zum goldenen Vlies. Archäologische Funde aus Georgien. (Saarbrücken 1995) 79–94. **Djaparidze, O. 1998,** ჯაფარიძე, ო., ქართველი ტომების ეთნოკულტურული ისტორიისთვის ძველი წელთაღრიცხვით მესამე ათასწლეულში (თბილისი 1998). Djaparidze, O., Kartveli tomebis etnokulturuli istoriistvis dsveli tseltagritskhvit 3. atastsleulschi (Tbilissi 1998). Djaparidze, O., Zur ethnokulturellen Geschichte der kartvelishen Stämme im 3. Jahrtausend v. Chr. (Tbilissi 1998). **Gogadze, E. 1972,** გოგაძე, ე., თრიალეთის ყორღანული კულტურის პერიოდიზაცია და გენეზისი (თბილისი 1972). Gogadze, E., Trialetis korganuli kulturis perioditsia da genezisi (Tbilissi 1972). Gogadze, E., Die Periodisierung und Genese der Trialeti Kurgankultur (Tbilissi 1972). **Kikvidze, I., 1976,** კიკვიძე, ი., მიწათმოქმედება და სამიწათმოქმედო კულტი ძველ საქართველოში. (თბილისი 1976). Kikvidze, I., Mitsatmoqmedeba da samicatmoqmedo kulti dzvel saqartveloschi (Tbilisi 1976). Kikvidze, I., Der Ackerbau und der Kult des Ackerbaus im antiken Georgien (Tbilissi 1976). **Kuftin, B. 1941,** Куфтин, Б., Археологические раскопки в Триалети (Тбилиси 1941). Kuftin, B., Archeologičeskie raskopki v Trialeti (Tbilissi 1941). Kuftin, B., Archäologische Ausgrabungen in Trialeti (Tbilissi 1941). **Narimanischvili, D. 2015,** მითო-რელიგიური მსოფლმხედველობა შუაბრინჯაოს ხანის ცენტრალურ სამხრეთ კავკასიაში. არქეოლოგიის დოქტორის (Ph.D.) აკადემიური ხარისხის მოსაპოვებლად წარმოდგენილი დისერტაცია. თბილისი 2015. Narimanischvili, D., Mitho-religiuri msoplmchedveloba schuabrinjaos chanis zentralur samchret kavkasiashi (Tbilisi 2015). Narimanischvili, D., Die Mitho-religiöse Weltanschauung im zentralen Südkaukasien der Mittelbronzezeit. Doktorarbeit (Tbilissi 2015). **Narimanišvili, D. 2007,** Нариманишвили, Д., Предметы быта изображенные на серебряном кубке из Триалети. In: Вопросы армянской этнологии и археологии 3, 2007, 41–47. Narimanišvili, D., Predmety byta izobražennye na serebrjanom kybke iz Trialeti. In: Voprosy armjanskoj etnologii i archeologii 3, 2007, 41–47. Narimanišvili, D., Zu den Alltagsgeräten, die auf dem Silberbecher aus Trialeti dargestellt sind. In: Fragen zur armenischen Ethnologie und Archäologie 3, 2007, 41–47. **Oganesjan, V. 1988,** Серебряный кубок из Карашамба. In: Историко- филологический журнал

4/123, 1988, 145–161. Oganesjan, V., Serebrjanyj kubok iz Karašamba. In: Istoriko-filologičeckij žurnal 4/123, 1988, 145–161. Oganesjan, V., Der Silberbecher von Karašamb. In: Historisch-philologisches Journal 4/123, 1988, 145–161. **Picchelauri, K. N. 1982,** Пицхелаури, К. Н., Исследования Кахетской археологической экспедиции. In: Полевые Археологические Исследования в 1980 году, Тбилиси 1982, 17–20. Picchelauri, K. N., Issledovanija Kachetskoj archeologičeckoj ekspedicii. In: Polevye Archeologičeckie Issledovanija v 1980 godu, Tbilisi 1982, 17–20. Picchelauri, K. N., Forschungen der Kachetischen archäologischen Expedition. In: Archäologische Ausgrabungen aus dem Jahr 1980, Tbilissi 1982, 17–20. **Picxelauri, K./Orthmann, W./Qvavadze, D. 1994,** Neue archäologische Funde in Kakhetien. Georgica 17, 1994, 9–13. **Rubinson, K. S. 2003,** Silver Vessels and Cylinder Sealings. Precious Reflections of Economic Exchange in the Early second Millennium BC. In: A. T. Smith/K. S. Rubinson (Hg.), Archaeology in the Borderlands. Investigations in Caucasia and Beyond. (Los Angeles 2003) 128–143. **Rubinson K. S. 2013,** Actual Imports or just Ideas? Investigations in Anatolia and the Caucasus. In: J. Aruz/S. B. Graff/Y. Rakic (Hg.), Cultures in Contact from Mesopotamia to the Mediterranean in the second Millenium (New York 2013) 12–32. **Tchabashvili, L. 2012,** ჭაბაშვილი, ლ., თრიალეთის კულტურის ლითონის ჭურჭლის ანალოგების შესახებ კერამიკულ პროდუქციაში. ამირანი XXIV, 2012, 5–17. Tchabashvili, L., Trialetis kulturis litonis tchurtchlis analogebis shesakheb keramikul produktsiashi. Tchabashvili, L., Keramikimitationen der Metallgefäße der Trialeti Kultur. Amirani XXIV, 2012, 5–17. **Tchabashvili, L. 2017,** Die Trialeti Kultur (Berlin 2017). (Doktorarbeit). **Ušakov, P. N. 1941,** Ушаков, П. Н., Хеттская проблема. К вопросу о генезисе и взаимоотношениях индоевропейских и картвельских языков. In: თბილისის სახელმწიფო უნივერსიტეტის შრომები (თბილისი 1941). Ušakov, P. N., Chetskaja problema. K voprosu o genezise i vzaimootnošenijach indoevropejskich i kartvel'skich jazykov. In: Tbilisis sakhelmtsipo universitetis shromebi Tbilissi XVIII (Tbilisi 1941) 87–112. Ušakov, P. N., Das hethitische Problem. Zur Frage der Genese und Wechselbeziehungen zwischen der Indoeuropäischen und Kartvelischen Sprachen. Schriften der Staatlichen Universität Tbilisi XVIII (Tbilissi 1941) 87–112. **Žoržikašvili, L./Gogadze, E. 1974,** Жоржикашвили, Л. /Гогадзе, Э., Памятники Триалети эпохи ранней и средней бронзы (раскопки 1936–1940, 1947–1948 гг.). Каталог триалетских материалов II. (Тбилиси 1974). Žoržikašvili, L./Gogadze, E., Pamjatniki Trialeti epochi rannej i srednej bronzy (raskopki 1936–1940, 1947–1948 gg.). Katalog trialetskich materialov II. (Tbilisi 1974). Žoržikašvili, L./Gogadze, E., Früh- und Mittelbronzezeitliche Denkmäler aus Trialeti (Ausgrabungen 1936–1940, 1947–1948). Katalog zu den Funden aus Trialeti II (Tbilissi 1974).

Die Siedlung Berikldeebi

Mindia Jalabadze

Die Siedlung Berikldeebi liegt in der Gemeinde Kareli Region Schida Kartli auf dem Landwirtschaftsgelände Bebnisi, drei Kilometer westlich des Dorfes Bebnisi. Sie befindet sich auf einer natürlichen Landspitze am Zusammenfluss der Flüsse Mtkvari (Kura) und Prone.

Die Siedlung wurde zwischen 1979 und 1992 von einem Team des Georgischen Nationalmuseums unter der Leitung von Alexandre Javakhishvili archäologisch untersucht. Dabei wurde ein Großteil der Siedlung – ungefähr 2.250 Quadratmeter – ausgegraben. Nur eine kleinere Fläche von 200 Quadratmetern am, durch das Wasser beschädigten, westlichen Rand der Siedlung ist bis heute nicht untersucht (Abb. 1 und 2).

Aufgrund der Grabungsergebnisse wurden für die Siedlung fünf stratigraphische Schichten definiert; diese zogen eine Unterteilung in 14 Bauphasen nach sich. Die stratigraphische Sequenz umfasst die Zeitspanne vom Chalkolithikum bis zur Früheisenzeit, demnach von der Mitte des 5. Jahrtausends v. Chr. bis zur Mitte des 1. Jahrtausends v. Chr.

Die stratigraphischen Schichten der Siedlung Berikldeebi

Schicht V wird in das Spätchalkolithikum, Anfang des 4. Jahrtausend v. Chr., datiert. Sie umfasst mehrere Siedlungsreste, die in einer bestimmten

Abb. 1 Siedlung Berikldeebi. Am Ende der Grabungskampagne 1990, Blickrichtung aus Südosten.

Abb. 2 Siedlung Berikldeebi. Während der Grabungskampagne 1986, Blickrichtung aus Nordwesten.

stratigraphischen Abfolge lagen. Dabei lassen sich zwei Bauphasen (V_1 und V_2) definieren. Die frühere Phase mit einer Stärke von 25–30 cm enthielt schwarzen lehmigen Boden. Damit sind eine Steinaufschüttung und ein Steinkreis verbunden. Zum selben Horizont gehören weiterhin eine große Grube, angelegt in der Form eines Grubenhauses, und mehrere mittelgroße und kleine Gruben. Zum Horizont V_2 gehören Reste von zwei Lehmziegelbauten: eine dickwandige Mauer im Norden der Siedlungsfläche und ein rechteckiges Gebäude im Südwesten (Abb. 3). Die Baureste überdecken an mehreren Stellen die, in die schwarze Schicht eingetiefte, Steinsetzung und die Gruben, sodass ihre stratigraphische Abfolge gesichert ist.

Typische Funde der Bauphase V_1 sind Fragmente von Töpfen verschiedener Größen: Der Ton ist meistens rosa/grau oder braun gebrannt. In den meisten Fällen ist er mit Sand, Quarz und Glimmer gemagert. Der Ton eines Kruges ist braun/schwarz gebrannt und mit Quarz und Glimmer gemagert. Innerhalb eines Kruges wurden Kinderknochen nachgewiesen. Ein Topf weist einen braun gebrannten Ton auf. Im Bruch wurden Stoffabdrücke beobachtet. Größere Töpfe weisen einen hellbraun gebrannten Ton mit Sandeinschlüssen (Abb. 5,2) auf. Der Ton der Krüge ist braun/schwarz gebrannt und mit Quarz und Glimmer gemagert. Die Schicht enthielt eine Vielzahl an Geräten aus Kupfer, Knochen, Feuerstein sowie Schmuck und andere Objekte.

Die Keramik der Bauphase V_2 ist durch Randscherben von großen Krügen dokumentiert. Die meisten davon sind rosa – seltener grau/braun gebrannt. Die Tonfarbe im Kern ist schwarz oder grau. Die Ränder sind stark profiliert, der Ton ist mit pflanzlichem Material gemagert (Abb. 5,1). Topffragmente sowie Fragmente von Tellern und Schalen sind hellbraun-rosa gebrannt, schwarz oder grau im Bruch und ebenfalls mit pflanzlichem Material gemagert. Die Oberfläche ist poliert oder geglättet. Eine Pfanne ist braunschwarz gebrannt und weist eine raue Oberfläche auf. Der Randbereich ist gelocht und mit einem Reliefdekor verziert.

Schicht IV (frühbronzezeitliche Kura-Araxes-Kultur: Ende 4.–Anfang 3. Jahrtausend v. Chr.), die in zwei Bauphasen IV_1 und IV_2 unterteilt werden kann, ist am stärksten durch spätere Eingriffe gestört. Zur früheren Bauphase IV_1 gehört ein teilweise erhaltener kreisförmiger Lehmflechtwerkbau (Bau 1); zur späteren Bauphase IV_2 gehören Reste von sechs Bauten (Bauten 2–7), die allein durch runde Herdstellen nachgewiesen werden konnten. Anhand von Funden wird die Schicht IV in die frühere Phase der Kura-Araxes-Kultur datiert. In der Schicht fanden sich Fragmente von großen und mittelgroßen Töpfen: rosa-braun gebrannt und schwarz oder grau im Bruch. Die Oberfläche ist poliert, der Henkel ist halbkugelförmig. Große Näpfe sind rosa und braun gebrannt und schwarz oder grau im Bruch. Die Oberfläche ist poliert, der Henkel ist halbkugelförmig. Ständer aus Ton sind durch folgende Merkmale gekennzeichnet: rosa gebrannt, mit geglätteter Oberfläche und halbkugelförmigem Henkel. Tondeckel weisen einen halbkugelförmigen Henkel (Abb. 5,3) auf.

Schicht III (frühbronzezeitliche Bedeni-Kultur: zweite Hälfte des 3. Jahrtausends v. Chr.) umfasste acht Bauphasen, von denen die sechs früheren Phasen Reste von rechteckigen Gebäuden mit einem Vorbau enthalten. Im Zentrum der Gebäude befand sich jeweils ein stationärer Herd; die Bauten waren ursprünglich mit Flachdächern bedeckt. Das Dach hatte offensichtlich eine Öffnung. Alle Bauten konzentrierten sich auf der östlichen Siedlungsseite.

Zur ersten Bauphase gehören die Bauten 9, 12, 13, 14;

Zur Bauphase 2: Bauten 10 und 11;

Zur Bauphase 3: Bauten 2, 3, 4, 5;

Zur Bauphase 4: Bau 6;

Zur Bauphase 5: Bauten 7 und 8;

Zur Bauphase 6: Bau 1;

Zur Bauphase 7 gehören 20 Opferplattformen, die offensichtlich mit Resten von drei Gebäuden in Verbindung gebracht werden können. Im Gegensatz zu den stationären Bauten aus den früheren Phasen ist die Architektur der Bauphase 7 durch viereckige (möglicherweise auch kreisförmige) Grundrisse und eine leichtere Konstruktionsweise gekennzeichnet. Die Opferplattformen waren über die ganze Siedlungsfläche verteilt (Abb. 4,1–2).

Unter Bauphase 8 werden die, über die ganze Siedlungsfläche verstreuten, 229 Gruben zusammengefasst, wobei die Gruben weder mit einer bestimmten Bauphase noch mit einem

Abb. 3 Siedlung Berikldeebi. Lehmziegeltempel der Schicht V.

Abb. 4 Siedlung Berikldeebi.
1: Ein Bau der Bedeni-Kultur;
2: Eine anthropomorphe Herdstelle aus dem Bau der Bedeni-Kultur.

bestimmten Bau in Verbindung gebracht werden konnten. Auffällig ist, dass die Gruben sich besonders im südlichen Siedlungsbereich konzentrieren. Die Schicht III enthielt Keramik, Knochen- und Steinobjekte. Darunter waren mittelgroße Töpfe, schwarz und rosa gebrannt mit polierter Oberfläche, feingemagert oder aus reinem Ton hergestellt, mit Rillen verziert (Abb. 5,5.7.9); schwarz gebrannte Trinkgefäße (Tassen und Becher) mit polierter Oberfläche aus reinem Ton, die Oberfläche mit Rillen und Ritzungen dekoriert (Abb. 5,10); Töpfe mit einem oder zwei Henkeln, der Ton rosa oder braun gebrannt und mit rauer Oberfläche; einige Töpfe mit Reliefknubben dekoriert (Abb. 5,6); Becher mit rauer Oberfläche und flachem oder geglättetem Hals- und Randbereich (Abb. 5,8); grob gearbeitete krugartige Gefäße (Abb. 5,4); große Gefäße: einige davon grob gearbeitet mit rauer Oberfläche, der Rest mit geglätteter Oberfläche und Politurmuster; Spinnwirtel aus Keramikscherben; Spinnwirtel aus Knochen, einige davon dekoriert; verschiedene Knochenobjekte sowie Sichelklingen aus Feuerstein. Die Schicht enthielt verschiedene Kupferobjekte.

Zur Schicht II (zweite Hälfte des 2. Jahrtausends v. Chr. [17.–16. Jahrhundert v. Chr.]) gehören fünf mittelbronzezeitliche Bestattungen: Vier davon waren Grabgruben ohne Aufschüttung (Bestattungen 1–4), nur eine Grabgrube war mit einer Steinaufschüttung versehen. Anhand der Grabbeigaben lassen sich die Bestattungen in den Zeitraum zwischen dem 17. und 16. Jahrhundert v. Chr. datieren. Schicht II enthielt mehrere Gefäße verschiedener Typen und Größen, die meisten davon schwarz oder braun gebrannt (Abb. 5,11). Die Gefäße sind entweder komplett unverziert oder mit Rillen, plastischem Reliefdekor oder Politurmuster versehen. In dieser Schicht wurden außerdem Tassen mit einem Henkel (Abb. 5,12) und unter anderem auch Bronzedolche nachgewiesen.

Die Schicht I wird in die Spätbronze-/Früheisenzeit (Ende des 2./erste Hälfte des 1. Jahrtausends. v. Chr. [11.–7. Jahrhundert v. Chr.]) datiert. Sie umfasst eine Bauphase. Zur Schicht I, die aufgrund starker Erosionsprozesse knapp unter der heutigen Oberfläche liegt, gehören nur Reste von Baufundamenten, die sich über die ganze Siedlungsfläche verteilen. Anhand des archäologischen Materials, hauptsächlich Keramikscherben, kann die Schicht I in die Zeit zwischen dem 12. und 7. Jahrhundert v. Chr. datiert werden. Die Schicht enthielt mehrere Gefäße verschiedener Formen und unterschiedlicher Nutzung: Schalen;

Abb. 5,
1–2: Keramik aus der Schicht V;
3: Ein Deckel aus der Schicht IV;
4–10: Keramik aus der Bedeni-Schicht;
11–12: Gefäße aus einer mittelbronzezeitlichen Bestattung;
13: Ein tönerner Rhyton aus Schicht I.

unverzierte Krüge oder verziert mit grau-farbigen konzentrischen Kreisen; Kannen mit oder ohne Henkel, dekoriert mit Abdrücken oder Politurmuster; Kannen mit grauer Oberfläche und rosafarbiger Innenfläche, verziert mit Abdrücken und plastischem Reliefdekor. Weiterhin zählten dazu ein rotpoliertes rhytonförmiges Gefäß (Abb. 5,13) und das Fragment einer eisernen Klinge.

Die Ausgrabung der vielschichtigen Siedlung Berikldeebi erbrachte eine Reihe wichtiger wissenschaftlicher Erkenntnisse für die kaukasische Archäologie: Zum ersten Mal wurden in der Region Schida Kartli chalkolithische Siedlungsschichten untersucht (Bauphasen V_1 und V_2). Anhand der Baureste (ein rechteckiger Lehmziegelbau – der Tempel – und die Lehmziegelmauer) und Funde aus Berikldeebi lassen sich enge Verbindungen mit der im Südostkaukasus (Aserbaidschan und Armenien) verbreiteten, zeitgleichen Leylatepe-Kultur, mit der mesopotamischen Späturuk-Zeit, mit den chalkolithischen »Höhlen-Kulturen« Westgeorgiens und mit den nordkaukasischen früheren Phasen der Maikop-Kultur feststellen.

In der Region Schida Kartli wurde eine weitere Siedlung mit Schichten der früheren Phase der Kura-Araxes-Kultur freigelegt und untersucht.

Zum ersten Mal wurden bei einem mehrphasigen Siedlungshügel Schichten der sogenannten Bedeni-Kultur entdeckt und untersucht. Davor war diese Kultur ausschließlich aus Kurganbestattungen bekannt. Vor der Ausgrabung in Berikldeebi waren Siedlungen der späteren Etappe der Frühbronzezeit (Bedeni-Kultur) völlig unbekannt.

Im Areal der Siedlung Berikldeebi wurde ein mittelbronzezeitliches Gräberfeld untersucht; demnach stellte sich die Frage nach der Existenz eines mittelbronzezeitlichen Siedlungsplatzes in der Umgebung von Berikldeebi.

Nach dem langen Hiatus gewinnt der Siedlungshügel während der Spätbronze-/Früheisenzeit wieder an kultischer Bedeutung.

Übersetzung aus dem Georgischen:
Vladimir Ioseliani

Literatur

Javakhishvili, A. 2017, ჯავახიშვილი, ა., ბერიკლდეებბის ნასოფლარი (თბილისი 2017) Javakhishvili, A., Berikldeebis nasotları (Tbilisi 2017). Javakhishvili, A. Die Siedlung Berikldeebi (Tbilisi 2017).

Glonti, L./Nemsadze, G./Javkhishvili A. 1986, ღლონტი, ლ./ნემსაძე, გ./ჯავახიშვილი, ა., ღლონტი, ლ./ნემსაძე, გ./ჯავახიშვილი, ა. 1986 ქარელის რაიონში, ბერიკლდეებზე 1979–1981 წლებში ჩატარებული მუშაობის ანგარიში. საქართველოს სახელმწიფო მუზეუმის არქეოლოგიური ექსპედიციები 8, 1986, 36–44. Glonti, L./Nemsadze, G./Javkhishvili A., Qarelis raionshi, Berikldeebze 1979-1981 tslebshi chatarebuli mushaobis angarishi. Saqartvelos saxelmtcifo muzeumis arqeologiuri eqspediciebi 8, 1986, 36–44. Glonti, L./Nemsadze, G./Javkhishvili A. Report of the archaeological excavations in Berikldeebi, Qareli district in 1979–1981. Archaeological Excavations of the Georgian State Museum 8, 1986, 36–44.

Glonti, L./Džavachišvili, A. 1987, Глонти, Л./Джавахишвили, А., Новые данные о многослойном поселении эпохи энеолита – поздней бронзы в Шида-Картли – Бери Клдееби. Краткие сообщения Института Археологии 192, 1987, 80–87. Glonti, L./Džavachišvili, A. Novye dannye o mnogoslojnom poselenii epochi enelita – pozdnej bronzy v Šida-Kartli – Beri Kldeebi. Kratkie soobščenija Instituta Archeologii 192, 1987, 80–87. Glonti, L./Džavachišvili, A., Neue Daten zur mehrschichtigen Siedlung Beri Kldeebi der Epoche Eneolithikum/Spätbronzezeit in Šida-Kartli. Kurze Mitteilungen des Instituts für Archäologie 192, 1987, 80–87.

Žavaxišvili, A. 1998, Ausgrabungen in Berikldeebi (Šhida Kartli). Georgica – Zeitschrift für Kultur, Sprache und Geschichte Georgiens und Kaukasiens 21, 1998, 7–20.

Die Ursprünge des Langschwerts – Anregungen zu neuen Untersuchungen südkaukasisch-ägäischer Beziehungen in der Bronzezeit

Mikheil Abramishvili

Die Erfindung eines speziellen Langschwerttyps, des sogenannten Rapiers, stellte in der späten Vorgeschichte einen revolutionären Sprung dar, der auf die Geschicke der Zivilisationen Europas entscheidenden Einfluss ausüben sollte. Nancy Sandars zufolge war das ägäische Langschwert in Griechenland die weitreichendste Erfindung der antiken Welt – auf diese gehen die wichtigsten Trends in der Entwicklung europäischer Bewaffnung zurück[1].

Neben der Ägäis sind auch im Südkaukasus schmale, Rapier-ähnliche Stichschwerter aus Bronze gefunden worden (Abb. 1). Aufgrund der Isolation sowjetischer Forschung zu ihrer Zeit ließ N. Sandars, wie viele andere westliche Wissenschaftler neben ihr, in ihrer Studie zur Herkunft der Langschwerter in Griechenland die georgischen Exemplare jedoch unberücksichtigt. Dennoch erkannte sie, dass das plötzliche Auftreten des ägäischen Schwerttyps A mit seiner langen Klinge und der charakteristischen Drei-Nieten-Technik durch eine äußere Anregung entstanden sein müsse. Als nächsten Vergleichsfund schlug N. Sandars das Schwert von Byblos vor, von dessen unzweifelhaft levantinischem Ursprung sie überzeugt war. Ausgehend von ägyptischen Parallelen datierte Maurice Dunand dieses Schwert in die Herrschaft von Amenhemnet III., während Claude Schaeffer es in die Zeit des Senusret III., also etwa in die Mitte bis zweite Hälfte des 19. Jahrhunderts v. Chr., verwies[2].

Da südkaukasische Rapiere eine einfache Ein-Niet-Technik aufweisen und älter als das Schwert von Byblos und alle anderen Typ A-Schwerter mit der komplexeren Drei-Niet-Technik sind, schlug der Autor eine frühere Datierung vor[3]. Dolche mit angenieteten Griffen, wie zum Beispiel das Exemplar aus dem Kurgan Nr. XV von Trialeti[4], gehören in die dritte Phase der mittelbronzezeitlichen Trialeti-Kultur, während die Rapiere dieser Region mit Funden vergesellschaftet sind, die bereits der zweiten Phase angehören[5].

Zudem finden sich die Prototypen südkaukasischer Rapiere bereits in der ersten Phase. So haben zum Beispiel die Schwerter von Saduga und Dilicha in Ostgeorgien[6], abgesehen von ihrer Länge, sehr ähnliche typologische Merkmale

Abb. 1 Das bronzene Schwert aus Tetri Kvebi Hügelgrab 3 wird in das 21.–20. Jahrhundert v. Chr. datiert, Kat. 254.

(horizontale Schulter, erhöhte Mittelrippe, kreuzförmiger Querschnitt und Ein-Niet-Technik), obwohl es sich im Gegensatz zu den Rapieren um Hieb- und Stichwaffen handelt[7].

In jüngerer Zeit sind neue Belege aufgetaucht, die die Annahme stützen, dass südkaukasische Rapiere eine lokale Entwicklung sein könnten. Das Schwert im südgeorgischen Marneuli[8] besitzt typologische Merkmale, die den ostgeorgischen Schwertern von Saduga (Abb. 2,2) und Dilicha (Abb. 2,3) sehr ähneln. Lediglich die Mittelrippe ist breit und abgerundet, so dass die Klinge einen bikonvexen, linsenförmigen Querschnitt besitzt (Abb. 2,1). Das Schwert von Marneuli ist etwa 60 cm lang, besitzt aber eine dafür ungewöhnlich kurze Angel. Mit seiner breiten Mittelrippe waren für die Herstellung der Gussform und den Guss dieses Schwertes weniger technische Fähigkeiten notwendig als für die Schwerter von Saduga und Dilicha oder gar die besonders langen Rapiere mit schmaler, stark erhöhter Mittelrippe (Abb. 2,4). Deshalb schlägt der Autor dieses Beitrages vor, das Schwert von Marneuli früher zu datieren als die Schwerter von Saduga und Dilicha. Die Folge wäre eine klare Sequenz südkaukasischer Schwerter, der zufolge die Rapiere der Metallhandwerkstraditionen vermutlich in der ersten und zweiten Phase der Trialeti-Kultur entwickelt wurden.

Die Herstellung eines Langschwertes war ein komplexerer Vorgang als die simple Verlängerung der Klinge eines Dolches. Diese Waffe erforderte andere Techniken und eine weiter entwickelte Schmiedekunst. Wie Barry Molloys experimentelle Arbeit gezeigt hat, erforderte der Guss eines langen, dünnen Bronzeobjektes, beispielsweise eines Schwertes, komplexe Kenntnisse der Gussformherstellung und Pyrotechnologie. Zudem war ein höherer Zinnanteil in der Kupferlegierung nötig, damit die Waffe einen entsprechenden Härtegrad erreichte[9]. Derart weit entwickelte Metallurgiekenntnisse gab es in der Ägäis nicht vor der Einführung des Langschwertes, während sich in Zentralanatolien und im Südkaukasus mindestens seit der Mitte des 3. Jahrtausends v. Chr. eine kontinuierliche Entwicklung umfassender Kenntnisse in der Metallurgie und Metallverarbeitung nachverfolgen lässt.

N. Sandars merkte an, eines der Hauptmerkmale ägäischer Schwerter vom Typ A, ihre Länge, müsse »...wahrscheinlich der Kunst derjenigen Schmiede zugerechnet werden, die im späteren 3. Jahrtausend v. Chr. in den Diensten der zentralanatolischen Herrscher standen, welche in den sogenannten Königsgräbern von Alaca Höyük bestattet wurden«[10]. Der Autor dieses Beitrages würde noch weiter gehen und vorschlagen, dass Zentralanatolien und der Südkaukasus, einschließlich der dazwischenliegenden Region Nordostanatoliens, ein regelrechtes Zentrum für hochentwickelte Schmiedekunst darstellten, welches, nach Verbesserung strebend, letztlich das Trialeti-Rapier hervorbrachte. Am Anfang dieser Entwicklungsreihe der Langschwerter steht das Schwert mit flacher Klinge aus Alaca Höyük Grab A[11], an ihrem Ende die schmalen Rapiere mit hoher Mittelrippe aus Trialeti (Abb. 2,4).

Die Schwerter aus Grabhügeln bei Lankaran an der Südküste des Kaspischen Meeres, die um 1890 von Henri und Jacques de Morgan entdeckt wurden, besitzen keine derart erhöhte Mittelrippe und sind vergleichsweise kurz (etwa 80 cm). Eines dieser Schwerter[12] (Abb. 2,5) war mit einem Axttyp vergesellschaftet (Abb. 2,6), der im späten 3. und frühen 2. Jahrtausend v. Chr. in Trialeti und im Nahen Osten auftritt[13]. Die Datierung der Rapiere von Trialeti wird daher deutlich früher anzusetzen sein als im mittleren 2. Jahrtausend v. Chr., wie von C. Schaeffer vorgeschlagen[14].

Zusätzlich zu außergewöhnlich weit entwickelten Fertigkeiten in der Metallurgie und Metallverarbeitung sind in Zentralanatolien und im Südkaukasus außerdem gewisse religiöse Vorstellungen gemein. Ein sehr ungewöhnlicher Bestattungsbrauch, bei dem Paare von Bullenschädeln und -beinknochen in den Gräbern ausgestellt werden, ist sowohl aus dem zentralanatolischen Alaca Höyük als auch aus Trialeti bekannt[15]. Kurgan Nr. 243 von Samtavro in Zentralgeorgien sowie Kurgan Nr. 65 von Lori-Berd in Armenien weisen diesen Brauch in Verbindung mit Rapieren auf[16].

Dem gängigen Chronologiesystem der Trialeti-Kultur folgend (erstmals vorgelegt von Boris Kuftin [1941], später überarbeitet von Elguja Gogadze [1972] und Karen Rubinson [1977], die einige Änderungen an E. Gogadzes absoluter Chronologie vornahm), wurde der Beginn dieser Kultur in das frühe 2. Jahrtausend v. Chr. gesetzt[17].

Heute verfügen wir jedoch über eine breitere Quellenbasis, einschließlich Radiokarbondaten[18], sodass die Blütezeit der Trialeti-Kultur im letzten Viertel des 3. und Beginn des 2. Jahrtausend v. Chr. angesetzt werden kann[19].

Die ersten rapierartigen Stichschwerter wurden zuerst im Südkaukasus entwickelt, von wo aus sie sich über Ostanatolien und den östlichen Mittelmeerraum in die Ägäis ausbreiteten[20].

Anders als die ägäischen Langschwerter, deren Vermächtnis sich in der späteren europäischen Bewaffnung gut nachvollziehen lässt, verschwinden die südkaukasischen Rapiere gemeinsam mit den daran geknüpften kulturellen Traditionen in der zweiten Phase der Trialeti-Kultur. In den darauffolgenden Kulturen dieser Region werden die Rapiere dann auch nicht durch weiterentwickelten oder gleichermaßen effizienten Waffen ersetzt. Mit ihnen verschwindet auch die Kriegsführung mit Schwertkampf. Dies mag ein Hinweis auf eine Abwanderung der Trialeti-Kulturträger sein, oder zumindest ihrer Eliten, welche die Schwertkampfkunst beherrschten.

Wer waren diese »Schwertkämpfer«? Da aus der zweiten Phase der Trialeti-Kultur keine Siedlungen bekannt sind, wird gemeinhin angenommen, dass sie ein nomadisches Leben führten. Andererseits ist es angesichts des Reichtums, den ihre Grabbeigaben hervorheben, und der ökonomischen Ressourcen, die der Bau ihrer großen Kurgane erforderte, unwahrscheinlich, dass es sich hier um einfaches umherziehendes Hirtenvolk handelte. Ihr Reichtum basierte offensichtlich auf dem Metallhandel, vielleicht sogar hauptsächlich auf dem Handel mit Gold. Im südgeorgischen Sakdrissi ist Goldgewinnung bereits seit der zweiten Hälfte des 4. Jahrtausends v. Chr. nachgewiesen, die in der Folge sehr wahrscheinlich die Erbauer der frühen Kurgane und die Trialeti-Leute übernahmen (siehe Beitrag »Das Goldbergwerk von Sakdrissi am Kachagiani-Hügel in Georgien«).

Die zweite Hälfte des 3. und der Beginn des 2. Jahrtausends v. Chr. markieren eine Periode florierenden Fernhandels, die durch akkadische Quellen, die Archäologie der »sumerischen Renaissance« sowie die Gründung der altassyrischen Handelskolonie in Kültepe-Kanesh, einem Zentrum des anatolischen Zinnhandels, gut dokumentiert ist[21]. Es liegen ausreichend archäologische Belege dafür vor, dass die Träger der Trialeti-Kultur an Fernbeziehungen beteiligt waren. Schon allein das folgende Beispiel illustriert diese Beobachtungen. In dem Kurgan Nr. XIV von Trialeti, der bereits in antiker Zeit geplündert wurde, fanden sich die folgenden exotischen Objekte: ein ägyptisches Achat-Amulett in Form eines menschlichen Beines, eine mit weißen Querrillen verzierte harappische Karneolperle sowie drei Bernsteinperlen, die möglicherweise aus dem Baltikum stammen[22].

Darüber hinaus finden sich die Trialeti-Rapiere, wie die Exemplare in einigen mykenischen Schachtgräbern, mit kurzen Dolchen oder Messern vergesellschaftet, die im Nahkampf benötigt wurden, falls das Rapie im Kampf verloren ging[23]. Manche der Rapiere waren zudem entweder gebrochen oder beschädigt. Diese Befunde legen nahe, dass sie in praktischem Gebrauch waren und nicht nur dazu dienten, den sozialen Rang des Besitzers zu demonstrieren. Sie werden

Abb. 2 ›Rapiere‹ verschiedener Fundstellen:
1: Marneuli, Kvemo Kartli, Südgeorgien;
2: Saduga, Kakheti, Ostgeorgien;
3: Dilicha, Kakheti, Ostgeorgien;
4: Lilo, Tbilissi;
5–6: Khodja Daoud Köprü, Talysh.

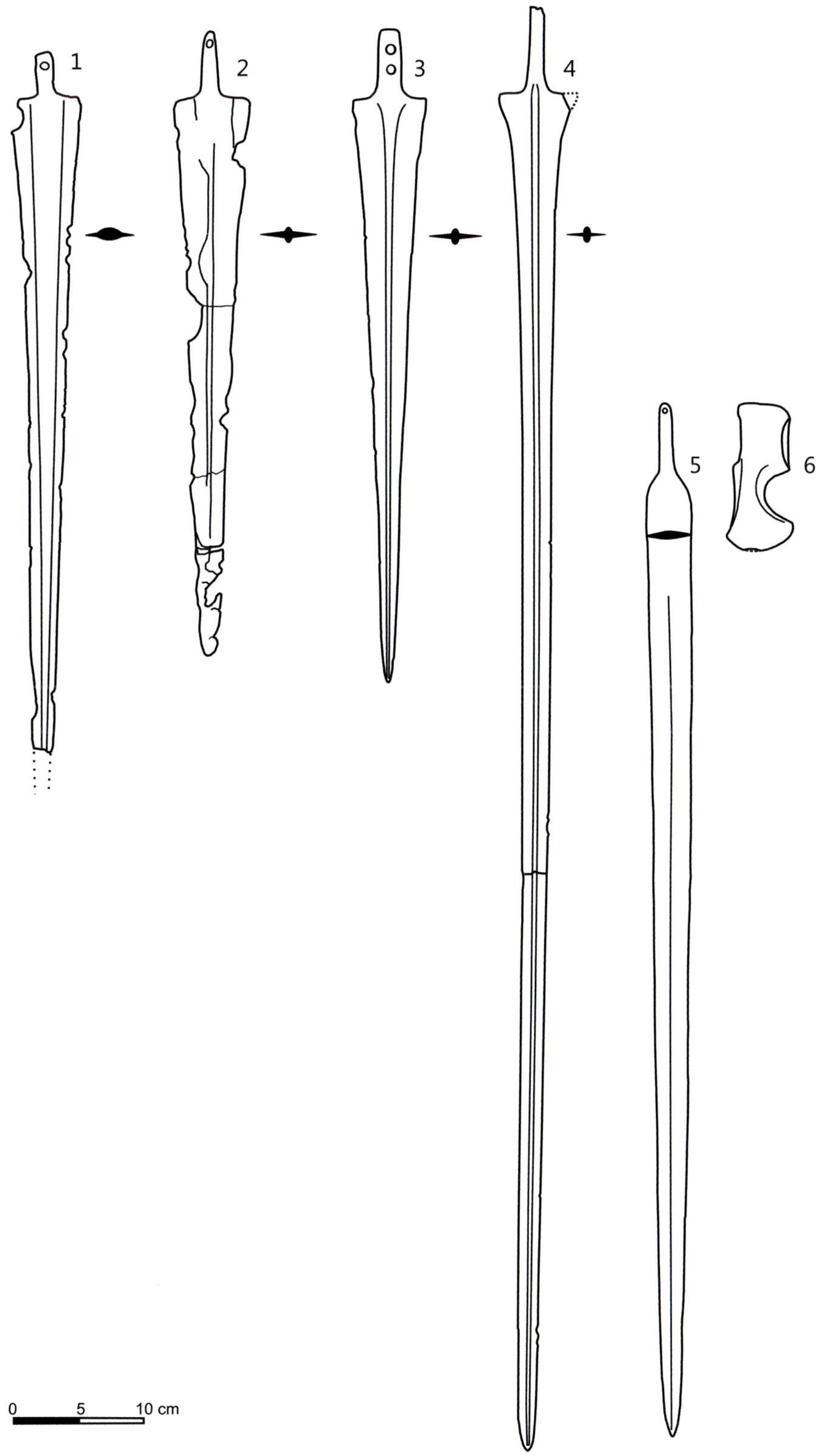

ausschließlich in Kurganen mittlerer Größe und in Vergesellschaftung mit Grabbeigaben gefunden, zu denen oft Goldobjekte zählen. Vermutlich gehörten die Besitzer der Rapiere zur mittleren Elite, welche eine Stufe unter den Häuptlingen rangierte, für die die großen Kurgane errichtet wurden. Andererseits waren einfache »Kämpfer« beziehungsweise »Krieger« mit Dolchen, Speeren und Schilden ausgerüstet. Eine solche Darstellung ist auf dem prächtigen Silberkelch von Karašamb in Armenien abgebildet[24]. Folglich war die Trialeti-Kultur durch ein komplexes Sozialgefüge gekennzeichnet, zumindest während ihrer Blütezeit[25]. Möglicherweise bestand die Hauptaufgabe der Rapier-Träger darin, wertvolles Handelsgut auf Fernhandelsrouten zu begleiten und bei Bedarf mit der prächtigen Waffe zu verteidigen.

Es stellen sich weitere wichtige Fragen nach den möglichen Ursachen für den Niedergang der Blütezeit der Trialeti-Kultur, und nach den Gründen, die die Menschen der Trialeti-Kultur dazu bewogen, ihre Heimat zu verlassen. In einem kurzen Beitrag wie diesem ist es unmöglich, eine detaillierte Antwort auf diese Fragen zu geben. Als Anregung zu zukünftigen Reflexionen und Diskussionen soll jedoch folgende Interpretation vorgeschlagen werden. Wenn die Datierung des Niedergangs der zweiten Phase der Trialeti-Kultur und das Verschwinden der Rapiere, wie oben vorgeschlagen, beide um die zweite Hälfte des 19. Jahrhunderts v. Chr. angesetzt werden können, würden sie mit der Zerstörung der altassyrischen Handelskolonie Kültepe-Kanesh (Schicht II) und dem temporären Zusammenbruch beziehungsweise der Umlenkung des Fernhandelsnetzes zusammenfallen. Dies könnte für die Mitglieder der Trialeti-Kultur, die offenbar an diesem Handelsnetz beteiligt waren, ein Anstoß gewesen sein, nach anderen Möglichkeiten zu suchen, ihre bisherige wirtschaftliche Prosperität aufrecht zu erhalten, und sich auf die Suche nach einem neuen Siedlungsgebiet zu begeben.

Dem Autor dieses Beitrages zufolge scheint die obige Hypothese gut mit den Ergebnissen neuerer genetischer Studien vergleichbar zu sein, die schlüssige Beweise für lebhafte Kontakte zwischen den bronzezeitlichen Populationen der Ägäis und denen des Kaukasus und des Irans liefern. Demnach ließen sich etwa 19–30 % einer genetischen Beimischung des Kaukasus/Irans bei den Minoern (und vielleicht auch bei den Mykenern) erkennen[26].

Übersetzung aus dem Englischen: Kathrin Meents

1 Sandars 1961.
2 Sandars 1961, 20–21, Taf. 16,6.
3 Abramišvili 2001; Abramishvili 2010.
4 Kuftin 1941, Taf. CV1.
5 Nach Gogadze 1972 handelt es sich um die dritte Gruppe der Mittelbronzezeit.
6 Siehe Gogadze 1976, 233; Picchelauri 1997, Abb. 454; Macharadze 1986, 126, 132,1.
7 Wie viele andere nahm Karina Kushnareva (1997, 110) an, dass die Rapiere zwar lokale Produktionen, aber aus der Ägäis übernommen worden seien. In einem später gemeinsam mit Rysin veröffentlichten Artikel argumentierten sie jedoch, dass die Ausbreitung der Rapiere im Südkaukasus, zusammen mit Techniken der Schwertkampfkunst, ihren Ausgang im Nahen Osten nahm, wo Schwerter mit Mittelrippe in der zweiten Hälfte des 3. Jahrhunderts v. Chr. üblich sind. Sie versäumten jedoch, die Möglichkeit einer lokalen, südkaukasischen Herausbildung der Rapiere in Erwägung zu ziehen, da sie fälschlicherweise annahmen, die Schwerter von Saduga und Dilicha besäßen keine Mittelrippe (Kušnareva/Rysin 2001, 109).
8 Ich bedanke mich bei Mindia Jalabadze für die Überlassung von Informationen, Fundfotografie und Zeichnung zu diesem Schwert.
9 Molloy 2010, 413 f.
10 Sandars 1961, 18.

11 Sandars 1961, Taf. 15.3.

12 Schaeffer 1948, Abb. 222A, C.

13 Vgl. Kušnareva/Rysin 2001, 107, 108, Abb. 2.

14 Schaeffer 1948, 418 f. Auch Sandars zweifelte die Stichhaltigkeit von Schaeffers Datierung an. Sie schloss zwar die Möglichkeit nicht aus, dass eine Verbindung bestünde, zog aber eine Deutung vor, nach der sowohl ägäische als auch Talysh-›Rapiere‹ jeweils unabhängig voneinander aus anatolischen Dolchen vom Typ I hervorgegangen seien (Sandars 1961, 19). In der Vergangenheit habe ich vorgeschlagen, dass es sich bei den Talysh-›Rapieren‹ »...um einen Beleg für eine spätere, südwärts gerichtete Ausbreitung südkaukasischer Stichwaffen...« handeln könnte (Abramishvili 2010, 173). Heute neige ich eher zu der Vermutung, dass die Talysh-Schwerter, die keine erhöhte Mittelrippe besitzen, abgerundete Schultern und eine Ein-Niet-Technik aufweisen und zudem mit dem oben genannten Axttyp zeitgleich auftreten, sogar früher datieren könnten als die südkaukasischen ›Rapiere‹. Alternativ könnten sie zeitgleich mit den Trialeti-›Rapieren‹ anzusetzen sein; möglicherweise fehlte den Schmieden in Talysh das nötige Knowhow in der Gussformherstellung und Gusstechnik, um lange Schwertklingen mit hoher Mittelrippe herzustellen.

15 Siehe zum Beispiel Koşay 1944, 80–84, Taf. LXIII; Kuftin 1941, Taf. LXV; Abramischwili/Abramischwili 1995, Abb. 195.

16 Chubinishvili 1955, 5; Devejian 2006, 29 f., Taf. 15,2.

17 Kuftin 1941; Gogadze 1972; Rubinson 1977. In ihrem jüngsten Artikel hat Rubinson ihre Chronologie überarbeitet und schlägt nun vor, den Beginn der Blütezeit der Trialeti-Kultur an das Ende des 3. Jahrtausends v. Chr. zu setzen (Rubinson 2013, 12).

18 Sämtliche kalibrierte Radiokarbondaten der georgischen Kurgane, die mit der mittelbronzezeitlichen zweiten Phase der Trialeti-Kultur in Verbindung gebracht werden können, datieren vor 1900 v. Chr. Dazu gehören die Kurgane von Irganchai in der Munizipalität Dmanisi: #1 – 2143±63 BC, #2 – 2005±63 BC, #4 – 1960±63 BC (Apakidze/Burchuladze 1987, 38, 39; Kachiani 1991, 57, 58) sowie Abanoskhevi Grab 34 in der Munizipalität Dusheti: 2141 (95,4%) 1956 BC. Letztere Datierung wurde im ARTEMIS-Facility durch Jean-Pascal Dumoulin (CEA, Saclay France) im Rahmen des ORIMIL-Projekts unter der Leitung von Estelle Herrscher (ANR, France) ermittelt. Letzerer sei hier für die Erlaubnis zur Veröffentlichung der Daten gedankt.
Die Radiokarbondatierung des unteren Horizontes der Sajoge-Siedlung in Tbilissi, die der Keramik nach zu urteilen zeitgleich mit der mittelbronzezeitlichen dritten Phase von Trialeti anzusetzen ist, verweist auf 1876–1760 BC. Dies stützt den Vorschlag, die späteste Datierung der zweiten Phase von Trialeti um die zweite Hälfte des 19. Jahrhunderts v. Chr. anzusetzen (Abramishvili/Orthmann 2008, 277–78).
Ich bin meinem lieben Kollegen und Freund Antonio Sagona (†) zu tiefem Dank verpflichtet für seine Hilfe bei der Veranlassung von Radiokarbondatierungen der Sajoge-Proben. Diese wurden von der Australian Nuclear Science and Technology Organization (ANSTO) durchgeführt und durch ein Forschungsstipendium des Australian Institute of Nuclear Science and Engineering (AINSE) finanziert.

19 Für diese Chronologie der Trialeti-Kultur siehe Kavtaradze 1983, Kavtaradze 1999; Abramishvili 2001; Abramishvili 2003; Abramishvili 2010; Kushnareva/Rysin 2001; Rahmstorf 2010; Drews 2017; Sagona 2017.

20 Vgl. Abramischwili/Abramischwili 1995, 190; Abramišvili 2001; Abramishvili 2010. Diese Deutung wurde von mir in diversen Präsentationen und Konferenzbeiträgen seit den 1980er Jahren entwickelt. Siehe ebenso Drews 2017, 92; Sagona 2017, 350–352.

21 Derksen 2005; vgl. Abramishvili 2017.

22 Gogadze 1972, 44, 45, Tab. 21:26,28; Žoržikašvili/Gogadze 1974, 85; Abramishvili 2010, 171, Tab. 2–3,5.

23 Abramišvili 2001, 2, 4, 5; Kilian-Dilmeier 1986, 176–190, Abb. 14–16.

24 Oganesjan 1988; Rubinson 2013.

25 Vgl. Kušnareva/Rysin 2001; Abramishvili 2010; Sagona 2017.

26 Lazaridis u. a. 2017, 216, 217.

Literatur

Abramišvili, M. 2001, Transcaucasian Rapiers and the Problem of their Origin. In: R. M. Boehmer/J. Maran (Hg.), Lux orientis. Archäologie zwischen Asia und Europa. Festschrift für Harald Hauptmann zum 65. Geburstag. Internationale Archäologie: Studia honoraria 12 (Rahden/Westfalen 2001) 1–8. **Abramishvili M. 2003,** On the problems of the chronology of the Trialeti culture: Additional evidence for the «high chronology". In: Problems of Caucasian Bronze-Iron Age Archaeology. Dedicated to the 75th Birth Anniversary of Rostom Abramishivili, edited by B. Maisuradze and N. Akhvlediani (Tbilisi 2003) 48–51. Special issue of Dziebani 10. (Georgisch mit englischer Zusammenfassung). **Abramishvili, M./Orthmann, W. 2008,** Excavations at Sajoge, 2003: Preliminary report. In: A. Sagona/M. Abramishvili (Hg.), Archaeology in the Southern Caucasus: Perspectives from Georgia (Ancient Near Eastern Studies Supplement 19), 275–289. **Abramishvili, M. 2010,** In Search of the Origins of Metallurgy – An Overview of South Caucasian Evidence. In: S. Hansen/A. Hauptmann/I. Motzenbäcker/E. Pernicka (Hg.), Von Majkop bis Trialeti. Gewinnung und Verbreitung von Metallen und Obsidian in Kaukasien im 4.–2. Jt. v. Chr. (Bonn 2010) 168–178. **Abramishvili, M. 2017,** Southern Caucasia in the Near Eastern Bronze Age Economic System. In: E. Rova/M. Tonussi (Hg.), At the Northern Frontier of Near Eastern Archaeology – Recent Research on Caucasia and Anatolia in the Bronze Age, Subartu XXXVIII (Brepols 2017) 493–500. **Abramischwili, R./Abramischwili, M. 1995,** Archäologische Denkmäler in Tbilisi. In: A. Miron/W. Orthmann (Hg.), Unterwegs Zum Goldenen Vlies. Archäologische Funde aus Georgien (Stuttgart 1995) 185–205. **Apakidze, A. M./Burčuladze, A. A. 1987,** Апакидзе, А. М./Бурчуладзе А. А., Радиоуглеродное датирование археологических и палеоботанических образцов Грузии (Тбилиси 1987). Apakidze, A. M./Burčuladze, A. A., Radiouglerodnoe datirovanie archeologičeskich I paleobotaničeskich obrazcov Gruzii (Tbilisi 1987). Apakidze, A. M./Burčuladze, A. A., Zur Radiokarbondatierung von archäologischen und paläobotanischen Proben in Georgien (Tbilissi 1987). **Chubinishvili, T. 1955,** Samtavro Kurgan Grave #243. In: Masalebi sakartvelos da kavkasiis arqeologiisatvis. Materials for Georgian and Caucasian Archaeology 1, 5–24. **Gogadze, E. 1972,** Chronology and Genesis of Trialeti Kurgan Culture (Tbilisi 1972). **Gogadze, E. 1976,** Гогадзе, Э., Курганные погребения Лило. Вестник Государственного Музея Грузии XXXII-B (Тбилиси 1976), 223–238. Гогадзе, Э., Kurgannye pogrebenija Lilo. Vestnik Gosudarstvennogo Muzeja Gruzii XXXII-B (Tbilisi 1976), 223–238. Gogadze, E., Die Kurganbestattung Lilo. Beiträge des Staatlichen Museum Georgiens, XXXII-B (Tbilisi 1976), 223–238. **Dercksen, J. 2005,** Metals according to documents from Kültepe-Kanish dating to the Old Assyrian Colony Period. In: Ü. Yalçin (Hg.), Anatolian Metal III. Der Anschnitt 18 (Bochum 2005) 17–34. **Devedjian, S. 2006,** Lori Berd II (Bronze Moyen) (Erevan 2006). (Armenisch und Französisch). **Drews, R. 2017,** Militarism and Indo-Europeanizing of Europe (London and New York 2017). **Kachiani, K. K. u. A. 1991,** Кахиани, К. К. u. A., Археологические исследования машаверского ущелья. Полевые археологические исследования в 1986 г. (Тбилиси 1991) 51–59. Kachiani, K. K. u. A., Archeologičeskie issledovanija Mašaverskogo uščel'ja. Polevye archeologičeskie issledovanija v 1986 g. (Tbilissi 1991) 51–59. Kachiani, K.K. u. A., Archäologische Forschungen in der Mašaverskogo Schlucht. Archäologische Untersuchungen aus dem Jahr 1986 (Tbilissi 1991). **Kavtaradze, G. 1983,** Кавтарадзе, Г., К хронологии эпохи энеолита и бронзы Грузии (Тбилиси 1983). Kavtaradze, G., K chronologii epochi eneolita i bronzy Gruzii (Tbilisi 1983). Kavtaradze, G., Zur Chronologie des Eneolithikums und der Bronzezeit in Georgien (Tbilissi 1983). **Kavtaradze, G. 1999,** The Importance of Metallurgical Data for the Formation of Central Transcaucasian Chronology. In: A. Hauptmann/E. Pernicka/T. Rehren/U. Yalcin (Hg.), The Beginnings of Metallurgy. In: Der Anschnitt Beiheft 9, Bochum Bergbau Museum, Bochum, 67–103. **Koşay, H. Z. 1944,** Ausgrabungen von Alaca Höyük: ein Vorbericht über die im Auftrage der Türkischen Geschichtskommission im Sommer 1936 durchgeführten Forschungen und Entdeckungen (Ankara 1944). **Kilian-Dilmeier, I. 1986,** Beobachtungen zu den Schachtgräbern von Mykenai und zu den Schmuckbeigaben mykenischer Männergräber – Untersuchungen zur Sozialstruktur in späthelladischer Zeit. In: Jahrbuch des Römisch-Germanischen Zentralmuseums 33 (1986) 159–198. **Kuftin, B. A. 1941,** Куфтин, Б. А., Археологические раскопки в Триалети – I (Тбилиси 1941). Kuftin, B. A., Archeologičeskie raskopki v Trialeti – I (Tbilisi 1941). Kuftin, B. A., Archäologische Ausgrabungen in Trialeti – I (Tbilissi 1941). **Kušnareva, K./Rysin, M. 2001,** Кушнарева, К./Рысин, М., Новые данные к проблеме датировки памятников «цветущей поры» триалетской культуры. In: Caucasus – Essays on the Archaeology of the Neolithic-Bronze Age, Dedicated to the 80th Birthday of Prof. Otar Japaridze. Dziebani, Supplement VI (Tbilisi 2001) 101–116. Kušnareva, K./Rysin, M., Novye dannye k problem datirovki pamjatnikov «cvetuščej pory» trialetskoj kul'tury. In: Caucasus – Essays on the Archaeology of the Neolithic-Bronze Age, Dedicated to the 80th Birthday of Prof. Otar Japaridze. Dziebani,

Supplement VI (Tbilisi 2001) 101–116. Kušnareva, K./Rysin, M., Neuste Daten zur Datierung der Prachtkurgane der Trialeti-Kultur. In: Caucasus – Essays on the Archaeology of the Neolithic-Bronze Age, Dedicated to the 80th Birthday of Prof. Otar Japaridze. Dziebani, Supplement VI (Tbilisi 2001) 101–116. **Kushnareva, K. 1997,** The Southern Caucasus in Prehistory – Stages of Cultural and Socioeconomic Development from the Eighth to the Second Millennium B.C. University Museum Monograph 99 (Philadelphia 1997). **Lazaridis, I./Mittnik, A./Patterson, N./Mallick, S./Rohland, N./Pfrengle, S./Furtwängler, A./Peltzer, A./Posth, C./Vasilakis, A. / McGeorge, P. J. P./Konsolaki-Yannopoulou, E./Korres, G./Martlew, H./Michalodimitrakis, M./ Özsait, M./Özsait, N./Papathanasiou, A./Richards, M./Roodenberg, S. A./Tzedakis, Y./Arnott, R./Fernandes, D. M./ Hughey, J. R./Lotakis, D. M./Navas, P. A./Maniatis, Y./Stamatoyannopoulos, J. A./Stewardson, K./Stockhammer, Ph./Pinhasi, R./Reich, D./Krause, J./Stamatoyannopoulos, G. 2017,** Genetic origins of the Minoans and Mycenaeans. Nature 548, 2017, 214–218. **Macharadze, Z. 1986,** Махарадзе, З., Курган №1 Долины Дилича. Материалы VI сессии молодых ученых (Тбилиси 1986) 125–132. Macharadze, Z., Kurgan No. 1 doliny Diliča. Materialy VI sessii molodych učenych (Tbilisi 1986) 125–132. Macharadze, Z., Kurgan No. 1 im Tal Diliča. Materialien VI Sitzung junger Wissenschaftler (Tbilissi 1986) 125–132. **Molloy, B. 2010,** Swords and Swordsmanship in the Aegean Bronze Age. American Journal of Archaeology 114.3, 2010, 403–428. **Oganesjan, V. E. 1988,** Оганесян, В. Э., Серебрянный кубок из Карашамба. Историко-филологический журнал 4, 1988, 145–161. Oganesjan, V. E., Serebrjannyj kubok iz Karašamba. Istoriko-filologičeskij žurnal 4, 1988, 145–161. Oganesjan, V. E., Der Silberbecher von Karašamb. Historisch-philologisches Journal 4, 1988, 145–161. **Picchelauri, K. 1997,** Waffen der Bronzezeit aus Ost-Georgien. Archäologie in Eurasien 4 (Berlin 1997). **Rahmstorf, L. 2010,** Indications for Aegean-Caucasian Relations in the Third Millennium BC. In: S. Hansen/A. Hauptmann/I. Motzenbäcker/E. Pernicka (Hg.), Von Majkop bis Trialeti. Gewinnung und Verbreitung von Metallen und Obsidian in Kaukasien im 4.–2. Jt. v. Chr. (Bonn 2010) 263–295. **Rubinson, K. 1977,** The chronology of the Middle Bronze Age kurgans at Trialeti. In: L. D. Levine/T. C. Young Jr. (Hg.), Mountains and Lowlands: Essays in the Archaeology of Greater Mesopotamia (Malibu 1977) 235–249. **Rubinson, K. 2013,** Actual Imports or Just Ideas? Investigations in Anatolia and the Caucasus. In: J. Aruz/S. Graff/Y. Rakic (Hg.), Cultures in Contact – From Mesopotamia to the Mediterranean in the Second Millennium B.C. (New York 2013), 12–25. **Sagona, A. 2017,** The Archaeology of the Caucasus: From Earliest Settlements to the Iron Age (Cambridge 2017). **Sandars, N. 1961,** The first Aegean Swords and Their Ancestry. American Journal of Archaeology 65, 1961, 17–29. **Schaeffer, C. F. A. 1948,** Stratigraphie comparée et chronologie de l'Asie occidentale (IIIe et IIe millénaires) (London 1948). **Žoržikašvili, L. G./Gogadze, E. M. 1974,** Жоржикашвили, Л. Г./Гогадзе, Э. М., Памятники Триалети эпохи ранней и средней бронзы (Тбилиси 1974). Žoržikašvili, L. G./Gogadze, E. M., Pamjatniki Trialeti epochi rannej i srednej bronzy (Tbilisi 1974). Žoržikašvili, L. G./Gogadze, E. M., Denkmäler der Trialeti-Kultur der Früh- und Mittelbronzezeit (Tbilissi 1974).

Löwe und Königtum

Nino Lordkipanidze

Der Löwe ist in fast allen Epochen eines der beliebtesten Themen der Kunst. Schon im Paläolithikum finden sich Darstellungen des Löwen oder von ihm ähnlichen Raubkatzen in den Bilderhöhlen oder in der mobilen Kleinkunst. Herausragend ist ein Mischwesen aus Tier und Mensch, nämlich der Löwenmensch, aus dem Hohlenstein-Stadel im Lonetal (Abb. 1). Diese jungpaläolithische Elfenbeinfigur eines Menschen mit dem Kopf und den Gliedmaßen eines Höhlenlöwen, gehört mit seinem Alter (circa 30000 v. Chr.) zu den ältesten Kleinkunstwerken der Menschheit. Außerdem ist sie die bis heute älteste bekannte Darstellung eines Tier-Menschen, der in späteren Epochen auch am häufigsten besonders mit dem Löwen verbunden ist. Es bleibt zu diskutieren, ob den steinzeitlichen Künstler bei der Schaffung dieses Mischwesens religiöse, kultische Vorstellungen oder Machtstreben bewegten[1]. Klar ist, dass schon in der paläolithischen Zeit für die Menschen, die die Tierwelt besonders gut kannten, der Löwe wegen seiner königlichen Natur von größter Bedeutung war.

Das Löwensymbol wird in der Kunst der folgenden Epochen sehr vielfältig und komplex. Besonders zahlreich sind die bronzezeitlichen Darstellungen, die auf den apotropäischen Aspekt des Löwen und seinen Sinnbildcharakter für königliche Macht hinweisen. Die Löwendarstellungen, sein Haupt und seine Pranken werden das beliebteste Dekormotiv der Thron- und Palastarchitektur. »In seiner geballten Kraft, mit seiner gewaltigen goldenen Mähne ein Bild lodernden Feuers und – nach dem »Physiologus« – mit seinen hellen, selbst noch im Schlaf geöffneten Augen wird er zum Sinnbild der lebenspendenden

Abb. 1 Der »Löwenmensch« aus Mammutelfenbein ist rund 32.000 Jahre alt. Er stammt aus dem Hohlenstein-Stadel im Lonetal (Baden-Württemberg, Deutschland).

und zugleich vernichtenden Macht des Sonnengestirns und damit zum Lichtsymbol«[2].

Die goldene Löwenfigur (Abb. 2), die im Hügelgrab (Kurgan) 2 von Tsnori (Kachetien, Ostgeorgien) entdeckt wurde und in die zweite Hälfte des 3. Jahrtausends v. Chr. datiert wird, gehört zu den wichtigsten Funden Georgiens. Sie ist das älteste Beispiel einer Kleinplastik aus Gold, die sich archäologisch im Südkaukasus nachweisen lässt. Zusammen mit dem, im Kurgan Nr. 2 von Ananauri entdeckten, Doppelvolutenanhänger gehört die Löwenfigur zu den ältesten im Wachsausschmelzverfahren gegossenen Goldschmiedekunstwerken, die man aus Georgien kennt[3].

Die Statuette (Länge 5,2 cm; Höhe 2,8 cm; Gewicht 32,9 g) ist hohl. Jede Pfote hat auf der Sohle eine Öffnung. Diese weisen darauf hin, dass die Figur ein Aufsatz eines Holzgegenstandes war. Das Tier ist statisch dargestellt und nur die Wirbelsäule ist leicht modelliert. Das flache Maul ist durch einen Kreis mit einer horizontal eingeschnittenen Linie angedeutet und von zwei schräg gekerbten Relieflinien umgeben, die ein Fischgrätenmuster ergeben. Zwischen der Stirn und den Ohren ist ein gewundener Draht angelötet, der auf dem Hinterkopf einen spitzen Winkel bildet. Auf der Stirn sind zwei pfeilartig angebrachte Relieflinien zu den Augen gerichtet. Die hervorstehenden Augen sind als Reliefkreise mit den gewölbten Halbkugeln dargestellt und zusätzlich von einer Relieflinie umgeben, die in Form eines mäanderartigen Ornaments mit gerundeten Ecken bis zu den Pfoten verläuft. In derselben Art sind die Relieflinien vom Hinterkopf bis zu den Schultern und der Mitte des Rückens gegossen. Zwischen allen Reliefstreifen sitzen Reihen von Pseudo-Granulatkörnchen. Das durch Imitation der Granulation und aufgelegte Drähte wiedergegebene Hauptdekor, das für die Darstellung der Mähne verwendet wird und auch einen Akzent auf den ganzen vorderen Teil der Figur legt, wird auf beiden Schultern durch je ein

Abb. 2 Hügelgrab 2 von Tsnori (Kachetien, Georgien). Goldene Löwenfigur.

Abb. 3 Kurgan Nr. XXII von Trialeti (Unterkartli, Georgien). Goldene Doppelvolutennadel, Kat. 236.

rosettenartiges Ornament abgeschlossen. Dieses solare Symbol stellt eine gewölbte Halbkugel dar, die in einem, aus Kügelchen bestehenden, Kreis sitzt und von der Reliefline oval umrahmt wird.

Die Tierdarstellung ist nicht realistisch, aber durch die stilisierte Mähne, deren Ornament eine ununterbrochene, ewige Bewegung symbolisiert und sogar als Labyrinthsymbol gelesen werden dürfte, sowie durch die solaren Zeichen ist es dem Künstler gelungen, nicht nur den mächtigen Charakter dieses Tieres wiederzugeben, sondern auch auf seinen Sonnen- und Lichtsymbolcharakter hinzuweisen. Die Goldschmiedekunst hat auf dem Gebiet Georgiens zu jener Zeit ihre Anfänge. Im Fall der Löwensymbolik bekam die Auswahl des idealen Herstellungsmaterials eine besondere Bedeutung[4]. Schon früher, während der Kura-Araxes-Zeit, wurde in der ältesten bislang nachgewiesenen Goldmine von Sakdrissi das begehrte Metall abgebaut.

Als Vergleichsstücke kommen vor allem die Funde des 4. Jahrtausends v. Chr. aus dem Kurgan von Maikop im westlichen Kaukasusvorland in Frage: Auch sie waren Grabbeigaben, es fanden sich zahlreiche Löwendarstellungen und Tierfigurinen aus Edelmetallen. Die goldenen Löwenappliken und die Löwendarstellung auf dem Silbergefäß im Grab von Maikop sowie die goldenen und silbernen Statuetten von Stieren sind in diesem Zusammenhang ebenfalls zu nennen[5]. Allerdings ist der Löwe von Tsnori deutlich jünger als die Funde aus dem Kurgan von Maikop und auch stilistisch unterscheidet er sich von den realistischen Tierdarstellungen aus Maikop mit ihren fein modellierten Körperformen. Im 3. Jahrtausend v. Chr. kommen die Löwendarstellungen im ganzen vorderasiatischen Raum meistens in Kampfszenen vor. Zu den Kleinkunstwerken mit Löwendarstellungen oder zu den goldenen und silbernen Reliefdarstellungen von verschiedenen Tieren, von denen die zeitgleichen Funde aus den Königsgräbern von Ur[6] und aus königlichen Gräbern in Syrien[7] zu erwähnen sind, findet die Löwenfigur aus Tsnori weder nach Statuettentypus und Verzierung, noch nach

Abb. 4 Kurgan Nr. 1 von Bakurtsikhe (Kachetien, Georgien). Goldene Röhrchenperle.

Ikonographie wirkliche Parallelen. Die Übernahme des weit verbreiteten Löwenmotivs und des Phänomens der Verzierung eines Holzgegenstandes mit Tierfigurinen aus Edelmetallen sind Beispiele dafür, dass die Löwenfigur sowie andere früheste Goldschmiedekunstwerke aus Georgien aufgrund der Verbindung der alten lokalen Metallbearbeitungstraditionen mit neuen vorderasiatischen kulturellen Einflüssen entstanden sind. Darauf weisen auch die verschiedenen Techniken der Goldschmiedekunst hin[8].

Für die lokale Herkunft dieser bislang aus den frühbronzezeitlichen Fundplätzen Georgiens singulär bekannten Goldstatuette, die ein für die kaukasische Region fremdes Tier darstellt, spricht ihre stilistische Einheitlichkeit mit den Goldschmiedekunstwerken aus anderen Kurganen der Bedeni-Alazani-Gruppe, sowie die Ähnlichkeit ihrer Verzierung zu den Ornamentmotiven der Keramik, beziehungsweise zu den Knubben, die in umlaufenden Streifen oder rosettenartig dargestellt sind[9]. Es sei hier bemerkt, dass die Wiederholung der Ornamentmotive der lokalen Keramik einer der Hauptzüge der aus den Kurganen der Bedeni-Alazani-Gruppe stammenden Goldobjekte ist. Am deutlichsten zeigen das die Doppelvolutenköpfe von Nadeln aus Bedeni Kurgan Nr. 5, Trialeti Kurgan Nr. XXII, Ananauri Kurgan Nr. 3[10] und der oben erwähnte Anhänger aus Ananauri, der selbst mit seinen komplizierten geometrischen Mustern im Einklang mit den, für Kura-Araxes-Keramik typischen, Doppelvolutenornamenten steht.

Die abwechselnd dargestellten Reliefstreifen und Reihen von Kügelchen oder kleinen Reliefkreisen, von denen die gesamte Oberfläche des Gegenstandes bedeckt wird, kann als Hauptornament bezeichnet werden und ist für die Goldobjekte aus den Kurganen der Bedeni-Alazani-Gruppe charakteristisch. Als Beispiele sind die Rückseiten von Doppelvolutennadeln aus Bedeni Kurgan Nr. 5 und Trialeti Kurgan Nr. XXII (Abb. 3), die Röhrchenperle aus Bakurtsikhe

Abb. 5 Hügelgrab 2 von Tsnori (Kachetien, Georgien). Goldene Nadel, Kat. 234.

Kurgan Nr. 1 (Abb. 4) das Paar von Schildbuckeln und die gefäßförmige Perle aus Ananauri Kurgan Nr. 3 zu nennen[11]. Es ist zu ergänzen, dass die Löwenfigur und die mitgefundene Nadel aufgrund der chemischen Zusammensetzung des Goldes eine enge Verbindung zu den Goldobjekten aus anderen Kurganen, beziehungsweise zu dem aus Hügelgrab Nr. 3 von Ananauri, aufweisen[12].

Der Kurgan Nr. 2 von Tsnori wurde 1973 ausgegraben[13]. Die Aufschüttung des Hügels mit einem Durchmesser von 80–90 m und einer Höhe von 2,5 m bestand aus Erde. Den Kurgan umgab eine zehn Meter breite Steinlage, für den 1000 Kubikmeter Steine nötig waren. Die Steine waren in einer bestimmten Folge angeordnet. Die Steinlage schützte die Aufschüttung vor Erosion, hatte aber dabei eine ästhetische, und vielleicht sogar eine symbolische Bedeutung[14]. Die viereckige Grube (10 × 10 m, 2,5 m tief) der Grabkammer befand sich fast im Zentrum unter der Aufschüttung. Die Holzbalken der Überdeckung lagen in zwei Reihen übereinander und wurden mit neun Pfosten abgestützt. Sowohl die Überdeckung als auch der Boden wurden mit wasserundurchlässigem Lehm verschmiert und mit dichten Bastmatten abgedeckt. Auf der gesamten Abdeckung der Grabkammer konnte unter der Lehmschicht eine Ockerschicht nachgewiesen werden. Die Wände waren nach den vier Himmelsrichtungen orientiert. Im Bereich der Südwand lag der Eingang mit eigener Holzüberdachung. Die in der Kammer nachgewiesenen Spuren von Feuer könnten für ein »Reinigungsritual« sprechen[15].

In diesem Kurgan, der schon im Altertum ausgeraubt wurde, fand man die Skelette einer etwa 30-jährigen Frau und eines ungefähr 40-jährigen Mannes. Beide lagen in Hockerstellung auf der rechten Seite, den Kopf nach Westen ausgerichtet. Im Unterschied zur Frau, die keine Beigaben hatte, wurde der Mann mit Schmuck bestattet. Im Bereich des Schädels lagen Schmuckformen, die für die Hügelgräber der Bedeni-Alazani-Gruppe charakteristisch sind: 63 bikonische Goldperlen, auf den Händen je einen Silberarmreif, im Bereich des Rückens eine Achatperle, eine Doppelvolutennadel aus Silber, auf der wegen der starken Korrosion das Ornament nicht mehr zu erkennen ist, und eine kegelförmige Goldperle[16].

Im zentralen Kammerbereich stand ein für die Kurgane dieser Zeit charakteristischer Holzwagen mit vier Rädern (Durchmesser 1,3 m), von dem aber nur Fragmente erhalten sind. Auf dem Wagenkasten lagen Reste eines runden Bronzeschildes auf Lederbasis, die Scherben von circa 40 Tongefäßen, die sowohl nach den Formen als auch nach der schwarzpolierten Oberfläche für die Kurgane der Bedeni-Alazani-Gruppe charakteristisch sind, und Goldobjekte: eine besonders gut bearbeitete zweiteilige Nadel, deren Kopf und Ende eine konische Form haben (Abb. 5), ein Plättchen und ein Röhrchen mit angelötetem und gedrehtem Draht, das zusammen mit dem auf der Stirn angelöteten und gedrehten Draht der Löwenfigur und den viereckigen Anhängern vom Halsschmuck aus dem Kurgan Nr. 2 von Zilitscha das älteste bekannte Muster der Filigranarbeit aus Georgien darstellt[17]. Zur Wagenausstattung gehörten zwei Bronzesplinte mit diskusartigem Kopf[18]. Südlich vom Wagen fanden sich sieben große Tongefäße, 460 Astragaloi (Sprungbeine von Paarhufern) von Ziegen und Schafen sowie ein Sprungbeinknochen vom Rind. Im Bereich der Deichsel des Wagens lagen dicht beieinander Obsidian- und Knochenpfeilspitzen, Gegenstände aus Horn und die goldene Löwenfigur. Aufgrund des Fundkontexts und der oben erwähnten Öffnungen an den Unterseiten der Pfoten kann man die Löwenstatuette nur für einen Wagenschmuck halten[19].

Die Löwenstatuette sowie die im Bereich des Wagens erhaltene einzigartige zweiteilige Goldnadel und das mit Filigrantechnik bearbeitete Röhrchen weisen darauf hin, dass die Hauptbestattung auf dem Wagen gelegen haben muss.

Ähnlich ist dies auch in anderen Kurganen der Bedeni-Alazani-Gruppe zu beobachten.

Der Grabwagen ist in Georgien zum ersten Mal in den außergewöhnlich großen Kurganen der Bedeni-Alazani-Gruppe nachgewiesen. Diese Neuerung wird zusammen mit den stark ornamentierten und symbolreichen Gegenständen aus Edelmetallen ein wichtiger Bestandteil des luxuriösen, königlichen Bestattungsrituals der als Stammesfürsten bezeichneten, hochgestellten Personen.

In einem der größten Kurgane der Bedeni-Alazani-Gruppe, im Hügelgrab Nr. 1 von Tsnori (circa drei Hektar Fläche und über elf Meter Höhe), lassen nachgewiesene Abdrücke eines Grabwagens, Skelette von Menschen, die dem Inhaber des Grabs geopfert wurden, eine große Anzahl von Tongefäßen, Feuerstein-, Knochen- und Obsidianpfeilspitzen, Goldobjekten beziehungsweise Perlen, Röhrchen, Reißnägel, Bronzewaffen und ein Fragment eines Silbergegenstandes – vielleicht einer Tierstatuette – den Reichtum dieser Bestattung erahnen, die bereits im Altertum ausgeraubt wurde[20].

Der Fundplatz Tsnori ist ein deutliches Beispiel der neuen Form von Machtpräsentation, deren wichtigste Bestandteile Goldschmiedekunstwerke und Grabwagen sind. Ein Machtsymbol – die goldene Löwenstatuette, die sowohl nach der Form als auch nach der Funktion beide Elemente vereinigt – kann als Ausdruck dieser sozialen und kulturellen Veränderungen auf dem Gebiet Ostgeorgiens in der zweiten Hälfte des 3. Jahrtausends v. Chr. verstanden werden.

1 Kind u. a. 2014, 135, 140, 142, Abb. 4, 10; Ballinger 2017, 157, 163–164.

2 H. Schmidt/M. Schmidt 2007, 78–79.

3 Katalog Saarbrücken 1995, 227, N 60, Abb. 50; Gambaschidze u. a. (Hg.) 2010, 414–415, N 587; N. Lordkipanidze 2015, 62–63, N 48.

4 In Georgien erscheinen zum ersten Mal Gold- und Silberobjekte in geringer Anzahl als einfache Haarspiralen am Ende der Kura-Araxes-Kultur in den Kurganbestattungen (hauptsächlich Kollektivgräber) und sie sind in den Kurganen der Martqopi-Gruppe als verzierungslose einfache Schmuckformen vertreten. Vgl. Gambaschidze u. a. (Hg.) 2010, 84, 126 –127, Farbtaf. G-II,1–6; G-V,63–65.71–73; G-VI,81; N. Lordkipanidze, 2015, 46–54.

5 Piotrovsky in: Aruz/Wallenfels (Hg.) 2003, N 194a,b, N 192, Abb. 81, N 191a,b; Zu den Statuetten aus Maikop sowie zu den zeitgleichen Tierfigurinen aus Gold und Silber, insbesondere zum goldenen Anhänger in Form eines Löwenkopfes aus dem Schatz von Staromyšatkovskaja, von dem die Löwenfigur aus Tsnori sich durch ein flaches Gesicht und die Verzierung stark unterscheidet, siehe Hansen 2014, 397–405.

6 Silberner Reliefkopf eines Löwen mit Muschel- und Lapislazulieinlagen als Aufsatz eines Holzstuhles (D. P. Hansen in: Aruz/Wallenfels [Hg.] 2003, 114, N 64); Bronzeplättchen mit der Darstellung von zwei Löwen, die zwei Feinde besiegen (ebd. 104, N57) und Kosmetikschachtel aus Silber mit Muschel- und Lapislazulieinlagen mit der Darstellung des über einer Ziege liegenden Löwen mit langem gelockten Schwanz (ebd. 114, N 63), die hier wegen des Grabkontexts genannt werden dürften; Reliefkopf eines Stiers aus Gold und Lapislazuli, der eine Leier schmückte (ebd. 105, N 58); der im Wachsausschmelzverfahren hergestellte Stierkopf aus Silber mit Muschel- und Lapislazulieinlagen, wahrscheinlich auch ein Schmuck einer nicht erhaltenen Leier (ebd. 115, N 65); Wagenschmuck – die auf einem silbernen Zügelring befestigte Onagerfigurine aus Gold (P. Collins in: Aruz/Wallenfels [Hg.] 2003, 116 mit N 66).

7 Zwei Löwenstatuetten aus Bronze mit den Inschrifttafeln aus Urkesch (J.-F. Lapérouse in: Aruz/Wallenfels (Hg.) 2003, N 153a,b); Anhänger in Form eines Adlers mit Löwenkopf aus Gold und Lapislazuli aus Mari, aus dem »Schatz von Ur« (N. Cholidis in Aruz/Wallenfels [Hg.] 2003, N 81); Figurine eines Stiers oder Büffels mit Menschenkopf aus Gold, Steatit und Holz, aus Ebla (P. Collins in Aruz/Wallenfels [Hg.] 2003, N 111).

8 Dedabrišvili 1979, 64–66; Gogadze 1972, 70–71; Dschaparidze 2001, 103–104; N. Lordkipanidze 2015, 54–68.

9 Dedabrischwili 1979, Taf. XV,8; XXVI; XXVIII; LIII,2; LIV,1,2; LX.

10 Gambaschidze u. a. (Hg.) 2010, G-IV, 60a–b; GI-I,42a–b; N. Lordkipanidze 2016, 109, 314 (4).

11 N. Lordkipanidze 2016, 108–110, 314 (1–2,7).

12 Kalandadze 2016, 121–122.
13 Ausführliche Beschreibung des Kurgans und Grabinventars siehe Dedabrischwili 1979, 37–51.
14 Die in Kreisen gelegten Steine sowie die Knubben auf der Keramik und auf der Löwenstatuette werden als Symbole der Himmelskörper gedeutet, siehe Dedabrischwili 1979, 70.
15 O. Lordkipanidze 1991, 98.
16 Dedabrischwili 1979, Taf. XIV,7; LXVI.
17 N. Lordkipanidze 2015, 62, 64, N49.
18 Dedabrischwili 1979, XIV, 3. Zu den identischen drei Bronzesplinten aus dem Kurgan N3 von Ananauri siehe Makharadze 2016, 28, Abb. 35–36.
19 Dedabrischwili 1979, 67; O. Lordkipanidze 1991, 58.
20 Dedabrischwili 1979, 19–37, Taf. LXV; O. Lordkipanidze 1991, 57–58.

Literatur

Aruz, J./Wallenfels, R. (Hg.) 2003, Art of the First Cities: The third Millennium B. C. from the Mediterranean to the Indus (New York 2003). **Ballinger, M. 2017,** Lion y es-tu? L'humanité et l'animalité de l'homme-lion d'Hohlenstein-Stadel interrogées par ses images. In: P. Linant de Bellefonds/A. Rouveret (Hg.), L'Homme-animal dans l'art visuels. Images et créatures hybrides, dans le temps et l'espace (Paris 2017) 156–166. **Dedabrišvili, S. 1979,** Дедабришвили Ш.Ш. Курганы Алазанской долины (Тбилиси 1979). Die Kurgane des Alazani-Tales (Tbilissi 1979). Dedabrišvili, Š. Š. 1979, Kurgany Alazanskoj doliny (Tbilisi 1979). **Dschaparidze, O. 2001,** Zur frühen Metallurgie Georgiens vom 3. bis 1. Jahrtausend v. Chr. In: I. Gambaschidze/A. Hauptmann/R. Slotta/Ü. Yalçin (Hg.), Georgien – Schätze aus dem Land des Goldenen Vlies. Katalog der Ausstellung des Deutschen Bergbau-Museums Bochum in Verbindung mit dem Zentrum für Archäologische Forschungen der Georgischen Akademie der Wissenschaften Tbilissi vom 28. Oktober 2001 bis 19. Mai 2002 (Bochum 2001) 92–120. **Gambashidze, I./Mindiashvili, G./Gogochuri, G./Kakhiani, K./Japaridze, I. 2010** ღამბაშიძე, ი./მინდიაშვილი, გ./გოგოჭური, გ./კახიანი, კ./ჯაფარიძე, ი. 2010 უძველესი მეტალურგია და სამთო საქმე საქართველოში (თბილისი 2010). Gambashidze, I./Mindiashvili, G./Gogochuri, G./Kakhiani, K./Japaridze, I., udzvelesi metalurgia da samto sakme sakartveloshi (Tbilisi 2010). Gambashidze, I./Mindiashvili, G./Gogochuri, G./Kakhiani, K./Japaridze, I., Alte Metallurgie und Bergbau in Georgien im 6.–3. Jt. v. Chr. (Tbilissi 2010). **Gogadze, E. 1972,** გოგაძე, ე., თრიალეთის ყორღანული კულტურის პერიოდიზაცია და გენეზისი (თბილისი 1972). Gogadze, E., Trialetis korganuli kulturis perioditsia da genezisi. Gogadze, E., Die Periodisierung und Genese der Trialeti Kurgankultur (Tbilisi 1972). **Hansen, S. 2014,** Gold and silver in Maikop Culture. In: H. Meller/R. Risch/E. Pernicka (Hg.), Metalle der Macht – Frühes Gold und Silber. 6. Mitteldeutscher Archäologentag vom 17. bis 19. Oktober 2013 in Halle (Saale). Tagungen des Landesmuseums für Vorgeschichte Halle 11/II (Halle [Saale] 2014) 389–411. **Kalandadze, N. 2016,** Results of the technical study of the golden artifacts from the Ananauri N3 Kurgan. In: Makharadze/Kalandadze/Murvanidze (Hg.) 2016, 120–122. **Katalog Saarbrücken 1995,** A. Miron/W. Orthmann (Hg.), Unterwegs zum Goldenen Vlies. Archäologische Funde aus Georgien (Saarbrücken 1995). **Kind, C.-J./Ebinger-Rist, N./Wolf, S./Beutelspacher, T./Wehrberger, K. 2014,** The Smile of the Lion Man. Recent Excavations in Stadel Cave (Baden-Württemberg, south-western Germany) and the Restoration of the Famous Upper Palaeolithic Figurine. Quartär 61, 2014, 129–145. **Lordkipanidze, N. 2015,** ლორთქიფანიძე, ნ., ძველი ქართული სამკაული (თბილისი 2015). Lordkipanidze, N., Dzveli qartuli samkauli (Tbilisi 2015). Lordkipanidze, N., Der alte georgische Schmuck (Tbilisi 2015). **Lordkipanidze, N. 2016,** Jewelry from Ananauri Kurgan N3. In: Makharadze/Kalandadze/Murvanidze (Hg.) 2016, 113–117. **Lordkipanidze, O. 1991,** Archäologie in Georgien. Von der Altsteinzeit zum Mittelalter (Weinheim 1991). **Makharadze, Z. 2016,** Ananauri Big Kurgan N3. In: Makharadze/Kalandadze/Murvanidze (Hg.) 2016, 27–113. **Makharadze, Z./Kalandadze, N./Murvanidze, B. (Hg.) 2016,** Ananauri Big Kurgan N3 (Tbilissi 2016). **Schmidt, H./Schmidt, M. 2007,** Die vergessene Bildersprache christlicher Kunst: Ein Führer zum Verständnis der Tier-, Engel- und Mariensymbolik (München 2007).

Objekte der Ausstellung

Levan Tchabashvili,
Katrin Bastert-Lamprichs,
Liane Giemsch

Kat. 18–21

1 Im Text verwendete Bezeichnungen für die Regionen Georgiens 1) Kvemo Kartli, 2) Schida Kartli, 3) Samzche-Javacheti, 4) Kacheti, 5) Mzcheta-Mtianeti, 6) Imereti, 7) Guria, 8) Ratscha

2 H=Höhe, L=Länge, B=Breite, D=Durchmesser, DM=Durchmesser der Mündung, Gw=Gewicht.

Shulaveri-Shomutepe-Kultur

1 Topf

Aruchlo I. Kreis Bolnissi,
Kvemo Kartli[1] Region
5800–5500 v. Chr.
Ton. H[2]-24,8 cm, D-26,5 cm,
D-Boden 11,8 cm
Georgisches Nationalmuseum Simon Janashia, Tbilissi, Inventar-Nr.: 8-2013:2
Lit.: Bastert-Lamprichs u. a. 2011: Abb. 31, Hansen/Mirtskhulava 2013, 85, Taf. 29, Bastert-Lamprichs 2017, 234, Abb. 1.5–6

Das restaurierte Gefäß ist handgemacht, es hat eine braune, relativ glatte Oberfläche mit rötlichen Flecken. Der Gefäßrand ist nach innen geneigt. Der Bauch ist abgerundet und der flache Boden eingezogen.

2 Topf

Aruchlo I. Kreis Bolnissi,
Kvemo Kartli Region
5800–5500 v. Chr.
Ton. H-27,5 cm, D-24,0 cm,
D-Boden-11 cm, Gw-3,01 kg
Georgisches Nationalmuseum
Simon Janashia, Tbilissi,
Inventar Nr.: AR11 O080-003
Lit.: Bastert-Lamprichs 2017, 234, Abb. 1.7–8

Das restaurierte Gefäß ist handgemacht, es hat eine grobe, unregelmäßige, dunkelbraune Oberfläche. Der Rand ist nach innen geneigt, der Bauch abgerundet. Auf der Schulter befinden sich horizontale Reihen von insgesamt acht länglichen, vertikalen Knubben. Der flache Boden weist einen Mattenabdruck auf.

3 Topf

Aruchlo I. Kreis Bolnissi,
Kvemo Kartli Region
5800–5500 v. Chr.
Ton. H-37,6 cm, D-28,5 cm
Georgisches Nationalmuseum
Simon Janashia, Tbilissi,
Inventar Nr.: 8-2013:1
Lit.: unpubliziert

Das restaurierte Gefäß ist handgemacht, es hat eine grobe, dunkelbraune, teilweise verbrannte Oberfläche. Der Rand ist nach innen geneigt. Der Bauch ist abgerundet und der flache kleine Boden eingezogen.

Kat. 1

Kat. 2

Kat. 3

4 Vorratsgefäß

Khramis Didi gora.
Kreis Marneuli, Kvemo Kartli Region
6000–5200 v. Chr.
Ton. H-60,0 cm, B-54,0 cm, DM-36,0 cm
Georgisches Nationalmuseum Simon Janashia, Tbilissi, Kopie ohne Nummer
Lit.: Parolly u. a. 2014, 98

Es handelt sich um ein großes, handgemachtes Gefäß mit insgesamt drei schematischen Weintraubendarstellungen direkt unterhalb des Randes. Die Trauben sind in Form von Knubben wiedergegeben und durch einen Halbkreis zusammengefasst.

Kat. 4

Kat. 5

5 Keramikscherbe mit Weintraubendarstellung

Khramis Didi gora.
Kreis Marneuli, Kvemo Kartli Region
6000–5200 v. Chr.
Ton. Größe-9,7 × 9,0 cm
Georgisches Nationalmuseum
Simon Janashia, Tbilisi,
Inventar Nr.: 8-2013:9
Lit.: unpubliziert

Die Scherbe ist handgemacht. Es handelt sich um einen Gefäßrand und -hals. Die Oberfläche ist braun und grob verstrichen. Im oberen Teil befindet sich eine schematische Darstellung von Weintrauben. Diese sind in Gestalt von Knubben geformt und mit einer reliefierten Linie umschlossen.

6 Topf (s. Abb. 12 Seite 36)

Aruchlo I, Grab Nr. 7.
Kreis Bolnissi, Kvemo Kartli Region
5800–5500 v. Chr. (?)
Ton. H-15 cm, DM-11,5 cm
Georgisches Nationalmuseum Simon Janashia, Tbilissi, Inventar Nr.: 8-2013:35
Lit.: Tchubinišvili u. a. 1978, 12–13. Taf. IX2-12, Miron/Orthmann 1995, 48, 209, Abb. 22

Das Gefäß ist handgemacht, es hat eine mit einem roten Farbüberzug versehene Oberfläche. Der Hals ist zylindrisch, der Bauch abgerundet und der Boden breit. Auf dem Hals befinden sich an vier Stellen vertikale Reihen von jeweils fünf Knubben. Das Gefäß kommt aus einem zerstörten Grab der Siedlung.

7 Keramikscherbe mit anthropomorpher Darstellung

Aruchlo I. Kreis Bolnissi,
Kvemo Kartli Region
5800–5500 v. Chr.
Ton. DM-11,25 cm, Größe-16,0 × 9,5 cm
Georgisches Nationalmuseum
Simon Janashia, Tbilissi, Inventar Nr.: AR14 M090-002, AR14 M090-001
Lit.: e-Forschungsberichte 2016, Taf. 15, Bastert-Lamprichs 2017, 234, Abb. 7.3–4

Die handgefertigte Scherbe weist eine braune, polierte Oberfläche mit einigen Brandflecken auf. Der Rand ist nach außen geneigt. Unter dem Gefäßrand ist eine umlaufende, schematische Frontaldarstellung eines aufrecht stehenden Mannes mit erhobenen, abgewinkelten Armen zu sehen. Die Hände scheinen einen Balken, ein Seil oder eine ähnliche Konstruktion zu stützen.

Kat. 7

8 Keramikscherbe mit anthropomorpher Darstellung

Aruchlo I. Kreis Bolnissi,
Kvemo Kartli Region
5800–5500 v. Chr.
Ton. DM-12 cm, Größe-7,5 × 7,2 cm
Georgisches Nationalmuseum Simon Janashia, Tbilissi, Inventar Nr.: 8-2013:5
Lit.: Bastert-Lamprichs u. a. 2011, Abb. 33, Hansen u. a. 2012, 99, Abb. 31, Bastert-Lamprichs 2017, 234, Abb. 8.3–4

Die handgefertigte Scherbe weist eine braune, grobe Oberfläche auf. Sie ist Teil eines Gefäßrandes und -halses. Auf der Scherbe ist eine schematische Darstellung eines Menschen mit erhobenen Händen dargestellt.

Kat. 8

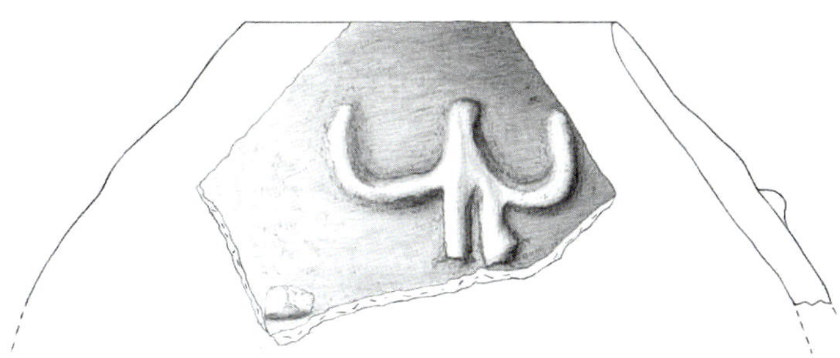

Kat. 8

9 Keramikscherbe mit anthropomorpher Darstellung

(s. Abb. 3 Seite 44)

Aruchlo I. Kreis Bolnissi,
Kvemo Kartli Region
5800–5500 v. Chr.
Ton. Größe-16 × 9 cm
Georgisches Nationalmuseum Simon Janashia, Tbilissi, Inventar Nr.: 8-2013:8
Lit.: Bastert-Lamprichs u. a. 2011, Abb. 33, Hansen u. a. 2013, 392, Fig. 35.9 links, Bastert-Lamprichs 2017, 234, Abb. 8.5–6

Die handgefertigte Scherbe weist eine braune, grobe Oberfläche mit leichten Brandspuren auf. Sie ist Teil eines Gefäßrandes und -halses. Auf der Scherbe ist eine schematische Darstellung eines Menschen mit erhobenen Händen zu sehen.

10 Keramikscherbe mit Reliefdekor

Aruchlo I. Kreis Bolnissi,
Kvemo Kartli Region
5800–5500 v. Chr.
Ton. D-17,4 cm, Größe-10 × 10 cm
Georgisches Nationalmuseum Simon Janashia, Tbilissi, Inventar Nr.: 8-2013:4
Lit.: Hansen u. a. 2009, Abb. 32, Bastert-Lamprichs 2017, 240, Abb. 6.3

Kat. 10

Die handgefertigte Scherbe hat eine braune, grobe Oberfläche. Es handelt sich um ein Fragment eines Gefäßrandes und -halses. Im oberen Teil befindet sich eine reliefierte Darstellung einer sogenannten Wellenlinie.

11 Gefäßboden mit Mattenabdruck

Aruchlo I. Kreis Bolnissi,
Kvemo Kartli Region
5800–5500 v. Chr.
Ton. D-11,5 cm
Georgisches Nationalmuseum
Simon Janashia, Tbilissi,
Inventar Nr.: AR09 L067-004
Lit.: unpubliziert

Die Scherbe ist handgefertigt. Die glatte Oberfläche ist durch einen rötlich bis hellbraunen Farbton gekennzeichnet. Auf dem Boden ist ein deutlich sichtbarer Mattenabdruck zu sehen.

12 Keramikscherbe mit Knubbendekor

Aruchlo I. Kreis Bolnissi,
Kvemo Kartli Region
5800–5500 v. Chr.
Ton. DM-14 cm, Größe-14,2 × 10,0 cm
Georgisches Nationalmuseum
Simon Janashia, Tbilissi,
Inventar Nr.: AR10 O063-001-002-003
Lit.: unpubliziert

Die Scherbe ist handgemacht. Die Oberfläche ist dunkelbraun und im unteren Teil schwarz verbrannt. Am Rand befindet sich eine Reihe vertikaler, länglicher Knubben als Verzierung.

Kat. 11

Kat. 12

Kat. 13

Kat. 14

Kat. 15

13 Keramikscherbe mit Kugeldekor

Aruchlo I. Kreis Bolnissi,
Kvemo Kartli Region
5800–5500 v. Chr.
Ton. Größe-12,5 × 11,5 cm
Georgisches Nationalmuseum
Simon Janashia, Tbilissi,
Inventar Nr.: AR11 W006-001-002
Lit.: Hansen u. a. 2012, 95, Abb. 23

Dieses Scherbenfragment ist handgemacht und weist eine graue, versinterte Oberfläche auf. Am Rand befinden sich fünf vertikale Reihen mit insgesamt 23 runden Kugelknubben.

14 Keramikscherbe, Reliefdekor Halbkreis

Aruchlo I. Kreis Bolnissi,
Kvemo Kartli Region
5800–5500 v. Chr.
Ton. Größe-11 × 9,5 cm
Georgisches Nationalmuseum
Simon Janashia, Tbilissi,
Inventar Nr.: AR14 ZB009-002
Lit.: unpubliziert

Die Scherbe ist handgemacht. Sie hat eine braune Oberfläche mit rötlichen Flecken und Brandspuren. Direkt unter dem Rand befindet sich ein reliefierter Halbkreis mit offenem oberen Ende.

15 Figurine

Aruchlo I. Kreis Bolnissi,
Kvemo Kartli Region
5800–5500 v. Chr.
Ton. Größe-3,4 × 2,2 × 1,7 cm, Gw-8,5 g
Georgisches Nationalmuseum Simon Janashia, Tbilissi. Inventar Nr.: 8-2013:17
Lit.: Hansen u. a. 2006, 24, Abb. 56, Hansen u. a. 2007, 17, Fig. 9, Bastert-Lamprichs u. a. 2011, 33, Abb. 34, Hansen u. a. 2012, 94, Abb. 21, Hansen u. a. 2013, 394, Fig. 35, 16 links, Hansen 2017c, 237, Fig. 1

Die Figurine ist sitzend dargestellt. Der obere Teil ist abgebrochen. Die Beine sind gerade ausgestreckt und geschlossen. Die Beine werden schmaler in Richtung der Füße und enden in einer leicht abgerundeten Form. Der obere Teil ist mit punktartigen Einstichen verziert. Die Figurine hat Parallelen in den Siedlungen der Shulaveri-Shomutepe-Kultur.

16 Figurine

Aruchlo I. Kreis Bolnissi,
Kvemo Kartli Region
5800–5500 v. Chr.
Ton. Größe-6,5 × 3,8 × 2,0 cm,
Gw-36,28 g
Georgisches Nationalmuseum
Simon Janashia, Tbilissi,
Inventar Nr.: AR14 N153-4015
Lit.: Hansen 2017c, 273, Fig. 2

Die beschädigte Figurine ist sitzend dargestellt. Der Kopf ist nur schematisch ausgeführt. Die Beine sind gerade ausgestreckt und geöffnet. Der Ton ist grob gemagert, bräunlich bis beige und weist Brandspuren auf. Die Figurine hat Parallelen in der Shulaveri-Shomutepe-Kultur.

Kat. 16

Kat. 17

17 Figurine

Aruchlo I. Kreis Bolnissi,
Kvemo Kartli Region
5800–5500 v. Chr.
Ton. Größe-2,4 × 2,0 × 1,5 cm, Gw-5,91 g
Georgisches Nationalmuseum
Simon Janashia, Tbilissi,
Inventar Nr.: AR15 L235-6229
Lit.: unpubliziert

Die Figurine ist stark fragmentiert. Sowohl der obere Teil als auch die Hälfte der Beine sind abgebrochen. Ursprünglich war die Figurine sitzend mit geöffneten Beinen dargestellt.

18 Figurine (s. Abb. Seite 258)

Khramis Didi gora.
Kreis Marneuli, Kvemo Kartli Region
6000–5200 v. Chr.
Ton. H-6,8 cm, B-4,8 cm, Gw-57 g
Georgisches Nationalmuseum
Simon Janashia, Tbilissi,
Inventar Nr.: 110-973:2481
Lit.: Kiguradze 1986, Abb. 83–8

Die stark schematisierte Figurine ist sitzend dargestellt. Sie ist vollständig erhalten. Der Kopf mit Augen, Nase und Mund ist fein ausgearbeitet und weist einen zylindrischen Hals mit einem eiförmigen Körper ohne Arme auf. Kopf und Hals sind mit Reihen von Punkten und der Körper mit geritzten Linien versehen.

19 Figurine (s. Abb. Seite 258)

Khramis Didi gora.
Kreis Marneuli, Kvemo Kartli Region
6000–5200 v. Chr.
Ton. H-5,4 cm, B-3,0 cm, Gw-23,35 g
Georgisches Nationalmuseum
Simon Janashia, Tbilissi,
Inventar Nr.: 113-67:125
Lit.: Kiguradze 1986, Abb. 83–4

Die Figurine stellt eine sitzende Frau mit angezogenen Beinen dar. Sie ist vollständig erhalten. Der eiförmige Kopf mit den Augen ist fein ausgearbeitet. Es fehlen die Arme und Hände. Die Brust ist deutlich herausgearbeitet.

20 Figurine (s. Abb. Seite 258)

Khramis Didi gora.
Kreis Marneuli, Kvemo Kartli Region
6000–5200 v. Chr.
Ton. H-3,9 cm, B-3,5 cm, Gw-28,0 g
Georgisches Nationalmuseum
Simon Janashia, Tbilissi,
Inventar Nr.: 110-973:226
Lit.: Kiguradse 1986, Abb. 83–7

Die Figurine stellt eine sitzende Frau mit angezogenen Beinen dar. Der Kopf ist abgebrochen. Es fehlen die Arme und Hände. Die Brust ist deutlich dargestellt.

21 Figurine (s. Abb. Seite 258)

Khramis Didi gora.
Kreis Marneuli, Kvemo Kartli Region
6000–5200 v. Chr.
Ton. H-6,0 cm, D-4,0 cm, Gw-58,40 g
Georgisches Nationalmuseum
Simon Janashia, Tbilissi,
Inventar Nr.: 110-973: 2483
Lit.: Kiguradze 1986, Abb. 86–1

Die Figurine stellt eine sitzende Frau dar. Sie ist teilweise beschädigt. Es fehlt ein Bein sowie die Arme und Hände. Der eiförmige Kopf mit den angedeuteten Augen ist fein ausgearbeitet. Die Brust ist deutlich sichtbar.

22 Vier Karneolanhänger

Aruchlo I. Kreis Bolnissi,
Kvemo Kartli Region
5800–5500 v. Chr.
Karneol. Größe-1,6 × 0,8 cm,
1,4 × 1,6 cm, 1,0 × 1,2 cm, 0,7 × 0,9 cm,
Gesamtgewicht-17,0 g
Georgisches Nationalmuseum
Simon Janashia, Tbilissi,
Inventar Nr.: 8:2013: 31, 32, 27, 28
Lit.: Hansen u. a. 2009, 22, Abb. 43,
Bastert-Lamprichs u. a. 2011, 33,
Abb. 34, Hansen u. a. 2012, 94, Abb. 21

Die vier Anhänger sind aus einem hellroten bis orangenen Karneol mit feiner Äderung hergestellt. Sie weisen eine längliche Form auf und sind im oberen Teil durchlocht. Die Ösen aller Anhänger sind abgebrochen.

Kat. 22

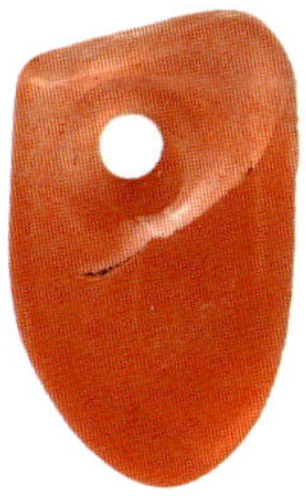

Kat. 23

23 Karneolanhänger

Aruchlo I. Kreis Bolnissi,
Kvemo Kartli Region
5800–5500 v. Chr.
Karneol. Größe-1,2 × 0,7 × 0,3 cm,
Gw-1 g
Georgisches Nationalmuseum
Simon Janashia, Tbilissi,
Inventar Nr.: AR13 R087-3507
Lit.: Neumann 2017, 276, Abb. 2

Der Anhänger ist aus einem hellroten Karneol hergestellt. Er hat eine längliche, tropfenförmige Form. Das untere Ende ist abgerundet, das obere schräg geschnitten. Die Öse ist vollständig erhalten.

24 Perle

Aruchlo I. Kreis Bolnissi,
Kvemo Kartli Region
5800–5500 v. Chr.
Stein. Größe-0,2 × 0,5 cm, Gw-1 g
Georgisches Nationalmuseum
Simon Janashia, Tbilissi,
Inventar Nr.: AR13 LS-3657
Lit.: unpubliziert

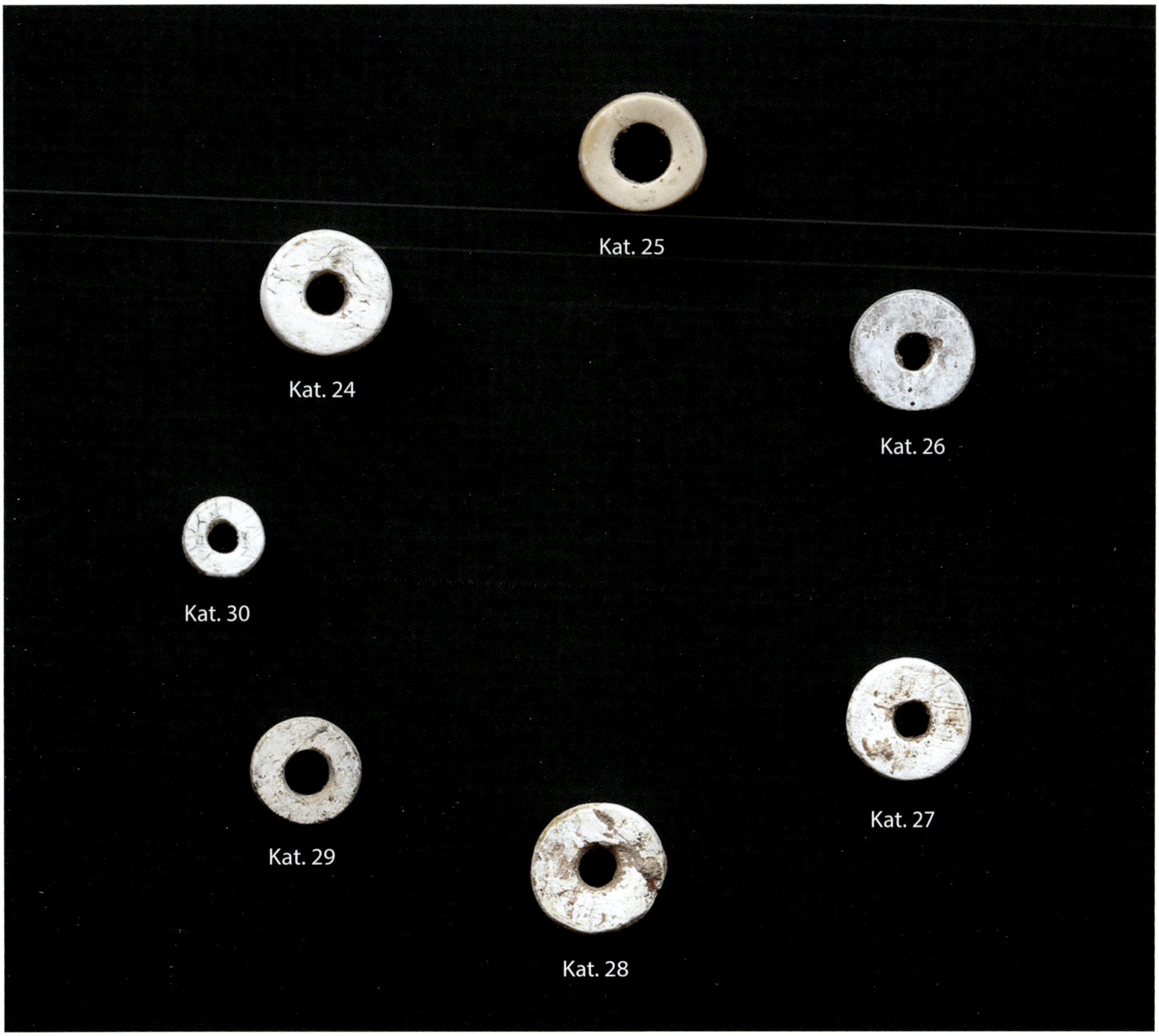

Kat. 24–30

Die kleine Perle wurde aus weißem Stein gefertigt. Die Perle hat die Form von einem niedrigen Zylinder und weist eine relativ große Durchbohrung auf.

25 Perle (s. Abb. Seite 265)

Aruchlo I. Kreis Bolnissi,
Kvemo Kartli Region
5800–5500 v. Chr.
Stein. Größe-0,2 × 0,5 cm, Gw-1 g
Georgisches Nationalmuseum
Simon Janashia, Tbilissi,
Inventar Nr.: AR13 N095-3527
Lit.: unpubliziert

Die kleine Perle wurde aus weißem Stein mit einem braunen Fleck gefertigt. Die Perle hat die Form eines niedrigen Zylinders und weist eine große Durchlochung auf.

26 Perle (s. Abb. Seite 265)

Aruchlo I. Kreis Bolnissi,
Kvemo Kartli Region
5800–5500 v. Chr.
Stein. Größe-0,15 × 0,5 cm, Gw-1 g
Georgisches Nationalmuseum
Simon Janashia, Tbilissi,
Inventar Nr.: AR13 C123-2254
Lit.: unpubliziert

Die kleine Perle wurde aus weißem Stein mit einem Loch in der Mitte gefertigt. Die Perle hat die Form eines niedrigen Zylinders.

27 Perle (s. Abb. Seite 265)

Aruchlo I. Kreis Bolnissi,
Kvemo Kartli Region
5800–5500 v. Chr.
Stein. Größe-0,1 × 0,5 cm, Gw-1 g
Georgisches Nationalmuseum
Simon Janashia, Tbilissi,
Inventar Nr.: AR14 P076-4019
Lit.: unpubliziert

Die kleine Perle wurde aus weißem Stein mit einem Loch in der Mitte gefertigt. Die Perle hat die Form eines niedrigen Zylinders.

28 Perle (s. Abb. Seite 265)

Aruchlo I. Kreis Bolnissi,
Kvemo Kartli Region
5800–5500 v. Chr.
Stein. Größe-0,15 × 0,5 cm, Gw-1 g
Georgisches Nationalmuseum
Simon Janashia, Tbilissi,
Inventar Nr.: AR14 L086-5043
Lit.: unpubliziert

Die kleine Perle wurde aus weißem Stein mit einem Loch in der Mitte gefertigt. Die Perle hat die Form eines niedrigen Zylinders.

Kat. 31

29 Perle (s. Abb. Seite 265)

Aruchlo I. Kreis Bolnissi,
Kvemo Kartli Region
5800–5500 v. Chr.
Stein. Größe-0,1 × 0,4 cm, Gw-1 g
Georgisches Nationalmuseum
Simon Janashia, Tbilissi,
Inventar Nr.: AR15 U096-6142
Lit.: unpubliziert

Die kleine Perle wurde aus weißem Stein mit einem Loch in der Mitte gefertigt. Die Perle hat die Form eines niedrigen Zylinders.

30 Perle (s. Abb. Seite 265)

Aruchlo I. Kreis Bolnissi,
Kvemo Kartli Region
5800–5500 v. Chr.
Stein. Größe-0,15 × 0,35 cm, Gw-1 g
Georgisches Nationalmuseum
Simon Janashia, Tbilissi,
Inventar Nr.: AR16 O123-6476
Lit.: unpubliziert

Die kleine Perle wurde aus weißem Stein mit einem Loch in der Mitte gefertigt. Die Perle hat die Form eines niedrigen Zylinders.

31 Perle

Aruchlo I. Kreis Bolnissi,
Kvemo Kartli Region
5800–5500 v. Chr.
Kupfer. Größe-1 × 0,4 cm, Gw-1,0 g
Georgisches Nationalmuseum
Simon Janashia, Tbilissi,
Inventar Nr.: AR11 U045-2110
Lit.: Bastert-Lamprichs u. a. 2011, Abb. 35, Hansen u. a. 2012, 101, Abb. 36, Steiniger 2017, 278, Fig. 2

Die Kupferperle besteht aus zwei zerbrochenen Teilen. Es handelt sich um eine kleine, runde Perle mit einem Loch in der Mitte.

Kat. 32

32 Sichel

Khramis Didi gora. Kreis Marneuli,
Kvemo Kartli Region
6000–5200 v. Chr.
Horn, Silex. L-37,5 cm,
Gesamtgewicht-300 g
Georgisches Nationalmuseum
Simon Janashia, Tbilissi,
Inventar Nr.: 110-973:2; 66-969:962
Lit.: Kiguradze 1986, Taf. 76.6, Miron/Orthmann 1995, 210, Abb. 9

Die Sichel besteht aus einem Schaft, der aus einem gebogenen Horn der Bezoarziege hergestellt wurde. Die Innenseite weist eine ausgeschnittene Rinne auf. An dieser Stelle wurden Einsätze aus Silex mit Bitumen befestigt. Der Griff der Sichel ist abgebrochen.

33 Keulenkopf

Aruchlo I. Kreis Bolnissi,
Kvemo Kartli Region
5800–5500 v. Chr.
Basalt. Größe-6,4 × 4,2 cm, DM-Durchbohrung-1,4-2,2cm, Gw-163 g
Georgisches Nationalmuseum
Simon Janashia, Tbilissi,
Inventar Nr.: AR07 L026-0614, 8-2013:14
Lit.: Hansen u. a. 2009: Abb. 38. Bastert-Lamprichs u. a. 2011, 37, Abb. 38, Hansen u. a. 2013, 392, Fig. 35.12, Hansen/Wahl 2017, 287, Fig. 2

Der konisch durchlochte Keulenkopf ist aus Basaltstein gefertigt und besitzt sechs runde Knubben als Verzierung.

34 Keulenkopf

Aruchlo I. Kreis Bolnissi,
Kvemo Kartli Region
5800–5500 v. Chr.
Basalt. Größe-7,7 × 6,2 × 3,0 cm,
DM-Durchlochung-1,7cm, Gw-119 g
Georgisches Nationalmuseum
Simon Janashia, Tbilissi,
Inventar Nr.: AR12 W019-2158
Lit.: Bastert-Lamprichs u. a. 2011, 37, Abb. 38

Der trichterförmig durchlochte Keulenkopf ist aus porösem Basaltstein gefertigt und von leicht länglicher Form. Die Durchlochung wurde von einer Seite ausgeführt. Die Oberfläche ist auf einer Seite beschädigt

Kat. 33

Kat. 34

Kat. 35, 36

35 Mörser

Aruchlo I. Kreis Bolnissi,
Kvemo Kartli Region
5800–5500 v. Chr.
Basalt. Größe-27 × 25 × 22 cm,
Vertiefung-16 cm, Gw-20,7 kg
Georgisches Nationalmuseum
Simon Janashia, Tbilissi,
Inventar Nr.: AR11 TO44-2136
Lit.: unpubliziert

Der Mörser ist aus Basaltstein hergestellt. Er hat eine unregelmäßige Form und weist auf einer Seite eine Vertiefung auf. Er ist leicht beschädigt und hat starke Gebrauchsspuren.

36 Stößel

Aruchlo I. Kreis Bolnissi,
Kvemo Kartli Region
5800–5500 v. Chr.
Stein. Größe-22 × 6,7 × 5,9 cm,
Gw-1,33 kg
Georgisches Nationalmuseum
Simon Janashia, Tbilissi,
Inventar Nr.: AR14 AD004-3784
Lit.: unpubliziert

Der Stößel weist einen dreieckigen Querschnitt auf. Er wird von oben nach unten etwas schmaler. Auf beiden Enden sind Schlagspuren vorhanden. Er ist teilweise beschädigt.

37 Unterlieger (s. Abb. 1 Seite 56)

Aruchlo I. Kreis Bolnissi,
Kvemo Kartli Region
5800–5500 v. Chr.
Basalt. Größe-51,5 × 30,5 × 5,8 cm,
Gw-15,75 kg
Georgisches Nationalmuseum
Simon Janashia, Tbilissi,
Inventar Nr.: AR13 YO29-2419
Lit.: unpubliziert

Der gebogene Unterlieger wurde aus Basaltstein hergestellt. Er weist eine unregelmäßige Form mit einer konkaven Arbeitsfläche auf und ist massiv gefertigt. Auf der Oberfläche sind Gebrauchsspuren zu erkennen.

38 Läufer mit Rötelspuren

(s. Abb. 1 Seite 56)

Aruchlo I. Kreis Bolnissi,
Kvemo Kartli Region
5800–5500 v. Chr.
Basalt. Größe-27,3 × 12 × 3,5 cm,
Gw-2 kg
Georgisches Nationalmuseum
Simon Janashia, Tbilissi,
Inventar Nr.: AR07 L032-0625
Lit.: Abuladze 2017, Fig. 1–2

Der Läufer ist aus Basaltstein hergestellt. Er hat eine längliche, rechteckige Form mit abgerundeten Enden. Gebrauchsspuren sind auf beiden Arbeitsflächen vorhanden. Auf der Oberfläche befinden sich Reste von zermahlenem Rötel.

39 Unterlieger mit Rötelspuren

Aruchlo I. Kreis Bolnissi,
Kvemo Kartli Region
5800–5500 v. Chr.
Basalt. Größe-19 × 21,5 × 4,5 cm,
Gw-2,8 kg
Georgisches Nationalmuseum
Simon Janashia, Tbilissi,
Inventar Nr.: AR12 R65-3372
Lit.: unpubliziert

Der Unterlieger wurde aus grobporigem Basaltstein hergestellt. Er hat eine unregelmäßige Form. Es ist etwas weniger als die Hälfte vom ursprünglichen Zustand der Platte erhalten. Auf der Oberfläche sind deutliche Spuren von Rötel vorhanden, welches auf dem Unterlieger zermahlen wurde.

Kat. 39

Kat. 40

Kat. 41

Kat. 42

40 Hammerstein mit Rötelspuren

Aruchlo I. Kreis Bolnissi,
Kvemo Kartli Region
5800–5500 v. Chr.
Stein. Größe-9 × 7,4 × 6,6 cm, Gw-629 g
Georgisches Nationalmuseum
Simon Janashia, Tbilissi,
Inventar Nr.: AR13 C120-2491
Lit.: unpubliziert

Der Hammerstein weist eine längliche bis runde Form auf. Gebrauchsspuren sind auf allen Seiten vorhanden, auf zwei Seiten befinden sich Spuren von zerschlagenem Rötel.

41 Stößel

Aruchlo I. Kreis Bolnissi,
Kvemo Kartli Region
5800–5500 v. Chr.
Stein. Größe-18,8 × 3,6 × 2,8 cm,
Gw-290 g
Georgisches Nationalmuseum
Simon Janashia, Tbilissi,
Inventar Nr.: AR16 O129-6333
Lit.: unpubliziert

Der Stößel aus Flussstein hat eine schlanke, längliche Form. Er ist flach und weist abgerundete Seiten auf. Im oberen Teil ist eine leichte Vertiefung eingearbeitet. An einem Ende sind Schlagspuren zu erkennen.

42 Amboss

Aruchlo I. Kreis Bolnissi,
Kvemo Kartli Region
5800–5500 v. Chr.
Stein. Größe-12 × 11,9 × 5,8 cm,
Gw-1,05 kg
Georgisches Nationalmuseum
Simon Janashia, Tbilissi,
Inventar Nr.: AR11 F021-2051
Lit.: unpubliziert

Der Amboss hat eine rundliche, leicht flache und unregelmäßige Form. Auf beiden Seiten befindet sich je eine Vertiefung.

Kat. 43–45

43 Beil

Aruchlo I. Kreis Bolnissi,
Kvemo Kartli Region
5800–5500 v. Chr.
Stein. Größe-14,8 × 5,3 × 3,6 cm,
Gw-420 g
Georgisches Nationalmuseum
Simon Janashia, Tbilissi,
Inventar Nr.: AR 14 R86-3768
Lit.: unpubliziert

Das Beil weist eine längliche Form auf. Der obere Teil ist abgerundet. Auf der schmaler werdenden Schneide sind Gebrauchsspuren vorhanden.

44 Beil

Aruchlo I. Kreis Bolnissi,
Kvemo Kartli Region
5800–5500 v. Chr.
Stein. Größe-9,2 × 5,3 × 2,6 cm,
Gw-150 g
Georgisches Nationalmuseum
Simon Janashia, Tbilissi,
Inventar Nr.: AR09 B047-0987
Lit.: unpubliziert

Das Beil hat eine leicht längliche Form. Es ist breit und flach mit abgerundeten Seiten. Auf der Schneide sind Gebrauchsspuren vorhanden.

45 Beil

Aruchlo I. Kreis Bolnissi,
Kvemo Kartli Region
5800–5500 v. Chr.
Stein. Größe-11,3 × 4,3 × 2,1 cm,
Gw-158 g
Georgisches Nationalmuseum
Simon Janashia, Tbilissi,
Inventar Nr.: AR07 K039-0639
Lit.: unpubliziert

Das Beil hat eine längliche Form, zur Schneide hin wird das Beil breiter. Der obere Teil ist abgerundet. Auf der Schneide sind Gebrauchsspuren zu sehen.

46 Klingenkern

Aruchlo I. Kreis Bolnissi,
Kvemo Kartli Region
5800–5500 v. Chr.
Obsidian. H-13,3 cm,
B-der Basis-14,5 cm, Gw-1,93 kg
Georgisches Nationalmuseum
Simon Janashia, Tbilissi,
Inventar Nr.: AR13 M082-3154
Lit.: Gatsov/Nadelcheva 2017, Fig. 3

Der konische Kern (Nucleus) aus Obsidian weist eine breite, runde Basis und eine abgerundete Oberfläche auf. Er ist von allen Seiten bearbeitet und diente zur Herstellung von Klingen. Die Abschläge kann man deutlich sehen.

Kat. 46

Kat. 47

47 Klingenkern

Aruchlo I. Kreis Bolnissi,
Kvemo Kartli Region
5800–5500 v. Chr.
Obsidian. H-10,8 cm,
B-der Basis-11,5 cm, Gw-1,3 kg
Georgisches Nationalmuseum
Simon Janashia, Tbilissi,
Inventar Nr.: AR13 C134-0683
Lit.: Gatsov/Nadelcheva 2017, Fig. 1

Der Kern (Nucleus) aus Obsidian weist eine breite, runde Basis und eine abgerundete Oberfläche auf. Er weist an allen Seiten Abschlagsspuren auf und diente der Herstellung von Klingen.

48 Klingenkern

Imiris gora. Kreis Marneuli,
Kvemo Kartli Region
6000–5200 v. Chr.
Obsidian. H-12,7, B der Basis-2,8 cm
Georgisches Nationalmuseum
Simon Janashia, Tbilissi,
Inventar Nr.: 66-969:260
Lit.: Javakhishvili/Kiguradze 1975,
Taf. 28–13

Der Kern (Nucleus) hat eine schmale, längliche Form. Er weist an allen Seiten starke Bearbeitungsspuren auf und diente der Herstellung von Klingen.

Kat. 48

Kat. 49, 51, 52

Kat. 50

49 Klinge

Aruchlo I. Kreis Bolnissi,
Kvemo Kartli Region
5800–5500 v. Chr.
Obsidian. L-13,8 cm, B-2,1 cm,
Gw-19,74 g
Georgisches Nationalmuseum
Simon Janashia, Tbilissi,
Inventar Nr.: AR10 N040-019
Lit.: unpubliziert

Die Klinge hat eine längliche Form. Beide Seiten sind retuschiert.

50 Klinge

Aruchlo I. Kreis Bolnissi,
Kvemo Kartli Region
5800–5500 v. Chr.
Obsidian. L-17,1 cm, B-2,2 cm,
Gw-18,53 gr
Georgisches Nationalmuseum
Simon Janashia, Tbilissi,
Inventar Nr.: AR15 P122-010
Lit.: unpubliziert

Die Klinge hat eine längliche Form. Beide Seiten sind retuschiert.

51 Klinge

Aruchlo I. Kreis Bolnissi,
Kvemo Kartli Region
5800–5500 v. Chr.
Obsidian. L-11,2 cm, B-2,5 cm,
Gw-11,94 g
Georgisches Nationalmuseum
Simon Janashia, Tbilissi,
Inventar Nr.: AR15 C181-001
Lit.: unpubliziert

Die Klinge hat eine längliche Form. Beide Seiten sind retuschiert. Die Spitze ist leicht gebogen.

Kat. 53–56

52 Klinge

Aruchlo I. Kreis Bolnissi,
Kvemo Kartli Region
5800–5500 v. Chr.
Obsidian. L-12,2 cm, B-2,4 cm,
Gw-21,27 g
Georgisches Nationalmuseum
Simon Janashia, Tbilissi,
Inventar Nr.: AR15 T114-004
Lit.: unpubliziert

Die Klinge hat eine längliche Form. Beide Seiten sind retuschiert.

53 Klinge

Aruchlo I. Kreis Bolnissi,
Kvemo Kartli Region
5800–5500 v. Chr.
Obsidian. L-6,2 cm, B-2,0 cm, Gw-8,51 g
Georgisches Nationalmuseum
Simon Janashia, Tbilissi,
Inventar Nr.: AR10 R016-019
Lit.: unpubliziert

Die Klinge hat eine dreieckige Form. Beide Seiten sind retuschiert.

54 Klinge (Bohrer?)

Aruchlo I. Kreis Bolnissi,
Kvemo Kartli Region
5800–5500 v. Chr.
Obsidian. L-7,5 cm, B-1,9 cm,
Gw-10,38 g
Georgisches Nationalmuseum
Simon Janashia, Tbilissi,
Inventar Nr.: AR10 R038-008
Lit.: unpubliziert

Die Klinge hat eine längliche Form. Beide Seiten sind retuschiert. Eventuell diente sie als Bohrer.

55 Bohrer

Aruchlo I. Kreis Bolnissi,
Kvemo Kartli Region
5800–5500 v. Chr.
Obsidian. L-7,0 cm, B-2,1 cm, Gw-7,51 g
Georgisches Nationalmuseum
Simon Janashia, Tbilissi,
Inventar Nr.: AR10 P036-011
Lit.: unpubliziert

Der Bohrer hat eine längliche Form und eine Spitze als Abschluss. Eine Seite ist vollständig retuschiert, die andere Seite nur bis zur oberen Hälfte.

56 Klinge

Aruchlo I. Kreis Bolnissi,
Kvemo Kartli Region
5800–5500 v. Chr.
Obsidian. L-4,5 cm, B-1,6 cm, Gw-3,79 g
Georgisches Nationalmuseum
Simon Janashia, Tbilissi,
Inventar Nr.: AR10 Q054-009
Lit.: unpubliziert

Die Klinge hat eine dreieckige Form. Beide Seiten sind retuschiert.

Kat. 57

Kat. 58

Kat. 60

57 Phallus

Khramis Didi gora,
Kreis Marneuli, Kvemo Kartli Region
6000–5200 v. Chr.
Geweih. L-10,2 cm, B-5,7 cm, Gw-162 g
Georgisches Nationalmuseum
Simon Janashia, Tbilissi,
Inventar Nr.: 110-973:2077
Lit.: unpubliziert

Der Phallus ist aus Hirschgeweih hergestellt. Zwei reliefierte Rundungen im oberen Teil stellen die Eichel eines Penis' dar, darunter verläuft ein umlaufendes, erhabenes Band. Der untere Teil ist abgebrochen. Das Objekt weist eine horizontale Lochung auf.

58 Phallus

Aruchlo I. Kreis Bolnissi,
Kvemo Kartli Region
5800–5500 v. Chr.
Geweih. L-12,3 cm, B-5,2 × 3,7 cm,
DM-Durchlochung-1,7 cm, Gw-122 g
Georgisches Nationalmuseum
Simon Janashia, Tbilissi,
Inventar Nr.: AR12 C105-3263
Lit.: Hansen 2017b, 269, Fig. 1

Der Phallus ist aus Hirschgeweih hergestellt. Im oberen Teil des phallusartigen Endes befinden sich vier erhabene Knubben. Die Oberfläche entlang des Schaftes ist mit elf kurzen Kerben versehen. Er weist eine horizontale Durchlochung auf.

59 Phallus (s. Abb. 16 Seite 38)

Aruchlo I. Kreis Bolnissi,
Kvemo Kartli Region
5800–5500 v. Chr.
Geweih. L-12,4 cm, max. B-5,2 cm,
max. Dicke-5,7 cm, DM-Durchlochung-1,8 cm, Gw-267g
Georgisches Nationalmuseum
Simon Janashia, Tbilissi,
Inventar Nr.: AR14 ZB009-4087
Lit.: Hansen 2017b, 270, Fig. 3

Der Phallus ist aus Hirschgeweih gefertigt. Im oberen Teil deuten zwei reliefierte, runde Darstellungen die Eichel des Phallus an, darunter befindet sich ein erhabenes, umlaufendes Band. Der untere Teil ist abgebrochen. Er weist eine horizontale Durchlochung auf.

Kat. 61

60 Hacke

Aruchlo I. Kreis Bolnissi,
Kvemo Kartli Region
5800–5500 v. Chr.
Geweih. L-14,1 cm, Max. B-4,6 cm,
Max. Dicke-4,3 cm,
DM-Durchlochung-1,3cm, Gw-106g
Georgisches Nationalmuseum
Simon Janashia, Tbilissi,
Inventar Nr.: AR14 AB119-5045
Lit.: unpublıziert

Die Hacke ist aus dem unteren Teil eines Geweihs hergestellt. Sie hat eine längliche Form. Die Spitze ist leicht gebogen. Auf der Oberfläche befinden sich eingeritzte, schräge Kerben, einmal 19 Kerben und auf der gegenüberliegenden Seite 13 Kerben.

61 Hacke

Aruchlo I. Kreis Bolnissi,
Kvemo Kartli Region
5800–5500 v. Chr.
Geweih. L-15,6 cm, Max. B-6,9 cm,
DM-des Schaftes-2,9 cm,
DM-Durchlochung-1,8 cm, Gw-201 g

Kat. 62

Georgisches Nationalmuseum
Simon Janashia, Tbilissi,
Inventar Nr.: AR12 AB042-3486
Lit.: unpubliziert

Die etwas beschädigte Hacke ist aus dem unteren Teil eines Geweihs hergestellt. Sie hat eine längliche Form. Die Spitze ist gebogen. Im oberen Teil befindet sich eine runde Durchlochung.

62 Hacke

Aruchlo I. Kreis Bolnissi,
Kvemo Kartli Region
5800–5500 v. Chr.
Geweih. L-11,8 cm, Max. B-5,4 cm,
Max. D- des Schaftes-4,6 cm,
DM-Durchlochung-1,3 cm, Gw-118 g

Georgisches Nationalmuseum
Simon Janashia, Tbilissi,
Inventar Nr.: AR14 AB114-5002
Lit.: unpubliziert

Die Hacke ist aus dem unteren Teil eines Geweihs hergestellt. Sie hat eine längliche Form. Die horizontale Durchlochung ist leicht oval.

63 Hacke

Aruchlo I. Kreis Bolnissi,
Kvemo Kartli Region
5800–5500 v. Chr.
Geweih. L-10,7 cm, Max. B-5,9 cm,
D- des Schaftes-3,7 cm,
DM-Durchlochung-1,7 cm, Gw-103 g

Kat. 63

Georgisches Nationalmuseum
Simon Janashia, Tbilissi,
Inventar Nr.: AR14 AD007-4044
Lit.: unpubliziert

Die Hacke ist aus dem unteren Teil eines Geweihs hergestellt. Sie hat eine dreieckige Form. Die Spitze (der Schaft) ist leicht gebogen. Im oberen Teil gibt es eine runde Durchlochung. Auf der unteren Seite sind Feuerspuren vorhanden.

Kat. 64

64 Hacke

Aruchlo I. Kreis Bolnissi,
Kvemo Kartli Region
5800–5500 v. Chr.
Geweih. L-11,4 cm, Max. B-5,5 cm,
Dicke des Schaftes 2,6 × 4,2 cm,
DM-Durchlochung-1,6 cm, Gw-117 g
Georgisches Nationalmuseum
Simon Janashia, Tbilissi,
Inventar Nr.: AR14 AB114-5013
Lit.: unpubliziert

Die Hacke ist aus dem unteren Teil eines Geweihs hergestellt. Sie weist eine dreieckige Form auf. Die horizontale Durchlochung ist leicht oval.

Kat. 65

65 Hacke

Aruchlo I. Kreis Bolnissi,
Kvemo Kartli Region
5800–5500 v. Chr.
Geweih. L-12,4 cm, Max. B-6,7 cm,
Dicke des Schaftes 2,8 × 4,8 cm,
DM-Durchlochung 2 cm
Georgisches Nationalmuseum
Simon Janashia, Tbilissi,
Inventar Nr.: AR15 M128-6154
Lit.: unpubliziert

Die Hacke ist aus dem unteren Teil eines Geweihs hergestellt. Sie weist eine dreieckige Form auf. Die horizontale Durchlochung ist oval. Es sind viele Brand- und Gebrauchsspuren sichtbar.

Kat. 66

66 Hacke

Aruchlo I. Kreis Bolnissi,
Kvemo Kartli Region
5800–5500 v. Chr.
Geweih. L-12,9 cm, Max. B-7,4 cm,
Max. Dicke des Schaftes 5,0 × 5,2 cm,
DM-Durchlochung-1,8 cm, Gw-240 g

Kat. 67–71

Georgisches Nationalmuseum
Simon Janashia, Tbilissi,
Inventar Nr.: AR11 AA008-2147
Lit.: unpubliziert

Die Hacke ist aus dem unteren Teil eines Geweihs hergestellt. Sie weist eine dreieckige Form auf. Die Spitze ist leicht gebogen. Die horizontale Durchlochung ist leicht oval.

67 Löffel

Aruchlo I. Kreis Bolnissi,
Kvemo Kartli Region
5800–5500 v. Chr.
Knochen. Gesamtlänge 4,9 cm,
Maße des runden Löffelteils
3,2 × 3,5 × 0,6 cm, Gw-6 g

Georgisches Nationalmuseum
Simon Janashia, Tbilissi,
Inventar Nr.: AR13 X040-3509
Lit.: Hansen 2017a, Fig. 11

Der etwas beschädigte Löffel hat eine runde, leicht ovale Form. Der Griff ist nach 1,5 cm abgebrochen und weist eine umlaufende Rille als Dekor auf.

68 Löffel

Aruchlo I. Kreis Bolnissi,
Kvemo Kartli Region
5800–5500 v. Chr.
Knochen. Gesamtlänge 5,2 cm, Maße des runden Löffelteils 3,3 × 3,6 × 0,8 cm, Gw-8 g

Georgisches Nationalmuseum
Simon Janashia, Tbilissi,
Inventar Nr.: AR13 AB067-2277
Lit.: Hansen 2017a, Fig. 11

Der Löffel hat eine runde, leicht ovale Form und weist starke Benutzungs- und Brandspuren auf. Der Griff ist abgebrochen und mit zwei umlaufenden Rillen dekoriert. Die Löffelkanten sind leicht ausgebrochen. Er wurde aus einem Röhrenknochen eines Großsäugers hergestellt.

69 Griff eines Löffels

Aruchlo I. Kreis Bolnissi,
Kvemo Kartli Region
5800–5500 v. Chr.

Knochen. L-6,2 cm, erhaltene Länge des Schaftes-4,2 cm, D- des Schaftes-0,6 cm, B- im oberen Teil-2,0 cm, Gw-5 g
Georgisches Nationalmuseum
Simon Janashia, Tbilissi,
Inventar Nr.: AR15 M122-6209
Lit.: unpubliziert

Bei dem Artefakt handelt es sich um ein Löffelfragment. Ein Teil des Stils und des Löffels selbst sind abgebrochen. Im oberen Teil des Griffs befinden sich als Verzierung zwei Ringe oder Ösen mit einem Durchmesser von je 0,3 cm. Er wurde aus dem Röhrenknochen eines Großsäugers hergestellt.

70 Griff eines Löffels

Aruchlo I. Kreis Bolnissi,
Kvemo Kartli Region
5800–5500 v. Chr.
Knochen. L-5,9 cm, B im oberen Teil-0,9 cm, D-Schaft (in der Mitte) 0,3 × 0,6 cm, DM-Durchlochung-0,3 cm, Gw-3 g
Georgisches Nationalmuseum
Simon Janashia, Tbilissi,
Inventar Nr.: AR14 C168-4006
Lit.: unpubliziert

Bei dem Artefakt handelt es sich um den Griff eines Löffels. Dieser ist flach und weist im oberen Teil eine Durchlochung oder Öse auf. Das untere Teil ist nicht erhalten. Er wurde aus dem Röhrenknochen eines Großsäugers hergestellt.

71 Griff eines Löffels

Aruchlo I. Kreis Bolnissi,
Kvemo Kartli Region
5800–5500 v. Chr.
Knochen. L-7,3 cm, Max. B-1,7 cm, Max. Dicke-0,5 cm, DM-Durchlochung-0,3 cm
Georgisches Nationalmuseum
Simon Janashia, Tbilissi,
Inventar Nr.: AR12 E032-3300
Lit.: unpubliziert

Der Griff ist flach und weist abgerundete Seiten auf. Die Oberfläche ist poliert. Am oberen Ende befindet sich eine Durchlochung oder Öse, die von oben nach unten bearbeitet wurde. An zwei Stellen des Schaftes befinden sich im Abstand von 2,1 cm je zwei seitliche, 0,2 cm lange Stege. Das untere Teil des Löffels ist abgebrochen. Er wurde aus dem Röhrenknochen eines Großsäugers hergestellt.

Kat. 72

72 Griff eines Löffels

Aruchlo I. Kreis Bolnissi,
Kvemo Kartli Region
5800–5500 v. Chr.
Knochen. L-4,3 cm, B- im oberen Teil-1,0 cm, D-Schaft (in der Mitte) – 0,6 × 0,7 cm, DM-Durchlochung-0,3 cm, Gw-3 g
Georgisches Nationalmuseum
Simon Janashia, Tbilissi,
Inventar Nr.: AR13 C120-2209
Lit.: unpubliziert

Bei dem Artefakt handelt es sich um den Griff eines Löffels. Das untere Teil ist nicht erhalten. Der Schaft ist rund, das obere Ende flach. Am oberen Ende des Schaftes befindet sich eine durchbrochene Öse. Auf dem Schaft selbst befinden sich als Verzierung neun umlaufende Rillen.

Kat. 73

73 Spatula

Aruchlo I. Kreis Bolnissi,
Kvemo Kartli Region
5800–5500 v. Chr.
Knochen. L-21,0 cm, Max. B-2,8 cm, Gw-49 g
Georgisches Nationalmuseum
Simon Janashia, Tbilissi,
Inventar Nr.: AR10 R030-1722
Lit.: unpubliziert

Die leicht gebogene Spatula ist aus einem Röhrenknochen (Tibia) des Schafes hergestellt. Die Arbeitsfläche im vorderen Teil ist flach und breiter ausgearbeitet als der restliche Teil.

Kat. 74

Kat. 75

Kat. 76

74 Spatula

Aruchlo I. Kreis Bolnissi,
Kvemo Kartli Region
5800–5500 v. Chr.
Knochen. L-16,3 cm, Max. B-2,7 cm,
Gw-40 g
Georgisches Nationalmuseum
Simon Janashia, Tbilissi,
Inventar Nr.: AR11 K076-1806
Lit.: unpubliziert

Die leicht gebogene Spatula ist aus einem Röhrenknochen (Tibia) eines Schafes oder einer Ziege hergestellt. Die vordere Arbeitsfläche ist flach und breiter als der restliche Teil.

75 Spatula

Aruchlo I. Kreis Bolnissi,
Kvemo Kartli Region
5800–5500 v. Chr.
Knochen. L-18,3 cm, Max. B-2,6 cm,
Gw-52 g
Georgisches Nationalmuseum
Simon Janashia, Tbilissi,
Inventar Nr.: AR12 AB037-3377
Lit.: unpubliziert

Die leicht gebogene Spatula ist aus einem Röhrenknochen (Tibia) eines Schafes oder einer Ziege hergestellt. Die Arbeitsfläche ist flach und breiter als der restliche Teil. Sie weist starke Brandspuren und Versinterungen auf.

76 Spatula

Aruchlo I. Kreis Bolnissi,
Kvemo Kartli Region
5800–5500 v. Chr.
Knochen. L-20,6 cm, Max. B-2,8 cm,
Gw-70 g
Georgisches Nationalmuseum
Simon Janashia, Tbilissi,
Inventar Nr.: AR12 E027-3282
Lit.: unpubliziert

Die leicht gebogene Spatula ist aus einem Schulterblatt (Scapula) eines Rindes hergestellt. Die vordere Arbeitsfläche ist flach und abgerundet. Sie weist starke Arbeitsspuren auf.

Kat. 78

Kat. 77

Kat. 79

77 Spatula

Aruchlo I. Kreis Bolnissi,
Kvemo Kartli Region
5800–5500 v. Chr.
Knochen. L-17,4 cm, Max. B-3,1 cm,
Max. Dicke-2,8 cm, Gw-73 g
Georgisches Nationalmuseum
Simon Janashia, Tbilissi,
Inventar Nr.: AR13 AB080-3163
Lit.: unpubliziert

Die leicht gebogene Spatula ist aus einem Schulterblatt (Scapula) eines Rindes hergestellt. Die Arbeitsflächen sind breit und flach. Das Objekt wurde von beiden Seiten bearbeitet. Die Bearbeitungsspuren sind auf der Oberfläche noch gut erkennbar.

78 Spatula

Aruchlo I. Kreis Bolnissi,
Kvemo Kartli Region
5800–5500 v. Chr.
Knochen. L-16,7 cm, Max. B-2,6 cm,
Gw-30 g
Georgisches Nationalmuseum
Simon Janashia, Tbilissi,
Inventar Nr.: AR14 P088-5046
Lit.: unpubliziert

Die leicht gebogene Spatula ist aus einem Röhrenknochen (Tibia) einer Ziege hergestellt. Die Arbeitsfläche verläuft flach und weist Gebrauchsspuren auf.

79 Spatula

Aruchlo I. Kreis Bolnissi,
Kvemo Kartli Region
5800–5500 v. Chr.
Knochen. L-25,2 cm, Max. B-3,4 cm,
Max. Dicke-2,2 cm, Gw-116 g
Georgisches Nationalmuseum
Simon Janashia, Tbilissi,
Inventar Nr.: AR15 N180-6115
Lit.: unpubliziert

Die Spatula ist aus dem Schulterblatt (Scapula) eines Rindes hergestellt. Die Arbeitsfläche ist flach und abgerundet. Sie weist Gebrauchs- und Brandspuren auf.

Kat. 80

Kat. 81

Kat. 82

80 Pfriem

Aruchlo I. Kreis Bolnissi,
Kvemo Kartli Region
5800–5500 v. Chr.
Knochen. L-6,5 cm, Max. B-1,6 cm,
Gw-2 g
Georgisches Nationalmuseum
Simon Janashia, Tbilissi,
Inventar Nr.: AR11 D115-2101
Lit.: unpubliziert

Der Pfriem hat eine kurze, dreieckige Form. Er ist aus einem Röhrenknochen (Metapodium) eines Schafes oder einer Ziege hergestellt. Das Gelenkende ist vorhanden. Gebrauchsspuren sind deutlich sichtbar.

81 Pfriem

Aruchlo I. Kreis Bolnissi,
Kvemo Kartli Region
5800–5500 v. Chr.
Knochen. L-11,3 cm, Max. B-1,4 cm,
Gw-6 g
Georgisches Nationalmuseum
Simon Janashia, Tbilissi,
Inventar Nr.: AR11 F026-1975
Lit.: unpubliziert

Der lange, dünne Pfriem ist aus einem länglichen Röhrenknochen (Metacarpus) eines Schafes oder einer Ziege hergestellt. Die Spitze und die Seiten sind beschädigt. Das Gelenkende ist nicht vorhanden.

82 Pfriem

Aruchlo I. Kreis Bolnissi,
Kvemo Kartli Region
5800–5500 v. Chr.
Knochen. L-7,2 cm, Max. B-2,4 cm,
Gw-5 g
Georgisches Nationalmuseum
Simon Janashia, Tbilissi,
Inventar Nr.: AR11 N063-2103
Lit.: unpubliziert

Der Pfriem hat eine kurze, dreieckige Form. Er ist aus einem Röhrenknochen (Metacarpus) eines Schafes oder einer Ziege hergestellt. Die Spitze ist leicht beschädigt. Das Gelenkende ist nicht vorhanden.

Kat. 83

Kat. 84

Kat. 85

Kat. 86

Kat. 87

83 Pfriem

Aruchlo I. Kreis Bolnissi,
Kvemo Kartli Region
5800–5500 v. Chr.
Knochen. L-9cm, Max. B-1,6 cm, Gw-6 g
Georgisches Nationalmuseum
Simon Janashia, Tbilissi,
Inventar Nr.: AR11 S008-1789
Lit.: unpubliziert

Der Pfriem ist aus einem länglichen Röhrenknochen (Metacarpus) eines Schafes oder einer Ziege hergestellt. Das Gelenkende ist vorhanden. Eine Seite ist leicht beschädigt.

84 Pfriem

Aruchlo I. Kreis Bolnissi,
Kvemo Kartli Region
5800–5500 v. Chr.
Knochen. L-12,3 cm, Max. B-1,2 cm,
Gw-7 g
Georgisches Nationalmuseum
Simon Janashia, Tbilissi,
Inventar Nr.: AR12 AC003-2638
Lit.: unpubliziert

Der beschädigte Pfriem ist aus einem länglichen Röhrenknochen (Metacarpus) eines Schafes oder einer Ziege hergestellt. Die Spitze ist abgebrochen. Das Gelenkende ist teilweise vorhanden.

85 Pfriem

Aruchlo I. Kreis Bolnissi,
Kvemo Kartli Region
5800–5500 v. Chr.
Knochen. L-1,0 cm, Max. B-1,7 cm,
Gw-3g
Georgisches Nationalmuseum
Simon Janashia, Tbilissi,
Inventar Nr.: AR12 E027-3288
Lit.: unpubliziert

Der Pfriem hat eine kurze, dreieckige Form. Es ist aus einem Röhrenknochen (Metatarsus) eines Schafes oder einer Ziege hergestellt. Das Gelenkende ist vorhanden.

86 Pfriem

Aruchlo I. Kreis Bolnissi,
Kvemo Kartli Region
5800–5500 v. Chr.
Knochen. L-8,8 cm, Max. B-2,7 cm,
Gw-10 g
Georgisches Nationalmuseum
Simon Janashia, Tbilissi,
Inventar Nr.: AR13 AB067-2294
Lit.: unpubliziert

Der Pfriem ist aus einem länglichen Röhrenknochen (Metatarsus) eines Schafes hergestellt. Er ist leicht beschädigt und weist Brandspuren auf. Das Gelenkende ist vorhanden.

87 Pfriem

Aruchlo I. Kreis Bolnissi,
Kvemo Kartli Region
5800–5500 v. Chr.
Knochen. L-6,9 cm, Max. B-1,8 cm,
Gw-7 g
Georgisches Nationalmuseum
Simon Janashia, Tbilissi,
Inventar Nr.: AR13 N052-3530
Lit.: unpubliziert

Der Pfriem hat eine kurze, dreieckige Form. Es ist aus einem Röhrenknochen (Radius) eines Schafes hergestellt. Das Gelenkende ist vorhanden.

88 Pfriem

Aruchlo I. Kreis Bolnissi,
Kvemo Kartli Region
5800–5500 v. Chr.
Knochen. L-10,2 cm, Max. B-2,1 cm,
Gw-12 g
Georgisches Nationalmuseum
Simon Janashia, Tbilissi,
Inventar Nr.: AR14 AB109-3955
Lit.: unpubliziert

Der Pfriem ist aus einem länglichen Röhrenknochen (Tibia) eines Schafes hergestellt. Die Spitze ist leicht beschädigt. Das Gelenkende ist vorhanden.

Kat. 88

Kat. 89

89 Pfriem

Aruchlo I. Kreis Bolnissi,
Kvemo Kartli Region
5800–5500 v. Chr.
Knochen. L-5,9 cm, Max. B-2,3 cm,
Gw-6 g
Georgisches Nationalmuseum
Simon Janashia, Tbilissi,
Inventar Nr.: AR14 C175-5035
Lit.: unpubliziert

Der Pfriem hat eine kurze, dreieckige Form. Er ist aus einem Röhrenknochen (Radius, Ulna) eines Schafes beziehungsweise einer Ziege hergestellt. Das Gelenkende ist vorhanden.

90 Pfriem

Aruchlo I. Kreis Bolnissi,
Kvemo Kartli Region
5800–5500 v. Chr.
Knochen. L-10,2 cm, Max. B-1,7 cm,
Gw-8 g
Georgisches Nationalmuseum
Simon Janashia, Tbilissi,
Inventar Nr.: AR14 I061-5030
Lit.: unpubliziert

Der Pfriem ist aus einem länglichen Röhrenknochen (Radius) eines Schafes oder einer Ziege hergestellt. Er weist Brand- und Gebrauchsspuren auf. Das Gelenkende ist vorhanden.

Kat. 90

Kat. 91

91 Pfriem

Aruchlo I. Kreis Bolnissi,
Kvemo Kartli Region
5800–5500 v. Chr.
Knochen. L-12,5 cm, Max. B-1,7 cm,
Gw-13 g
Georgisches Nationalmuseum
Simon Janashia, Tbilissi,
Inventar Nr.: AR14 N158-4049
Lit.: unpubliziert

Der lange, schmale Pfriem ist aus einem länglichen Röhrenknochen (Metatarsus) eines Schafes hergestellt. Die Spitze ist leicht beschädigt. Das Gelenkende ist vorhanden.

Kat. 92

92 Pfriem

Aruchlo I. Kreis Bolnissi,
Kvemo Kartli Region
5800–5500 v. Chr.
Knochen. L-7,1 cm, Max. B-1,7 cm,
Gw-5 g
Georgisches Nationalmuseum
Simon Janashia, Tbilissi,
Inventar Nr.: AR15 K103-6067
Lit.: unpubliziert

Der Pfriem ist aus einem länglichen Röhrenknochen (Tibia) eines Schafes oder einer Ziege hergestellt. Das Gelenkende ist vorhanden.

Kat. 93

93 Pfriem

Aruchlo I. Kreis Bolnissi,
Kvemo Kartli Region
5800–5500 v. Chr.
Knochen. L-5,7 cm, Max. B-1,5 cm,
Gw-3 g
Georgisches Nationalmuseum
Simon Janashia, Tbilissi,
Inventar Nr.: AR15 U092-6127
Lit.: unpubliziert

Der Pfriem ist aus einem länglichen Röhrenknochen (Metapodium) eines Schafes oder einer Ziege hergestellt. Die Spitze ist leicht beschädigt. Das Gelenkende ist vorhanden.

94 Schulterblatt

Aruchlo I. Kreis Bolnissi,
Kvemo Kartli Region
5800–5500 v. Chr.
Knochen. L-30,2 cm, B-8,2 und 14,2 cm,
Max. Dicke-6,0 cm, Gw-423 g
Georgisches Nationalmuseum
Simon Janashia, Tbilissi,
Inventar Nr.: AR16 K141-6474
Lit.: unpubliziert

Das Werkzeug wurde aus dem Schulterblatt eines Rindes hergestellt. Der vordere Teil ist leicht angespitzt. Das Objekt weist Beschädigungen auf und ist durchlocht.

Kat. 94

Kat. 95

Kat. 96

95 Architekturschmuck (gynäkomorph)

Aruchlo I. Kreis Bolnissi,
Kvemo Kartli Region
5800–5500 v. Chr.
Lehm. H-11 cm, Maße-15 × 15 cm,
Gw-924 g
Georgisches Nationalmuseum
Simon Janashia, Tbilissi,
Inventar Nr.: AR11 U042-2155
Lit.: Hansen/Ullrich 2017, 216, Fig. 36

Wahrscheinlich diente dieses in Form einer Frauenbrust modellierte Dekor als Architekturschmuck eines Gebäudes.

96 Lehmziegel

Aruchlo I. Kreis Bolnissi,
Kvemo Kartli Region
5800–5500 v. Chr.
Lehm. L-31,0 cm, B-17,0 cm, H-5,0 cm.
Gw-3,9 kg
Georgisches Nationalmuseum
Simon Janashia, Tbilissi,
Inventar Nr.: AR11 R065-0025
Lit.: Hansen/Mirtskhulava 2013, Taf. 17

Dieser plankonvex geformte Lehmziegel weist eine längliche Form auf. Der Ziegel stammt aus Areal U aus dem Versturz einer verbrannten Lehmziegelmauer und wurde deshalb sekundär gebrannt.

Kat. 105 (rechts), 106

Chalkolithikum

97 Topf

Samerzchle Klde. Kreis Tschiatura,
Imereti Region
5200–3400 v. Chr.
Ton. H-13,1 cm, DM-19,5 cm, B-20 cm
Georgisches Nationalmuseum
Simon Janashia, Tbilissi,
Inventar Nr.: 150-970:21
Lit.: Pkhakadze 1993, Taf. III-5

Das restaurierte Gefäß hat eine glatte bräunliche Oberfläche mit rötlichen Flecken. Der Rand ist nach außen geneigt, der Hals hat ein S-förmiges Profil, der Bauch ist abgerundet und der Boden eng.

Kat. 97

98 Zoomorphe Figurine

Tsopi. Kreis Marneuli,
Kvemo Kartli Region
5200–3400 v. Chr.
Ton. Größe-4,3 × 2,7 cm, Gw-17,23 g
Georgisches Nationalmuseum Simon
Janashia, Tbilissi, Inventar Nr.: 15-2014:1
Lit.: Nebieridze 2010, 16, Taf. IV-6

Diese gröber geformte Tonfigurine ist aus hellbraunem Ton gefertigt und symbolisiert wahrscheinlich einen Stier. Die Hörner sind ansatzweise zu erkennen, ansonsten ist sie wenig ausgearbeitet. Der vordere Bereich wurde im Vergleich zum hinteren größer dargestellt.

Kat. 98

Kat. 102, Kat. 103

99 Anthropomorphe Figurine

(s. Abb. 5 Seite 78)

Orchosani. Kreis Achalziche,
Samzche-Javacheti Region
3700–3400 v. Chr.
Ton. H-5,0 cm, D-2,5 cm, Gw-16g
Akhaltsikhe Samtsetkhe-Javakheti
Museum, Inventar Nr.: IV-323-4302
Lit.: Orjonikidse 2005, 71-72, Taf. V-9,
Orjonikidse 2017, 30-31, Taf. II-2

Die Figurine stellt eine stark stilisierte Figur mit ausgestreckten Armen dar. Der bikonische Kopf ist vom Körper abgesetzt. Die Füße bilden eine Standfläche. Die Oberfläche ist schwarz und poliert. Durch eine neue ^{14}C Datierung kann sie in das 37.–34. Jahrhundert v. Chr. datiert werden. Sie hat keine Parallelen im Südkaukasus.

100 Anthropomorphe Figurine (s. Abb. 5 Seite 78)

Orchosani. Kreis Achalziche,
Samzche-Javacheti Region
3700–3400 v. Chr.
Ton. H-5,9 cm, Max. B- mit
Händen -4,1 cm, D-1,4 cm, Gw-22,4 g
Akhaltsikhe Samtsetkhe-Javakheti
Museum, Inventar Nr.: KP-155-61
Lit.: Gambashidze u. a. 2018 (im Druck)

Die schematische Figurine stellt eine stehende Frau dar. Sie ist aus braunem Ton gefertigt. Der Körper weist einen runden Querschnitt auf. Der Kopf und die Hände sind abgebrochen. Die Arme sind seitlich ausgestreckt, die Beine geschlossen und nicht ausmodelliert. Die Brust wurde deutlich herausgearbeitet.

101 Fragment einer anthropomorphen Figurine

(s. Abb. 5 Seite 78)

Orchosani. Kreis Achalziche,
Samzche-Javacheti Region
3700–3400 v. Chr.
Ton. H-4,9 cm, Max. D-2,1 cm,
Gw-18,38 g
Akhaltsikhe Samtskhe-Javakheti
Museum, Inventar Nr.: KP-155-1
Lit.: Gambashidze u. a. 2018 (im Druck)

Dieses Fragment einer stilisierten Figurine wurde aus braunem Ton hergestellt. Ihr Querschnitt ist rund und sie ist stark beschädigt. Man kann noch gut das angedeutete Gesicht mit Augen und Mund erkennen.

102 Zoomorphe Figurine

Orchosani. Kreis Achalziche,
Samzche-Javacheti Region
5200–3400 v. Chr.
Ton. H-1,6 cm, L-3,5 cm, Gw-13,50 g
Akhaltsikhe Samtskhe-Javakheti
Museum, Inventar Nr.: KP-160-153
Lit.: unpubliziert

Diese zoomorphe Figurine ist aus hellbraunem Ton hergestellt. Es handelt sich um eine grobe stilisierte Darstellung eines Stiers. Der Kopf ist undeutlich ausgeführt, ein Horn ist abgebrochen. Sie weist leichte Beschädigungen auf. Diese Art der Tierdarstellung wurde in größerer Anzahl gefunden.

103 Zoomorphe Figurine

Orchosani. Kreis Achalziche,
Samzche-Javacheti Region
5200–3400 v. Chr.
Ton. H-1,7 cm, L-2,9 cm, Gw-6,47 g
Akhaltsikhe Samtskhe-Javakheti
Museum, Inventar Nr.: KP-160-156
Lit.: unpubliziert

Diese gröbere Figurine ist aus hellbraunem Ton hergestellt. Auf dem Rücken befindet sich eine schwarze Verfärbung. Es handelt sich um eine stilisierte Darstellung eines Stiers. Der Kopf ist nicht deutlich ausgeführt. Sie weist leichte Beschädigungen auf.

Kat. 104

104 Wagenrad

(s. auch Abb. 5 Seite 78)

Orchosani. Kreis Achalziche,
Samzche-Javacheti Region
5200–3400 v. Chr.
Ton. D-6,4 cm, Max. Dicke im mittleren Teil -2,9 cm, Gw-82,18 g
Akhaltsikhe Samtskhe-Javakheti Museum, Inventar Nr.: KP-155-60
Lit.: unpubliziert

Das Rad ist aus dunkelgrauem Ton hergestellt. Es wird vom Rand zur Mitte hin auf allen Seiten gleichmäßig dicker. In der Mitte befindet sich eine kleine, im Durchmesser 0,7 cm große, runde Durchlochung für die Achse. Das Rad diente wahrscheinlich als Teil eines kleinen Wagenmodells und ist aufgrund der ^{14}C Datierung eines der ältesten Beispiele eines Wagenrades.

105 Spinnwirtel (s. Abb. Seite 286)

Samele Klde. Kreis Tschiatura,
Imereti Region
5200–3400 v. Chr.
Ton. H-3,0 cm, D-4,5 cm, DM-Durchlochung-0,7 cm, Gw-43 g
Georgisches Nationalmuseum Simon Janashia, Tbilissi, Inventar Nr.: 1-60:2296
Lit.: Djavakhishvili 1969, Taf. VI

Der Spinnwirtel weist eine bikonische Form auf. Die Oberfläche ist braun mit helleren Flecken. Auf der Oberfläche befinden sich zwei Reihen von Punkten in Form kleiner Löcher. Die Mitte weist eine vertikale runde Durchlochung auf. Bei diesen häufig gefundenen Spinnwirteln handelt es sich um das bei der Handspinnerei verwendete Schwunggewicht, welches am unteren Ende einer Handspindel sitzt.

106 Spinnwirtel

(s. Abb. Seite 286)

Samele Klde. Kreis Tschiatura,
Imereti Region
5200–3400 v. Chr.
Ton. H-2,5 cm, D-4,9 cm,
DM- Durchlochung-0,7 cm, Gw-42 g
Georgisches Nationalmuseum Simon Janashia, Tbilissi, Inventar Nr.: 1-60:2334
Lit.: Djavakhishvili 1969, Taf. IV

Der Spinnwirtel hat eine konische Form. Die Oberfläche ist braun und weist vertikale geritzte Linien als Verzierung auf. In der Mitte befindet sich eine vertikale runde Durchlochung.

107 Beil

Siedlung Samerzchle Klde.
Kreis Tschiatura, Imereti Region.
5200–3400 v. Chr.
Stein. L-9,6 cm, Max. B-4,0 cm,
Dicke-2,3 cm, Gw-130 g
Georgisches Nationalmuseum Simon Janashia, Tbilissi, Inventar Nr.: 1-64:56
Lit.: unpubliziert

Das Beil hat eine längliche trapezoide Form. Der Nacken des Beiles ist relativ schmal und verbreitert sich bis zur Klinge nur ein wenig. Sowohl das obere Ende als auch die Schneide sind abgerundet. Im mittleren Teil ist das Beil auf der Oberfläche leicht beschädigt.

Kat. 107

Kat. 108, 109, 110

108 Lanzenspitze

Sagvarjile. Kreis Terjola,
Imereti Region
5200–3400 v. Chr.
Silex. L-8,1 cm, Max. B-3,1 cm,
Gw-22,96 g
Georgisches Nationalmuseum Simon Janashia, Tbilissi, Inventar Nr.: 1-55:421
Lit.: Nebieridze 2003, Taf. VII-2

Diese Lanzenspitze aus Silex hat eine längliche Form. An der Basis ist eine Aussparung herausgearbeitet. Das Objekt wurde beidseitig bearbeitet. Die Spitze ist abgebrochen.

109 Lanzenspitze

Sagvarjile. Kreis Terjola,
Imereti Region
5200–3400 v. Chr.
Silex. L-8,8 cm, Max. B-3,1 cm,
Gw-24,77 g
Georgisches Nationalmuseum Simon Janashia, Tbilissi, Inventar Nr.: 1-55:539
Lit.: Nebieridze 2003, Taf. VI-5

Die Lanzenspitze weist eine längliche Form auf. Die Basis ist abgeschrägt. Das Objekt wurde beidseitig bearbeitet.

110 Lanzenspitze

Sagvarjile. Kreis Terjola,
Imereti Region
5200–3400 v. Chr.
Silex. L-7,1 cm, Max. B.-3,3 cm,
Gw-24,84 g
Georgisches Nationalmuseum Simon Janashia, Tbilissi, Inventar Nr.: 1-55:484
Lit.: Nebieridze 2003, Taf. VII-3

Die Lanzenspitze hat eine längliche Form. Die Basis weist eine Aussparung auf. Das Objekt wurde beidseitig bearbeitet. Die Spitze ist abgebrochen.

Kat. 111

111 Drei Lanzenspitzen

Samele Klde. Kreis Tschiatura,
Imereti Region (1-60:2206)
Samerzchle Klde. Kreis Tschiatura,
Imeretien Region (150-970:185,
150-970:178)
5200–3400 v. Chr.
Silex. L-12,3 cm, 9,7 cm, 8,5 cm
Georgisches Nationalmuseum Simon
Janashia, Tbilissi, Inventar Nr.: 1-60:2206,
150-970:185, 150-970:178
Lit.: unpubliziert

Die Lanzenspitze 1 wurde aus braunem Silex hergestellt und weist Bearbeitungsspuren an beiden Seiten auf. Die Basis ist abgerundet. Die Lanzenspitze 2 wurde aus dunkelbraunem Silex hergestellt und weist ebenfalls Bearbeitungsspuren an beiden Seiten auf. Die Basis ist flach. Die Lanzenspitze 3 wurde aus dunkelbraunem Silex gefertigt und weist Bearbeitungsspuren an beiden Seiten auf. Die Basis ist mit einem Griff versehen.

Kat. 112

112 Angelhaken

Sagvarjile. Kreis Terjola,
Imereti Region
5200–3400 v. Chr.
Kupfer. L-3,4 cm, Max. B-2,1 cm,
Gw-0,74 g
Georgisches Nationalmuseum Simon
Janashia, Tbilissi, Inventar Nr.: 1-55:807
Lit.: Nebieridze 2003, Taf. XXII-16

Der Haken ist aus einem Kupferdraht hergestellt. Er weist einen runden Querschnitt auf. Die Spitze zeigt keinen Widerhaken. Das Ende wurde nach innen eingerollt.

Kat. 113

113 Armreifen

Berikldeebi. Kreis Kareli,
Region Schida Kartli
5200–3400 v. Chr.
Kupfer. D-8 cm, Gesamtgewicht-18,50 g
Georgisches Nationalmuseum
Simon Janashia, Tbilissi,
Inventar Nr.: 11-2000:126
Lit.: unpubliziert

Der zerbrochene Armreifen ist aus einem flachen Kupferdraht hergestellt. Er war ursprünglich zweifach gewunden.

114 Angelhaken

Sagvarjile. Kreis Terjola,
Imereti Region
5200–3400 v. Chr.
Kupfer. L-4,5 cm, Gw-2,5 g
Georgisches Nationalmuseum
Simon Janashia, Tbilissi,
Inventar Nr.: 1-55:809
Lit.: Nebieridze 2003, Taf. XXII-14

Dieser Fischhaken wurde aus Kupferdraht mit einem runden Querschnitt hergestellt. Die Öse ist nach außen eingerollt. Er weist keinen Widerhaken auf.

115 Angelhaken

Sagvarjile. Kreis Terjola,
Imereti Region
5200–3400 v. Chr.
Kupfer. L-2,0 cm, Gw-1,5 g
Georgisches Nationalmuseum Simon
Janashia, Tbilissi, Inventar Nr.: 1-55:808
Lit.: Nebieridze 2003, Taf. XXII-15

Der kleine Fischhaken wurde aus Kupferdraht mit einem runden Querschnitt hergestellt. Die Öse ist nach außen eingerollt. Die Spitze hat keinen Widerhaken.

116 Angelhaken

Sagvarjile. Kreis Terjola,
Imereti Region
5200–3400 v. Chr.
Knochen. L-3,1 cm, Gw-0,5 g
Georgisches Nationalmuseum
Simon Janashia, Tbilissi,
Inventar Nr.: 1-55:594
Lit.: Nebieridze 2003, Taf. XXI-9

Dieser Fischhaken ist aus Knochen hergestellt und weist einen viereckigen Querschnitt auf.

117 Hacke (s. Abb. 5 Seite 78)

Orchosani. Kreis Achalziche,
Samzche-Javacheti Region
5200–3400 v. Chr.
Kupfer. L-16,0 cm, B-7,1 cm, Gw-671 g
Akhaltsikhe Samtsetkhe-Javakheti
Museum, Inventar Nr.: IV-323-112-218
Lit.: Orjonikidze/Jibladze 2010, Taf. I-1

Die Hacke wurde aus Zinnbronze gegossen. Sie ist trapezförmig und wird zur Schneide hin breiter. Die Schneide ist abgerundet. Das obere Teil ist nach innen gebogen. In der Tülle befindet sich eine Durchlochung.

118 Beil (s. Abb. 5 Seite 78)

Orchosani. Kreis Achalziche,
Samzche-Javacheti Region
5200–3400 v. Chr.
Kupfer (?). L-11,3 cm, B-4,0 cm,
Dicke-0,5 g, Gw-140,0 g
Akhaltsikhe Samtskhe-Javakheti
Museum, Inventar Nr.: KP-167-110
Lit.: unpubliziert

Das Beil hat eine längliche trapezoide Form. Der Nacken ist etwas schmaler als die Klinge. Sowohl die Klinge als auch der obere Teil sind abgerundet.

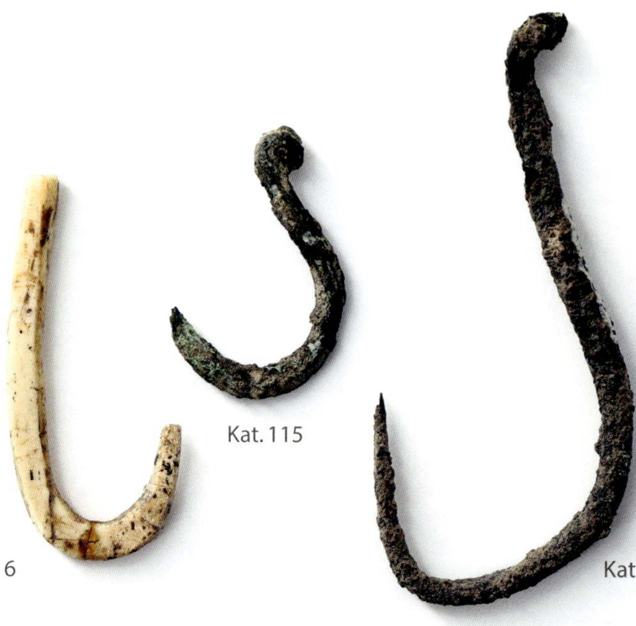

Kat. 115

Kat. 116

Kat. 114

Kat. 114–116

Kat. 119

119 Nackendornaxt

Lesefund. Herkunftsort Kasspi.
3800–3400 v. Chr.
Arsenkupfer. L-17,7 cm, B-4,5 cm, Gw-600 g
Georgisches Nationalmuseum Simon Janashia, Tbilissi, Inventar Nr.: 5-34:5
Lit.: Koridze 1958, Taf. 1-1

Das Artefakt ist ein kombiniertes Werkzeug. Auf der längeren Seite des Schaftlochs befindet sich eine Axt und auf der kürzeren Seite ein Pickel oder eine Spitzhacke. Das Schaftloch weist innen eine größere Durchlochung auf als auf der Außenseite. Aus Südkaukasien sind einige dieser Werkzeuge als Lesefunde bekannt[1].

120 Nadel (s. Abb. 5 Seite 78)

Orchosani. Kreis Achalziche, Samzche-Javacheti Region
5200–3400 v. Chr.
Kupfer (?). L-13,5 cm, B-3,9 cm, Dicke-0,4 cm, Gw-12,70 g
Akhaltsikhe Samtskhe-Javakheti Museum, Inventar Nr.: KP-157-59
Lit.: unpubliziert

Die leicht verbogene Nadel ist von T-förmiger Gestalt. Der Schaft der Nadel ist im Querschnitt rund. Im oberen Teil wird er flacher. Der Schaftbereich endet mit einer Spitze. Der Kopf der Nadel präsentiert sich als flacher, leicht nach unten gebogener Draht in T-Form.

1 Orjonikidse 2013, 129

121 Schmelztiegel

Dzedzwebi IV, Kreis Bolnissi, Region Kvemo Kartli
5200–3400 v. Chr.
Ton. L-11,0 cm, B-9,0 cm
Georgisches Nationalmuseum Simon Janashia, Tbilissi, Inventar Nr.: F.27905
Lit.: Gambashidze/Stöllner 2016, 157

Der Schmelztiegel wurde aus braunem Ton hergestellt und weist innen Spuren von Kupfer auf. Bei dem Objekt handelt es sich um einen der ältesten bekannten Tiegel für metallurgische Prozesse in Georgien.

122 Gussform

Dzedzwebi IV, Kreis Bolnissi, Region Kvemo Kartli
5200–3400 v. Chr.
Ton. L-14,0 cm, B-9,5 cm, H-7,2 cm
Georgisches Nationalmuseum Simon Janashia, Tbilissi, Inventar Nr.: F.27906
Lit.: Gambashidze/Stöllner 2016, 157

Bei der Gussform handelt es sich um die Form für eine »Werkzeugkombination«, eine Axt und einen Pickel. Das Objekt gehört in dieser Art zum ältesten Werkzeugbestand für metallurgische Prozesse in Georgien.

Kat. 121, 122 (links)

Kat. 167, Vorderseite

Kura-Araxes-Kultur

123 Herdstelle

Orkhevi. Kreis Tianeti,
Mzcheta-Tianeti Region
3400–2500 v. Chr.
Ton. D-64,0 cm, H-16,8 cm
Georgisches Nationalmuseum
Simon Janashia, Tbilissi,
Inventar Nr.: ohne Nummer
Lit.: Mirtskhulava 2011, 98 Taf. 23-1

Die Herdstelle, welche im Boden installiert war, ist niedrig und weist eine runde Form auf. Die Wände sind dick und stabil. Auf der Oberfläche des Randes befindet sich eine umlaufende Rille. An der inneren Seite sind drei zungenartige Vorsprünge angebracht, die den Rand etwas überragen und sich alle in einer Hälfte des Kreises befinden. Es wird der Eindruck erweckt, dass eine Verdickung auf der vierten Seite fehlt. Zwischen den Vorsprüngen an zwei Stellen am Rand befinden sich Darstellungen von doppelten Knubben. Herdstellen dieser Art, mit einer unterschiedlichen Anzahl von Verdickungen, sind in der Kura-Araxes Kultur weit verbreitet.

Kat. 123

124 Hufeisenförmiger Herdständer (s. Abb. 7 Seite 109)

Amiraniss gora. Grube 7,
Kreis Achalziche, Samzche-Javacheti Region
3400–2500 v. Chr.
Ton. Größe-36,0 × 37,0 cm, H-5,5 cm,
Max. H-12,3 cm, Gw-6,4 kg
Georgisches Nationalmuseum
Simon Janashia, Tbilissi,
Inventar Nr.: 14-2011:29
Lit.: Tchubinischvili 1965, Taf. III-6, Gambashidze u. a. 2001, 99, Miron/Orthmann 1995, 68, Abb. 46

Der Herdständer hat die Form eines Hufeisens, welches eine schematische Darstellung eines Mannes symbolisiert. Die Oberfläche ist dunkelbraun und poliert. Die Enden des Ständers weisen die Form von menschlichen Füßen auf, im mittleren Teil wird durch einen Aufsatz ein Kopf symbolisiert, der zwei kleine Hörner trägt. Durch Löcher werden Augen und Mund sowie durch eine Knubbe die Nase dargestellt. Eine Knubbe auf der inneren Seite des Kreises symbolisiert einen Phallus. Herdständer dieser Art sind in der Kura-Araxes-Kultur gut belegt.

125 Topf

Farechas gora. Kreis Adigeni,
Samzche-Javacheti Region
3400–2500 v. Chr.
Ton. H-12,2 cm, DM-11,2 cm, D-13,0 cm
Akhaltsikhe Samtsetkhe-Javakheti Museum, Inventar Nr.: 08.PG.77-8 5852
Lit.: Mirzchulava u. a. 1992, Taf. CXV

Kat. 125

Georgisches Nationalmuseum Simon Janashia, Tbilissi, Inventar Nr.: 15-55-287
Lit.: Djavakhishvili/Glonti 1962, Taf. XXVII-3, Miron/Orthmann 1995, 218, Abb. 35

Die untere Seite des scheibenförmigen Deckels ist flach und nicht geglättet. Die Oberfläche ist poliert. Auf einer Seite ist in einem aus einem Wulst bestehenden Kreis eine reliefierte, stark schematisierte Darstellung eines Hirsches zu sehen. Die Scheibe diente wahrscheinlich als Deckel eines Gefäßes und wurde durch einen Brand stark verfärbt.

Das einhenklige, leicht beschädigte Gefäß hat eine glatte schwarzpolierte Oberfläche. Der Rand ist nach außen geneigt, der Hals S-förmig, der Bauch abgerundet und der Boden eingezogen. Auf dem Hals und auf der Schulter befinden sich eingeritzte geometrische Darstellungen in Form einer horizontal verlaufenden Zick-Zack-Linie und einer horizontalen, X-artigen Darstellung.

126 Deckel mit Hirschdarstellung

Kwazchelebi. Schicht C. Kreis Kareli, Schida Kartli Region
3400–2500 v. Chr.
Ton. D-18,0 cm, Dicke 1–1,2 cm, Gw-464,44 g

127 Doppelgefäß

Beschtaschen, III Schicht. Kreis Tsalka, Kvemo Kartli Region
3400–2500 v. Chr.
Ton. H-6,3 cm, DM- von einem Gefäß – 8 cm, DM- von anderem Gefäß – 8,7 cm
Georgisches Nationalmuseum Simon Janashia, Tbilissi, Inventar Nr.: 43-68:79
Lit.: Kuftin 1949, Taf. CXXIV, Pkhakadze 2002, 29, Taf. I-2

Das Gefäß besteht aus zwei ähnlichen kleinen Trinkgefäßen. Beide Teile haben einen nach außen geneigten Rand, einen S-förmigen Hals und einen eingezogenen flachen Boden. Die Gefäße sind miteinander durch ein Loch im Bauchbereich verbunden, sie haben einen ge-

Kat. 126

Kat. 127

Kat. 128

meinsamen Henkel. Gefäße dieser Art sind seit der Frühbronzezeit in fast allen Perioden im Südkaukasus bekannt. Die genaue Funktion ist unklar[1].

128 Schale

Kvemo-Aranissi (Jinvali). Kreis Duscheti,
Mzcheta-Mtianeti Region
3400–2500 v. Chr.
Ton. H-5,0 cm, D-15,2 cm, DM-15,2 cm
Georgisches Nationalmuseum
Simon Janashia, Tbilissi,
Inventar Nr.: 14-2011:30
Lit.: Glonti 2006, Taf. VII

Die Schale weist eine schwarzpolierte Oberfläche mit einem gelblichen Fleck auf. Der Rand ist nach außen geneigt, der Hals zylindrisch und der Boden eingezogen. Auf der Schulter ist eine Reihe von Dreiecken eingeritzt, die mit der Spitze nach oben weisen. An der Spitze von jedem Dreieck befindet sich ein Punkt. An drei Stellen zwischen den Dreiecken gibt es horizontale Darstellungen aus doppelten Reihen von Punkten. Auf dem Bauch des Gefäßes befinden sich Darstellungen aus schrägen, mehrfach geritzten Linien.

129 Standfußschale

Kvemo-Aranissi (Jinvali). Kreis Duscheti,
Mzcheta-Mtianeti Region
3400–2500 v. Chr.
Ton. H-13,3 cm, DM-17 cm, D-17,5 cm
Georgisches Nationalmuseum
Simon Janashia, Tbilissi,
Inventar Nr.: 14ა-2011:4
Lit.: Glonti 2006, Taf. VII

Das Gefäß hat eine glatte schwarzpolierte Oberfläche mit leichten Beschädigungen, einen S-förmigen Hals und einen, nach außen geneigten Rand. Der Fuß ist hohl und wird von oben nach unten breiter. Auf dem Rand befinden sich an zwei Stellen kleine Verdickungen beziehungsweise sind kleine Henkel angebracht. Die Gefäßform ist in der Kura-Araxes-Kultur selten belegt. Erst in der Mittel- und Spätbronzezeit lassen sie sich öfter nachweisen.

Kat. 129

1 Es gibt eine Überlegung von Frau Dr. G. Phkakadze, die diese Objekte als Ritualgefäße zum Weintrinken interpretiert. (Pkhakadze 2002, 29).

Kat. 130

130 Tasse mit Henkel

Kwazchelebi.
Kreis Kareli, Schida Kartli Region
3400–2500 v. Chr.
Ton. H-9,2 cm, DM-11 cm, B-10,6 cm
Georgisches Nationalmuseum
Simon Janashia, Tbilissi,
Inventar Nr.: 15-55:1587
Lit.: unpubliziert

Das Gefäß hat eine glatte polierte Oberfläche. Oben weist es eine schwärzliche Farbe und unten eine rötliche Farbe auf. Es sind leichte Beschädigungen an der Oberfläche zu erkennen. Der Rand ist nach außen geneigt. Der Bauch ist bikonisch und der Boden eingezogen. Ein Henkel verbindet den Gefäßrand mit dem Bauch.

131 Vorratsgefäß

Kwazchelebi.
Kreis Kareli, Schida Kartli Region
3400–2500 v. Chr.
Ton. H-82,5 cm, DM-37 cm, D-65 cm
Georgisches Nationalmuseum Simon Janashia, Tbilissi, Inventar Nr.: 15-55:659
Lit.: Djavakhishvili/Glonti 1962, Taf. XXIX-1

Das Vorratsgefäß hat eine rötliche bis schwärzliche Oberfläche. Der Rand ist nach außen geneigt, der Hals S-förmig, der Körper bikonisch und der Boden eingezogen. Am Bauch sind drei kleine senkrechte Henkel in regelmäßigen Abständen angebracht. Die Henkel sind mit einem bogenartigen Wulst miteinander verbunden.

132 Vorratsgefäß

(s. Abb. 11 Seite 97)

Kwazchelebi.
Kreis Kareli, Schida Kartli Region
3400–2500 v. Chr.
Ton. H-52,9 cm, DM-18,0 cm, D-44 cm
Georgisches Nationalmuseum Simon Janashia, Tbilissi Inventar Nr.: 15-55:767
Lit.: Djavakhishvili/Glonti 1962, Taf. 1, Shanshashvili 2013, 110

Das Gefäß hat eine polierte Oberfläche, der Rand ist nach außen geneigt, der Hals leicht S-förmig und der Körper bikonisch. Auf dem Umbruch von Schulter zu Bauch sind in regelmäßigen Abstand drei senkrechte Henkel angebracht. Die Henkel sind miteinander durch einen länglichen Wulst verbunden. Das obere

Kat. 131

Teil des Gefäßes ist mit dunklen Bemalungsresten verziert. Auf dem roten Hintergrund ist eine schwarze horizontale Linie dargestellt. Über der Linie sind Dreiecke, Halbkreise und Punkte dargestellt.

133 Vorratsgefäß

Tschobareti. Kreis Asspindza,
Samzche-Javacheti Region
3400–2500 v. Chr.
Ton. H-41,0 cm, DM-38,0 cm, B-48,0 cm
Georgisches Nationalmuseum
Simon Janashia,
Inventar Nr.: ohne Nummer
Lit.: unpubliziert

Das Gefäß hat eine schwarzpolierte Oberfläche. Der Hals ist zylindrisch, der Körper bikonisch mit deutlichem Umbruch auf dem Bauch. Auf diesem Umbruch sind zwei kleine Henkel angebracht. Auf dem oberen Teil des Umbruchs befinden sich an zwei Stellen geritzte Darstellungen, die wahrscheinlich Menschen symbolisieren.

Kat. 133

Kat. 134

135 Krug

Ghaitmasi. Zerstörtes Grab.
Kreis Marneuli, Kvemo Kartli Region
3400–2500 v. Chr.
Ton. H-15,5 cm, DM-10,0 cm, B-15,0 cm
Georgisches Nationalmuseum Simon Janashia, Tbilissi, Inventar Nr.: 19-969:1
Lit.: Glonti 1975, Taf. 56-1

Das einhenklige Gefäß hat eine schwarzpolierte Oberfläche, einen nach außen geneigten Rand und einen zylindrischen Hals. Der Bauch ist abgerundet und der Boden eingezogen. Der Rand und die Schulter sind mit einem Henkel verbunden. Auf dem Bauch und Hals befinden sich eingeritzte Darstellungen von Spiralen und Doppelspiralen, die miteinander verbunden sind. Die Schulter umläuft ein Band aus geritzten schrägen Linien und schrägen, gepunkteten Linien.

134 Vorratsgefäß

Kwazchelebi. Kreis Kareli,
Schida Kartli Region
3400–2500 v. Chr.
Ton. H-71,0 cm, DM-30,0 cm, B-64,0 cm
Georgisches Nationalmuseum Simon Janashia, Tbilissi, Inventar Nr.: 15-55-542
Lit.: Djavakhishvili/Glonti 1962, Taf. XXVIII-1

Das Gefäß hat eine polierte Oberfläche. Der Rand ist nach außen geneigt und der Hals leicht S-förmig. Der Körper ist bikonisch. Auf dem Umbruch von Schulter zum Bauch sind in regelmäßigen Abständen drei senkrechte Henkel angebracht. Die Henkel werden miteinander durch einen länglichen Wulst verbunden. Auf dem oberen Teil des Körpers sind nicht näher identifizierbare Bemalungsreste vorhanden.

Kat. 135

136 Trinkgefäß

Kwazchelebi. Kreis Kareli,
Schida Kartli Region
3400–2500 v. Chr.
Ton. H-8,6 cm, DM-10,5 cm, B-10,2 cm
Georgisches Nationalmuseum
Simon Janashia, Tbilissi,
Inventar Nr.: 15-55:1578
Lit.: Djavakhishvili/Glonti 1962,
Taf. XXXI-2

Das Gefäß hat eine hellbraune-beige, leicht grobe Oberfläche mit einem schwarzen Brandfleck am Rand. Der Rand ist nach außen geneigt, der Hals S-förmig. Der Körper ist bikonisch und der Boden eingezogen.

Kat. 136

137 Topf mit Obsidian im Boden

Akhalkalakiss Amiraniss gora.
Kreis Achalkalaki,
Samzche-Javacheti Region
3400–2500 v. Chr.
Ton. H-10,5 cm, DM-9,0 cm, B-12,0 cm
Georgisches Nationalmuseum Simon
Janashia, Tbilissi, Inventar Nr.: 25-59:1
Lit.: Mirtkhulava u. a. 1992, Taf. CXIV-6

Die Oberfläche des Gefäßes ist dunkelbraun mit schwarzen Brandflecken, teilweise schwarzpoliert. Der Rand ist nach außen geneigt und leicht beschädigt, der Hals S-förmig, der Bauch abgerundet und der Boden eingezogen. Auf der Schulter befinden sich an zwei Stellen 2 × 2 Knubben. Im Zentrum des Bodens des Gefäßes gibt es ein sogenanntes »Obsidianfenster«. Gefäße mit Obsidianplättchen im Boden sind auch in der Mittel- und Spätbronzezeit/Früheisenzeit in Georgien bekannt.

Kat. 137

Kat. 138

Kat. 139

138 Ständer

Ghaitmasi.
Kreis Marneuli, Kvemo Kartli Region
3400–2500 v. Chr.
Ton. H-13,6 cm, DM-24,0 cm,
D- des Bodens -19,0 cm
Georgisches Nationalmuseum Simon Janashia, Tbilissi, Inventar Nr.: 20-969:10
Lit.: Glonti 1975, Taf. 55-25

Der Ständer weist eine schwarzpolierte Oberfläche auf. Der Rand, in Form einer Schale, ist stark nach außen geneigt. Der restliche Körper ist zylindrisch mit einem breiten flachen Boden. Der Ständer hat einen senkrechten Henkel. Auf diesem Ständer stand ursprünglich ein schwarzpoliertes Gefäß mit Deckel.

139 Topf

Ghaitmasi.
Kreis Marneuli, Kvemo Kartli Region
3400–2500 v. Chr.
Ton. H-31,0 cm, DM-27,5 cm, B-32,0 cm
Georgisches Nationalmuseum Simon Janashia, Tbilissi, Inventar Nr.: 19-969:3
Lit.: Glonti 1975, Taf. 56-13

Das Gefäß hat eine glatte schwarzpolierte Oberfläche, einen nach außen geneigten Rand, einen S-förmigen Hals, einen abgerundeten Bauch und eingezogenen Boden. Die Oberfläche ist reichlich verziert. Auf dem Bauch und Hals befinden sich Darstellungen von Spiralen und Doppelspiralen, die miteinander verbunden sind. Die Schulter umläuft ein Band aus geritzten Linien und Punkten.

140 Schaufel

Kwazchelebi. Kreis Kareli,
Schida Kartli Region
3400–2500 v. Chr.
Ton. H-12,5 cm, DM-20,5 und 28,0 cm
Georgisches Nationalmuseum
Simon Janashia, Tbilissi,
Inventar Nr.: 15-55:1151
Lit.: unpubliziert

Die Schaufel hat eine braune bis hellbraune Oberfläche. Sie ist niedrig und breit ausladend. Ihre Form ist unregelmäßig. Eine Seite der Schaufel ist der Mitte zugeneigt, an dieser Stelle ist am Rand ein Henkel angebracht.

Kat. 140

Kat. 141

141 Gefäß mit Löchern

Didube[1]. Tbilissi
3400–2500 v. Chr.
Ton. H-6,3 cm, DM-12,2 cm,
D- von Boden -7,0 cm
Georgisches Nationalmuseum Simon Janashia, Tbilissi, Inventar Nr.: 2-52:59
Lit.: Koridze 1955, Bild 15, Taf. VIII1-3

Das Gefäß ist handgemacht und trapezförmig. Nach unten hin verläuft es schmaler zu. Die Oberfläche ist rötlich-schwarz mit Brandspuren. Im Boden befindet sich ein Loch. Die Wände des Gefäßes sind ebenfalls gelocht. Es diente zur Aufbewahrung von glühender Holzkohle.

1 Genauere Angaben über den Fundort sind nicht bekannt. Gefunden wurde es im Jahre 1931 während der Bauarbeiten zu einer Fabrik in Tbilissi. Der Fundort war gestört. Es wurden sowohl Schichten einer Siedlung als auch ein paar Gräber freigelegt. Koridse 1955, 6–10.

142 Trinkgefäß in Vogelgestalt

Dedopliss gora.
Kreis Kareli, Schida Kartli Region
3400–2500 v. Chr.
Ton. H-19,5 cm, B-25,0 cm
Georgisches Nationalmuseum Simon Janashia, Tbilissi,
Inventar Nr.: 27-977-11928
Lit.: Gagoshidze/Rova 2018, 503, Fig. 8

Das Gefäß hat die Form eines Vogels. Die Oberfläche ist rötlich mit schwarzen Flecken. Der Körper ist bikonisch. Die zwei Gefäßfüße vorne symbolisieren die Vogelbeine und der Henkel den Hals und Kopf des Vogels. Im hinteren Teil des Gefäßes befindet sich ein kleines rundes Loch. Im Gefäß wurden zahlreiche gut erhaltene Pollen der *Vitis vinifera* (Weinrebe) gefunden. Es könnte ein Hinweis darauf sein, dass sich im Gefäß Wein befand.

Kat. 142

Kat. 143

Kat. 144

143 Kanne mit Piktogrammen

Akhalzichiss Amiraniss gora. Grab 36.
Kreis Achalziche,
Samzche-Javacheti Region
3400–2500 Jahre v. Chr.
Ton. H-28,5 cm, DM-13,0 cm, D-26,5 cm
Akhaltsikhe Samtsetkhe-Javakheti
Museum, Inventar Nr.: N185 (1101),
Inv. N1102
Lit.: Tchubinischvili 1963, Taf. V-1,2

Das Gefäß hat eine braune, polierte Oberfläche. Der Gefäßrand ist nach außen geneigt. Der Hals ist S-förmig, der Bauch rund und der Boden eingezogen. Auf der Schulter und am Hals ist ein Henkel angebracht. Die Schulter umlaufen eingeritzte, eckige Darstellungen, die vom Ausgräber T. Tschubinischwili als Piktogramme interpretiert wurden.

144 Lanzenspitze

Lesefund aus Achalziche. Kreis
Achalziche, Samzche-Javacheti Region
3400–2500 v. Chr.
Arsenkupfer. L-26,3 cm, B-2,8 cm,
Gw-204 g
Akhaltsikhe Samtsetkhe-Javakheti
Museum, Inventar Nr.: 1334
Lit.: Gambaschidze u. a. 2010, 320,
Taf. XIV-216

Der Schaft der Lanzenspitze hat einen runden Querschnitt. Er geht in eine schmale, blattförmige Klinge mit deutlicher Mittelrippe über. Am unteren Ende des Schaftes befindet sich eine kurze Angel mit einem rechteckigen Querschnitt, die sich zum Ende hin verjüngt und spitzer wird.

Kat. 145

145 Nadel

Satschkhere Hügelgrab.
Kreis Satschkhere, Imereti Region
1. Hälfte des 3. Jahrtausends v. Chr.
Bronze (?). L-10,2 cm,
D- der Räder -2,6 cm, Gw-25,48 g
Georgisches Nationalmuseum Simon Janashia, Tbilissi, Inventar Nr.: 94-10:3
Lit.: Kuftin 1941, Taf. 11-7, Katalog Tbilissi 1955, Taf. IV-15

Der Schaft der Nadel ist im Querschnitt rund. Die Nadel wird im oberen Teil in drei Teile untergliedert. Diese sind mit zwei radartigen Darstellungen verbunden. Sowohl die Räder als auch die drei oberen Teile des Schaftes sind mit reliefierten Darstellungen verziert. Der Schaft ist beschädigt, es fehlt die Spitze.

146 Nadel

Satschkhere Hügelgrab.
Kreis Satschkhere, Imereti Region
1. Hälfte des 3. Jahrtausends v. Chr.
Kupfer (?). L- 22,0 cm,
L- des horizontalen Schaftes -6,9 cm,
D- der Scheiben -1,5 cm, Gw-32,86 g
Georgisches Nationalmuseum Simon Janashia, Tbilissi, Inventar Nr.: 94-10:22
Lit.: Katalog der archäologischen Materialien II. 1955, Taf. IV-2, Gambashidze u. a. 2010, 356

Die Nadel weist eine T-Form auf. Der vertikale, lange Schaft ist im oberen Drittel gedreht. Er ist mit einem horizontalen Schaft verbunden, welcher an beiden Enden zwei kleine Scheiben aufweist. Der vertikale Schaft ist beschädigt, die Spitze fehlt.

147 Nadel

Satschkhere Hügelgrab.
Kreis Satschkhere, Imereti Region
1. Hälfte des 3. Jahrtausends v. Chr.
Kupfer (?). L-61,5 cm, Rad am Schaft -2,70 cm, L-des Kopfs -8,3 cm,
Gw-98,60 g
Georgisches Nationalmuseum Simon Janashia, Tbilissi, Inventar Nr.: 94-10:11
Lit.: Katalog der archäologischen Materialien II. 1955, Taf. IV-3., Gambashidze u. a. 2010, 354–355

Der lange Schaft der Nadel ist im Querschnitt rund. Der Nadelkopf ist vom Schaft durch eine Scheibe getrennt. Der Kopf stellt eine aus Draht gedrehte Schleife dar. Die Spitze des Kopfes ist abgebrochen.

Kat. 146

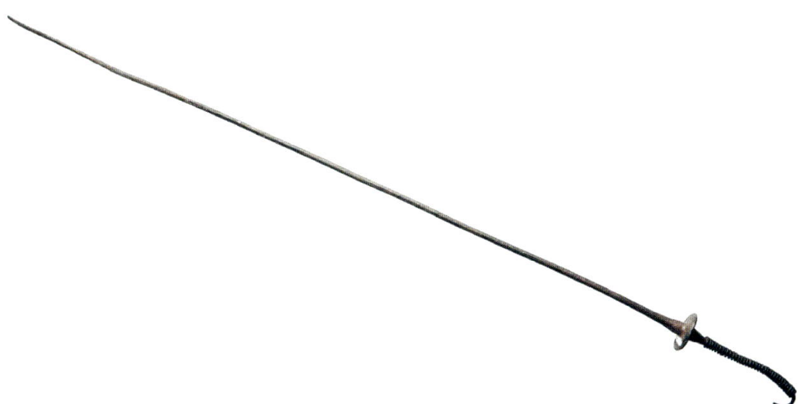

Kat. 147

Kat. 148–151

148 Tüllenaxt

Satschkhere, Grab III. Kreis Satschkhere, Imereti Region
1. Hälfte des 3. Jahrtausends v. Chr.
Arsen-Antimon-Kupfer. L-22,2 cm, L der Tülle -8,4 cm, D- der Tülle -2,7 cm, B-5,5 cm, Gw-329 g
Georgisches Nationalmuseum Simon Janashia, Tbilissi, Inventar Nr.: 18-29:2
Lit.: Djaparidze 1961, 197, Gambashidze u. a. 2010, 361, Taf. XXIII-376

Die Axt hat einen langen gebogenen Körper und eine breite Schneide. Die Schneide ist beschädigt. Die Tülle ist leicht oval. Die Oberfläche der Tülle ist von zwei Seiten mit reliefierten Linien verziert. Es handelt sich um eine sogenannte Ritualaxt.

149 Tüllenaxt

Satschkhere. Kreis Satschkhere, Imereti Region
1. Hälfte des 3. Jahrtausends v. Chr.
Kupfer (?). L-13,6 cm, L- der Tülle -4,0 cm, D- der Tülle -1,9 cm, B-2,8 cm, Gw-138 g
Georgisches Nationalmuseum Simon Janashia, Tbilissi, Inventar Nr.: 94-10:37
Lit.: Katalog Tbilissi 1955, Gambashidze u. a. 2010, 351

Die Axt hat einen gebogenen Körper und eine abgerundete Schneide. Die Tülle ist leicht oval. Die Oberfläche der Tülle ist von zwei Seiten mit je drei reliefierten Linien verziert.

150 Tüllenaxt

Satschkhere. Kreis Satschkhere, Imereti Region
1. Hälfte des 3. Jahrtausends v. Chr.
Kupfer. L-32,1 cm, L- der Tülle -10,5 cm, D- der Tülle -2,4 cm, B-8,0 cm, Gw-584,60 g
Georgisches Nationalmuseum Simon Janashia, Tbilissi, Inventar Nr.: 94-10:45
Lit.: Katalog Tbilissi 1955, Gambashidze u. a. 2010, 353

Die Axt hat einen langen gebogenen Körper und eine breite Schneide. Die Tülle ist rund. Auf der Oberfläche der Tülle befinden sich je vier Rillen von beiden Seiten.

151 Tüllenaxt

Satschkhere. Kreis Satschkhere, Imereti Region
1. Hälfte des 3. Jahrtausends v. Chr.
Kupfer (?). L-23,7 cm, L der Tülle -7,5 cm, Durchmesser der Tülle -2,3 cm, B-6 cm, Gw-552,80 g
Georgisches Nationalmuseum Simon Janashia, Tbilissi, Inventar Nr.: 94-10:48
Lit.: Katalog der archäologischen Materialien II. 1955, Taf. II-7, Gambashidze u. a. 2010, 353

Die Axt hat einen langen gebogenen Körper und eine breite Schneide. Die Tülle ist rund und leicht abgerundet.

Kat. 152

152 Axt

Lesefund aus Vaschnadsiani.
Kreis Gurjaani, Kacheti Region
Ende des 4. – Anfang des 3. Jahrtausends v. Chr.
Kupfer. L-14,6 cm, L der Tülle -2,8 cm, Durchmesser der Tülle -2,4 cm, B-4,8 cm, Gw-580,35 g
Georgisches Nationalmuseum Simon Janashia, Tbilissi, Inventar Nr.: 77-987:1
Lit.: Gambaschidze u. a. 2010, 329, Taf. XVI-248

Der Körper der Axt liegt eng an der Tülle an, er wird in der Mitte breiter und an der Schneide wieder enger. Die Tülle ist rund. Auf der Tülle befindet sich oben eine Verdickung.

Kat. 153

153 Axt

Lesefund aus Semo Avtschala. Tbilissi
1. Hälfte des 3. Jahrtausends v. Chr.
Arsenkupfer. L-13,5 cm, L der Tülle -3,7 cm, Durchmesser der Tülle -3,4 cm, B-5,9 cm, Gw-713,40 g
Georgisches Nationalmuseum Simon Janashia, Tbilissi, Inventar Nr.: 2-26:1
Lit.: Djaparidze 1961, Taf. 20-2, Gambashidze u. a. 2010, 326

Die Axt ist sehr massiv. Der Körper der Axt ist trapezoid. Sie wird von der Tülle bis zur Schneide breiter. Die Schneide ist leicht abgerundet. Die Tülle ist rund.

154 Flachbeil

Satschkhere. Kreis Satschkhere, Imereti Region
1. Hälfte des 3. Jahrtausends v. Chr.
Bronze. L-15,7 cm, B-4,1 cm, Max. D -0,7 cm, Gw-164,25 g
Georgisches Nationalmuseum Simon Janashia, Tbilissi, Inventar Nr.: 18-29:15
Lit.: Djaparidze 1961, Taf. 30

Das Beil hat eine trapezoide Form. Es wird von oben nach unten zu der Schneide hin breiter. Die Schneide ist abgerundet.

Kat. 154

Kat. 155

Kat. 156

Kat. 157

155 Armreif

Satschkhere. Kreis Satschkhere,
Imereti Region
1. Hälfte des 3. Jahrtausends v. Chr.
Bronze (?). D-6,6 cm,
D- der Verdickung -1,7 cm,
D- des Schaftes -0,6 cm, Gw-47,0 g
Georgisches Nationalmuseum
Simon Janashia, Tbilissi,
Inventar Nr.: 18-29:5
Lit.: unpubliziert

Der Querschnitt des Armreifs ist vierkantig mit abgerundeten Seiten. Die Enden sind offen. In der Mitte des Armreifes befindet sich eine Art kugelförmige Verdickung.

156 Armreif

Satschkhere. Kreis Satschkhere,
Imereti Region
1. Hälfte des 3. Jahrtausends v. Chr.
Bronze (?). D-6,0 cm,
D- der Verdickung -1,7 cm,
D- des Schaftes -0,6 cm,
Gw-46,1 g
Georgisches Nationalmuseum
Simon Janashia, Tbilissi,
Inventar Nr.: 18-29:6
Lit.: unpubliziert

Der Querschnitt des Armreifs ist vierkantig mit abgerundeten Seiten. Die Enden sind offen. In der Mitte des Armreifes befindet sich eine Art kugelförmige Verdickung.

157 Armreif

Satschkhere. Kreis Satschkhere,
Imereti Region
Mitte des 3. Jahrtausends v. Chr.
Arsenkupfer. H-4,6 cm, D-7,0 cm,
Gw-67,20 g
Georgisches Nationalmuseum Simon Janashia, Tbilissi, Inventar Nr.: 94-10:30
Lit.: Katalog archäologischen Materialien II, Taf. V-16., Gambashidze u. a. 2010, 358

Der Armreif wurde durch die sechsmalige Windung eines Metalldrahts hergestellt. Der Draht ist im Querschnitt halbrund.

158 Amboss

Sakdrissi. Kreis Bolnissi,
Kvemo Kartli Region
2. Hälfte des 4. Jahrtausends v. Chr.
Andesit. Größe-39 × 35 × 18 cm,
Gw-19,17 kg
Georgisches Nationalmuseum Simon Janashia, Tbilissi, Inventar Nr.: F.1804
Lit.: Gambashidze/Stöllner 2016, 59, 139

Der Amboss ist im Querschnitt viereckig. Auf einer Seite befinden sich fünf und auf der anderen Seite vier runde Vertiefungen.

Kat. 158

159 Rekonstruiertes Werkzeug

Sakdrissi
modern
Stein und Holz. Größe-12 × 5 × 5 cm, Gw-700 g
Georgisches Nationalmuseum Simon Janashia, Tbilissi, Inventar Nr.: 13
Lit.: Gambashidze/Stöllner 2016, 58–59

Ein rezenter Steinhammer wurde zu Demonstrationszwecken auf einem modernen Holzgriff befestigt.

160 Rekonstruiertes Werkzeug

Sakdrissi
modern
Stein und Holz. Größe-28 × 13 × 9 cm, Gw-4,1 kg
Georgisches Nationalmuseum Simon Janashia, Tbilissi, Inventar Nr.: 6/4-104$_3$
Lit.: Gambashidze/Stöllner 2016, 58–59

Ein rezenter Steinhammer wurde auf einem modernen Holzgriff befestigt, um zu demonstrieren wie dieses Werkzeug gehandhabt wurde.

161 Hammerstein

Sakdrissi. Kreis Bolnissi, Kvemo Kartli Region
2. Hälfte des 4. Jahrtausends v. Chr.
Andesit. L-17 cm, D-10,5 cm, Gw-1,9 kg
Georgisches Nationalmuseum Simon Janashia, Tbilissi, Inventar Nr.: F.3138
Lit.: Gambashidze/Stöllner 2016, 58, 140

Es handelt sich um einen länglichen Hammerstein mit einer ausgearbeiteten, umlaufenden Rille in der Mitte, welche zur Befestigung des Griffes diente.

Kat. 159, 160

Kat. 161, 162

Kat. 163

Kat. 164

162 Hammerstein

Sakdrissi. Kreis Bolnissi,
Kvemo Kartli Region
2. Hälfte des 4. Jahrtausends v. Chr.
Granodiorit. L-21,0 cm, D-12,5 cm,
Gw-3,3 kg
Georgisches Nationalmuseum Simon Janashia, Tbilissi, Inventar Nr.: F.5809
Lit.: Gambashidze/Stöllner 2016, 58, 140

Es handelt sich um einen länglichen Hammerstein mit einer ausgearbeiteten, umlaufenden Rille in der Mitte, die für die Befestigung des Griffes diente.

163 Hammerstein – Amboss

Sakdrissi. Kreis Bolnissi,
Kvemo Kartli Region
2. Hälfte des 4. Jahrtausends v. Chr.
Andesit. 29 × 14 × 11 cm, Gw-7 kg
Georgisches Nationalmuseum Simon Janashia, Tbilissi, Inventar Nr.: F. 7699
Lit.: Gambashidze/Stöllner 2016, 47, 61, 141

Dieser Stein wurde in seiner ursprünglichen Funktion als Hammerstein und später als Amboss verwendet. Er weist zwei Kerben für die Befestigung des Griffs auf.

164 Reibstein und Läufer

Dzedzvebi II, Kreis Bolnissi,
Kvemo Kartli Region
2. Hälfte des 4. Jahrtausends v. Chr.
Andesit. Größe-58 × 33 × 16 cm,
und Größe-5 × 11 × 4,5 cm, Gw-15 kg,
Läufer ohne Gewicht
Georgisches Nationalmuseum Simon Janashia, Tbilissi, Inventar Nr.: 12 646; 11946
Lit.: Gambashidze/Stöllner 2016, 61, 156

Der viereckige Reibstein mit einer Vertiefung auf der Oberfläche weist intensive Arbeitsspuren auf.

165 Erz mit Goldader

Sakdrissi. Kreis Bolnissi,
Kvemo Kartli Region
2. Hälfte des 4. Jahrtausends v. Chr.
Größe-15 × 11 cm
Georgisches Nationalmuseum
Simon Janashia, Tbilissi,
Inventar Nr.: Sak. Grube 1-1
Lit.: unpubliziert

Ein Stück Golderz.

Kat. 165

166 Dolch mit verziertem Griff

Satschkhere. Kreis Satschkhere,
Imereti Region
Mitte des 3. Jahrtausends v. Chr.
Arsenkupfer. L-30,5 cm, B-5,0 cm,
Gw-200 g
Georgisches Nationalmuseum Simon
Janashia, Tbilissi, Inventar Nr.: 10-61:11
Lit.: Djaparidze 1975, Abb 32, Taf. XVI
Gambashidze u. a. 2010, 372

Der Griff und die Klinge sind in einem Stück gegossen. Die Klinge hat die Form eines länglichen Dreiecks. Der Griff weist eine Mittelrippe auf und ist auf beiden Seiten mit reliefierten Darstellungen aus Metalldraht verziert und im oberen Teil durchgelocht. Die Verzierung besteht aus Halbbögen, die durch eine Schnurbandleiste begrenzt sind.

Kat. 166

167 Modell eines zweirädrigen Wagens

(s. auch Abb. 5 Seite 180 und Seite 294)

Badaani. Kreis Tianeti,
Mzcheta-Mtianeti Region
2. Hälfte des 3. Jahrtausends v. Chr.
Ton, ungebrannt. L-8cm, B-4,5 cm,
Gw-200 g
Georgisches Nationalmuseum
Simon Janashia, Tbilissi,
Inventar Nr.: 25-77:10
Lit.: Mirzchulava u. a. 1992: Taf. LXVIII ,
Gambaschidze u. a. 2001, 254, Abb. 39

Kat. 167, Rückseite

Das leicht beschädigte Wagenmodell besteht aus einem rechteckigen Kastenaufsatz und zwei Scheibenrädern. Der rechteckige Kastenaufsatz weist Löcher für die Achse und Deichsel auf. Eines der Räder ist beweglich, das andere Rad ist an der Achse befestigt. Dadurch konnte der Wagen direkt am Ort gewendet werden. Auf der Oberfläche des Kastenaufsatzes befindet sich eine Reihe von kleinen Löchern.

Kat. 231, Detail

Frühkurgan-Kultur (Martqopi und Bedeni Stufen)

168 Zwei Schläfenringe

Martkopi Hügelgrab Nr. 3. Aus Hauptbestattung und Nachbestattung.
Kreis Gardabani, Kvemo Kartli Region
2. Hälfte des 3. Jahrtausends v. Chr., Bedeni-Periode
Kupfer, Gold. D-1,5 cm, Gw-6,2 g und D-1,35 cm, Gw-6,2 g
Georgisches Nationalmuseum Simon Janashia, Tbilisi,
Inventar Nr.: 6-979:70 und 6-979:45
Lit.: Djaparidze 1998, Taf. 25-70, XXIII und Taf. 24-45, XXII

Die Schläfenringe sind aus einem Kupferdraht mit rundem Querschnitt hergestellt. Der Draht hat eine 1,5-fache Windung, die Enden der Ringe sind dünner. Über dem Kupferdraht befindet sich ein Überzug aus Goldblech. Eventuell wurden diese Ringe im Haar getragen.

Kat. 168

169 Schläfenring

Achali Khulgumo Hügelgrab 1. Kreis Ninotsminda, Samzche-Javacheti Region
1. Hälfte des 3. Jahrtausends v. Chr., Martqopi-Periode
Kupfer, Gold. D-1,3 cm, Gw-9,22 g
Georgisches Nationalmuseum Simon Janashia, Tbilisi Inventar Nr.: 20-2006:1
Lit.: Gambashidze u. a. 2010, XXXIV-580

Der im Querschnitt ovale Ring weist eine 1,5-fache Windung auf. An seinen Enden wird er dünner. Es handelt sich um einen Goldblechüberzug auf einem kupfernen Kern.

Kat. 169

170 Sieben Perlen

Martqopi Hügelgrab 4. Kreis Gardabani, Kvemo Kartli Region
2. Hälfte des 3. Jahrtausends v. Chr., Martqopi-Periode
Gold. Max. L-1,0 cm, D-0,3 cm, Gesamtgewicht -1,87 g
Georgisches Nationalmuseum Simon Janashia, Tbilissi, Inventar Nr.: 6-979:132
Lit.: Djaparidze 1998, Taf. 15-132, XVI, Miron/Orthmann, 1995, 75, Abb. 55

Insgesamt besteht die Kette aus sechs kleineren Perlen und einer größeren Perle. Die Perlen haben eine Form von länglichen zylindrischen Röhrchen. Am Ende und in der Mitte der kleineren Perlen befinden sich drei Rippen. Die größere Perle weist fünf dieser Rippen auf.

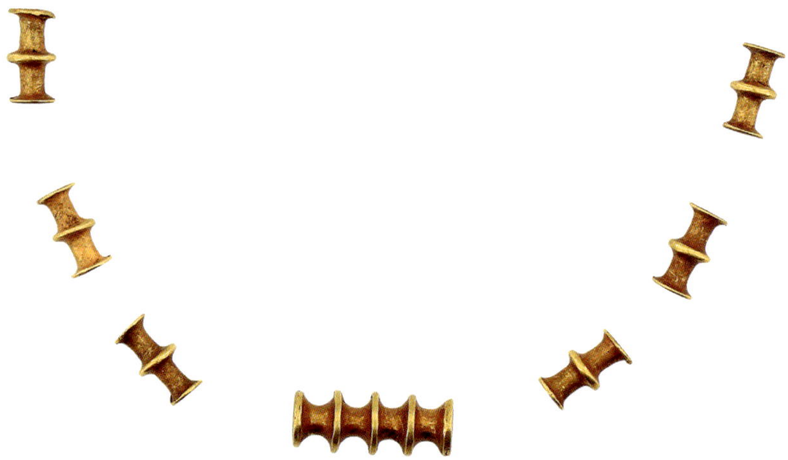

Kat. 170

171 Vorratsgefäß

Martqopi, Hügelgrab 6. Kreis Gardabani, Kvemo Kartli Region
2. Hälfte des 3. Jahrtausends v. Chr., Bedeni-Periode
Ton. H.-52,5 cm, DM-22,5 cm
Georgisches Nationalmuseum Simon Janashia, Tbilissi,
Inventar Nr.: ohne Nummer
Lit.: Djaparidze 1998, Taf. 34, XXIX

Das leicht beschädigte Gefäß hat eine schwarze Oberfläche und eine rötliche Innenfläche. Es weist einen trapezoiden Hals, breite Schultern und einen eingezogenen Flachboden auf. Der Rand ist nach außen geneigt. Eine flache Rille umläuft den Übergang vom Hals zum Bauch. Auf der Schulter sind drei Henkel angebracht. Zwischen den Henkeln befindet sich eine reliefierte Darstellung von miteinander verbundenen Spiralen, sogenannten »Brillendarstellungen«.

Kat. 171

172 Topf

Berikldeebi. Kreis Kareli.
Schida Kartli Region
2. Hälfte des 3. Jahrtausends v. Chr.,
Bedeni-Periode
Ton. H-41,0 cm, DM.-29,0 cm, D-41,5 cm
Georgisches Nationalmuseum
Simon Janashia, Tbilissi,
Inventar Nr.: 10-994:5117
Lit.: Jalabadse 1998, Taf. II-6

Das zweihenkelige Gefäß weist eine bearbeitet Oberfläche mit sogenannter »Strich-Kammverzierung« auf. Die Farbe im oberen Teil des Topfes ist dunkelbraun und im unteren Teil in einem helleren Braunton. Die Mündung des Gefäßes ist breit, der Rand nach außen geneigt und der Hals ist S-förmig und niedrig. Auf Mündung und Schulter sind zwei Henkel angebracht. Der Bauch ist rund und wird nach unten allmählich schmaler.

Kat. 172

Kat. 173

173 Topf

Berikldeebi. Kreis Kareli.
Schida Kartli Region
2. Hälfte des 3. Jahrtausends v. Chr.,
Bedeni-Periode
Ton. H-25,5 cm, DM-20,0 cm, D-23,0 cm
Georgisches Nationalmuseum
Simon Janashia, Tbilissi,
Inventar Nr.: 10-994:4475
Lit.: unpubliziert

Das Gefäß hat eine schwarzpolierte Oberfläche mit hellen Flecken. Der Rand ist nach außen geneigt, der Hals ist S-förmig, der Bauch abgerundet, der Boden eingezogen. Auf Schulter und Bauch sind zwei doppelte zoomorphe Henkel angebracht. Auf der Schulter umlaufen drei Rillen das Gefäß, auf dem Bauch befinden sich viele vertikale Rillendarstellungen.

Kat. 174

174 Topf

Kvemo Kartli (Schulaveri) Hügelgrab 4. Kreis Marneuli, Kvemo Kartli Region
2. Hälfte des 3. Jahrtausends v. Chr., Bedeni-Periode
Ton. H-21,0 cm, DM-13,5 cm, D-21,0 cm
Georgisches Nationalmuseum Simon Janashia, Tbilissi,
Inventar Nr.: 18-969:27
Lit.: Djaparidze 1975, Taf. 60-23, XXXVI-1

Das Gefäß hat eine schwarzpolierte Oberfläche, einen trapezoiden Hals, breite Schultern und einen eingezogenen Boden. Der Rand ist nach außen geneigt. Auf Schulter und Bauch sind eingeritzte Darstellungen vorhanden und ein Henkel angebracht. Die Schulter umläuft ein Doppelband mit einer »Fischgrätendarstellung« an dem 22 mit der Spitze nach unten hängende Dreiecke angebracht sind, die eine Füllung mit schrägen geritzten Linien aufweisen.

175 Trinkgefäß

Bedeni Hügelgrab 5. Kreis Tetri Tskaro, Kvemo Kartli Region
2. Hälfte des 3. Jahrtausends v. Chr., Bedeni-Periode
Ton. H-12,5 cm, DM-9,5 cm, D-12,5 cm
Georgisches Nationalmuseum Simon Janashia, Tbilissi,
Inventar Nr.: 134-975:218
Lit.: Gobejishvili 1981, Taf. 23

Das Gefäß hat eine schwarzpolierte, glänzende Oberfläche. Der Rand ist nach außen geneigt. Der Hals ist trapezoid, der Bauch bikonisch. Das Gefäß weist einen vierkantigen Schlaufenhenkel auf. Die Schulter ist mit einem reliefierten Band verziert. Darauf befindet sich eine Reihe von horizontal verlaufenden flachen Knubben, die wahrscheinlich Metallnieten symbolisieren.

176 Trinkgefäß

Bedeni Hügelgrab 5. Kreis Tetri Tskaro, Kvemo Kartli Region
2. Hälfte des 3. Jahrtausends v. Chr., Bedeni-Periode
Ton. H-10,5 cm, DM-8,3 cm, D-11,5 cm
Georgisches Nationalmuseum Simon Janashia, Tbilissi,
Inventar Nr.: 134-975:222
Lit.: Gobejishvili 1981, XXXIV-5

Das Gefäß hat eine schwarzpolierte, glänzende Oberfläche. Der Rand ist nach

Kat. 175

Kat. 176

Kat. 177

außen geneigt. Der Hals ist trapezoid, der Bauch abgerundet. Auf Schulter und Bauch ist ein Henkel angebracht. Auf der Schulter befinden sich zwei horizontale Reihen von Knubben.

177 Becher

Bedeni Hügelgrab 5. Kreis Tetri Tskaro, Kvemo Kartli Region
2. Hälfte des 3. Jahrtausends v. Chr., Bedeni-Periode
Ton. H-8,2 cm, DM-7,8 cm, D-11,0 cm
Georgisches Nationalmuseum Simon Janashia, Tbilissi,
Inventar Nr.: 134-975:239
Lit.: Gobejishvili 1981, XXXI-4

Der Becher hat eine schwarzpolierte glänzende Oberfläche. Der Rand ist nach außen geneigt, der Körper ist bikonisch und lädt bis zu dem scharfen Bauchumbruch weit aus. Auf der Schulter ist ein Henkel angebracht, auf dessen gegenüberliegender Seite sich eine runde Vertiefung befindet.

178 Topf

Martqopi Hügelgrab 5. Kreis Gardabani, Kvemo Kartli Region
2. Hälfte des 3. Jahrtausends v. Chr., Bedeni-Periode
Ton. H-17,8 cm, DM-18,3 cm, D-21,0 cm
Georgisches Nationalmuseum Simon Janashia, Tbilissi, Inventar Nr.: 6-979-181
Lit.: Djaparidze 1998, Taf. XXXVI

Das Gefäß hat eine glänzende schwarzpolierte Oberfläche. Die Gefäßwände sind fast zylindrisch leicht nach innen geneigt. Der Übergang vom Bauch zum Boden ist deutlich abgesetzt. Auf dem Körper sitzen zwei beschädigte, senkrecht sich gegenüber liegende Henkel. Die Oberfläche ist reichlich verziert. Um die Henkel herum befinden sich horizontale Rillen, auf dem Rest der Oberfläche vertikale Rillen. Dazwischen befinden sich Reihen von hängenden und stehenden eingeritzten Dreiecken und horizontale Reihen von Punkten.

Kat. 178

Kat. 179

179 Zwei Pfeilspitzen

Nadarbasevi (Bedeni) Hügelgrab 2.
Kreis Tetri Tskaro, Kvemo Kartli Region
2. Hälfte des 3. Jahrtausends v. Chr.,
Bedeni-Periode
Knochen. L-9,2 cm, Max. D-0,8 cm,
L-10,8 cm, Max. D-0,9 cm
Georgisches Nationalmuseum
Simon Janashia, Tbilissi,
Inventar Nr.: 134-975:80
Lit.: Gobejishvili1981, 27, Taf. XI

Die zwei Pfeilspitzen aus Knochen haben eine längliche zugespitzte Form. Ihr Querschnitt ist rund. Pfeilspitzen dieser Art sind für die Bedeni-Periode der Frühkurgan-Kultur charakteristisch.

180 Drei Pfeilspitzen

Bedeni (Nadarbasevi) Hügelgrab 2.
Kreis Tetriskaro, Kvemo Kartli Region
2. Hälfte 3. Jahrtausend v. Chr.,
Bedeni-Periode
Obsidian. L-5-5,4 cm, B-2-2,2 cm,
D-0,3 cm, Gw-2,0-2,3 g
Georgisches Nationalmuseum
Simon Janashia, Tbilissi,
Inventar Nr.: 134-975:60
Lit.: Gobejishvili 1981, Bild VI

Es handelt sich bei diesen drei Objekten um vollständige zweiflüglige Pfeilspitzen aus Obsidian. Die gräulichen Pfeilspitzen haben eine ausgeschnittene Basis. Sie sind dünn und fein bearbeitet sowie beidseitig retuschiert.

181 Zwei Pfeilspitzen

Bedeni (Nadarbasevi) Hügelgrab 2.
Kreis Tetriskaro, Kvemo Kartli Region
2. Hälfte 3. Jahrtausend v. Chr.,
Bedeni-Periode
Obsidian. L-2,6 cm, 2,1 cm, 2,6 cm,
1,6 cm, B-1,3 cm. Gesamtgewicht -2,15g
Georgisches Nationalmuseum
Simon Janashia, Tbilissi,
Inventar Nr.: 134-975:78
Lit.: Gobejishvili 1981, Bild VI

Es handelt sich bei diesen zwei Objekten um leicht beschädigte zweiflüglige Pfeilspitzen aus Obsidian. Die gräulichen Pfeilspitzen haben eine ausgeschnittene Basis. Sie sind dünn und fein bearbeitet sowie beidseitig retuschiert.

182 Tüllenaxt

Kvemo Kartli (Kvemo Sarali) Hügelgrab 9.
Kreis Marneuli, Kvemo Kartli Region
2. Hälfte des 3. Jahrtausends v. Chr.,
Bedeni-Periode
Arsenkupfer. L-10,9 cm,
L- der Tülle -5,0 cm,
D- der Tülle -2,7 cm,
B-5,0 cm, Gw-362,25 g
Georgisches Nationalmuseum Simon Janashia, Tbilissi, Inventar Nr.: 18-969:93
Lit.: Djaparidze 1975, 63, Taf. XLVI, Gambashidze u. a. 2010, 402

Die Axt hat einen kurzen gebogenen Körper und eine breite abgerundete Schneide. Die Tülle ist rund. Auf der Oberfläche der Tülle befindet sich eine Verdickung.

Kat. 180, 181

Kat. 182

183 Flachbeil

Kvemo Kartli (Kvemo Sarali) Hügelgrab 9.
Kreis Marneuli, Kvemo Kartli Region
1. Hälfte des 3. Jahrtausends v. Chr.,
Bedeni-Periode
Arsenkupfer. L-9,1 cm, B-3,5 cm,
D-0,4 cm, Gw-80,20 cm
Georgisches Nationalmuseum Simon
Janashia, Tbilissi, Inventar Nr.: 18-969:92
Lit.: Djaparidze 1975, Bild 63, Taf. XLVI,
Gambashidze u. a. 2010, 401

Das Beil weist eine leicht trapezoide Form auf. Es verbreitert sich nur ein wenig bis zur Klinge hin. Die Schneide ist leicht abgerundet.

Kat. 183

Kat. 186

Kat. 184

Kat. 185

Kat. 183–186

184 Meißel

Kvemo Kartli (Kvemo Sarali) Hügelgrab 9.
Kreis Marneuli, Kvemo Kartli Region
2. Hälfte des 3. Jahrtausends v. Chr.,
Bedeni-Periode
Arsenkupfer. L-10,9 cm,
Breite der Schneide -1,0 cm,
Max. Durchmesser -1,0 cm, Gw-57,85 g
Georgisches Nationalmuseum Simon
Janashia, Tbilissi, Inventar Nr.: 18-969:94
Lit.: Djaparidze 1975, Bild 63, Taf. XLVI,
Gambashidze u. a. 2010, 402

Der Meißel hat einen im Querschnitt runden Schaft. Der Kopf ist vierkantig. Die Schneide hat einen halbovalen Querschnitt.

185 Dolch

Kvemo Kartli (Kvemo Sarali) Hügelgrab 9.
Kreis Marneuli, Kvemo Kartli Region
2. Hälfte des 3. Jahrtausends v. Chr.,
Bedeni-Periode
Arsenkupfer. L-14,2 cm, B-3,7 cm,
Griff -3,0 cm, Gw-48,85 g
Georgisches Nationalmuseum Simon
Janashia, Tbilissi, Inventar Nr.: 18-969:90
Lit.: Djaparidze 1975, Bild 63, Taf. XLVI,
Gambashidze u. a. 2010, 401–402

Der Dolch besitzt eine flache viereckige Angel. Die Schultern der Klinge sind nach unten geneigt. Die Klinge hat eine längliche Form, die in der Spitze endet.

186 Ahle

Kvemo Kartli (Kvemo Sarali) Hügelgrab 9.
Kreis Marneuli, Kvemo Kartli Region
2. Hälfte des 3. Jahrtausends v. Chr.,
Bedeni-Periode
Arsenkupfer. L-8,9 cm, D-0,4 cm,
Gw-6,82 g
Georgisches Nationalmuseum Simon
Janashia, Tbilissi, Inventar Nr.: 18-969:91
Lit.: Djaparidze 1975, Bild 63, Taf. XLVI,
Gambashidze u. a. 2010, 402

Der Schaft der Ahle ist länglich und rechteckig im Querschnitt. Das Ende ist spitz.

Kat. 187, 188

187 Flachbeil

Bedeni Hügelgrab 5. Kreis Tetri Tskaro, Kvemo Kartli Region
2. Hälfte des 3. Jahrtausends v. Chr., Bedeni-Periode
Bronze. L-10,1 cm, B-3,9 cm, Max. Dicke -0,3 cm, Gw-67,70 g
Georgisches Nationalmuseum Simon Janashia, Tbilissi, Inventar Nr.: 134-975:281
Lit.: Gobejishvili 1981, Taf. X-2

Das Beil hat eine trapezoide Form und verbreitert sich von oben nach unten. Sowohl der Kopf als auch die Schneide sind abgerundet.

188 Flachbeil

Bedeni Hügelgrab 10. Kreis Tetri Tskaro, Kvemo Kartli Region
2. Hälfte des 3. Jahrtausends v. Chr., Bedeni-Periode
Bronze. L-9,0 cm, B-3,7 cm, Max. Dicke -0,3 cm, Gw-47,40 g
Georgisches Nationalmuseum Simon Janashia, Tbilissi, Inventar Nr.: 134-975:324
Lit.: Gobejishvili 1981, Taf. 7-4

Das Beil hat eine trapezoide Form, es verbreitert sich von oben nach unten. Sowohl der Kopf als auch die Schneide sind abgerundet. Die Schneide ist beschädigt.

189 Dolch

Bedeni (Nadarbasevi) Hügelgrab 2. Kreis Tetri Tskaro, Kvemo Kartli Region
2. Hälfte des 3. Jahrtausends v. Chr., Bedeni-Periode
Bronze. L-9,4 cm, B-3,4 cm, Gw-25,02 g
Georgisches Nationalmuseum Simon Janashia, Tbilissi, Inventar Nr.: 134-975:94
Lit.: Gobejishvili 1981, Taf. X-6

Der kurze Dolch hat eine breite Klinge mit abgerundeten Schultern. Eine Mittelrippe auf der Klinge ist nicht vorhanden. Am Ende der länglichen Griffangel ist ein Nietenloch vorhanden.

190 Dolch

Bedeni (Nadarbasevi) Hügelgrab 2. Kreis Tetri Tskaro, Kvemo Kartli Region
2. Hälfte des 3. Jahrtausends v. Chr., Bedeni-Periode
Kupfer (?). L-13,1 cm, B-5,5 cm, Gw-58,33 g
Georgisches Nationalmuseum Simon Janashia, Tbilissi, Inventar Nr.: 134-975:85
Lit.: Gobejishvili 1981, Taf. X-4

Der kurze, beschädigte Dolch weist eine breite Klinge mit abgerundeten Schultern auf. Es ist keine Mittelrippe auf der Klinge vorhanden. Die Griffangel ist kurz und ohne Nietenlöcher.

191 Ahle

Bedeni (Nadarbasevi) Hügelgrab 2.
Kreis Tetri Tskaro, Kvemo Kartli Region
2. Hälfte des 3. Jahrtausends v. Chr.,
Bedeni-Periode
Kupfer (?). L-9,9 cm, D-0,7 cm, Gw-8,38 g
Georgisches Nationalmuseum
Simon Janashia, Tbilissi,
Inventar Nr.: 134-975:90
Lit.: Gobejishvili 1981, 25-26, Taf. X-7

Das Artefakt weist eine bipyramidale Form auf. Es besitzt eine kurze Griffangel und eine längere Klinge. Die genaue Funktion ist unklar. Der Ausgräber des Hügelgrabs G. Gobejishvili vermutete eine Funktion als Ahle oder Lanzenspitze.

Kat. 189 Kat.191 Kat.190

192 Brot

Bedeni (Nadarbasevi) Hügelgrab 2.
Kreis Tetri Tskaro, Kvemo Kartli Region
2. Hälfte des 3. Jahrtausends v. Chr.,
Bedeni-Periode
Weizen. Größe-16 × 8,0 × 5,0 cm,
Gw-299,40 g
Georgisches Nationalmuseum
Simon Janashia, Tbilissi,
Inventar Nr.: 134-975:109
Lit.: Kvavadze/Jalabadze/Sagona 2016, Fig. 1

Das Hügelgrab Nadarbasevi 2 wurde in den Jahren 1957–1959 ausgegraben. Bei späteren Untersuchungen der Funde aus diesem Komplex stellte sich heraus, dass ein Objekt, welches damals als »Holzbrett« bezeichnet wurde, ein gebackenes Brot aus Weizen war.

Kat. 192

Kat. 193

193 Wagen

Ananauri Hügelgrab Nr. 3.
Kreis Lagodechi, Kacheti Region
2400 v. Chr., Bedeni-Periode
Holz. L-2,8 m., B-1,1-1,2 m, DM- der Räder -143–154 cm (Räder aus Eiche)
Georgisches Nationalmuseum
Simon Janashia, Tbilissi,
Inventar Nr.: 10-2016/122
Lit.: Makharadze/Kalandadze/Murvanidze 2016, 327, Abb. 84, Tab. XXIII–XXVII

Der vierrädrige Wagen ist aus massivem Holz hergestellt. Hauptteile des Wagens sind der Rahmen und die darauf mit Holzkeilen befestigten Bretter für den Boden, vier Räder, Achse und Deichsel. Alle Teile des Wagens sind sehr gut gearbeitet. Der Wagen war zerstört und deformiert.

194 Goldbeschlag

(s. Abb. 8 Seite 186)

Ananauri Hügelgrab Nr. 3.
Kreis Lagodechi, Kacheti Region
2400 v. Chr., Bedeni-Periode
Gold. D-3,1 cm, Gw-10,49 g
Georgisches Nationalmuseum Simon Janashia, Tbilissi, Inventar Nr.: 20-2012/1
Lit.: Makharadze/Kalandadze/Murvanidze 2016, 314, Abb. 1

Der Goldbeschlag weist die Form einer flachen Halbkugel aus Goldblech auf. Der Rand ist nach innen gebogen. Am Rand befinden sich 2 × 2 Löcher auf den gegenüberliegenden Seiten. Die Oberfläche ist mit kleinen reliefierten Kreisen verziert, die voneinander mit reliefierten Linien getrennt sind. Artefakte aus Goldblech mit ähnlicher Funktion sind auch in der Trialeti-Kultur bekannt.

195 Goldbeschlag

(s. Abb. 8 Seite 186)

Ananauri Hügelgrab Nr. 3
Kreis Lagodechi, Kacheti Region
2400 v. Chr., Bedeni-Periode
Gold. D-3,1 cm, Gw-10,24 g
Georgisches Nationalmuseum Simon Janashia, Tbilissi, Inventar Nr.: 20-2012/2
Lit.: Makharadze/Kalandadze/Murvanidze 2016, 314, Abb. 2

Der Goldbeschlag weist die Form einer flachen Halbkugel aus Goldblech auf. Der Rand ist nach innen eingebogen. Am Rand befinden sich ein beziehungsweise zwei Löcher auf der gegenüberliegenden Seite. Die Oberfläche ist mit kleinen reliefierten Kreisen verziert, die voneinander mit reliefierten Linien getrennt sind.

196 Perle – Abstandhalter

Ananauri Hügelgrab Nr. 3.
Kreis Lagodechi, Kacheti Region
2400 v. Chr., Bedeni-Periode
Gold. L-2,8 cm, B-2,8 cm, Dicke 0,2 cm, Gw-4,79 g
Georgisches Nationalmuseum Simon Janashia, Tbilissi, Inventar Nr.: 20-2012/7
Lit.: Makharadze/Kalandadze/ Murvanidze 2016, 314, Abb. 3

Die Perle diente als Abstandhalter und ist aus Goldblech hergestellt. Sie hat eine viereckige Form. Auf der Oberfläche befinden sich 30 Knubben als Verzierung.

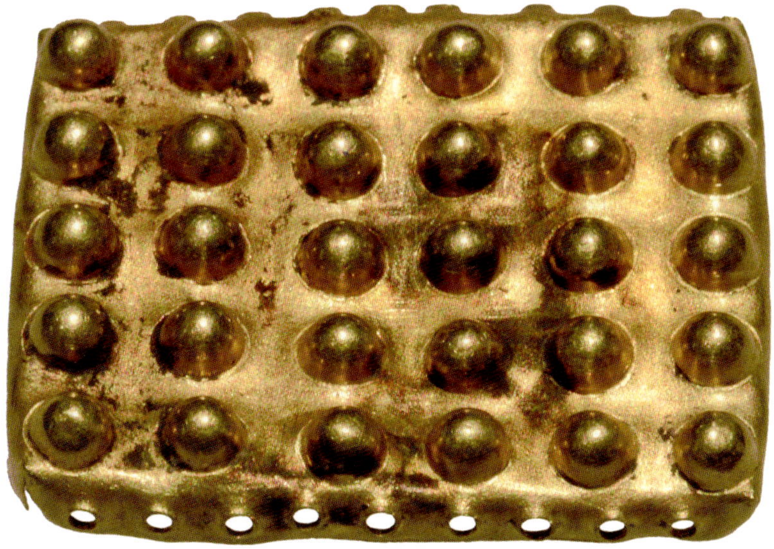

Kat. 196

197 Nadelkopf

(s. Abb. 8 Seite 186)

Ananauri Hügelgrab Nr. 3.
Kreis Lagodechi, Kacheti Region
2400 v. Chr., Bedeni-Periode
Gold. Größe-2,4 × 1,4 cm, D-0,3 cm, Gw-3,24 g
Georgisches Nationalmuseum Simon Janashia, Tbilissi, Inventar Nr.: 20-2012/4
Lit.: Makharadze/Kalandadze/ Murvanidze 2016, 314, Abb. 4

Der Nadelkopf besteht im Mittelteil aus einem Röhrchen, welches mit Rillen verziert ist. Daran sind links und rechts Voluten befestigt, deren Oberfläche mit reliefierten Linien verziert sind.

198 Perle (s. Abb. 8 Seite 186)

Ananauri Hügelgrab Nr. 3.
Kreis Lagodechi, Kacheti Region
2400 v. Chr., Bedeni-Periode
Gold. L-1,9 cm, D-0,6 cm, Gw-2,24 g
Georgisches Nationalmuseum Simon Janashia, Tbilissi,
Inventar Nr.: 20-2012/14
Lit.: Makharadze/Kalandadze/ Murvanidze 2016, 344, Taf. 5

Die Perle hat die Form eines länglichen zylindrischen Röhrchens. Auf der ganzen Länge des Röhrchens befinden sich insgesamt sieben erhöhte Ringe als Verzierung.

199 Anhänger (s. Abb. 8 Seite 186)

Ananauri Hügelgrab Nr. 3.
Kreis Lagodechi, Kacheti Region
2400 v. Chr., Bedeni-Periode
Gold. Länge des zylinderförmigen Stücks -1,4 cm, L- des Griffs -0,3 cm, D-0,2 cm, Gw-3,08 g
Georgisches Nationalmuseum Simon Janashia, Tbilissi,
Inventar Nr.: 20-2012/18
Lit.: Makharadze/Kalandadze/ Murvanidze 2016, 314, Abb. 6

Der Anhänger hat eine zylindrische Form. Ein Ende des Körpers ist geschlossen und an diesem Ende befindet sich eine Art Griff mit drei Rillen auf der Oberfläche.

200 Anhänger (s. Abb. 8 Seite 186)

Ananauri Hügelgrab Nr. 3.
Kreis Lagodechi, Kacheti Region
2400 v. Chr., Bedeni-Periode
Gold. H-1,9 cm, D-1,8 cm,
DM Loch -0,4 cm, Gw-8,92
Georgisches Nationalmuseum Simon Janashia, Tbilissi,
Inventar Nr.: 20-2012/20
Lit.: Makharadze/Kalandadze/ Murvanidze 2016: 315, Abb. 7

Der Anhänger hat die Form eines kleinen Gefäßes mit hohem Hals. Die Oberfläche ist mit Knubben, die sich zwischen reliefierten Linien befinden, beziehungsweise mit Rillen im oberen Teil verziert.

201 Perle (s. Abb. 8 Seite 186)

Ananauri Hügelgrab Nr. 3.
Kreis Lagodechi, Kacheti Region
2400 v. Chr., Bedeni-Periode
Gold. D-1,6 cm, Gw-3,47 g
Georgisches Nationalmuseum Simon Janashia, Tbilissi, Inventar Nr.: 20-2012/3
Lit.: Makharadze/Kalandadze/ Murvanidze 2016, 315, Abb. 8

Es handelt sich um eine hohle, kugelförmige Perle, die aus Goldblech gefertigt wurde und längs durchbohrt ist.

202 Perle (s. Abb. 8 Seite 186)

Ananauri Hügelgrab Nr. 3.
Kreis Lagodechi, Kacheti Region
2400 v. Chr., Bedeni-Periode
Gold. D-1,4 cm, Gw-2,70 g
Georgisches Nationalmuseum
Simon Janashia, Tbilissi,
Inventar Nr.: 20-2012/15
Lit.: Makharadze/Kalandadze/
Murvanidze 2016, 315, Abb. 9

Es handelt sich um eine hohle, kugelförmige Perle, die aus Goldblech gefertigt wurde und längs durchbohrt ist.

203 Perle (s. Abb. 8 Seite 186)

Ananauri Hügelgrab Nr. 3
Kreis Lagodechi, Kacheti Region
2400 v. Chr., Bedeni-Periode
Gold. D-1,4 cm, Gw-2,87 g
Georgisches Nationalmuseum Simon Janashia, Tbilissi, Inventar Nr.: 20-2012/8
Lit.: Makharadze/Kalandadze/
Murvanidze 2016, 315, Abb. 10

Es handelt sich um eine hohle, kugelförmige Perle, die aus Goldblech gefertigt wurde und längs durchbohrt ist.

204 Perle (s. Abb. 8 Seite 186)

Ananauri Hügelgrab Nr. 3.
Kreis Lagodechi, Kacheti Region
2400 v. Chr., Bedeni-Periode
Gold. D-1,0 cm, Gw-0,9 g
Georgisches Nationalmuseum
Simon Janashia, Tbilissi,
Inventar Nr.: 20-2012/12
Lit.: Makharadze/Kalandadze/
Murvanidze 2016, 315, Abb. 11

Es handelt sich um eine hohle, kugelförmige Perle, die aus Goldblech gefertigt wurde und längs durchbohrt ist.

205 Perle (s. Abb. 8 Seite 186)

Ananauri Hügelgrab Nr. 3.
Kreis Lagodechi, Kacheti Region
2400 v. Chr., Bedeni-Periode
Gold. D-1,4 cm, Gw-2,72 g
Georgisches Nationalmuseum
Simon Janashia, Tbilissi,
Inventar Nr.: 20-2012/10
Lit.: Makharadze/Kalandadze/
Murvanidze 2016, 315, Taf. 12

Es handelt sich um eine hohle, kugelförmige Perle, die aus Goldblech gefertigt wurde und längs durchbohrt ist.

206 Perle (s. Abb. 8 Seite 186)

Ananauri Hügelgrab Nr. 3.
Kreis Lagodechi, Kacheti Region
2400 v. Chr., Bedeni-Periode
Gold. D-1,0 cm, Gw-0,87 g
Georgisches Nationalmuseum
Simon Janashia, Tbilissi,
Inventar Nr.: 20-2012/11
Lit.: Makharadze/Kalandadze/
Murvanidze 2016, 315, Abb. 13

Es handelt sich um eine hohle, kugelförmige Perle, die aus Goldblech gefertigt wurde und längs durchbohrt ist.

207 Perle (s. Abb. 8 Seite 186)

Ananauri Hügelgrab Nr. 3.
Kreis Lagodechi, Kacheti Region
2400 v. Chr., Bedeni-Periode
Gold. D-1,4 cm, Gw-2,70 g
Georgisches Nationalmuseum Simon Janashia, Tbilissi, Inventar Nr.: 20-2012/9
Lit.: Makharadze/Kalandadze/
Murvanidze 2016, 315, Abb. 14

Es handelt sich um eine hohle, kugelförmige Perle, die aus Goldblech gefertigt wurde und längs durchbohrt ist.

208 Perle (s. Abb. 8 Seite 186)

Ananauri Hügelgrab Nr. 3.
Kreis Lagodechi, Kacheti Region
2400 v. Chr., Bedeni-Periode
Gold. D-1,0 cm, Gw-0,79 g
Georgisches Nationalmuseum
Simon Janashia, Tbilissi,
Inventar Nr.: 20-2012/13
Lit.: Makharadze/Kalandadze/
Murvanidze 2016, 315, Abb. 15

Es handelt sich um eine hohle, kugelförmige Perle, die aus Goldblech gefertigt wurde und längs durchbohrt ist.

209 Perle (s. Abb. 8 Seite 186)

Ananauri Hügelgrab Nr. 3.
Kreis Lagodechi, Kacheti Region
2400 v. Chr., Bedeni-Periode
Gold. D-0,8 cm, Gw-0,83 g
Georgisches Nationalmuseum Simon Janashia, Tbilissi, Inventar Nr.: 20-2012/6
Lit.: Makharadze/Kalandadze/
Murvanidze 2016, 315, Abb. 16

Es handelt sich um eine hohle, kugelförmige Perle, die aus Goldblech gefertigt wurde und längs durchbohrt ist.

210 Perle (s. Abb. 8 Seite 186)

Ananauri Hügelgrab Nr. 3.
Kreis Lagodechi, Kacheti Region
2400 v. Chr., Bedeni-Periode
Gold. D-0,8 cm, Gw-0,52 g
Georgisches Nationalmuseum Simon Janashia, Tbilissi, Inventar Nr.: 20-2012/5
Lit.: Makharadze/Kalandadze/
Murvanidze 2016, 315, Abb. 17

Es handelt sich um eine hohle, kugelförmige Perle, die aus Goldblech gefertigt wurde und längs durchbohrt ist.

211 Perle (s. Abb. 8 Seite 186)

Ananauri Hügelgrab Nr. 3.
Kreis Lagodechi, Kacheti Region
2400 v. Chr., Bedeni-Periode
Gold. D-0,8–0,9 cm, Gw-3,64 g
Georgisches Nationalmuseum
Simon Janashia, Tbilissi,
Inventar Nr.: 20-2012/17
Lit.: Makharadze/Kalandadze/
Murvanidze 2016, 315, Abb. 18

Es handelt sich um eine hohle, kugelförmige Perle, die aus Goldblech gefertigt wurde und längs durchbohrt ist.

212 Perle (s. Abb. 8 Seite 186)

Ananauri Hügelgrab Nr. 3.
Kreis Lagodechi, Kacheti Region
2400 v. Chr., Bedeni-Periode
Gold. D-0,7 cm, Gw-1,04 g
Georgisches Nationalmuseum
Simon Janashia, Tbilissi,
Inventar Nr.: 20-2012/19
Lit.: Makharadze/Kalandadze/
Murvanidze 2016: 315, Abb. 19

Es handelt sich um eine hohle, kugelförmige Perle, die aus Goldblech gefertigt wurde und längs durchbohrt ist.

213 Perle (ohne Abb.)

Ananauri Hügelgrab Nr. 3.
Kreis Lagodechi, Kacheti Region
2400 v. Chr., Bedeni-Periode
Gold. D-0,8 cm, Gw-0,46 g
Georgisches Nationalmuseum
Simon Janashia, Tbilissi,
Inventar Nr.: 20-2012/16
Lit.: Makharadze/Kalandadze/
Murvanidze 2016, 315, Abb. 20

Es handelt sich um eine hohle, kugelförmige Perle, die aus Goldblech gefertigt wurde und längs durchbohrt ist. Sie ist beschädigt und plattgedrückt.

214 Ring (s. Abb. 10 Seite 186)

Ananauri Hügelgrab Nr. 3.
Kreis Lagodechi, Kacheti Region
2400 v. Chr., Bedeni-Periode
Chalzedon. D-1,9 cm
Georgisches Nationalmuseum Simon Janashia, Tbilissi, Inventar Nr.: 10-2016/9
Lit.: Makharadze/Kalandadze/
Murvanidze 2016, 316, Abb. 21

Dieser kleine Ring ist innen flach und die Außenfläche leicht gewölbt. Der Halbedelstein Chaldzedon wird sehr oft als Material für Schmuckstücke verwendet.

215 Kette (s. Abb. 10 Seite 187)

Ananauri Hügelgrab Nr. 3.
Kreis Lagodechi, Kacheti Region
2400 v. Chr., Bedeni-Periode
Bernstein. ohne Maße
Georgisches Nationalmuseum Simon Janashia, Tbilissi, Inventar Nr.: 10-2016/6
Lit.: Makharadze/Kalandadze/
Murvanidze 2016, 316, Abb. 22

Die dunkelfarbene Bernsteinkette besteht aus insgesamt 38 Perlen verschiedener Formen. Davon sind 17 von einer Seite konusförmig bearbeitet, fünf röhrenartig und 16 Stück rund und an einer Seite abgeflacht.

216 Anhänger

(s. Abb. 10 Seite 187)

Ananauri Hügelgrab Nr. 3.
Kreis Lagodechi, Kacheti Region
2400 v. Chr., Bedeni-Periode
Onyx. D-1,9 cm
Georgisches Nationalmuseum
Simon Janashia, Tbilissi,
Inventar Nr.: 10-2016/2
Lit.: Makharadze/Kalandadze/
Murvanidze 2016, 316, Abb. 24

Der schwarze Onyx-Anhänger ist an einer Seite abgerundet und an der anderen Seite an zwei Stellen abgeschnitten. In diesem abgeschnittenen Teil befindet sich eine horizontale Durchlochung.

217 Perle (s. Abb. 10 Seite 187)

Ananauri Hügelgrab Nr. 3.
Kreis Lagodechi, Kacheti Region
2400 v. Chr., Bedeni-Periode
Onyx. D-0,7 cm
Georgisches Nationalmuseum Simon Janashia, Tbilissi, Inventar Nr.: 10-2016/1
Lit.: Makharadze/Kalandadze/
Murvanidze 2016, 316, Abb. 27

Diese schwarze, im Durchmesser runde Onyxperle wurde an beiden Seiten abgeflacht.

218 Lederfragment

Ananauri Hügelgrab Nr. 3.
Kreis Lagodechi, Kacheti Region
2400 v. Chr., Bedeni-Periode
Leder. Größe ca. 24 × 25 cm
Georgisches Nationalmuseum
Simon Janashia, Tbilissi,
Inventar Nr.: 10-2016/27
Lit.: Makharadze/Kalandadze/
Murvanidze 2016, 336, Abb. 129

Der dunkelbraune Lederrest mit Fransen ist sehr gut bearbeitet und dekorativ. Gefunden wurde er im Zentralteil der Grabkammer auf dem Boden unter der Deichsel des ersten Wagens.

Kat. 218

219 Textilrest

Ananauri Hügelgrab Nr. 3.
Kreis Lagodechi, Kacheti Region
2400 v. Chr., Bedeni-Periode
Textilrest. Größe ca. 30 × 20 cm
Georgisches Nationalmuseum
Simon Janashia, Tbilissi,
Inventar Nr.: 10-2016/30
Lit.: Makharadze/Kalandadze/
Murvanidze 2016, 337, Abb. 136

Dieser bräunliche Textilrest wurde aus natürlicher Schafwolle hergestellt. Die Dicke des Fadens betrug zwischen 0,5 und 1,0 mm.

220 Korbboden

Ananauri Hügelgrab Nr. 3.
Kreis Lagodechi, Kacheti Region
2400 v. Chr., Bedeni-Periode
Geflecht. Größe ca. 15 × 17 cm
Georgisches Nationalmuseum Simon
Janashia, hTbilissi, Inventar Nr.: 10-
2016/38
Lit.: Makharadze/Kalandadze/
Murvanidze 2016, 339, Abb. 147

Der geflochtene Mattenrest lag auf dem Boden der Grabkammer.

221 Matte

Ananauri Hügelgrab Nr. 3.
Kreis Lagodechi, Kacheti Region
2400 v. Chr., Bedeni-Periode
Geflecht. ohne Maße
Georgisches Nationalmuseum
Simon Janashia, Tbilissi,
Inventar Nr.: 10-2016/39
Lit.: Makharadze/Kalandadze/
Murvanidze 2016, 339, Abb. 148

Der geflochtene Mattenrest lag auf dem Boden der Grabkammer.

Kat. 221

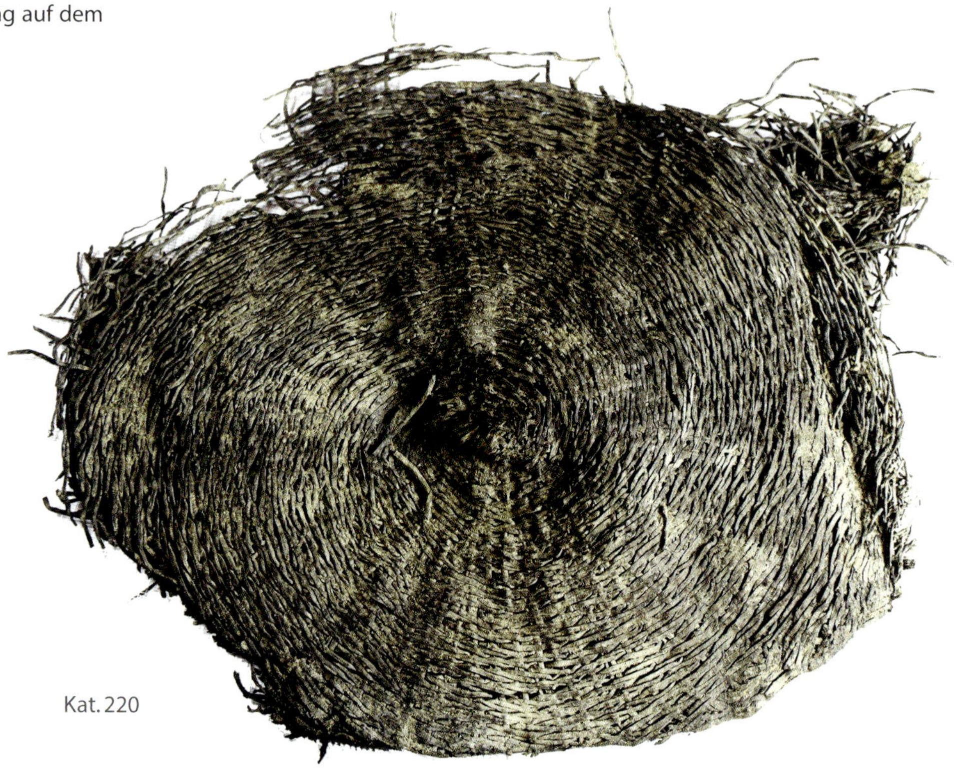

Kat. 220

222 Unterarmschutz

(s. Abb. 10 Seite 187)

Ananauri Hügelgrab Nr. 3.
Kreis Lagodechi, Kacheti Region
2400 v. Chr., Bedeni-Periode
Stein. Größe L-18,2 cm. B-2,9-3,2 cm
Georgisches Nationalmuseum Simon Janashia, Inventar Nr.: 10-2016/18
Lit.: Makharadze/Kalandadze/Murvanidze 2016, 317, Abb. 38

Es handelt sich um eine längliche Steinplatte mit 2 × 2 Löchern an beiden Enden. Damit konnte der Unterarmschutz auf dem Ärmel befestigt werden. Er diente wahrscheinlich einem Bogenschützen als Armschutz. Aufgefunden wurde er in der Nord-West-Ecke der Grabkammer, zusammen mit fünf Pfeilspitzen aus Obsidian.

223 Pfeilspitze

Ananauri Hügelgrab Nr. 3.
Kreis Lagodechi, Kacheti Region
2400 v. Chr., Bedeni-Periode
Obsidian. L-5 cm, L- der Spitze -3,2 cm
Georgisches Nationalmuseum
Simon Janashia, Tbilissi,
Inventar Nr.: 10-2016/13
Lit.: Makharadze/Kalandadze/Murvanidze 2016, 317, Abb. 33

Diese zweiflüglige Pfeilspitze aus Obsidian wurde in der Nord-West-Ecke der Grabkammer auf dem Fußboden im Fundzusammenhang mit dem Unterarmschutz für einen Bogenschützen gefunden. Die Pfeilspitze hat eine ausgeschnittene Basis. Sie ist dunkelgrau, dünn und fein bearbeitet sowie beidseitig retuschiert.

224 Pfeilspitze

Ananauri Hügelgrab Nr. 3.
Kreis Lagodechi, Kacheti Region
2400 v. Chr., Bedeni-Periode
Obsidian. L-4,7 cm, L- der Spitze -2,9 cm
Georgisches Nationalmuseum
Simon Janashia, Tbilissi,
Inventar Nr.: 10-2016/14
Lit.: Makharadze/Kalandadze/Murvanidze 2016, 317, Abb. 34

Es handelt sich um eine zweiflüglige Pfeilspitze aus Obsidian, deren einer Flügel abgebrochen ist. Die gräuliche Pfeilspitze hat eine ausgeschnittene Basis. Sie ist dünn und fein bearbeitet sowie beidseitig retuschiert. Sie wurde zusammen mit den anderen Pfeilspitzen aus Obsidian aufgefunden.

225 Pfeilspitze

Ananauri Hügelgrab Nr. 3.
Kreis Lagodechi, Kacheti Region
2400 v. Chr., Bedeni-Periode
Obsidian. L-4,4 cm, L- der Spitze -3,3 cm
Georgisches Nationalmuseum
Simon Janashia, Tbilissi,
Inventar Nr.: 20-2016/15
Lit.: Makharadze/Kalandadze/Murvanidze 2016, 317, Abb. 35

Diese zweiflüglige Pfeilspitze aus dunkelgrauem Obsidian wurde im Fundzusammenhang mit den vier anderen Pfeilspitzen und dem Unterarmschutz gefunden. Sie hat eine ausgeschnittene Basis, ist dünn und fein bearbeitet sowie beidseitig retuschiert.

226 Pfeilspitze

Ananauri Hügelgrab Nr. 3.
Kreis Lagodechi, Kacheti Region
2400 v. Chr., Bedeni-Periode
Obsidian. L-4,1 cm, L- der Spitze -2,7 cm
Georgisches Nationalmuseum Simon Janashia, Tbilissi,
Inventar Nr.: 10-2016/16
Lit.: Makharadze/Kalandadze/Murvanidze 2016, 317, Abb. 36

Die schwarz-braune mit beigem Einschluss versehene Pfeilspitze hat eine ausgeschnittene Basis. Sie ist dünn und fein bearbeitet sowie beidseitig retuschiert. Ein Flügel ist abgebrochen. Die Pfeilspitze wurde ebenfalls im Fundzusammenhang mit den vier anderen Pfeilspitzen und dem Unterarmschutz gefunden.

227 Pfeilspitze

(s. Abb. 10 Seite 187)

Ananauri Hügelgrab Nr. 3.
Kreis Lagodechi, Kacheti Region
2400 v. Chr., Bedeni-Periode
Obsidian. L-5,1 cm, L- der Spitze-3,2 cm
Georgisches Nationalmuseum
Simon Janashia, Tbilissi,
Inventar Nr.: 10-2016/17
Lit.: Makharadze/Kalandadze/Murvanidze 2016, 317, Abb. 37

Die vollständig erhaltene braun-graue Pfeilspitze weist eine ausgeschnittene Basis auf. Sie ist dünn und fein bearbeitet und beidseitig retuschiert. Die Pfeilspitze wurde ebenfalls im Fundzusammenhang mit den vier anderen Pfeilspitzen und dem Unterarmschutz gefunden.

Kat. 223

Kat. 224

Kat. 225

Kat. 226

Kat. 228

Kat. 229

228 Haselnüsse

Ananauri Hügelgrab Nr. 3.
Kreis Lagodechi, Kacheti Region
2400 v. Chr., Bedeni-Periode
Haselnüsse. Größe ca. 1–1,5 cm,
ohne Gewicht
Georgisches Nationalmuseum
Simon Janashia, Tbilissi,
Inventar Nr.: 10-2016/82
Lit.: Makharadze/Kalandadze/
Murvanidze 2016, 341,
Abb. 154

In der Süd-West-Ecke der Grabkammer wurde auf einer Fläche von 1,5 m^2 eine Anhäufung von Haselnüssen (*Corylus avelanna*) freigelegt. Haselnüsse sind auch aus anderen Hügelgräbern der Frühkurgan-Kultur in Georgien bekannt.

229 Esskastanien

Ananauri Hügelgrab Nr. 3.
Kreis Lagodechi, Kacheti Region
2400 v. Chr., Bedeni-Periode
Esskastanien. Größe ca. 1,5–2 cm,
ohne Gewicht
Georgisches Nationalmuseum
Simon Janashia, Tbilissi,
Inventar Nr.: 10-2012/83
Lit.: Makharadze/Kalandadze/
Murvanidze 2016, 355, Taf. 155

Zusammen mit den Haselnüssen wurden in der Grabkammer des Hügelgrabs eine große Anzahl von Esskastanien (*Castanea sativa*) freigelegt. Esskastanien sind ebenfalls aus anderen Hügelgräbern der Frühkurgan-Kultur in Georgien bekannt.

230 Vorratsgefäß

(s. Abb. 9 Seite 187)

Ananauri Hügelgrab Nr. 3.
Kreis Lagodechi, Kacheti Region
2400 v. Chr., Bedeni-Periode
Ton. H-82 cm, DM-20 cm, D-64 cm
Georgisches Nationalmuseum
Simon Janashia, Tbilissi,
Inventar Nr.: 10-2012/41.23
Lit.: Makharadze/Kalandadze/
Murvanidze 2016, 346, Taf. 43

Dieses nur im oberen Gefäßteil vollständig erhaltene Vorratsgefäß weist eine glatte schwarzpolierte Oberfläche auf. Der Rand ist nach außen geneigt, einer der kleinen Henkel ist abgebrochen. Die Oberfläche ist mit einem Wellenliniendekor verziert, dessen Enden in einem Fall zu Voluten eingerollt sind.

Kat. 231

231 Halskette mit Anhängern

(s. für Details Abb. Seite 314)

Ananauri Hügelgrab Nr. 2.
Kreis Lagodechi, Kacheti Region
2400 v. Chr., Martqopi-Periode
Gold. L-40 cm, Anhänger -5,6 × 5,8 cm, Gw-132,8 g
Georgisches Nationalmuseum Simon Janashia, Tbilissi, Inventar Nr.: 1-995-1/3
Lit.: Picxelauri u. a. 1994, Taf. 3, Miron/ Orthmann 1995, 71, Abb. 50

Die Halskette besteht hauptsächlich aus einem 43 g schweren, größeren Anhänger, welcher aus reinem Gold gegossen wurde. Die untere Seite ist abgerundet, den Rand bildet ein mit Schnurmuster versehener Steg. Von der Öse gehen im gleichen Dekor gehaltene Stege ab, die zu Spiralen eigerollt sind. Der Anhänger ist ansonsten mit diversen geometrischen Ornamenten verziert.

Zu der in der Grabkammer gefundenen Halskette gehören auch 80 scheibenförmige Perlen aus Bergkristall, 36 Karneolperlen in verschieden Formen sowie mehrere Perlen und Anhänger aus Gold und Silber.

232 Ring

Qoreti. Grab.
Kreis Satschkhere, Imereti Region
Mitte des 3. Jahrtausends v. Chr.
Gold. D-0,5 cm, Gw-0,26 g
Georgisches Nationalmuseum Simon Janashia, Tbilissi,
Inventar Nr.: 11-61:32 »B« 651
Lit.: Djaparidze 1975, 137, Taf. XVIII, Gambashidze/Stöllner 2016, 102-102, Abb. 9, 167, Abb. 1

Der kleine Ring ist aus einem goldenen Draht mit rundem Querschnitt hergestellt. Die Enden sind lediglich grob miteinander verbunden.

Kat. 232

Kat. 235

233 Ring (s. Abb. 3 Seite 168)

Satschkhere. Tsartsiss Gora. Grab.
Kreis Satschkhere, Imereti Region
Mitte des 3. Jahrtausends v. Chr.
Gold. H-0,75 cm, D-1,2 cm
Georgisches Nationalmuseum Simon Janashia, Tbilissi,
Inventar Nr.: 11-61:110
Lit.: Kuftin 1949, Taf. XLV, Gambashidze/ Stöllner 2016, 102–103, Abb. 17, 167, Abb. 2

Der Ring ist aus einem goldenen, im Querschnitt runden Draht hergestellt. Er besteht aus einer 1,5-fachen Windung, seine Enden werden etwas dünner.

234 Nadel (s. Abb. 5 Seite 252)

Tsnori Hügelgrab 2.
Kreis Sighnaghi, Kacheti Region
2. Hälfte des 3. Jahrtausends v. Chr.
Gold. L-6,0 cm, Gw-3,23 g
Georgisches Nationalmuseum Simon Janashia, Tbilissi, Inventar Nr.: 140-975:2
Lit.: Dedabrišvili 1979, 41, Taf. LXVI

Die gegossene Nadel besteht aus zwei Teilen, aus einem länglichen Schaft und einem Deckel. Der Schaft wird in Richtung Spitze dünner. Auf dem oberen Teil des Schaftes befindet sich eine ringartige Erhebung, die gelocht ist. Der Deckel, welcher ebenfalls ein Loch besitzt, und der Kopf der Nadel haben die gleiche bikonische Form. Die Nadel diente wahrscheinlich als Anstecknadel.

235 Perle

Trialeti Hügelgrab L.
Kreis Tsalka, Kvemo Kartli Region
2. Hälfte des 3. Jahrtausends v. Chr., Bedeni-Periode
Gold. 0,5 x 0,6 cm, Gw-0,44 g
Georgisches Nationalmuseum Simon Janashia, Inventar Nr.: 5-2005:13
Lit.: Narimanishvili 2009, 34 Nr. 99. Taf. XXIV-1, LXI-4

Diese 9,5-fach gewundene kegelförmige Spiralperle wurde aus einem im Querschnitt runden Golddraht gefertigt.

236 Nadel (s. Abb. 3 Seite 250)

Bedeni Hügelgrab 5. Kreis Tetri Tskaro, Kvemo Kartli Region
2. Hälfte des 3. Jahrtausends v. Chr., Bedeni-Periode
Gold. L-7,8 cm, B-5,0 cm, Gw-21,1 g
Georgisches Nationalmuseum Simon Janashia, Tbilissi, Inventar Nr.: 134-975:1
Lit.: Gobejishvili 1981, 75, Taf. XVIII-3-5, XXXIX-3-4

Die goldene Nadel besteht aus einem Schaft mit rundem Querschnitt und aus einem flachen, auf beiden Seiten zu Voluten eingerollten Kopf. Diese Nadel ist von beiden Seiten mit reliefierten Darstellungen versehen. Auf der einen Seite ist ein Mäandermuster und auf der anderen Seite Kreise abgebildet. Der Rand ist mit einem Band eines Schnurmusters eingefasst, beziehungsweise trennt die zwei Bänder mit Kreisen.

Svend Hansen

Der goldene Löwe von Tsnori

1973 grub man in Kachetien bei dem Dorf Tsnori, vier Kilometer östlich der Kleinstadt Signaghi, zwei Grabhügel auf der rechten Seite des Alazani-Flusses aus. Die beiden Hügel lagen nur etwa 20 km südlich von dem großen, erst kürzlich ausgegrabenen Grabhügel Nr. 3 von Ananauri (in der Ausstellung).

Neben einem sehr großen, bereits in der Antike beraubten Hügel, wurde auch ein zweiter, 80–90 m großer und noch 2,5 m hoher, Grabhügel freigelegt. Unter diesem Hügel fand sich eine 10×10 m große und 2,5 m tiefe Grabkammer mit der Bestattung einer etwa 30-jährigen Frau und eines circa 40 Jahre alten Mannes. Im Zentrum war ein sehr schlecht erhaltener vierrädriger hölzerner Wagen abgestellt. Der Ausgräber Šio Šotaevič Dedabrišvili schloss aus der Fundlage, dass die Räder vom Wagenkasten abmontiert wurden, als man sie ins Grab stellte.

Die etwas abseits liegende Frau hatte man ohne Beigaben bestattet. Den Mann stattete man hingegen mit einer Kette aus Goldperlen, einer Nadel, und zwei silbernen Armreifen aus. 16 Pfeilspitzen aus Obsidian gehören zu seiner Waffenausstattung. Auf dem Wagenkasten waren auch etwa 40 Tongefäße abgestellt, darunter zehn Tassen und 15 kleine Krüge. Sieben größere, bis 60 cm hohe, Gefäße waren seitlich abgestellt. Der Tote wurde als Gastgeber großer Feste dargestellt. Auch die einmalig große Menge von insgesamt 460 Astragalen hatte man in das Grab gelegt. Die Astragale, Sprungbeine aus den Hinterbeinen von Paarhufern, stammen von Schafen, Ziegen und Rindern. Möglicherweise waren sie auch das *pars pro toto* für eine große, mindestens 230 Tiere, umfassende Herde in das Grab gelegt worden. In der Antike waren Astragale auch als Spielsteine sehr beliebt.

Die goldene Löwenfigur ist nur 2,8 cm hoch und mit dem Schwanz 5,2 cm lang. Sie war ebenfalls bei dem vermeintlichen Wagenkasten deponiert, wo sich auch eine Nadel, eine kleine Platte und ein Röhrchen aus Gold fanden.

Der Löwe scheint auf seinen kurzen Beinen stabil zu stehen. Doch der lange Schwanz ist weit nach unten gebogen, so dass die Figur auf einer unbekannt aussehenden Unterlage befestigt gewesen sein muss. Es besteht kaum ein Zweifel, dass es ein Löwe ist, doch naturalistisch gestaltet ist er nicht. Die Schnauze ist flach und das Maul nur durch eine vertikale Rille angegeben. Die Augen des Raubtieres sind übergroß und ziehen den Betrachter in seinen Bann. Der gesamte vordere Teil des Löwen, der Kopf, die Vorderbeine sind durch Reihen kleiner Goldkügelchen verziert, die zwischen flachen Stegen angeordnet sind. Die wilde Mähne des Löwen ist als geordnetes Ornament dargestellt, die sich bei der Figur von Tsnori, anders als beim »echten« Löwen, sogar auf die Vorderläufe erstreckt.

Die Figur ist im sogenannten »Guss in verlorener Form« hergestellt. Zunächst wurde ein Wachsmodell hergestellt, in dem alle Details von Form und Verzierung angelegt wurden. Das Wachsmodell wurde dann mit Ton ummantelt, so dass im Ton alle Details des Modells als Negativabdruck abgebildet wurden. Die Tonform wurde dann vorsichtig gebrannt, so dass das Wachs schmelzen und ausfließen konnte. In den so entstandenen Hohlraum wurde anschließend das flüssige Gold eingefüllt. Im Falle des Löwen von Tsnori wurde das Metall zusätzlich über einen tönernen Kern, der mit einer »Kernhalterstütze« eine Verbindung zur Form aufwies, gegossen. So wurde Material gespart. Die Figur wiegt deshalb auch nur 32 Gramm. Doch fällt das Material bei dem gesamten Aufwand der Grablege kaum ins Gewicht.

Der goldene Löwe von Tsnori ist vermutlich allen Menschen in Georgien ein Begriff, denn er ist auf der 5 Tetri Münze und auf dem 5 Lari Geldschein zu sehen. Es ist deshalb naheliegend, dass auch eine private Bank mit seinem Bild wirbt. Natürlich war er auch schon auf einer Briefmarke zu sehen. Kein Wunder: es ist die älteste goldene Löwenfigur der Welt!

Der Löwe von Tsnori ist aber natürlich nicht die älteste Löwendarstellung in der Kunst- und Kulturgeschichte der Menschheit. Diese stammen bereits aus dem Paläolithikum und wurden in der Grotte Chauvet in Südfrankreich gefunden. Löwen sind auch auf Pfeilern des 10. Jahrtausends v. Chr. in Göbekli Tepe in der Südosttürkei dargestellt. Allerdings begann der Löwe erst viel später, im 4. Jahrtausend v. Chr., zu einem häufig dargestellten Tier zu werden. In Nordmesopotamien wurde er auf Siegeln abgebildet. Auf diesen symbolisierte der Löwe den Herrscher. Er war so stark wie der Löwe, nur der König konnte ihn besiegen. Auch nördlich des Kaukasus war der Löwe im 4. Jahrtausend v. Chr. im Königsgrab von Maikop in Form goldener Appliken, vielleicht als Teil des Mantels, Teil der Ausstattung des Verstorbenen. Der Löwe blieb Symbol für den Herrscher bis in die historische Zeit, aber auch heute noch findet er sich beispielsweise im Wappen Georgiens oder in Hessens Fahne und Wappen.

In Mesopotamien wurde der Löwe im 3. Jahrtausend v. Chr. auf einer Vielzahl von Bildmedien dargestellt. Ein bronzener Löwenkopf aus dem Tempel der Ninhursanga in Tell Obed, nicht weit von Ur, datiert etwa in die Mitte des 3. Jahrtausends v. Chr. Etwa in die gleiche Zeit gehört der etwa 10 cm große silberne Löwenkopf mit Einlagen aus Muschel und Lapislazuli, der sich im Zugang zum Grab der Prinzessin Puabi im Königsfriedhof von Ur fand. Ein kleiner Löwe aus Goldblech über einem Holzkern, der im Palast G von Ebla gefunden wurde, ist etwas jünger.

Der kleine Löwe aus Tsnori hat keine Ähnlichkeit mit den mesopotamischen Löwen, sondern ist stilistisch eine ganz eigenständige Schöpfung, und es besteht allgemeiner Konsens, dass er von einem lokalen Meister geschaffen wurde. Die zwischen plastischen Leisten gereihten Kügelchen sind ein Merkmal auch anderer Goldarbeiten der Bedeni-Kultur und finden sich in ähnlicher Form beispielsweise auf Nadeln.

Ebenso wie in Mesopotamien muss aber der kleine goldene Löwe aus Tsnori als Insignie eines frühen Herrschers um circa 2400 v. Chr im Alazani-Tal verstanden werden (siehe Beitrag N. Lordkipanidze in diesem Band).

Lit.: Aruz, J./Wallenfels, R. 2003, J. Aruz/ R. Wallenfels, Art of the First Cities. The Third Millennium B. C. from the Mediterranean to the Indus (New York 2003). **Dedabrišvili, S. 1979,** Die Kurgane des Alazani-Tales (Tbilissi 1979). Дедабришвили Ш.Ш., Курганы Алазанской долины (Тбилиси 1979). Dedabrišvili, Š. Š., Kurgany Alazanskoj doliny (Tbilissi 1979). **Hansen, S. 2017,** S. Hansen, The Iconography of Inequality. In: S. Hansen/J. Müller (Hg.), Rebellion and Inequality in Archaeology. Proceedings of the Kiel Workshops »Archaeology of Rebellion« (2014) and »Social Inequality as a Topic in Archaeology« (2015) (Bonn 2017) 113–134. **Kohl, Ph. L. 2007,** The Making of Bronze Age Eurasia (Cambridge 2007).

Kat. 237

Kat. 237

237 Löwenfigurine

Tsnori Hügelgrab 2.
Kreis Sighnaghi, Kacheti Region
2. Hälfte des 3. Jahrtausends v. Chr., Bedeni-Periode
Gold. L-5,2 cm, H-2,8 cm, Gw-32,9 g
Georgisches Nationalmuseum Simon Janashia, Tbilissi, Inventar Nr.: 140-975:1
Lit.: Dedabrišvili 1979, 41, Taf. LXVII., Gambashidze u. a. 2010, 427–428, Miron/Orthmann 1995, 235, Abb. 32, 72, Abb. 51

Diese Tierfigurine ist aus einem Stück hohl gegossen, der Hohlraum wurde mit einer weißen Masse verfüllt. Der Kopf, der Nacken, die Brust und die vorderen Tatzen sind mit kleinen Kügelchen verziert, die mit reliefierten Linien getrennt sind. Dies symbolisiert die Löwenmähne. Die Augen sind durch kleine hervortretende Halbkugeln dargestellt, die wiederum umrandet sind. Die Ohren sind nach der Seite geneigt und die Schnauze ist von vorn betrachtet flach. Das Hinterteil hinter der Löwenmähne ist plastisch dargestellt. Der Schwanz ist gebogen und länger als die hinteren Tatzen, so steht die Figurine auf den vorderen Tatzen und auf dem Schwanz. Die Figurine ist wahrscheinlich für die Befestigung auf einem Ständer konstruiert, wie die kleinen Löcher an den hinteren Tatzen nahelegen. Im Grab wurde die Figurine im Bereich der Deichsel gefunden. Es sind keine direkten Analogien zu diesem einzigartigen Fund bekannt.

Kat. 237

Kat. 253

Trialeti-Kultur

238 Vorratsgefäß

Berikldeebi Hügelgrab Nr. 3.
Kreis Kareli, Schida Kartli Region
19.–18. Jahrhundert v. Chr.
Ton. H-41,6 cm, DM-24,0 cm, D-37 cm
Georgisches Nationalmuseum
Simon Janashia, Tbilissi,
Inventar Nr.: 10-994:125
Lit.: Gagoschidze/Koridze/
Gogitschaischvili 1986, Taf. IX

Das Gefäß hat eine glänzende schwarzpolierte Oberfläche, eine breite Mündung, einen S-förmigen niedrigen Hals sowie einen abgerundeten Bauch und einen eingezogenen, flachen Boden. Der Rand ist stark akzentuiert und nach außen geneigt. Auf dem Bauch befindet sich ein Reliefdekor mit drei Kreisdarstellungen und drei, exakt dazwischenliegenden Knubben als Verzierung.

Kat. 238

Kat. 239

Kat. 240

239 Vorratsgefäß

Trialeti, Hügelgrab Nr. XVII.
Kreis Tsalka, Kvemo Kartli Region
21.–20. Jahrhundert v. Chr.
Ton. H-67,0 cm, DM-25,5 cm, D-56 cm
Georgisches Nationalmuseum Simon Janashia, Tbilissi, Inventar Nr.: 9-63:907
Lit.: Gogadze 1972, Taf. 24-14, Schoržikašvili/Gogadze1974, Taf. 80, 81-689

Das Gefäß hat eine schwarzpolierte Oberfläche, breite Schultern, einen verengten Boden und einen trapezoiden Hals. Der Rand ist nach außen geneigt. Die Oberfläche des Halses ist mit einem umlaufenden Punktmuster, die Metallnieten imitieren sollen, verziert. Auf der Gefäßschulter ist zwischen zwei eingeritzten Bändern eine Zick-Zack-Linie dargestellt.

240 Vorratsgefäß

Trialeti, Hügelgrab Nr. XVII.
Kreis Tsalka, Kvemo Kartli Region
21.–20. Jahrhundert v. Chr.
Ton. H-52,0 cm, DM-22,0 cm, D-50 cm
Georgisches Nationalmuseum Simon Janashia, Tbilissi, Inventar Nr.: 9-63:910
Lit.: Gogadze 1972, Taf. 24-10, Schoržikašvili/Gogadze 1974, Taf. 81-692

Das Gefäß hat eine schwarzpolierte Oberfläche, einen kugelförmigen Bauch, einen S-förmigen niedrigen Hals und einen verengten Boden. Die Oberfläche ist mit Reliefdekor und Ritzverzierungen versehen. Die Schulter umlaufen zwei horizontale Bänder aus Knubben, die an vier Stellen mit je drei vertikalen Knubben verbunden sind. Zwischen den Knubbenreihen befinden sich zwei Bänder mit Fischgrätenmuster.

Kat. 241

241 Vorratsgefäß

Trialeti, Hügelgrab Nr. VII.
Kreis Tsalka, Kvemo Kartli Region
19.–18. Jahrhundert v. Chr.
Ton. H-57,0 cm, DM-21,5 cm, D-44 cm
Georgisches Nationalmuseum Simon Janashia, Tbilissi, Inventar Nr.: 9-63:480
Lit.: Gogadze 1972, Taf. 19-20, Schoržikašvili/Gogadze 1974, Taf. 63-551

Das Gefäß hat eine rote Oberfläche, ein breites Oberteil, einen relativ hohen zylindrischen Hals, einen nach außen geneigten Rand und flachen Boden. Die rote Oberfläche ist mit schwarzen, nicht mehr genau erkennbaren Ornamenten bemalt. Auf der Schulter sind hängende Dreiecke dargestellt, die mit vertikalen Wellenlinien ausgefüllt sind. Darunter umlaufen das Gefäß zwei Zick-Zack-Linien, die auch mit Wellenlinien ausgefüllt sind. Auf der Schulter und dem Hals befinden sich Darstellungen von Vierecken, die ebenfalls mit Wellenlinien ausgefüllt sind. Zwischen den Darstellungen auf der Schulter sind kleine Hakenkreuze zu sehen sowie auf dem Hals Kreise.

Kat. 242

242 Trinkgefäß

Achtschia Hügelgrab 2. Kreis Aspindza,
Samzche-Javacheti Region
19.–18. Jahrhundert v. Chr.
Ton. H-15,0 cm, DM-12,0 cm, D-14,5 cm
Georgisches Nationalmuseum Simon
Janashia, Tbilissi, Inventar Nr.: 82-973:73
Lit.: Djaparidze u. a. 1981, Taf. 6-73

Das Gefäß mit einem Henkel hat eine schwarzpolierte Oberfläche mit einigen helleren Flecken. Der Rand ist leicht nach außen geneigt, es weist einen deutlichen Umbruch auf dem Übergang vom Bauch zum eingezogenen Boden auf.

243 Trinkgefäß

Kojrebi Hügelgrab 4. Kreis Aspindza,
Samzche-Javacheti Region
19.–18. Jahrhundert v. Chr.
Ton. H-7,1 cm, DM-6,5 cm, D-6,5 cm
Georgisches Nationalmuseum
Simon Janashia, Tbilissi,
Inventar Nr.: 82-973:436
Lit.: Djaparidze u. a. 1981, 96
(Abbildung unpubliziert)

Das Gefäß mit einem Henkel hat eine ungleichmäßig gebrannte Oberfläche. Sie ist braun poliert, mit rötlichen, grauen und schwarzen Flecken. Das Oberteil ist zylindrisch, auf dem Übergang von der Schulter zum Bauch ist ein leichter Umbruch zu beobachten. Auf der Schulter befinden sich an drei Stellen im regelmäßigen Abstand 4 × 4 geritzte vertikale Linien sowie auf dem Bauch zwei umlaufende horizontale Linien. Sowohl die vertikalen als auch horizontalen Linien sind beidseitig mit schrägen Strichen verziert. Unter den horizontalen Linien verläuft eine dreifache geritzte Zick-Zack-Linie um das Gefäß.

Kat. 243

Kat. 244

244 Bikonisches Gefäß

Oqrokana Hügelgrab 1. Kreis Aspindza, Samzche-Javacheti Region
19.–18. Jahrhundert v. Chr.
Ton. H-6,3 cm, DM-8,0 cm, D-15,0 cm
Georgisches Nationalmuseum
Simon Janashia, Tbilissi,
Inventar Nr.: 13-2011:115
Lit.: Gambashidze/Kvijinadze/ Gambashidze 1991, 32–33, Abb. 73-9

Das kleine flache Gefäß hat eine schwarzpolierte Oberfläche mit braunen Flecken, einen niedrigen bikonischen Körper, eine breite Mündung und einen sehr verengten Boden. Am Ende des Randes umläuft eine Rille das Gefäß. Diese Gefäßform ist in der Mittelbronzezeit Georgiens belegt.

245 Dolch

Trialeti, Hügelgrab Nr. XVII.
Kreis Tsalka, Kvemo Kartli Region
21.–20. Jahrhundert v. Chr.
Silber. L-22,4 cm,
Max. B- der Klinge -3cm, Dicke 20,5 cm, Gw-74,18 g
Georgisches Nationalmuseum
Simon Janashia, Tbilissi,
Inventar Nr.: 9-63:973
Lit.: Gogadze 1972, Taf. 24-4, Schoržikašvili/Gogadze 1974, Taf. 87-729

Der Dolch besitzt eine längliche, sich gleichmäßig verjüngende Klinge, die mit der Spitze endet. Auf der Griffzunge sind zwei Nietenlöcher vorhanden. Die Klinge weist drei reliefierte Linien auf, die bei der Griffzunge beginnen und sich an der Spitze vereinigen. Waffen aus Edelmetall treten auch in der Frühkurgan-Kultur in Georgien auf.

Kat. 245

Kat. 246–248

246 Keulenkopf

Kvasatali.
Kreis Gori, Region Schida Kartli
18.–17. Jahrhundert v. Chr.
Stein. H-5,9 cm, D-6,1 cm, Gw-278 g
Georgisches Nationalmuseum
Simon Janashia, Tbilissi,
Inventar Nr.: ohne Nummer
Lit.: unpubliziert

Der Keulenkopf hat ein breites abgerundetes Oberteil und ein schmaler werdendes Unterteil. Die Oberfläche ist grob, hellbraun und leicht ungleichmäßig. Der Keulenkopf hat ein gleichmäßiges zylindrisches Loch, welches sich an beiden Enden etwas vergrößert.

247 Keulenkopf

Lesefund. Gefunden in dem zerstörten Hügelgrab Bujuk Tumb (Беюк Тумб), Kreis Tsalka, Kvemo Kartli Region
2. Jahrtausend v. Chr. (?)
Stein, Hämatit. H-4,0 cm, D-7,3 cm, Gw-417,52 g
Georgisches Nationalmuseum
Simon Janashia, Tbilissi,
Inventar Nr.: 9-66:166
Lit.: Schoržikašvili/Gogadze 1974, Taf. 47-369

Der Keulenkopf hat eine bikonische Form und eine polierte Oberfläche. Er besitzt eine zylindrische Durchbohrung, wobei man die konzentrischen Linien, wie sie beim Bohren entstanden sind, noch deutlich sehen kann.

248 Keulenkopf

Lesefund. Gefunden in der Region Trialeti, im Ort »Sabidachtscha«, Kreis Tsalka, Kvemo Kartli Region
2. Jahrtausend v. Chr. (?)
Stein, Hämatit. H-3,5 cm, D-5,7 cm, Gw-224,55 g
Georgisches Nationalmuseum
Simon Janashia, Tbilissi,
Inventar Nr.: 9-66:167
Lit.: Schoržikašvili/Gogadze 1974, Taf. 47-370

Der Keulenkopf hat ein breites abgerundetes Oberteil und ein schmales Unterteil. Die Oberfläche ist glänzend poliert. Der Keulenkopf weist eine trapezoide Durchlochung auf, die nach oben breiter und nach unten zu schmaler wird. Deutlich sieht man die konzentrischen Linien, die beim Bohrvorgang entstanden sind.

249 Lanzenspitze

Trialeti, Hügelgrab Nr. XV.
Kreis Tsalka, Kvemo Kartli Region
19.–18. Jahrhundert v. Chr.
Bronze mit Silber. L-26,5 cm,
Max. B-3,3 cm
Georgisches Nationalmuseum
Simon Janashia, Tbilissi,
Inventar Nr.: 9-63:821
Lit.: Gogadze 1972, Taf. 22-13,
Schoržikašvili/Gogadze 1974,
Taf. 77-670, Miron/Orthmann, 83,
Abb. 64

Die gegossene bronzene Lanzenspitze besitzt eine geschlossene Tülle und schmale längliche Blätter. Eine reliefierte Mittelrippe ist auf der Tülle zu erkennen. Am Ende der Tülle befindet sich ein Band aus Silberblech.

Kat. 249

250 Standfußschale

Trialeti, Hügelgrab Nr. XV.
Kreis Tsalka, Kvemo Kartli Region
19.–18. Jahrhundert v. Chr.
Bronze. H-21 cm, DM-20–21 cm
Georgisches Nationalmuseum Simon
Janashia, Tbilissi, Inventar Nr.: 9-63:819
Lit.: Gogadze 1972, Taf. 22-9,
Schoržikašvili/Gogadze 1974,
Taf. 77-668, Miron/Orthmann 1995, 239,
Kat.-Nr. 95

Kat. 250

Kat. 250, Detail

Das Oberteil des kleinen Kessels ist aus einem Stück Bronzeblech getrieben, wobei der Rand mit einem gewölbten Blech verstärkt wurde. Der Fuß ist separat hergestellt. Der Kessel hat einen Henkel, welcher aus einem Metallstab hergestellt und mit Attaschen auf dem Rand des Gefäßes verbunden ist. Der Fuß ist hohl und hat einen flachen, geschlossenen Boden. Der Fuß ist mit reliefierten Darstellungen in Form von horizontalen Rippen und Querrippen verziert. Zu diesem Gefäß sind keine analogen Metallgefäße in der Bronzezeit Südkaukasiens bekannt.

251 Perlen

Trialeti, Hügelgräber Nr. VIII und Nr. XV.
Kreis Tsalka, Kvemo Kartli Region
21.–18. Jahrhundert v. Chr.
Karneol. Größe-H.-0,9–1,7 cm,
D-1,1–2,0 cm
Georgisches Nationalmuseum
Simon Janashia, Tbilissi,
Inventar Nr.: 9-63:643-645, 9-63:841-842
Lit.: Gogadze 1972, Taf. 20-12-13, 22-11,
Schoržikašvili/Gogadze 1974,
Taf. 73-608-610, 78-678,679

Die sieben rötlichen bis bräunlichen Perlen und der Anhänger weisen verschiedene Formen von rund über oval bis länglich auf. Ihre Oberfläche ist gleichmäßig und geglättet. Alle Perlen sind durchgelocht. Fast alle Perlen stammen aus dem Hügelgrab Nr. VIII, außer den zwei kleinen Perlen aus Hügelgrab Nr. XV.

Kat. 251

Kat. 252

252 Perlen

Trialeti, Hügelgrab Nr. V und Nr. XIV.
Kreis Tsalka, Kvemo Kartli Region
21.–20. Jahrhundert v. Chr.
Fayence, Karneol, Achat, Gagat,
Amethyst. Größe-H.-0,3–2,2 cm,
D-0,4–1,4 cm
Georgisches Nationalmuseum Simon
Janashia, Tbilissi, Inventar Nr.: 9-63:333-339, 9-63:670-675
Lit.: Schoržikašvili/Gogadze 1974,
Taf. 55-477-481, 74-632-636

Die Perlen und Anhänger stammen aus zwei Hügelgräbern und bestehen aus verschiedenen Materialien. Besonders wichtig sind ein Anhänger in Form eines Menschenbeines und eine Karneolperle mit weißer Inkrustation. Sie haben Parallelen in Ägypten, Mesopotamien und dem Industal. Eine Perle (9-63:675, auf dem Foto ganz links) aus dieser Kette gehört wahrscheinlich nicht zu der Hauptbestattung.

253 Perlen (s. Abb. Seite 338)

Trialeti, Hügelgrab Nr. XVII.
Kreis Tsalka, Kvemo Kartli Region
21.–20. Jahrhundert v. Chr.
Fayence. Größe-0,3 x 0,2 – 0,2 × 0,1 cm
Georgisches Nationalmuseum Simon
Janashia, Tbilissi, Inventar Nr.: 9-63:985
Lit.: Schoržikašvili/Gogadze 1974:
Taf. 89-741

Die Perlen aus Fayence weisen eine zylindrische Form auf. Ihre Oberflächen sind blau, grau oder, seltener, weiß.

254 Schwert (s. Abb. 1 Seite 240)

Tetri Kvebi Hügelgrab Nr. 3.
Kreis Sagarejo, Kacheti Region
21.–20. Jahrhundert v. Chr.
Bronze. L-95 cm
Georgisches Nationalmuseum Simon
Janashia, Tbilissi, Inventar Nr.: ohne
Lit.: Bertram/Picxelauri 2005, Abb. 47/1

Das Schwert weist eine lange Klinge mit einer deutlichen Mittelrippe und einem kurzen Griff auf. In der georgischen Fachliteratur werden solche Schwerter manchmal aufgrund der visuellen Ähnlichkeit mit ägäischen Rapieren als »Rapiere« oder »rapierartige Schwerter« bezeichnet. Aus dem mittelbronzezeitlichen Südkaukasien sind über 10 Exemplare solcher Schwerter bekannt. Die Mehrheit davon kommt aus den Gräbern der Trialeti-Kultur, zusammen mit den typischen Beigaben dieser Kultur. Schwerter sind weder in der Kura-Araxes noch in der Frühkurgan-Kultur belegt. Die Schwerter erschienen am Anfang der Trialeti-Kultur und existieren nur eine kurze Zeit. In späteren Komplexen der Trialeti-Kultur sind sie nicht mehr belegt.

Lab no. MAMS	Lab. N	Fundort	^{14}C age (yr BP)	Cal 1-sigma	Cal 2-sigma	Material
11035	TK 3, MA-100210	Tetri Kvebi Hügelgrab 3	3646	calBC 2110-1961	calBC2132-1939	Knochen

^{14}C-Datierung zu Kat. 254

Kat. 267

Bronzezeit in Westgeorgien

255 Trinkgefäß

Nosiri. Kreis Senaki, Samegrelo Region
13.–12. Jahrhundert v. Chr.
Ton. H-11,6 cm, DM-8,0 cm, D-11,3 cm
Georgisches Nationalmuseum
Simon Janashia, Tbilissi,
Inventar Nr.: 61-68:2192
Lit.: Gogadze 1982, Taf. 43-2192

Das Gefäß hat eine hellbraune, grobe und ungleichmäßige Oberfläche. Der Körper ist abgerundet und wird zur Mündung und zum Boden hin schmaler. Es besitzt einen zoomorphen Henkel, der in der oberen Hälfte angebracht ist. Am Ende der Mündung umlaufen doppelte Rillen das Gefäß, darunter sind vierfach geritzte Wellenlinien dargestellt.

Kat. 255

Kat. 256–260

256 Miniaturgefäß

Nosiri. Kreis Senaki, Samegrelo Region
Anfang des 1. Jahrtausends v. Chr. (?)
Ton. H-3,5 cm, DM-2,3 cm, D-4,4 cm
Georgisches Nationalmuseum
Simon Janashia, Tbilissi,
Inventar Nr.: 61-68:3946
Lit.: unpubliziert

Das handgefertigte Gefäß besitzt eine braune, ungleichmäßige Oberfläche mit dunklen Brandflecken. Mündung und Boden sind ungleichmäßig geformt. Die ganze Oberfläche, außer dem Boden, ist mit kleinen runden Dellen bedeckt.

257 Miniaturgefäß

Nosiri. Kreis Senaki, Samegrelo Region
15.–14. Jahrhundert v. Chr. (?)
Ton. H-3,8 cm, DM-2,1 cm, D-3,9 cm
Georgisches Nationalmuseum Simon Janashia, Tbilissi, Inventar Nr.: 61-68:3101
Lit.: unpubliziert

Das Gefäß hat eine rötliche Oberfläche mit helleren Flecken. Es weist einen fast zylindrischen Körper auf. Die Oberfläche ist ungleichmäßig und mit kleinen runden Dellen bedeckt. An der Mündung sind zwei kleine senkrechte Henkel angebracht, die vertikale Löcher aufweisen.

258 Miniaturgefäß

Nosiri. Kreis Senaki, Samegrelo Region
18.–16. Jahrhundert v. Chr. (?)
Ton. H-4,3 cm, DM-3,8 cm, D-4,7 cm
Georgisches Nationalmuseum
Simon Janashia, Tbilissi,
Inventar Nr.: 61-68:1725
Lit.: Gogadze 1982, Taf. 37-1725

Das Gefäß hat eine schwarze ungleichmäßige Oberfläche mit helleren Flecken. Der Körper ist zylindrisch, der Boden flach. Am Rand sind in regelmäßigen Abständen drei kleine Knubbenhenkel angebracht.

259 Miniaturgefäß

Nosiri. Kreis Senaki, Samegrelo Region
13.–12. Jahrhundert v. Chr. (?)
Ton. H-3,6 cm, DM-2,0 cm, D-5,4 cm
Georgisches Nationalmuseum Simon Janashia, Tbilissi, Inventar Nr.: 61-68:1193
Lit.: Gogadze 1982, Taf. 40-1193

Das Gefäß hat eine dunkelbraune Oberfläche mit gelblichen Flecken. Die beiden senkrechten Henkel überragen leicht den Rand und besitzen runde horizontale Löcher.

260 Miniaturgefäß

Nosiri. Kreis Senaki, Samegrelo Region
18.–16. Jahrhundert v. Chr. (?)
Ton. H-4,1 cm, DM-2,1 cm, D-5,6 cm
Georgisches Nationalmuseum
Simon Janashia, Tbilissi,
Inventar Nr.: 61-68:1744
Lit.: Gogadze 1982, Taf. 37-1744.

Das Gefäß hat eine graue Oberfläche mit verschiedenen Flecken. Die beiden senkrechten Henkel überragen den Rand und besitzen runde horizontale Löcher. Auf der Oberfläche befinden sich ovale reliefierte Rippen.

Kat. 261

261 Schmelztiegel

Nosiri. Kreis Senaki, Samegrelo Region
Anfang des 1. Jahrtausends v. Chr. (?)
Ton. L-8,1 cm, Max. B-2,8 cm, Gw-32,3 g
Georgisches Nationalmuseum
Simon Janashia, Tbilissi,
Inventar Nr.: 61-68:3941
Lit.: unpubliziert

Die Oberfläche des Tiegels ist hellbraun, teilweise mit grauen Flecken. An einer Stelle befindet sich ein Ausguss.

262 Sicheleinsatz aus Silex

Nosiri. nicht stratifizierter Fund.
Kreis Senaki, Samegrelo Region
2. Jahrtausend v. Chr. (?)
Silex. L-5,7 cm, Max. B-3,2 cm,
Max. D-0,9 cm, Gw-15,75 g
Georgisches Nationalmuseum
Simon Janashia, Tbilissi,
Inventar Nr.: 61-68:1887
Lit.: unpubliziert

Der Sicheleinsatz ist aus braunem Silex hergestellt. Er weist eine dreieckige Form auf, die eine Seite ist abgebrochen. Das Stück ist beidseitig retuschiert. Der Einsatz für die Sichelklinge ist nicht vorhanden.

Kat. 262

Kat. 263

263 Trinkgefäß

Nosiri. Kreis Senaki, Samegrelo Region
2. Hälfte des 2. Jahrtausends v. Chr.
Ton. H-12,5 cm, DM-8,0 cm., D-11,5 cm.
Georgisches Nationalmuseum Simon
Janashia, Tbilissi, Inventar Nr.: 61-68:531
Lit.: unpubliziert

Das Gefäß hat eine rötliche, grobe und ungleichmäßige Oberfläche. Der Körper ist abgerundet und verengt sich an Mündung und Boden. Am Ende der Mündung umläuft eine Reihe von kurzen, schrägen Linien das Gefäß. Der Gefäßkörper ist mit vertikalen Rillen verziert. Die Fläche dazwischen ist mit fischgrätenartigen Darstellungen ausgefüllt.

Kat. 264

264 Tüllenaxt

Ureki (Hort). Kreis Osurgeti,
Guria Region
18.–17. Jahrhundert v. Chr
Bronze. L-15,9 cm, B-7,0 cm,
L- der Tülle - 3,5 cm, Gw-574,28 g
Georgisches Nationalmuseum Simon Janashia, Tbilissi, Inventar Nr.: 8-58:11
Lit.: Ramischvili 1974, Taf. XX-6,
Koridze 1968, 28

Die Axt hat eine kurze Tülle mit rundem Loch und einem geraden Körper. Die Schneide ist leicht abgerundet.

265 Tüllenaxt

Kvischari (Hort). Kreis Ambrolauri,
Ratscha Region
16.–14. Anfang des 13. Jahrhunderts v. Chr.
Bronze. L-20,7 cm, B-7,5 cm,
L- der Tülle - 5,0 cm Gw-472,50 g
Georgisches Nationalmuseum Simon Janashia, Tbilissi, Inventar Nr.: 13-946:7
Lit.: Nioradse 1948, Taf. 2a, Koridze 1965, 11, Taf. IV-1

Die Axt hat eine kurze Tülle mit ovalem Loch, einen S-förmig geschwungenen Körper und eine asymmetrische Schneide. Die Schneide ist beschädigt, ein Teil ist abgebrochen.

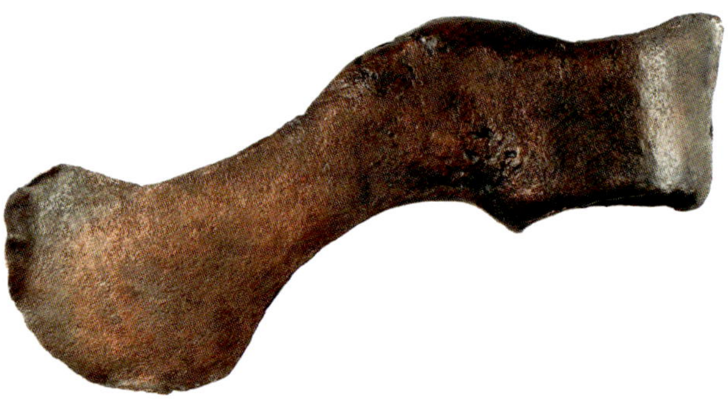

Kat. 265

Kat. 266

266 Tüllenaxt

Ureki (Hort). Kreis Osurgeti,
Guria Region
18.–16. Jahrhundert v. Chr.
Bronze. L-17,6 cm, B-4,7 cm,
L der Tülle 4,3 cm, Gw-611,10 g
Georgisches Nationalmuseum
Simon Janashia, Tbilissi,
Inventar Nr.: 8-58:7
Lit.: Ramischvili 1974, Taf. XX-1,
Koridze 1968, 28

Die Axt hat eine kurze Tülle mit rundem Loch, einen langen, geraden Körper und eine abgerundete Schneide.

267 Anhänger (s. Abb. Seite 348)

Brili. Grab 31a. Kreis Oni, Ratscha Region
18.–16. Jahrhundert v. Chr.
Antimon-Arsen-Bronze. L-11,5, B-3,0 cm
Georgisches Nationalmuseum
Simon Janashia,
Inventar Nr.: 5-993:297
Lit.: Miron, Orthmann 1995, 243,
Abb. 59, Kat Nr. 110

Der Anhänger stellt einen stilisierten Widderkopf mit eingerollten Hörnern dar. Die Augen sind mit eingeritzten Kreisen dargestellt, das Maul eingekerbt. Die Oberfläche des Kopfes ist mit geritzten Fischgrätenlinien verziert.

Literatur

Abuladze, J. 2017, A Typological and Statistical Setting of Grinders. In: B. Helwing u. a. 2017, 261–266.

Bastert-Lamprichs, K. 2017, Das neolithische Aruchlo: Die Keramik der Kampagnen 2012–2014. In: B. Helwing u. a. 2017, 233–246.

Bastert-Lamprichs, K./Benecke, N./Hansen, S./Neef, R. 2011, Der Beginn der Landwirtschaft im Südkaukasus: Die Ausgrabungen in Aruchlo in Georgien (Berlin 2011).

Bertram, J.-K./Picxelauri, K. 2005, mit Beiträgen von K. Picxelauri, V. Varazašvili, L. Ćabašvili, G. Kastl., J. Nieling, M. Kibaroğlu. Vorbericht zu den Ausgrabungsarbeiten in Udabno (Ostgeorgien) im Jahre 2005. Archäologische Mitteilungen aus Iran und Turan 37, 2005, 323–364.

Dedabrišvili, Š. Š. 1979, Дедабришвили, Ш. Ш., Курганы Алазанской долины. Труда Кахетской археологической экспедиции II (Тбилиси 1979). Dedabrišvili, Š. Š., Kurgany Alazanskoj doliny. Truda Kachetskoj Archeologičeskoj ekspedicii II (Tbilissi 1979). Dedabrišvili, Š. Š., Die Kurgane im Alazani-Tal (Tbilissi 1979).

Djaparidze, O. 1961, ჯაფარიძე, ო. ქართველი ტომების ისტორიისთვის ლითონის წარმოების ადრეულ საფეხურზე (თბილისი 1961). Djaparidze, O., Kartveli tomebis istoriistvis litonis tsarmoebis adreul sapexurze. Djaparidze, O., Zur Geschichte der georgischen Stämme während der frühen Entwicklungsstufe der Metallurgie (Tbilissi 1961). (Georgisch mit russischer und englischer Zusammenfassung)

Djaparidze, O. 1975, ჯაფარიძე, ო., ბრინჯაოს ხანის ყორღანები. In: ჯავახიშვილი, ა ჯაფარიძე, ო. (Hg.), ქვემო ქართლის არქეოლოგიური ექსპედიციის შედეგები (თბილისი 1975) 137–165. Djaparidze, O., Brinjaos khanis korganebi (Bronzezeitliche Kurgane). In: A. Djavakhishvili/O. Djaparidze (Hg.), Kvemo kartlis arkeologiuri ekspeditsiis schedegebi (Ergebnisse der archäologischen Expedition in Kvemo-Kartli in den Jahren 1965–1971 (Tbilissi 1975) 137–165.

Djaparidze, O. 1998, ჯაფარიძე, ო., ქართველი ტომების თნოკულტურული ისტორიისთვის ძველი წელთაღრიცხვით მესამე ათასწლეულში (თბილისი 1998). Djaparidze, O., Kartveli tomebis etnokulturuli istoriistvis dsveli tseltagritskhvit 3. Atastsleulschi (Tbilissi 1998). Djaparidze, O., Zur ethnokulturellen Geschichte der kartvelishen Stämme im 3. Jahrtausend v. Chr. (Tbilissi 1998). (Georgisch mit deutscher Zusammenfassung)

Djaparidze, O./Kikvidze, I./Avalishvili, G./Tsereteli, A. 1981, ჯაფარიძე, ო./კიკვიძე, ი./ავალიშვილი, გ./წერეთელი, ა., მესხეთ-ჯავახეთის არქეოლოგიური ექსპედიციის მუშაობის შედეგები (თბილისი 1981). Djaparidze, O./Kikvidze, I./Avalischvili, G./Tsereteli, A., Meskhet-djavakhetis arkeologiuri ekspeditsiis mushaobis schedegebi. Djaparidze, O./Kikvidze, I./Avalischvili, G./Tsereteli, A., Forschungsergebnisse der archäologischen Expedition in Meskhet-Djavakheti (Tbilissi 1981). (Georgisch mit russischer Zusammenfassung)

Djavakhishvili, G. 1969, ჯავახიშვილი, გ. ყვირილის ხეობის არქეოლოგიური ექსპედიციის მიერ ჭიათურის რაიონის სოფ. ქვემო ზოდში გამოქვაბულ სამელე კლდეში 1966 წელს ჩატარებული მუშაობის შედეგები. საქართველოს სახელმწიფო მუზეუმის არქეოლოგიური ექსპედიციების ანგარიშები. (თბილისი 1969) 12–18. Djavakhishvili, G., Kvirilis cheobis arkeologiuri eqspeditsiis mier tschiaturiss raioniss sof. kvemo zodshi gamoqvabul samele kldeschi 1966 tsels tschatarebuli muschaobis schedegebi. Sakartvelos sakhemtsipo museumis arqeologiuri ekspeditsiebis angarishebi. Djavakhishvili, G., Die Grabungsergebnisse der archäologischen Expedition im Jahre 1966 im Kvirila Tal, Kreis Tschiatura, Dorf Kvemo Sodi und in der Höhle Samele Klde. Berichte der archäologischen Expeditionen des Staatlichen Nationalmuseums von Georgien (Tbilissi 1969) 12–18. (Georgisch).

Djavakhishvili, A./Glonti, L. 1962, ჯავახიხიშვილი, ალ./ღლონტი ლ., ურბნისი I. ქვაცხელების (ტვლეპია-ქოხის) ნამოსახლარზე 1954–1961 წწ. ჩატარებული გათხრები (თბილისი 1962). Djavakhishvili, Al./Glonti, L., Qvatskhelebis (tvlepia-qochis) namosachlarze 1954–1961 ts. chatarebuli gatkhrebi. Djavakhishvili, Al./Glonti, L., Urbnissi I. Archäologische Arbeiten auf der Siedlung Kvatskhela (tvlepia-qochi) durchgeführt in den Jahren 1954–1961 (Tbilissi 1962). (Georgisch mit russischer Zusammenfassung)

e-Forschungsberichte 2016, e-Forschungsberichte 2016 des Deutschen Archäologischen Institutes (Berlin 2016).

Gagoshidze, I./Koridze, E./Gogitschaischvili, A. 1986, გაგოშიძე ი./ ქორიძე, ე./. გოგიჩაიშვილი, ა. შიდა ქართლის, არქეოლოგიური ექსპედიციის 1979–81 წლების საველე მუშაობის ანგარიში. საქართველოს სახელმწიფო მუზეუმის არქეოლოგიური ექსპედიციები VIII (თბილისი 1986) 56–67. Gagoschidze, I./Koridze, E./Gogitschaischvili, A., Schida qartlis arqeologiuri eqspeditsiis 1979–81 tslebis savele mushaobis angarishi. Saqartvelos sakhelmcipo museumis arqeologiuri eqspediciebi. Gagoschidze, I./Koridze, E./Gogitschaischvili, A., Grabungsbericht der Shida-Kartli archäologischen Expedition in den Jahren 1979–81. Archäologische Expeditionen des Staatlichen Nationalmuseums von Georgien VIII (Tbilissi 1986) 56–67. (Georgisch mit russischer Zusammenfassung)

Gagoshidze, I./Rova, E. 2018, 2013–2015 Activities of the Georgian-Italian Shida Kartli Archaeological Project at Aradetis Orgora (Georgia). In: T. Bürge (Hg.), Proceedings of the 10th International Congress on the Archaeology of the Ancient Near East 2. Excavation Reports & Summaries (Wiesbaden 2018) 497–510.

Gambashidze, O. S./Kvijinadze, K. D./Gambashidze, I. O. 1991, Гамбашидзе, О. С./Квижинадзе, К. Д./ Гамбашидзе, И. О., Основные результаты работ Месхет-Джавахетской экспедиции в 1985–1986 гг. Полевые археологические исследования в 1986 г. (Тбилиси 1991) 27–34. Gambashidze, O. S./Kvijinadze, K. D./Gambashidze, I. O., Osnovnye rezul'taty rabot Meschet-Džavachetskoj ekspedicii v 1985–1986 gg. Polevye archeologičeskie issledovanija v 1986 g. (Tbilisi 1991) 27–34. Gambashidze, O. S./Kvijinadze, K. D./Gambashidze, I. O., Hauptergebnisse der Arbeiten der Meskhet-Javacheti Expedition in den Jahren 1985–1986. Archäologische Geländearbeiten im Jahre 1986 (Tbilissi 1991) 27–34.

Gambaschidze, I./Hauptmann, A./Slotta, R./Yalcin, Ü. (Hg.) 2001, Georgien. Schätze aus dem Land des goldenen Vlies. Katalog der Ausstellung des Deutschen Bergbau-Museums Bochum in Verbindung mit dem Zentrum für Archäologische Forschung der Georgischen Akademie der Wissenschaften Tbilissi vom 28. Oktober

2001 bis 19. Mai 2002. Veröffentlichungen aus dem Deutschen Bergbau-Museum. Deutsches Bergbau-Museum Bochum 100 (Bochum 2001). **Gambashidze I./Mindiashvili, G./Gogotschuri, G./Kachiani, K./Djaparidze, I. 2010**, ღამბაშიძე,ირ./ მინდიაშვილი, გ./ გოგოჭური, გ./კახიანი, კ./ჯაფარიძე,ი., უძველესი მეტალურგია და სამთო საქმე საქართველოში ძვ. წ. VI–III ათასწლეულებში (თბილისი 2010). Gambashidze I./Mindiashvili, G./Gogochuri, G./ Kachiani, K./Djaparidze, I., Udzvelesi metalurgia da samto sakme sakartveloschi dz. ts. VI–III atastsleulebshi (Tbilisi 2010). Gambashidze I./Mindiashvili, G./Gogochuri, G./ Kachiani, K./Djaparidze, I., Alte Metallurgie und Bergbau in Georgien vom 6.–3. Jahrtausend v. Chr. (Tbilisi 2010). (Georgisch mit deutscher und russischer Zusammenfassung) **Gambashidze, I./Stöllner, Th. (Hg.) 2016**, The Gold of Sakdrisi. Man's first gold mining enterprise. Veröffentlichungen aus dem Deutschen Bergbau-Museum Bochum 211. Deutsches Bergbau-Museum Bochum; Ruhr-Universität Bochum; Georgian National Museum (Rahden/Westf. 2016). **Gambashidze, I./Gogochuri, G./Otkhvani, N. 2018**, The Late Chalcolithic Settlement in Western Georgia. In: Rescue Archaeology in Georgia: The South Caucasus Pipline Expansion (SCPX) Project (Tbilisi 2018) im Druck. **Gatsov, I./Nadelcheva, P. 2017**, Latest Results on the Obsidian Assemblages from the Neolithic Period of Aruchlo I, Georgia. In: B. Helwing u. a. 2017, 247–254. **Glonti, L. 1975**, ღლონტი ლ., მტკვარ-არაქსის კულტურის ძეგლები. ქვემო ქართლის არქეოლოგიური ექსპედიციის შედეგები (1965–1971 წწ.). In: ჯავახიშვილი, ა/ ჯაფარიძე, ო. (Hg.), ქვემო ქართლის არქეოლოგიური ექსპედიციის შედეგები (თბილისი 1975) 129–136. Glonti, L., Mtkvar-araksis kulturiss dzegkebi. In: Djavakhishvili, A./Djaparidze, O. (Hg.), Kvemo kartlis arkeologiuri ekspeditsiis schedegebi (Tbilissi 1975) 129–136. Glonti, L., Archäologische Denkmäler der Kura-Araxes-Kultur. In: Djavakhishvili, A./ Djaparidze, O. (Hg.), Grabungsergebnise der archäologischen Expedition in Kvemo-Kartli in den Jahren 1965–1971 (Tbilissi 1975) 129–136. **Glonti, M. 2006**, ღლონტი, მ., რელიეფურორნამენტიანი ჭურჭელი არაგვის ხეობიდან. ძიებანი 17–18, 2006, 51–61. Glonti, M., Reliefurornamentiani tschutscheli aragvis kheobidan. Dziebani 17–18, 2006, 51–61. Glonti, M., Keramikgefäße mit Reliefverzierung aus dem Aragvi Tal. Dziebani 17–18, 2006, 51–61. (Georgisch mit englischer Zusammenfassung). **Gobejishvili, G. 1981**, გობეჯიშვილი, გ., ბედენის გორასამარხების კულტურა (თბილისი 1981). Gobejischvili, G., Bedenis gorasamarchebis kultura (Tbilisi 1981). Gobejischvili, G., Die Bedeni-Kurgankultur (Tbilisi 1981). (Georgisch mit russischer Zusammenfassung). **Gogadze, E. 1972**, გოგაძე, ე., თრიალეთის ყორღანული კულტურის პერიოდიზაცია და გენეზისი (თბილისი 1972). Gogadze, E., Trialetis korganuli kulturis perioditsia da genezisi (Tbilisi 1972). Gogadze, E., Die Periodisierung und Genese der Trialeti-Kurgankultur (Tbilisi 1972). (Georgisch mit russischer Zusammenfassung). **Gogadze, E. 1982**, გოგაძე, ე., კოლხეთის ბრინჯაოსა და ადრერკინის ხანის ნამოსახლართა კულტურა (თბილისი 1982). Gogadze, E., Kolchetiss brinjaosa da adrerkiniss chanis namosakhlarta kultura (Tbilisi 1982). Gogadze, E., Die Kultur der bronze- und früheisenzeitlichen Siedlungen der Kolchis (Tbilissi 1982). (Georgisch mit russischer Zusammenfassung) **Hansen, S. 2017a**, Small finds. In: B. Helwing u. a. 2017, 255–260. **Hansen, S. 2017b**, Phallomorphic Antler Tools. In: B. Helwing u. a. 2017, 269–272. **Hansen, S. 2017c**, Figurines. In: B. Helwing u. a. 2017, 273–274. **Hansen, S./Mirtskhulava, G./Bastert-Lamprichs, K./Benecke, N./Gatsov, I./Nadelcheva, P. 2006,** Aruchlo 2005–2006. Bericht über die Ausgrabungen in einem neolithischen Siedlungshügel. Archäologische Mitteilungen aus Iran und Turan (AMIT) 38 (Berlin 2006) 1–34. **Hansen, S./Mirtskhulava, G./Bastert-Lamprichs, K. 2007,** Aruchlo: A Neolithic Settlement Mound in the Caucasus. Neo-Lithics 1/07. The Newsletter of Southwest Asian Neolithic Research, 2007, 13–19. **Hansen, S./Mirtskhulava, G./Bastert-Lamprichs, K./Görsdorf, J./Neumann, D./Ullrich, M./ Gatsov, I./Nadelcheva, P. 2009**, Aruchlo 2007. Bericht über die Ausgrabungen im neolithischen Siedlungshügel. Archäologische Mitteilungen aus Iran und Turan 39 (AMIT), 2007, Berlin 2009, 1–30. **Hansen, S./Mirtskhulava, G./Bastert-Lamprichs, K./Ullrich, M. 2012**, Aruchlo – eine neolithische Siedlung im Südkaukasus. Das Altertum, 2012, 57, 81–106. **Hansen, S./Mirtskhulava, G./Bastert-Lamprichs, K. 2013,** Neolithic settlements of the 6th millennium BC in the southern Caucasus. In: O. P. Nieuwenhuyse/R. Bernbeck/P. M. M. G. Akkermans/J. Rogasch (Hg.), Interpreting the Late Neolithic of Upper Mesopotamia (Turnhout 2013) 387–396. **Hansen, S./Mirzchulava, G. 2013**, ჰანზენი, ს./მირცხულავა, გ. (Hg.), ადრესამიწათმოქმედო კულტურა სამხრეთ კავკასიაში. არუხლოს გორაზე 2005–2011 წლებში ჩატარებული არქეოლოგიური სამუშაოების ანგარიში (თბილისი 2013). Hansen, S./Mirtskhulava, G. (Hg.), Adresamitsakmedo kultura samkhret kavkasiaschi. Aruchlos gorase 2005-2011 tslebschi tschatarebuli arkeologiuri samuschaoebiss angarischi. Hansen, S./ Mirtskhulava, G. (Hg.), Die frühe Ackerbaukultur in Südkaukasien. Berichte zu archäologischer Ausgrabung auf der TellAruchlo in den Jahren 2005–2011 (Tbilissi 2013). (Georgisch) **Hansen, S./Ullrich, M. 2017**, Report on the 2012–2014 Excavation Campaign in Aruchlo. In: B. Helwing u. a. 2017, 201–222. **Hansen, S./Wahl, J. 2017**, The earliest Cremation in the Caucasus. In: B. Helwing u. a. 2017, 287–288. **Helwing, B./Aliyev, T./Lyonnet, B./Guliyev, F./Hansen, S./Mirtskhulava, G. (Hg.) 2017**, The Kura Projects. New Research on the Later Prehistory of the Southern Caucasus. Archäologie in Iran und Turan 16 (Berlin 2017). **Jalabadze, M. 1998**, ჯალაბაძე, მ., ბედენის კულტურა შიდა ქართლში (ბერიკლდეების ნამოსახლარი). ისტორიის მეცნიერებათა კანდიდატის სამეცნიერო ხარისხის მოსაპოვებლად წარმოდგენილი ნაშრომი (თბილისი 1998). Jalabadze, M., Bedenis kultura schida kartlshi. Berikldeebiss namosakhlari (Tbilissi). Jalabadze, M., Die Bedeni-Kultur in Schida Kartli. Die Siedlung Berikldeebi. (Tbilissi 1998). (Georgisch) [Unpublizierte Doktorarbeit]. **Javakhishvili, A./Kiguradze, T. 1975**, ჯავახიშვილი, ა./კიღურაძე, თ., ადრესამიწათმოქმედო ნასოფლარები. In: ჯავახიშვილი, ა./ ჯაფარიძე, ო. (Hg.), ქვემო ქართლის არქეოლოგიური ექსპედიციის შედეგები (თბილისი 1975) 11–128. Javakhishvili, A. /Kiguradze, T., Adressamitsatmokmedo nasoplarebi. In: A. Djavakhishvili /O. Djaparidze (Hg.), Kvemo kartlis arqeologiuri eksspediciiss schedegebi (Tbilissi 1975) 11–128. Javakhishvili, A./Kiguradze, T., Die frühackerbaulichen Siedlungen. In: A. Djavakhishvili/ O. Djaparidze (Hg.), Die Grabungsergebnisse der archäologischen Expedition in

Kvemo Kartli (Tbilissi 1975) 11–128. **Katalog Tbilissi 1955,** არქეოლოგიური მასალების კატალოგი II (თბილისი 1955). Arkeologiuri masalebiss katalogi II (Tbilissi 1955). Katalog der archäologischen Funde II (Tbilissi 1955). (Georgisch und Russisch). **Kiguradze, T. 1986,** Neolithische Siedlungen von Kvemo-Kartli, Georgien. Materialien zur Allgemeinen und Vergleichenden Archäologie 29 (München 1986). **Koridze, D. 1955,** ქორიძე, დ., თბილისის არქეოლოგიური ძეგლები. ნაწილი I. ენეოლით-გვიანბრინჯაოს პერიოდი (თბილისი 1955). Koridze, D., Tbilissis arkeologiuri dseglebi. Natsili I. Eneolit-gvianbrinjao (Tbilissi 1955). Koridze, D., Archäologische Denkmäler in Tbilissi. Teil I. Äneolithikum-Spätbronzezeit (Tbiliissi 1955). (Georgisch) **Koridze, D. L. 1958**, Коридзе, Д. Л., Новые находки медных орудий в Квемо-Картли. Советская Археология 1, 1958, 134–140. Koridze, D. L., Neue Funde von kupfernen Werkzeugen in Kvemo-Kartli. Sovetskaja Archeologia 1, 1958, 134–140. **Koridze, D. 1965,** ქორიძე, დ., კოლხური კულტურის ისტორიისთვის (თბილისი 1965). Koridse, D., Kolchuri kulturiss isstoriisstvis (Tbilissi 1965). Koridse, D., Die Geschichte der Kolchis-Kultur (Tbilissi 1965). (Georgisch mit russischer Zusammenfassung) **Koridze, D. 1968,** ქორიძე, დ., ლიხნის განძი და კოლხურ ყობანური ცულების გენეზისის საკითხისათვის. საქართველოს სახელმწიფო მუზეუმის მოამბე XXV-B (თბილისი 1968) 15–30. Koridze, D., Likhniss gandzi da kolchur kobanuri tsulebis genesisis sakitchisatvis. Sakartveloss saxelmtsifo museumiss moambe (Tbilissi 1968) 15–30. Koridze, D., Der Hort aus Likhni und die Genese der Kolchisch-Kobanischen Äxte. Grabungsberichte des Staatlichen Nationalmuseums von Georgien (Tbilissi 1968) 15–30. (Georgisch mit russischer Zusammenfassung). **Kuftin B. 1949,** Куфтин, Б., Археологическая маршрутная экспедиция 1945 года в Юго-Осетию и Имеретию (Тбилиси 1949). Kuftin, B., Archäologische Expedition von 1945 in Südosetien und Imeretien (Tbilissi 1949). **Kuftin, B. 1941,** Куфтин, Б., Археологические раскопки в Триалети (Тбилиси 1941). Kuftin, B., Archeologičeskie raskopki v Trialeti (Tbilisi 1941). Kuftin, B., Archäologische Grabungen in Trialeti (Tbilissi 1941). **Kvavadze, E./Jalabadze, M./Sagona, A. 2016,** Tetritskaro (Nadarbazevi) burial mound 2: Bread, rusk and the Bedeni period. In: M. Kvachadze/N. Shanabshvili (Hg.), Aegean world and south Caucasus. Cultural relations in the Bronze Age. International Workshop. September 23–25, 2016, Georgia. Proceedings (Tbilisi 2016) 128–138. **Makharadze, S./Kalandadze, N./Murvanidze, B. (Hg.) 2016,** მახარაძე, ზ./ კალანდაძე, ნ./ მურვანიძე, ბ. (Hg.), ანანაურის #3 დიდი ყორღანი (თბილისი 2016). Makharadze, S./Kalandadze, N./Murvanidze, B. (Hg.) 2016, Ananauri Nr. 3 didi korgani (Tbilissi 2016). Makharadze, S./Kalandadze, N./Murvanidze, B. (Hg.) 2016, Der Großkurgan Nr. 3 von Ananauri (Tbilissi 2016). (Georgisch und Englisch). **Miron, A./Orthmann, W. (Hg.) 1995,** Archäologische Funde aus Georgien. Unterwegs zum goldenen Vlies. Museum für Vor- und Frühgeschichte Saarbrücken (Stuttgart 1995). **Mirzchulava, G./Orjonikidze, A./Mindiashvili, G./Djaparidze, O. 1992,** მირცხულავა, გ./ ორჯონიკიძე, ა./მინდიაშვილი, გ./ ჯაფარიძე, ო., ადრებრინჯაოს ხანა. საქართველოს არქეოლოგია II (თბილისი 1992) 70–215. Mirzchulava, G./Orjonikidze, A./Mindiashvili, G./Djaparidze O., Adrebrinjaos chana. Sakartvelos Arkeologia (Archäologie Georgiens) II (Tbilissi 1991) 70–215. Mirzchulava, G./Orjonikidze, A./Mindiashvili, G./Djaparidze, O., Die Frühbronzezeit. Archäologie Georgiens II (Tbilissi 1991) 70–215. (Georgisch) **Mirtskhulava, G. 2011,** მირცხულავა, გ., მტკვარ-არაქსის კულტურის პრობლემები (თბილისი 2011). Mirtskhulava, G., Mtkvar-araksis kulturis problemebi. Studies of the Society of Assyriologists, Biblical Studies and Caucasiologists 5 (Tbilissi 2011). (Georgisch mit russischer und englischer Zusammenfassung) **Narimanishvili, G. 2009,** ნარიმანიშვილი, გ., სიახლენი თრიალეთის კულტურაში (თბილისი 2009). Narimanischvili, G., Siachleni trialetis kulturaschi (Tbilissi 2009). Narimanishvili, G., Neue Forschungen zur Trialeti-Kultur (Tbilissi 2009). (Georgisch mit russischer und deutscher Zusammenfassung) **Nebieridze, L. 2003,** ნებიერიძე, ლ., მღვიმე საგვარჯილეს ენეოლითური ხანის ნამოსახლარი (თბილისი 2003). Nebieridze, L., Mgvhvime sagvarjiless eneolithuri chaniss namosachlari (Tbilissi 2003). Nebieridze, L., Der neolithische Siedlungplatz in der Höhle Sagvarjile (Tbilissi 2003). (Georgisch mit russischer und englischer Zusammenfassung) **Nebieridze, L. 2010,** ნებიერიძე, ლ., წოფის ენეოლითური კულტურა. Studies of the Society of Assyriologists, Biblical Studies and Caucasiologists 6 (თბილისი 2010). Nebieridze, L., Tsopis eneolituri kultura. Studies of the Society of Assyriologists, Biblical Studies and Caucasiologists 6 (Tbilissi 2010). Nebieridze, L., Die Äneolithische Tsopi-Kultur. Studies of the Society of Assyriologists, Biblical Studies and Caucasiologists 6 (Tbilissi 2010). (Georgisch mit englischer Zusammenfassung). **Neumann, D. 2017,** Schmuckfunde aus den Jahren 2005–2014. In: B. Helwing u. a. 2017, 275–276. **Nioradze, G. 1948,** ნიორაძე, გ., ქვიშარის არქეოლოგიური ძეგლები. საქართველოს სახელმწიფო მუზეუმის მოამბე. XVI-B (თბილისი 1948) 1–22. Nioradze, G., Kvischariss arkeologiuri dzeglebi. Sakartveloss saxelmtsifo museumiss moambe (Tbilissi 1948) 1–22. Nioradze, G., Archäologische Denkmäler von Kvischari. Grabungsberichte des Staatlichen Nationalmuseums von Georgien (Tbilissi 1948) 1–22. (Georgisch mit russischer Zusammenfassung) **Orjonikidze, A. 2005,** ორჯონიკიძე, ა., ორჭოსნის ნამოსახლარის ადრეული კომპლექსები. ძიებანი 15–16, 2005. გვ. 69–83. Orjonikidse, A., Ortschossnis namosachlaris adreuli kompleqsebi. Dziebani 15–16, 2005, 69–83. Orjonikidse, A., Die frühen Komplexe der Ortschossani Siedlung). Dziebani 15–16, 2005, 69–83. (Georgisch mit englischer Zusammenfassung) **Orjonikidze, A. 2013,** ორჯონიკიძე, ა., კომბინირებული იარაღი სოფ. ჟებოტიდან. ძიებანი 21, 2013, 129–133. Orjonikidse, A., Kombinirebuli iaragai sof. Zhebotidan. Dziebani, 21, 2013, 129–133. Orjonikidse, A., Ein kombiniertes Gerät aus dem Dorf Zhebota. Dziebani, 21, 2013, 129–133. (Georgisch mit englischer Zusammenfassung) **Orjonikidze, A. 2017,** ორჯონიკიძე, ა., არქაული ელემენტები ბედენურ კერამიკაზე. ამირანი XXIX, 2017, 24–42. Orjonikidze, A., Arkauli elementebi bedenur keramikase. Amirani XXIX, 2017, 24–42. Orjonikidze, A., Archaische Elemente auf der Bedeni-Keramik. Amirani XXIX, 2017, 24–42. (Georgisch mit englischer Zusammenfassung) **Orjonikidze, A./Jibladze, L. 2010,** ორჯონიკიძე, ა./ჯიბლაძე, ლ., კიდევ ერთხელ ორჭოსნის ნასახლარის შესახებ. ძიებანი 19, 2010, 105–114.

Orjonikidse, A./Jibladse, L., Kidev ertchel ortschossniss namosachlariss schesacheb. Dziebani 19, 2010, 105–114. Orjonikidse, A./ Jibladse, L., Noch einmal über die Siedlung Ortchosani. Dziebani 19, 2010, 105–114. (Georgisch mit englischer Zusammenfassung) **Parolly, G./Grotz, K./Lack, H. W. (Hg.) 2014,** Kaukasus. Pflanzenvielfalt zwischen Schwarzem und Kaspischem Meer. Botanischer Garten und Botanisches Museum Berlin-Dahlem, Freie Universität Berlin (Berlin 2014). **Picxelauri, K./Orthmann, W./Qvavadze, D. 1994,** Neue archäologische Funde in Kakhetien. Georgica 17, 1994, 9–13. **Pkhakadze, G. 1993,** ფხაკაძე, გ., დასავლეთ ამიერკავკასია ძველი წელთაღრიცხვის III ათასწლეულში (თბილისი 1993). Pkhakadze, G., Dasavlet amierkavkasia dzveli tseltagritschviss III atastleulschi (Tbilissi 1993). Pkhakadze, G., Das westliche Transkaukasien im 3. Jahrtausend vor Chr. (Tbilissi 1993). (Georgisch mit russischer Zusammenfassung) **Pkhakadze, G. 2002,** ფხაკაძე, გ., ადრებრინჯაოს ხანის ზიარჭურჭელის დანიშნულებისა და გავრცელების შესახებ. ძიებანი 9, 2002, 29–33. Pchakadze, G., Adrebrinjaos chanis siartschurtschelis danischnulebisa da gavrzelebis schesacheb. Dziebani 9, 2002, 29–33. Pchakadze, G., Über die Funktion und Verbreitung der frühbronzezeitlichen kommunizierenden Gefäße. Dziebani 9, 2002, 29–33. (Georgisch mit englischer Zusammenfassung) **Ramischvili, A. 1974,** რამიშვილი, ალ., კოლხეთის მატერიალური კულტურის ისტორიიდან (ბათუმი 1974). Ramischvili, A., Kolchetis materialuri kulturis isstoriidan (Batumi 1974). Ramischvili, A., Aus der Geschichte der materiellen Kultur der Kolchis) (Batumi 1974). (Georgisch mit russischer Zusammenfassung) **Schoržikašvili, L. G./Gogadze, E. M. 1974,** Жоржикашвили, Л. Г./Гогадзе, Э. М., Памятники Триалети эпохи ранней и средней бронзы (раскопки 1936–1940, 1947–1948 гг.). Каталог триалетских материалов II (Тбилиси 1974). Schoržikašvili, L. G./Gogadze, E. M., Pamjatniki Trialeti epochi rannej i srednej bronzy (raskopki 1936–1940, 1947–1948 гг.). Katalog trialetskich materialov II (Tbilisi 1974). Schoržikašvili, L. G./Gogadze, E. M., Früh- und mittelbronzezeitliche Denkmäler aus Trialeti (Grabungen von 1936–1940 und 1947–1948). Katalog der Materialien aus Trialeti II (Tbilissi 1974). **Shanshashvili, N. 2013,** შანშაშვილი, ნ., მტკვარ-არაქსის კულტურის მოხატული კერამიკა სამხრეთ კავკასიიდან. ძიებანი 21, 2013., 110–128. Shanshashvili, N., Mtkvar-araksis kulturis mochatuli keramika samchret kavkasiida. Dziebani 21, 2013, 110–128. Shanshashvili, N., Die bemalte Keramik der Kura-Araxes-Kultur aus Südkaukasien. Dziebani 21, 2013, 110–128. (Georgisch mit englischer Zusammenfassung) **Steiniger, D. 2017,** P-XRF on Cooper Finds from Aruchlo. In: B. Helwing u. a. 2017, 277–280. **Tchubinischvili, T. 1963,** ჩუბინიშვილი, ტ., ამირანის გორა. მასალები მესხეთ-ჯავახეთის უძველესი ისტორიისთვის (თბილისი 1963). Tchubinischwili, T., Amiranis Gora. Masalebi meskhet-djavachetis udzvelesi isttoriistvis (Tbilissi 1963). Tchubinischwili, T., Amiraniss Gora. Materialien zur Frühgeschichte von Meskhet-Djavacheti (Tbilissi 1963). (Georgisch mit russischer Zusammenfassung) **Tchubinischvili, T. 1965,** ჩუბინიშვილი, ტ., მტკვარისა და არაქსის ორმდინარეთის უძველესი კულტურა (თბილისი 1965). Tchubinischvili, T., Mtkvarissa da arakssiss ormdinaretiss udzvelessi kultura (Tbilissi 1965). Tchubinischvili, T., Die Frühgeschichte des Zwischenstromlandes von Kura und Araxes (Tbilissi 1965). (Georgisch mit russischer Zusammenfassung) **Tchubinišvili, T./Pchakadze, G./Mirtskhulava, G./Šatberašvili, Z./Gogelija, D./Esakija, K. 1978,** Чубинишвили Т./Пхакадзе Г./Мирцхулава Г./Шатберашвили, З./Гогелия, Д./Эсакия, К., Отчет Квемо-Картлиской (Арухло) Археологической Экспедиции. Полевые Археологические Исследования в 1975 году (Тбилисси 1979) 9–13. Otčet Kvemo-Kartliskoj (Aruchlo) Archeologičeskoj ekspedicii. Polevye Archeologičeskie Issledovanija v 1975 gody (Tbilissi 1979) 9–13. Tchubinišvili, T./Pchakadze, G./ Mirtskhulava, G./Šatberašvili, Z./Gogelija, D./Esakija, K., Bericht der archäologischen Expedition in Kvemo-Kartli (Aruchlo). Archäologische Geländearbeiten im Jahre 1975 (Tbilissi 1979) 9–13.

Anhang

Verzeichnis der Autoren

Dr. Mikheil Abramishvili
Otar Lordkipanidze Zentrum
für Archäologische Forschungen
Georgisches Nationalmuseum
Rustaveli Straße 3
0105 Tbilissi
Georgien
mikho@archaeologist.com

Katrin Bastert-Lamprichs M. A.
Deutsches Archäologisches Institut
Eurasien-Abteilung
Im Dol 2-6, Haus II
14195 Berlin
katrin.bastert@dainst.de

Prof. Dr. Norbert Benecke
Deutsches Archäologisches Institut
Im Dol 2-6, Haus 2 und 4
14195 Berlin
nb@dainst.de

Gautier Broux
22 rue Blanche
93170 Bagnolet
Frankreich
gautier.broux@gmail.com

Dr. Irina Gambashidze
Otar Lordkipanidze Zentrum
für Archäologische Forschungen
Georgisches Nationalmuseum
Rustaveli Straße 3
0105 Tbilissi
Georgien
irinagambashidze@gmail.com

Prof. Ivan Gatsov, D. Sc.
New Bulgarian University
Department of Archaeology
21 Montevideo St., Bl. 2, office 219
01618 Sofia
Bulgarien
igatsov@nbu.bg

Dr. Liane Giemsch
Archäologisches Museum Frankfurt
Karmelitergasse 1
60311 Frankfurt am Main
liane.giemsch@stadt-frankfurt.de

Giorgi Gogochuri
Otar Lordkipanidze Zentrum für
Archäologische Forschungen
Georgisches Nationalmuseum
Rustaveli Straße 3
0105 Tbilissi
Georgien
iorgigogochuri@yahoo.com

Dr. Caroline Hamon
CNRS, UMR 8215 Trajectoires
Maison de l'archéologie
21 allée de l'Université 92023
Nanterre cedex
Frankreich
caroline.hamon@mae.cnrs.fr

Prof. Dr. Dr. h. c. Svend Hansen
Deutsches Archäologisches Institut
Eurasien-Abteilung
Im Dol 2-6, Haus II
14195 Berlin
svend.hansen@dainst.de

Prof. Dr. Barbara Helwing
Department of Archaeology
Quadrangle Building A 14
University of Sydney NSW 2006
Australien
barbara.helwing@sydney.edu.au

Dr. Mark Iserlis
Deutsches Archäologisches Institut
Eurasien-Abteilung
Im Dol 2–6
14195 Berlin
mark.iserlis@dainst.de

Dr. Mindia Jalabadze
Otar Lordkipanidze Zentrum für
Archäologische Forschungen
Georgisches Nationalmuseum
Rustaveli Straße 3
0105 Tbilissi
mindiajal@gmail.com

Moritz Jansen
University of Pennsylvania,
Museum of Archaeology and
Anthropology Department
3260 South Street Philadelphia,
PA 19104
USA
moritzj@upenn.edu

Dr. Florian Klimscha
Landesmuseum Hannover
Willy-Brandt-Allee 5
30169 Hannover
florian.klimscha@landesmuseum-hannover.de

Prof. Dr. Eliso Kvavadze
Georgian National Museum
3, Purtseladze Street Tbilisi 5
Tbilisi 0105
Georgien
ekvavadze@mail.ru

Prof. Dr. David Lordkipanidze
Georgisches Nationalmuseum
3, Purtseladze Street
0105 Tbilissi
Georgien
dlordkipanidze@museum.ge

Dr. Nino Lordkipanidze
Otar Lordkipanidze Zentrum für
Archäologische Forschungen
Georgisches Nationalmuseum
Rustaveli Straße 3
0105 Tbilissi
Georgien
ninolordkip@hotmail.com

Dr. Zurab Makhardze
Georgisches Nationalmuseum
Uznadze Straße 14
0102 Tbilissi
Georgien
z_makhar@hotmail.com

Dr. Giorgi Mindiashvilli
Otar Lordkipanidze Zentrum für
Archäologische Forschungen
Georgisches Nationalmuseum
Rustaveli Straße 3
0105 Tbilissi
Georgien

Dr. Guram Mirtskhulava
Otar Lordkipanidze Zentrum für
Archäologische Forschungen
Georgisches Nationalmuseum
Rustaveli Straße 3
0105 Tbilissi
Georgien

Dr. Dimitri Narimanishvili
Otar Lordkipanidze Zentrum für
Archäologische Forschungen
Georgisches Nationalmuseum
Rustaveli Straße 3
0105 Tbilissi
Georgien
dimbulini@yahoo.com

Prof. Dr. Goderdzi Narimanishvili
Otar Lordkipanidze Zentrum für
Archäologische Forschungen
Georgisches Nationalmuseum
Rustaveli Straße 3
0105 Tbilissi
goderdzi_narimanishvili@yahoo.com

Dr. Petranka Nedelcheva
New Bulgarian University
Department of Archaeology
21 Montevideo St., Bl. 2, office 219
01618 Safia
Bulgarien

Drs. Reinder Neef
Deutsches Archäologisches Institut
Im Dol 2–6
14195 Berlin
reinder.neef@dainst.de

Dr. Alexander Orjonikidze
Otar Lordkipanidze Zentrum für
Archäologische Forschungen
Georgisches Nationalmuseum
Rustaveli Straße 3
0105 Tbilissi
Georgien

Prof. Dr. Giulio Palumbi
Universität Lyon
Laboratoire Archéorient,
Maison de l´Orient
et de la Méditerranée
7, rue Raulin
69365 Lyon cedex 07
Frankreich
giuliopalumbi@hotmail.com

Dr. Nino Shanshashvili
Otar Lordkipanidze Zentrum für
Archäologische Forschungen
Georgisches Nationalmuseum
Rustaveli Straße 3
0105 Tbilissi
Georgien

Prof. Dr. Thomas Stöllner
Deutsches Bergbau-Museum Bochum
Am Bergbaumuseum 31
44791 Bochum
thomas.stoellner@bergbaumuseum.de

Dr. Levan Tchabashvili
Otar Lordkipanidze Zentrum für
Archäologische Forschungen
Georgisches Nationalmuseum
Rustaveli Straße 3
0105 Tbilissi
Georgien
tchabashvili@yahoo.com

Michael Ullrich
Deutsches Archäologisches Institut
Eurasien Abteilung
Im Dol 2-6
14195 Berlin
Michael.ullrich@dainst.de

Bildnachweis

AMF = Archäologisches Museum Frankfurt
DAI = Deutsches Archäologisches Institut
GNM = Georgisches Nationalmuseum Simon Janashia
DBM = Deutsches Bergbaumuseum Bochum
RUB = Ruhr-Universität Bochum

Cover: Gestaltung: AMF, E. Quednau; Landschaftsfoto: DAI, S. Reinhold; Objektfoto: GNM, I. Gambashidze

S. 2, 175: AMF, J. Meyer
S. 16–17, 24–25, 85, 100–101: AMF, V. Kreidler
S. 18–23: Abb. 1: B. Vadachkoria; Abb. 2: GNM, G. Tsibakhashvili; Abb. 3: GNM, F. Javier Urquijo; Abb. 4: Kunstinstallation: L. Lopez; Produktion: V. Khoshtaria; Foto: GNM, F. Javier Urquijo; Abb. 5: Foto: AMF, J. Meyer
S. 26–41: Abb. 1, 3–4, 5, 8–9: DAI, S. Hansen; Abb. 2: DAI, S. Hansen/M. Karaucak; Abb. 6–7, 10–11, 13–15: DAI, B. Helwing; Abb. 12, 16: AMF, J. Meyer
S. 42–49: Abb. 1–9: DAI, S. Hansen; Abb. 10: DAI, M. Ullrich
S. 50–55: Abb. 1: C. Hamon; Abb. 2–3: G. Broux
S. 56–61: Abb. 1: AMF, J. Meyer; Abb. 2–4: C. Hamon
S. 62–73: Abb. 1: DAI, S. Hansen; Abb. 2–6: M. Iserlis; Tab. 1: Iserlis, nach Akhundov 2007; Černych/Orlovskaja 2007; Kohl 2007; Korenevskij 2004; Marro 2010; Lyonnet 2007; Rezepkin 2000; Sagona 2014; Trifonov 2001
S. 74–84: Abb. 1–5: I. Gambashidze
S. 86–99: Abb. 1, 3–9: Fotos: DAI, R. Neef; Abb. 2: Karte: DAI; Abb. 10: Foto: DAI, R. Eichmann; Abb. 11: AMF, J. Meyer
S. 102–119: Abb. 1–2, 12: G. Palumbi; Abb. 3: nach Djavakhishvili/Glonti 1962; Abb. 4: 1) nach Badalyan 1985; 2) nach Işıklı u. a. 2010; 3) nach Badalyan u. a. 2015; Abb. 5: GNM; Abb. 6: Karte adaptiert nach Batiuk 2005; Abb. 7: AMF, J. Meyer; Abb. 8: nach Burney 1961; Abb. 9: nach Rothman 2011; Abb. 10–11: Missione Archeologica Italiana in Anatolia Orientale; Abb. 13: nach Koşay 1976; Abb. 14: nach Evans u. a. 2018 und Hood 1951; Abb. 15: nach Paz 2009
S. 120–139: Abb. 1: AMF, J. Meyer; Abb. 2: nach Lyonnet u. a. 2010; Abb. 3: DBM, Th. Rabsilber; Abb. 4: GNM, I. Gambashidze, Tblissi; Abb. 5: nach Stöllner/Gambaschidze 2014, Fig. 8, Liste 1; Fotos: G. Salniker, G. Mindiashvili, Tblissi (1–4; 6–18), A. Courcier, Bochum (5); Abb. 6: GNM, unbekannter Fotograf; Abb. 7: DBM/RUB, Th. Stöllner; Abb. 8: nach Gambaschidze u. a. 2010; Fotos: GNM, I. Gambaschidze/G. Salniker; Abb. 9: GNM, I. Gambaschidze; DBM, A. Hauptmann; Abb. 10: DBM/RUB, D. Demant/Th. Stöllner; Abb. 11: nach M. Jansen, A. Courcier, Th. Söllner, In: Stöllner u. a. 2014; Daten/Graphik, DBM/RUB, M. Jansen, Philadelphia; Abb. 12: DBM/RUB/M. Jansen, Philadelphia
S. 140–149: Abb. 1: DBM/RUB/GNM, K. Stange (1), Th. Stöllner/F. Klein und Fa. ArcTron (2–3), G. Steffens (4); Abb. 2: DBM/RUB/GNM, K. Stange, AVttention, M. Schaich, ArcTron, F. Klein; Abb. 3: DBM/RUB/GNM, Th. Rabsilber, Th. Stöllner, T. Sachwadse; Abb. 4: DBM/RUB/GNM, Th. Stöllner, K. Stange, AVttention (4)
S. 150–157: Abb. 1: DBM/RUB/GNM/F. Klein; Abb. 2: Archäologisches Museum Frankfurt, J. Meyer; Abb. 3: DBN/RUB/GNM/Th. Rabsilber, F. Klein, T. Sachvadze; Abb. 4: DBM/RUB/GNM, H.-J. Laufer, T. Sachwadse [Objekte], F. Klein [Plandarstellung], Th. Stöllner [Fotos])
S. 158–165: Abb. 1–2, 4–6: G. Mindiashvili; Abb. 3: Aquarell von V. F. Sverovov; Tab. 1: G. Mindiashvili
S. 166–174: Abb. 1–2: GNM; Abb. 3–5: AMF, J. Meyer; Abb. 6: GNM
S. 176–181: Abb. 1: F. Klimscha; Abb. 2: AMF, J. Meyer; Abb. 3: Trifonov 2007 nach Kondrašov/Rezepkin 1988, 92; Abb. 4: nach Makharadze 2016; Abb. 5: AMF/J. Meyer
S. 182–189: Abb. 1–8, 10–11: nach Z. Makharadze/N. Kalandadze/B. Murvanidze 2016; Abb. 9: AMF, J. Meyer
S. 190–195: Abb. 1–4: GNM, E. Kvavadze
S. 196–201: Abb. 1–2, 4: nach Gobejishvili 1981; Abb. 3: nach Gobejishvili 1981, Gambashidze u. a. 2010, Shatberashvili/Shatberashvili 2014
S. 202–227: Abb. 1–10, 15: G. Narimanishvili; Abb. 11: 1: nach: Kuftin 1941; 2: nach: Kuftin 1941, Taf. LXXVII; 3: nach: Kuftin 1941, Taf. LXXX; 4: nach: Kuftin 1941, Taf. LXXXI; 5: nach: Kuftin 1941, Taf. LXXXII; 6–8: Foto: G. Narimanishvili und H. Simonian; Abb. 12: D. Narimanishvili/I. Esvanjia; Abb. 13: 1, 4-12 G. Narimanishvili/D. Narimanishvili; 2: Khanzadyan/Devejyian 2007, pl. IV; 3: Avetisyan/Piliposyan 2007, pl. III; 12: AMF, J. Meyer Abb. 14: 1 D. Narimanishvili/I. Esvanjia; 2: D. Narimanishvili/I. Esvanji nach Oganesjan 1993
S. 228–233: Abb. 1: GNM (Fotoarchiv)
S. 234–247: Abb. 1–3: Foto: A. Javakhishvili; Abb. 4: Foto: A. Javakhishvili/G. Salnicker
S. 240–247: Abb. 1: AMF, S. Martins; Abb. 2: (1) Zeichnung: I. Esvanjia; (2) nach K. Picchelauri; (3) nach Z. Makharadze; (4) Zeichnung: M. Abramishvili; (5–6) nach C. Schaeffer
S. 248–255: Abb. 1: Museum Ulm LAD Y.Mühleis; Abb. 2–5: AMF, J. Meyer

Objektteil

2, 4, 5, 18–21, 23–30, 32–40, 43–45, 49–56, 60, 67–72, 80, 96, 98, 102–106, 111, 113–116, 119, 121–122, 133, 158–174, 187–188, 193, 231–233, 237, 245, 249–253, 255, 271 J. Meyer/Archäologisches Museum Frankfurt
1, 3,7–17, 22, 31, 41–42, 46–48, 57–58, 61–66, 73–79, 81–95, 97, 107–110, 112, 123–124, 126–132, 134–142, 145–157, 171–186, 189–192, 240–244, 246–248,256–262, 264–266 S. Hansen/DAI
125, 143–144 I. Gambashidze
196, 218, 220–221, 228–229 B. Marvanidze/M. Machavariani
263 GNM